친절한 강의
중용

원문의 맛 동양고전강의
친절한 강의 중용

발행일 초판4쇄 2023년 10월 20일 | **지은이** 우응순
펴낸곳 북드라망 | **펴낸이** 김현경 | **주소** 서울시 종로구 사직로8길 24, 1221호(내수동, 경희궁의아침2단지)|
전화 02-739-9918 | **이메일** bookdramang@gmail.com

ISBN 979-11-86851-46-3 04140 979-1186851-45-6(세트) | 이 도서의 국립중앙도서관 출판시도서목록(CIP)은 서
지정보유통지원시스템 홈페이지(http://seoji.nl.go.kr)와 국가자료공동목록시스템(http://www.nl.go.kr/
kolisnet)에서 이용하실 수 있습니다.(CIP제어번호: CIP2016027263) | 이 책은 지은이와 북드라망의 독점계약에
의해 출간되었으므로 무단전재와 무단복제를 금합니다. 잘못 만들어진 책은 서점에서 바꿔 드립니다.

책으로 여는 지혜의 인드라망, 북드라망 **www.bookdramang.com**

원문의 맛
동양고전강의

친절한 강의
중용

우응순 강의

BookDramang
북드라망

머리말

안녕하세요, 여러분. 반갑습니다. 연구실에서 원문 강좌를 개설하면 대부분의 학인들은 아는 한자가 별로 없다고 걱정하세요. 여러분도 그러신가요? 그럴 때마다 제가 늘 하는 달콤한 유혹의 소리가 있죠. 300자 정도면 사서(四書)를 원문으로 읽는 데 충분하다고요. 또 한자를 전혀 모르더라도 수업을 들을 수 있다고요. '한자'가 아니라 '한문'을 읽는 것이기 때문에 과감히 도전하시라고 말씀드립니다.

이번 중용 강의도 마찬가지입니다. 실제로 『중용』을 보시면 사실 어려운 한자는 합쳐서 다섯 글자 정도이고, 그 외엔 다 중학교 1학년 한자예요. 문제는 한자가 아니라 한문이고, 그 내적 의미 맥락입니다. 일반적으로 쉬운 한자로 쓰여진 문장이 오히려 어렵답니다. 『중용』은 내용면에서는 『주역』보다 더 어려운 텍스트일 수도 있고 『대학』보다 『소학』보다 더 쉬운 텍스트일 수 있습니다. 해석의 깊이가 무궁무진한 텍스트이고, 그만큼 매력적인 텍스트라고 할 수 있죠. 저는 이 강의가 여러분께 『중용』의 깊은 맛을 전달해 드릴 수 있기를 바랍니다.

솔직히『중용』은『논어』나『맹자』에 비하면 아직 낯선 책입니다. 엄청 어려운 책이라는 확인되지 않은 소문도 있고요. 그런데 '중용'이라는 말 자체는 우리 일상에서도 참 익숙한 단어입니다. 대중매체에서는 '중용'을 말하는 논자들을 쉽게 만날 수 있지요. 논쟁이 생기면 다른 사람의 견해를 극단적이라고 비난하고, 중도·중간을 주장하면서 자신의 입장을 '중용'이라고 하는 경우가 많지요. 특히 정치권에서 '중용의 도'를 내세우는 중도파는 양시양비론을 취하면서 자랑스럽게 중도론을 내세우기 일쑤입니다. 하지만 이것은 '중용'이 아닙니다. 이런 태도를『중용』에서는 '소인의 중용'이라고 합니다. '중용'은 결코 중간에 머무르는 편의적 선택이 아니며, 양극단의 중간이 아닙니다. 강의 내내 나오겠지만, '군자의 중용'은 이기심, 사욕이 없이 자신의 진실한 삶과 인간다운 세상을 위한 가장 좋은 길을 고민하는 것입니다. 최선을 선택하여 굳게 지켜 나가는 것이 군자가 행하는 중용이지요. 공자는 "천하와 국가를 고르게 다스릴 수 있으며, 벼슬과 녹봉도 사양할 수 있으며, 흰 칼날을 밟을 수 있지만, 중용은 능히 할 수 없다"(『중용』 9장)고 했답니다. 누구나 할 수 있으면서도, 누구도 완벽히 할 수 없는 것, 그것이 '중용'이며, 『중용』은 바로 이것에 관한 안내서입니다.

본격적으로 강의를 시작하기 전에『중용』에서 말하는 '중용'의 의미를 알아볼까요? 북송 도학자 정이(程頤) 선생은 "치우치지 않는 것을 중(中)이라 하고, 변치 않는 것을 용(庸)"이라 하시네요. 이 강의의 교재인 『중용집주』를 지으신 주희(朱熹) 선생은 '중'은 "치우치지 않고 기대지 않으며, 지나치거나 미치지 않음이 없는 것"이며 '용'은 "평상을 말한다"고 하시고요. 두 분의 해석이 거의 비슷하죠. 결국 '중용'은 "일상생활에서 지나치거나 미치지 못함이 없이 말하고 행동하는 것"이라고 일단 정리할 수 있겠네요. 아! 과(過)·불급(不及)이 없이 사는 것이구나, 그런데 '중용'이 왜 어려운가? 여기서 이런 의문이 드셔야 합니다. 어렵지요, 왜냐? 모든 존재의 일상이 항상 변화하는 시공간에서 진행되기 때문입니다. 오늘은 어제와 다르고 내일은 오늘과 다르지요. 그래서 『중용』은 '수시변역'(隨時變易)하는 일상에서 최선의 중을 판단하고 지키는 '시중' (時中)이기도 한 것입니다. 역시 '시'(時), 타이밍이 중요하죠! 그래서 '중용'은 고정된 지점이나 방향을 설정할 수 없는 이동좌표가 됩니다. 물론 누구나 나침반도 있고 저울도 가지고 태어납니다. 『중용』식으로 표현하면 '천하의 정도'[天下之正道]인 '중'(中), 거짓 없는 마음의 진실성인 '성'(誠)을 저울대로 삼아 매일 매 순간 저울추를 움직여 균형을 맞추며 살아가야 합니다. 항상 맑은 정신으로 깨어 있지 않으면 불가능한 일이겠지요. 마음은 '불편불의'(不偏不倚)하게! 언행은 '무과불급'(無過不及)하게!

　이쯤 되면 『중용』이 낯선 것이 아니라 일상에서 '중용의 도'를 행하기가 어렵다는 것을 실감하게 됩니다. 물론 『중용』에는 누구나 중도에 포기하지 않고 완주할 수 있게 하는 다양한 유도장치가 곳곳에 설치되어 있습니다. '신독'(愼獨), '삼달덕'(三達德), '지성무식'(至誠無息), '치곡' (致曲) 등등. 『중용』은 책장을 넘길 때마다 속삭입니다. 모든 존재는 입지가 확고하다면 일상에서 배우면서 한걸음씩 나아가 '성인'(聖人)의 경지에 도달할 수 있게 설계되어 있다고 말입니다. 학지(學知)와 이행(利行)의 길이죠.

『중용』은 원래 단독 저서가 아니라『대학』과 함께『예기』(禮記)의 한 편이었습니다. 『중용』과『대학』을 기존에 있던『논어』,『맹자』와 묶어서 사서(四書)로 만든 사람은 성리학을 집대성한 주희였습니다. 그는 사서를 장(章)과 구(句)로 분절하여 가독성을 높였고, 여러 주석을 참고한 후에는 자신의 입장을 정리하여『사서장구집주』(四書章句集註)를 편찬 했습니다. 이 과정에서 주자학의 구조가 촘촘하고 단단하게 짜여졌죠. 이 책『친절한 강의 중용』은 주희의『중용집주』를 따라 읽어 가면서 최 대한 평이하게 풀어 낸 것입니다. 물론 중간중간에 다른 주석도 소개하 면서요. 주희의 집주가『중용』의 원문보다 더 복잡한 경우도 있기 때문 에 분량이 많아졌습니다.

주희는 사서를『대학』,『논어』,『맹자』,『중용』의 순서로 읽는 것이 좋다고 하였지요. '초학자가 덕에 들어가는 문'에 해당되는『대학』을 먼 저 읽고,『논어』,『맹자』를 읽어 의심나는 바가 없게 된 후에『중용』을 읽 으라면서요. 하지만 꼭 이 순서를 지킬 필요는 없습니다. 이것은 12세 기를 살았던 주희의 공부법이고, 21세기를 사는 우리는 각자에게 맞는 공부법으로 성실하게 읽으면 충분합니다. 우연한 계기에『중용』을 손 에 쥐게 되었는데 마음이 끌려 계속 책장을 넘기게 되었고, 자신의 삶 에 대한 성찰의 계기가 되었다면 그것만으로도 귀중한 인연이지요.

더구나 이 책『친절한 강의 중용』은 처음부터 읽을 필요도 없습니 다. 중간 어디쯤인가를 펼쳤는데 호기심이 생긴다면 그냥 계속 읽으셔 도 되고, 그렇게 읽다가 다시 앞으로 돌아가셔도 좋습니다. 그럴 경우 12장, 20장, 21장부터 읽으실 것을 권하고 싶네요. 비교적 쉽게 책 전체 의 맥락을 잡을 수 있으니까요. 특히 '애공문정'(哀公問政)으로 시작되는 20장에는 공자의 수신(修身)에서 시작하여 평천하(平天下)로 확장되는 정치철학이 도도하게 펼쳐져 있습니다. 『대학』의 3강령 8조목과 비교하며 읽으셔도 좋겠습니다. 그 내용과 분량이 암송에도 적합하니, 가족과 친구들과 같이 도전해 보십시오.

『중용』을 즐거운 마음으로 읽기는 했는데, 책을 덮은 후에 다시 『중용』이 높은 산처럼 느껴진다면? 그럴 수 있습니다. 해답은 역시 『중용』 안에 있습니다. 높은 산에 오르기 위해서는 밑에서 출발해야 하는 법! 남이 한 번 읽어서 알면 나는 열 번 읽고, 남이 백 번 읽을 때 나는 천 번쯤 읽겠다는 마음이면 내 힘으로 산에 오를 수 있습니다. 천천히 읽으면서 떠올랐던 의문점들을 정리하고[審問심문], 깊게 생각하는 훈련을 한다면[愼思신사] 나와 세계에 대한 분별력이 생기지 않겠습니까![明辨명변], 그 다음 단계는 각자의 독실한 실천[篤行독행] ― 언행일치! ― 이 남겠지요? 이것이 『중용』을 100% 즐기는 방법입니다.

이 책은 2015년 겨울, 남산강학원 학인들 앞에서 강의한 내용을 그대로 정리한 것입니다. 강의를 진행하면서 설명이 길어질 때에는, 학인들을 너무 고생시키는 것이 아닌가 미안한 마음이 들 때도 있었습니다. 『중용』을 가능한 친절하게 풀어 보려는 저의 마음이 이렇게 책 한 권으로 묶이게 되었네요. 원문의 두꺼운 벽을 뚫고 『중용』의 세계에 들어와 주시고, 『친절한 강의 중용』이 만들어지는 데 동참해 주신 학인들에게 진한 고마움을 전합니다.

2016년 11월

우응순

차례

친절한 강의
중용

天命之謂性
하늘이 명한 것이 성(性)이요,

率性之謂道
성을 따르는 것이 도(道)요,

修道之謂敎
도를 품절해 놓은 것이 교(敎)이다.
······

제1장

天命之謂性, 率性之謂道, 修道之謂敎.
천 명 지 위 성 솔 성 지 위 도 수 도 지 위 교

道也者, 不可須臾離也. 可離, 非道也.
도 야 자 불 가 수 유 리 야 가 리 비 도 야

是故君子戒愼乎其所不睹, 恐懼乎其所不聞,
시 고 군 자 계 신 호 기 소 부 도 공 구 호 기 소 불 문

莫見乎隱, 莫顯乎微, 故君子愼其獨也.
막 현 호 은 막 현 호 미 고 군 자 신 기 독 야

喜怒哀樂之未發, 謂之中; 發而皆中節, 謂之和.
희 로 애 락 지 미 발 위 지 중 발 이 개 중 절 위 지 화

中也者, 天下之大本也; 和也者, 天下之達道也.
중 야 자 천 하 지 대 본 야 화 야 자 천 하 지 달 도 야

致中和, 天地位焉, 萬物育焉.
치 중 화 천 지 위 언 만 물 육 언

하늘이 명한 것이 '성'(性)이요, 성을 따르는 것이 '도'(道)요, 도를 품절해 놓은
것이 '교'(敎)이다.

도라는 것은 잠시라도 떠날 수 없으니 떠날 수 있으면 도가 아니다.

그러므로 군자는 그 보이지 않는 것을 삼가고, 그 들리지 않는 것을 두려워한다.

어두운 곳보다 더 잘 드러나는 것이 없고 미세한 일보다 더 뚜렷한 일은 없다.

그러므로 군자는 그 혼자 아는 곳을 삼간다.

기쁨·노여움·슬픔·즐거움이 마음에서 일어나지 않은 상태를 '중'(中)이라 한다.

기쁨·노여움·슬픔·즐거움이 일어나 모두 절도에 맞는 것을 '화'(和)라고 한다.

중이라는 것은 천하의 큰 근본이다.

화라는 것은 천하에 두루 통하는 도이다.

'중'과 '화'를 지극히 하면 천지의 도가 제대로 운행되어 만물이 번성하게 된다.

천명지위성天命之謂性 **솔성지위도**率性之謂道 **수도지위교**修道之謂教. 이 문장에 딱히 어려운 글자는 없지요? 하지만 이것이 『중용』을 대표하는 문장으로, 『중용』의 중요한 개념이 여기에 다 나와 있습니다. 천(天), 성(性), 도(道), 교(敎). 이 네 글자의 의미 내지는 이 글자들의 관계를 풀어 나가는 것이 우리가 지금부터 살펴볼 『중용』의 33장이라고 할 수 있죠. 여기 나온 키워드들, 그러니까 '하늘'이란 무엇인가, '성'이란 무엇인가, '도'란 무엇인가, '교'란 무엇인가를 항상 생각하면서 『중용』을 읽어 가야겠습니다.

'천명지위성'(天命之謂性)은 '천명V지위성'으로 띄어 읽어야 합니다. 여기서 '지'(之)는 앞에 나오는 '천명'을 받는 대명사예요. '그것'이라고 해석할 수 있으니 직역하면 "천명, 그것을 '성'이라 일컫고"라고 하면 되겠습니다. 뒤의 구절도 마찬가지예요. "솔성, 그것을 도라 일컫고, 수도, 그것을 '교'라 일컫는다"가 되죠. 하지만 일일이 '그것'을 넣어서 해석할 필요까진 없으니 "천명을 '성'이라 하고, 솔성을 '도'라 하고, 수도를 '교'라 한다" 정도로 해석하면 되겠습니다.

'천명'에서 '명'(命)은 동사입니다. 주석에는 "命, 猶令也"명, 유령야라고 나오네요. "'명' 자는 '령'(令) 자와 같다"라는 의미인데, '명령하다'를 떠올리시면 쉽겠네요. 의미상으로는 '하여금 사(使)'로 봐도 좋고요. 하늘이 우리에게 이러저러하게 살라고 하는 게 있습니다. '천명지위성'은 이렇게 하늘이 명한 것[天命]을 바로 '성'(性)이라고 한다는 얘깁니다.

그럼 그 하늘이 명한 '성'(性)이란 대체 뭘까요? 주석에는 "性, 即理也"성, 즉리야라고 쓰여 있습니다. '성'은 곧 '리'(理)라는 건데, 어쩐지

귀에 익으시죠? 네, '성리학'이라는 말이 바로 여기서 나왔습니다. '성리학'이라는 단어가 특별히 어려운 뜻을 가진 게 아니라 "'성'(性)을 '리'(理)로 본다"라는 뜻이에요. 그래서 성리학이죠. 이것만 봐도 『중용』의 주석이 얼마나 중요한지 알 수 있습니다. 어쨌든 사람이 하늘로부터 물려받은 천부적 능력을 '성'(性)이라고 합니다. 그런데 이걸 만물에 두루 있는 것이라고 보았을 때에는 '리'예요. 우리 인간에게 있는 이성적이고 합리적인 것을 '리'라고 하는데, 사람답게 사는 일을 이야기하는 『중용』에서는 이걸 '성'으로 보는 거죠. '성'은 즉 '리'입니다.

이어지는 주석 "天以陰陽五行천이음양오행, 化生萬物화생만물, 氣以成形而理亦賦焉기이성형이리역부언"도 보고 가죠. 하늘이 음양오행으로써 화생만물을 한대요. 음양오행이 나오는 거 보니 벌써부터 『주역』과 통하네요. 하늘이 음양으로 '만물'을 '화'(化)하고 '생'(生)한다. 그냥 나게 하는 것뿐만 아니라 '변화'시키기도 한다고 합니다. '화생'과 '화육'은 『주역』에서 내내 하는 얘기예요.

방금 본 주석의 뒷부분 "氣以成形而理亦賦焉"에서 '기'(氣) 이야기를 하자면, 『장자』를 공부한 분들은 익숙하시겠지만, 만물에 어떤 형체를 갖추게 하는 걸 우리는 '기'라고 합니다. 그러면 그 형체에 자연스럽게 '리'(理)도 같이 부여된다. 이게 바로 성리학의 기본 구조 아닙니까? 『주자어류』(朱子語類) 같은 책을 읽어 보시면 자주 나오는 얘기죠. 이 문장을 해석하면 하늘이 "기로 형체를 이루게 하고 '리' 또한 거기에 부여한다"가 됩니다. 하늘이 명했다는 것을 주희는 이렇게 푼 것입니다. 이걸 '리일분수'(理一分數)라고도 해요. '리'는 하나지만, 각자 나뉘어서 다른 형태로 있다는 거죠.

다시 돌아와서 하늘이 준 것, 하늘이 명한 것이 '성'(性)이잖아요? 이걸 달리 말하면 '인의예지'(仁義禮智)라든가, 맹자가 말한 '사단'(四端)이라든가, 다른 말로 바꿀 수 있습니다. '인의예지'에 하나를 더 붙인다면 '믿을 신(信)' 자! 그래서 '인의예지신'을 '오상'(五常)이라고 하죠. 이게 다 하늘이 거기에 맞춰서 살라고 우리에게 준 것이라고 합니다. 공자 만년의 애제자 증자가 지었다는 『대학』의 첫 구절에 보면 "大學之道대학지도 在明明德재명명덕 在親民재친민 在止於至善재지어지선" 이라고 나옵니다. 여기 나오는 '명덕'(明德)이 『중용』의 '성'(性)과 통하는 거예요. 『대학』에서는 '명덕'이라고 하고, 이 '밝은 덕'을 『중용』에서는 '성'이란 글자로 표현한 거죠.

유가는 인간은 백지상태로 태어나는 게 아니라고 합니다. 하늘의 기운, 음양의 기운을 받아 '인의예지신'의 어떤 도덕을 갖고 태어납니다. 인간이면 누구나 다 그렇다는 겁니다. 하늘이 우리에게 그걸 준 것은 거기에 맞춰서 살라고 그러는 거예요. 그래서 백지설이 아닙니다. 『맹자』에서는 '성선'(性善)이라고 했죠. 맹자라고 이 세상에 악당이 얼마나 많은지 몰랐겠어요? 예나 지금이나 별별 인간들이 다 있잖아요. 그럼에도 불구하고 『맹자』는 모든 인간이 선하게 살 수 있는 가능성을 가지고 태어났다고 이야기하는 겁니다. 문제는 이걸 제대로 알고 발현시키지 못한다는 거겠지만요.

다음 단계는 '솔성지위도'(率性之謂道)입니다. '솔성'(率性)은 '성'을 따른다는 말입니다. '따를 솔' 자예요. 이 글자가 어려우시면 '따를 순(順)' 자로 바꿔서 생각하셔도 됩니다. 인간이 가지고 태어난 '인의

예지신', 이 본성을 따라서 사는 것, 그걸 일컬어서 '도'(道)라고 합니다. '솔성지위도'(率性之謂道)죠.

그런데 이 '도' 자의 해석이 참 재미있습니다. 주자는 "道, 猶路也"도, 유로야라네요. '도'는 '로'(路), 즉 '길'이라고 합니다. 무슨 길인가? 사람과 만물이 각각 그 성의 자연, 저절로 그러함을 따라 살게 되면 일상생활에서 마땅히 행해야 할 길이 있게 된다는 겁니다. 길은 걸어가야 하는 '길'이자 행해야 할 '도리'인 거죠. '성'을 따라서 살아가는 것, 이게 우리 인생의 자연스러운 길이라는 겁니다. '성'을 따라가는 것이 우리가 살아가야 하는 올바른 일생의 길이다, 이런 뜻이에요. 사람이든 만물이든 세상의 존재는 타고난 '성'의 이치를 따라 살면 잘 사는 것이라고 하네요. 여기 주석에서 "日用事物之間"일용사물지간이란 표현이 나오는데요, 많이 쓰이는 말입니다. 매일매일 쓰는 '사물지간'이라는 건데, 주자는 우리의 일상생활을 '일용사물지간'이라고 표현했어요. 매일매일 살아가면서 부딪치는 여러 가지 일에 있어서 항상 '솔성'하라는 이야기입니다.

그래서 『중용』에서 도는 두 가지 의미가 있습니다. 우리 인생의 '길'이자, 우리가 지키고 살아가야 될, 지켜야 될 '도리'란 의미도 있어요. '도'에 두 가지 의미가 중첩되어 있는 거예요. 이렇게 일생 동안 도를 따라 도리를 지키고 살면 최고 수준은 어디까지 돼요? 뒤에 나오겠지만 '지성무식'(至誠無息)하는 성인까지 돼요. 그리고 그러한 성인이 될 수 있는 유일한 길은 무엇인가? 네, '솔성'이죠. 다른 거 없습니다. 어디 딴 데 가서 찾지 마세요. 타고난 본성을 따라 살다 보면 '성인'의 경지에 이르게 된다! 이것이 『중용』의 주제입니다. 강의를 시작하자마자 결론이 나와 버렸네요.

그런데 이렇게 살아야겠다고 굳게 결심하지만 현실적으로 지속하기 어려운 게 사실입니다. 왜 그럴까요? 욕심 때문이죠. 나만 잘되고 싶고 나만 혼자 인정받는 사람이 되고 싶어요. 나만 예쁘고 싶고, 나만 부자 되고 싶고, 내 남편은 말 잘 듣고, 내 자식은 전교 1등 해야 하고… 끝이 없어요. 이러면 '솔성'은 꿈 깨야죠. 세상이 나만을 위해 돌아가지 않잖아요. 세상은 그렇게 되지 않아요. 이런 욕심, 이기심 때문에 성인이 못 되고 바보 멍청이로 살다가 죽게 되지요. 아, 성인(聖人)의 반대말은 '어리석을 우(愚)' 자를 쓰는 '우인'(愚人)입니다. 『중용』의 주제는 '성인되기'인데, 그 되어 가는 과정이 2장부터 33장에 친절하게 나와 있습니다. 기대하셔도 좋습니다.

자, 넘어가서 '수도지위교'(修道之謂敎)예요. 여기서 '수'는 '닦을 수(修)' 자입니다. 우리 인생의 솔성하는 길을 닦는다는 거죠. 도를 닦는 것, 인생의 올바른 길을 닦는 것을 일컬어 '교'(敎), '가르침'이라고 한대요. 도를 닦는다는 건 『대학』의 '수신제가치국평천하'(修身齊家治國平天下)를 모두 포함하는 개념이에요. '닦을 수' 자가 부담스러우면 '지킬 수(守)' 자로 바꿔도 좋아요.

이렇게 도를 닦는 것, 도를 지키며 사는 것, 그걸 '교'(敎)라고 한다네요. '가르칠 교' 자는 대체로 '교육하다', '교화하다' 이런 걸로 알고 계신데, 여기 『중용』에서의 '교' 자는 '예악', '형정'과 같은 사회적 제도를 말합니다. 주석에 "禮樂"예악과 "刑政"형정이라고 나오죠? '예와 음악'은 요새로 보면 문화정책이에요. '형정'은 법률과 정치를 가리키고요. 이것들을 합치면 뭘까요? 네, 문물제도죠. 국가를 움직이는 전체 시스템이에요. 『중용』의 '교'는 이런 개념입니다. 『중용』은 시작부터 하늘이 명한 '성'에서 출발해서 개인이 따라 살아야 할 '도'를 거쳐 '교', 제도까지 포괄하고 있네요. 그럼 여기서 '수도'의 '닦을 수' 자의 주석을 볼까요.

'수'(修)를 "品節之"품절지라고 해놓았네요. '품절'의 '품'은 사람의 개인적 편차를 말합니다. '분'(分)이라고 보셔도 됩니다. 과, 불급의 차이가 있기 때문에 그에 따라 제한이 있게 되었다는 거죠. 여기서 '절'은 '마디 절' 자입니다. 대나무 마디요. 어떤 범주 혹은 한계를 의미합니다. 가족 내에서는 아내는 아내답게 딸은 딸답게 지켜야 하는 도리가 있다는 거죠. 사회적으로도 임금은 임금답게, 신하는 신하답게 지켜야 될 '분'(分)이 있었지요. 마치 대나무 마디처럼 넘을 수 없는 어떤 구획 혹은 제한이 있다는 겁니다. 그래서 '품절한다'라는 건 뭐냐 하면, 하늘이 이렇게 저렇게 살라고 명한 것이 '성'이고, 그 '성'을 따라 사는 게 우리 인생길인데, 그 인생길 내지는 도리를 잘 정리하여 각 개인에 맞게, 사회의 각 계층에 맞게 차별화, 품절화한다는 거죠. 이렇게 사회와 국가의 제도를 만든 것, 그것을 일컬어 바로 '교'라고 한다는 겁니다.

여기쯤 오면 '도'가 무엇인가 다시 봐야겠죠? 다음 문장에서 바로 이 얘기를 할 겁니다. 넘어가기 전에 일단 지금까지 본 『중용』1장 "천명지위성, 솔성지위도, 수도지위교"(天命之謂性, 率性之謂道, 修道之謂教)는 다 외우셨죠? 『중용』의 첫 문장 정도는 외워 두시는 게 좋겠습니다. '천', '성', '도', '교' 네 글자의 의미를 잘 파악하셔야 하고요. 이 중에서 제일 어려운 것이 '교'일 텐데, 앞으로도 계속 나올 테니 나올 때마다 보도록 하죠.

다음 문장은 **도야자**道也者 **불가수유리야**不可須臾離也 **가리**可離 **비도야**非道也입니다. 『중용』 12장부터 19장까지는 바로 이 부분을 다시 밝힌 것입니다. 갑자기 모르는 글자들이 나온다고 좀 배신감을 느끼실지도 모르겠는데 차근차근 살펴볼게요. '도야자'는 사실 그냥 '도'(道)라고만 써도 돼요. '야'(也)와 '자'(者)는 강조하는 글자입니다. 그냥 "도는"이라고 하려면 '도' 자만 쓰면 되는데, '도야자'라고 쓴 건 훨씬 더 강조하는 의미예요. "도라는 것은" 정도로 해석하면 됩니다. 자, 그러니까 이 '도'라는 것은 '불가'(不可), 할 수 없습니다. 무엇을? '수유리'(須臾離)를요. 여기서 '수유'는 '잠시라도'라는 뜻입니다. '잠시 수' 자와 '잠시 유' 자거든요. '리'(離)는 '분리하다', '떨어지다'라는 뜻이고요. 그러니까 도라는 것은 우리의 몸에서 잠시도 분리시켜 놓을 수가 없다는 거죠. 우린 '성'을 갖고 태어났어요. '성'을 따라 사는 이치가 '도' 이지 않습니까? 그래서 '가리 비도야'(可離 非道也), 분리될 수 있으면 도가 아니래요. 여러분, 이제 큰일 나셨어요. "아우, 나는 이렇게 사는 거 피곤해! 멋대로 살고 싶어!" 하고 싶어도 그게 안 됩니다. 떠날 수 있으면 도가 아니라잖아요?

다음으로 **시고**是故 **군자계신호기소부도**君子戒愼乎其所不睹 **공구호기소불문**恐懼乎其所不聞이라고 합니다. '시고'는 "이러한 까닭에"라는 뜻이니, 이러한 까닭에 군자는 '계신호기소부도'하고 '공구호기소불문'한대요. 우선 '계신호기소부도'를 해석해 볼까요? '계'(戒) 자는 '경계하다'

할 때 '계' 자이고, '신'(愼) 자는 '삼가다'라는 뜻이에요. 경계하고 삼
가요. 삼가다에는 '신중하다', '진중하다'의 뜻이 다 있습니다. 그리고
'호'(乎) 자는 종결사가 아니고 여기서는 '어'(於) 자의 뜻으로 '~에서'
라는 뜻이에요. '도'(睹) 자는 '목도하다' 할 때 쓰는 '볼 도' 자고요. 그
런데 '부도'니까 보이지 않는단 거고, 앞에 '소'(所)는 '것', '대상'이니
까 '소부도'는 어떤 "보이지 않는 것"을 말하죠. 그러니까 '계신호기소
부도'를 풀면 뭔가 보이지 않는 것에 있어서 경계하고 조심해야 된다
는 거예요. 도가 안 보인다고 없다고 여겨서 함부로 살면 안 된다 이
겁니다. 도? 그 따위 게 어딨어? 이러시면 안 된다는 말씀이에요. 이
세상이 보이는 것이 다가 아니다라는 건 우리 모두 알고 있잖아요?
보이지 않는 이치에 있어서 삼가고 경계해야죠.

　'공구호기소불문'(恐懼乎其所不聞)의 '공'(恐)은 '두려워할 공' 자,
'구'(懼)는 '두려워할 구' 자입니다. 그러고 보면 '공구호기소불문'도
'계신호기소부도'와 구조가 똑같죠? '보이지 않는 것'에 조심하듯이
'들리지 않는 것'에 대해서도 두려워해야 합니다. 물론 내면의 목소리
를 들으시는 분도 계시지만, 보통은 '도'가 있는지 없는지 들리지 않
고 알 수 없잖아요? 거의 이런 것은 생각하지 않고 살죠? 하지만 안
보이고 안 들린다고 해서 지켜야 할 도리가 없는 게 아니라는 거죠.
보이지 않는 것에서 경계하고 삼가고, 들리지 않는 것에 대해 두려워
해야 합니다. 네, 그래야 해요.

　제가 아까 도에는 걸어가야 할 '길'과 '도리'의 의미가 있다고 했
죠. 여기서 도에 관한 주석을 보고 가겠습니다. "道者도자, 日用事物當
行之理일용사물당행지리, 皆性之德而具於心개성지덕이구어심, 無物不有무물불

유, 無時不然무시불연, 所以不可須臾離也소이불가수유리야"라. "若其可離약기
가리 則豈率性之謂哉즉기솔성지위재"야. "是以시이"로 "君子之心군자지심, 常
存敬畏상존경외, 雖不見聞수불견문, 亦不敢忽역불감홀, 所以存天理之本然
소이존천리지본연, 而不使離於須臾之頃也이불사리어수유지경야." 중간에 끊을
수가 없어서 길게 읽었습니다.

자, 구절구절 풀어 볼까요. 도는 "일용사물당행지리"(日用事物當
行之理)라. '사물'은 여기서 '모든 일, 만물'로 볼 수 있어요. '도'를 매
일의 생활에서 마땅히 행해야 될 이치라고 합니다. 그럼 그 근거는 무
엇인가? 모두[皆] 가지고 태어난 '성'의 덕[性之德]으로 마음에 구비
되어 있기 때문이죠. 마땅히 행해야 할 이치가 우리 내면에 있다고요.
이걸 맹자는 '양능'(良能)이라고 얘기했습니다. 왕양명(王陽明)의 『전
습록』(傳習錄)을 보시면 '치양지'(致良知)니 '양능'이니 하는 얘기들
이 많이 나오는데, 이게 바로 이 뜻이에요. '양능', '양지'(良知) 이걸 행
하는 것이 우리를 제대로 된 삶으로 이끈다는 겁니다. 이때의 '양'(良)
자는 선량하다는 의미가 아니라 '본래 가지고 태어난'의 뜻이에요. 본
래 가지고 태어난 능력, 가지고 태어난 '지'(知), 이런 것을 곧 '양지'나
'양능'이라고 표현한 겁니다. 이게 바로 『중용』에서의 '성'이고요. 『대
학』, 『맹자』 등 동양고전의 주요개념들이 이렇게 다 연결되는 거 참
재미있지 않나요? '성'이 곧 '명덕'이고, '인의예지'고, '양지'고… 『중
용』을 읽으면서 『대학』, 『맹자』, 『주역』을 오가는 맛, 이것이 동양고전
을 읽는 매력입니다.

이 '성'의 덕이 마음에 구비되어 있어요[具於心]. 그래서 '무물불
유'(無物不有), 사물마다 있지 않음이 없다, 그러니까 만물에 다 있다

는 거죠. 자, 여러분, 이게 대단한 얘깁니다. 생명이 있는 것은 어느 것이든, 사람도 신분이나 능력에 상관없이 생명이 있는 것은 다 이걸 가지고 있다는 거예요. 신분제 사회에서 이런 해석이 나왔습니다. 이게 주자학의 대단한 측면이에요. 그리고 '무시불연'(無時不然), 어느 때인들 그렇지 않을 때가 없다는 말이죠. 그래서 '소이불가수유리야'(所以不可須臾離也)라. 모든 존재는 잠시라도 도리·이치와 분리될 수 없다는 거죠. 만일 우리가 여기서 벗어날 수 있다면, 분리될 수 있다면 어찌 '솔성'이라고 하겠는가? 어떻게 '성'을 따라 산다고 할 수 있겠느냐 하는 거예요.

이로써[是以] 군자의 마음[君子之心]에는 항상[常] '경외'가 있어요. '경외심' 할 때 그 경외죠. 이 '경외'라는 것이 무엇인가? 주석 아래 조그맣게 달린 글자를 보면 "敬謂戒愼경위계신, 畏謂恐懼외위공구"라고 나옵니다. '경'(敬) 한다는 것은 경계하고 삼가는 것을 말하고, '외'(畏) 한다는 것은 두려워하는 것을 말한다는 의미죠. 주의해야 할 것은 여기서 두려워한다는 것이 무언가에 공포를 느끼는 걸 말하는 것이 아니라는 거예요. 우리가 갖고 태어난 '양지·양능', 이 '성'을 제대로 다 발현시키면서 살아야 되는데, 내가 이걸 제대로 하고 있는가 하는 걱정, 두려움을 말하는 거죠. 제대로 살고 싶은 의지랄까? 살다 보면 이런 것이 어느 순간 흩어질지도 모르잖아요. 내 마음에 갑자기 '어디에 분양받으면 아파트 값 뛴다는데…' 이런 생각이 치고 들어와요. 멀쩡히 『중용』 읽다가 책을 덮고, 의미를 곱씹고 있는 중에 친구한테 문자가 와 있는 거죠. "야, 어디어디에 요새 집값 올랐다더라." "누가 주식으로 돈 벌었다더라." 그 순간 마음이 막 요동치지요. 그런 내가 두려

위요. 어때요, 실감이 좀 나시나요? 또 중년 여성들의 경우, 이런 마음이 들 때가 있죠. 내가 성형수술까지는 좀 그래도 박피라도 한번 해볼까? 이럴 수 있잖아요. 내가 그렇게 갈까 봐 두려워하면서 긴장해야 돼요. 이렇게 매일매일 일어나는 '일상'의 일에는 여러 가지 변수가 있을 수 있습니다. 먹는 것부터 시작해서 이런저런 생각까지…. 우리는 여기에 대해 '경'과 '외'를 가져야 해요.

자, 이렇게 군자의 마음에는 항상 경외가 있습니다. 그리고 비록[雖] 보이지 않거나 들리지 않더라도[不見聞] 또한 감히[敢] 소홀히 하지[忽] 않는대요. 그래야만 '천리의 본연'[天理之本然]을 보존할 수 있는 것입니다. 만약 여기서 '천리지본연'을 한 글자로 쓰고 싶다? '성'(性)이에요. 두 글자로 쓰고 싶다? '양지'(良知), '양능'(良能), 다 돼요. '명덕'(明德)도 되고요. 네 글자로 쓰면 '인의예지'죠. 다섯 글자로 쓰면 '인의예지신'이고요. 이렇게 연결지어 이해하시면 됩니다. 그래서 우리가 '천리지본연'을 버리지 않고, '도'에서 벗어나지 않고 살려면 어떻게 해야 할까요? 경계하고, 신중하고, 거기서 벗어나거나 소홀히 할까 봐 두려워해야 돼요. 경외해야 합니다.

마지막의 '이불사리어수유지경야'(而不使離於須臾之頃也)를 보면, 앞에서 '수유'는 '잠시'라고 했고 '경'(頃)도 '잠깐'이라는 뜻이니 '수유지경'은 '잠깐의 시간'이란 뜻이에요. 아주 잠깐도 분리될 수가 없어요. 내가 참 도리대로 살기도 힘들고, 이런저런 생각하며 사는 것도 힘들다. 그러니까 인의예지를 뚝 떼어 놓고 도리에서 벗어나 살아보자? 안 됩니다. 애초에 가능한 일이 아니랍니다. 이게 『맹자』에서는 어떻게 나옵니까? 사람이 인의예지의 사단(四端)이 있는 것은 사람에게 사지(四肢)가 있는 것과 같다고 해요. 그래서 분리가 안 돼요. 사지를 떼어 놓고 살 수는 없잖습니까? '도야자'는 '불가수유리야'라는 말은, 도라는 것은 잠시도 자신과 분리될 수 없다는, 떼어 놓을 수 없다는 말입니다.

본문으로 돌아가, 다음 문장으로 넘어가겠습니다. **막현호은**莫見乎隱 **막현호미**莫顯乎微 **고군자신기독야**故君子愼其獨也. '막현호은'에서 '볼 견' 자는 '현'으로 읽을게요. 원래는 '견'이지만 '드러낸다'라는 뜻일 땐 '나타날 현(現)' 자와 같은 뜻이고 음도 '현'으로 읽습니다. '호'(乎) 자 역시 '어'(於) 자와 같은 뜻인데요, 아까는 '보이지 않는 것에서'처럼 '~에서'라고 해석했는데 여기서는 '~보다'라고 비교급으로 해석합니다. '은'(隱)은 '숨을 은' 자인데, 주석에서는 '암처'(暗處), '어두운 곳'이라고 되어 있어요. 그러니까 '호은'은 "어두운 곳보다"가 되겠지요. '막현호은'은 어두운 곳보다 더 잘 보이는 것이 없다는 뜻이에요. 우리는 밝은 데서 뭔가 잘 보이는 줄 아는데, 그게 아니라 자신의 본모습은 어두운 데, 은미한 데서 더 잘 보인다는 거죠. 자신의 본모습은 일상에 쉽게 드러나지 않는 은미한 곳에 숨겨져 있다네요. 그래서 자신만이 감지할 수 있죠.

　'막현호미'(莫顯乎微)에서의 '현'(顯) 자 역시 '드러나다', '부각되다'의 뜻이에요. 그래서 출세하고 이름나는 것을 '현달'(顯達)이라고 하죠. '미'(微) 자는 '미미하다' 할 때 '미' 잔데, 주석을 보면 '세미지사'(細微之事), 자디잔 사소한 일들이라고 나오네요. 그래서 '막현호미'는 무슨 뜻이냐 하면, 우리가 뭐 큰일만 중요한 줄 아는데요. 사실은 사소한 일에서 자신의 마음속 깊이 잠재되어 있던 욕망이 더욱 잘 드러난다는 거죠.

그래서 '막현호은 막현호미'는 어떻게 해석이 될까요? 자신의 본모습은 자취가 드러나지 않는 어둡고 은밀한 곳, 미세한 일에서 분명하게 나타난다는 겁니다. 사람이란 게 원래 남이 보고 있으면 뭔가 의식해서 일을 폼 나게 하려고 하잖아요. 남이 안 보는 혼자일 때, 남에게 안 보이는, 나만 아는 내면에서 그 사람이 어떤 사람인지가 더 잘 드러납니다. 은미한 가운데서 인욕이 싹 터 자랄 때, 그 기미를 다른 사람은 모릅니다. 오직 자신만이 알 수 있는 이 지점에서 자신이 어떤 사람인가가 '밝게 나타난다'고 한 것입니다.

그래서 '고군자신기독야'(故君子愼其獨也), 고로 군자는 '신기독야'해야 합니다. 혼자 있을 때 조심해야 한다는 거죠. 이걸 줄여서 '신독'(愼獨)이라고 합니다. 여기서 '독'의 주석은 "人所不知而己所獨知之地也"인소부지이기소독지지지야라고 되어 있습니다. "다른 사람[人]은 알지 못하는 바[所不知]인데, 나[己]만 홀로[獨] 알[知] 있는 곳[地]"이란 뜻입니다. 이때 '땅 지' 자는 '~하는 곳'이란 뜻이죠. 여러분, 내 마음속 이런저런 생각은 남은 모르고 나만 알아요. 그래서 '신독'이란 결국 내 마음속 이런저런 생각이 일어나는 그 지점에서부터 조심하라는 거예요. 그런데 내 마음을 내가 다 아는 것도 아니지요. 흔히 하는 말 중의 하나가 "내 맘 나도 몰라"이지요. 사실 그렇습니다. 우리는 대부분 자신의 마음, 마음의 상태를 모른 채 거칠게 살고 있지요. 크게 기뻐하고, 어느 순간 불같이 화를 내고… 그래서 항상 마음의 자리를 주시해야 합니다. 지속적인 마음공부, 성찰이 있어야 가능하겠지요.

'신기독야'가 『중용』에만 나오는 것은 아닙니다. "어, 그거 『대학』
에 나오는데?" 하시는 분, 계실 거예요. 『대학』의 전(傳) 6장에도 '필
신기독야'(必愼其獨也)라는 구절이 있죠. 여기서 『대학』 6장의 해당
문장을 같이 보고 가겠습니다.

小人閒居, 爲不善, 無所不至.소인한거 위불선 무소부지

見君子而后, 厭然揜其不善, 而著其善.견군자이후 암연엄기불선 이저기선

人之視己, 如見其肺肝, 然則何益矣?인지시기 여견기폐간 연즉하익의

此謂誠於中, 形於外, 故君子必愼其獨也.차위성어중 형어외 고군자필신기독야

어려운 한자가 한두 글자 보이네요. 둘째 줄의 '후'(后)는 왕이나
왕후를 말할 때 쓰는 '후' 잔데, 여기에서는 '뒤 후(後)' 자로 쓰였습니
다. 바로 다음 글자 '厭'은 원래 '싫어할 염' 자지만, 여기서는 '가리다',
'숨기다'의 뜻으로 '암'으로 읽어요. '엄'(揜)은 '가릴 엄' 자고요.
첫 줄에 '소인'이라고 나오네요. 『중용』에서도 바로 다음 장인 2
장에 '소인'이 나옵니다. 군자는 중용하고, 소인은 반(反)중용한다고
그래요. 반중용이란 중용을 안 한다 혹은 반대로 한다는 뜻이죠. 그
런데 여기 『대학』에서는 소인이 '한거', 편안히 있는데요. '일상에서'
라는 뜻으로 봐도 되죠. 그 일상에서 선하지 않은 일을 행합니다[爲
不善]. 우리 같은 소인은 일상생활에서 선하지 않은 일을 부지기수로
하게 마련이죠. '무소부지'(無所不至)는 '이르지 못할 바가 없다'라는
뜻이니까, 첫 줄은 "선하지 않은 일을 하는 것이 이르지 못할 바가 없
다", 쉽게 말해 별의별 나쁜 짓을 다 한다는 얘기예요.

그런데 이렇게 살다가 어느 날 갑자기 군자를 봤어요[見君子]. 그 랬더니 군자는 자기하고 다른 방식으로 사는 거죠. 그래서 '암연'(厭然), 기가 팍 죽어 은폐하고 숨깁니다. '도'와 분리되어 제멋대로 살다 가 도리를 지키고 사는 군자를 보니까 기가 죽고 자신의 모습을 감출 수밖에요. 인간이라면 다 이런 마음을 갖고 있으니까요. 그래서 자신 의 그 선하지 못함을 엄폐해요[揜其不善]. 감추고 가리지만 또 그 자 신에게 그래도 좀 선한 부분도 있을 거잖아요? 그래서 그 선한 부분 을 보란 듯이 드러내요[著其善]. 군자를 보고 기가 죽어서 자기의 나 쁜 점을 감추고 좋은 점을 드러내는 거죠. "나도 이런 일 정도는 하고 산다~" 하고요. 어때요, 정말 너무 실감나게 표현했죠?

그런데 다른 사람이 자기를 바라보기를[人之視己] 무엇과 같이 하느냐? 나의 폐와 간[其肺肝]을 보는 것같이[如] 본답니다[見]. 그만 큼 꿰뚫어본다는 거죠. 일시적으로 '불선'을 가리고 선한 일을 해봤 자, 주변 사람들은 이미 나를 꿰뚫어보고 있습니다. 그런즉[然則], 그 때 되어서 해봤자 "무슨 도움이 되겠는가"[何益矣]라고 하네요.

이런 까닭에 "마음속에 '성'이 있으면"[誠於中], 그러니까 성실함 과 진실됨이 있으면 "밖으로 다 드러난다"[形於外]는 것이지요. '성' (誠)이 바로 『중용』의 키워드 아닙니까? 『주역』에서는 '부'(孚) 자로 내적 진실성을 표현했지요. 어쨌든 내면의 진실성은 다 밖으로 드러 나기 마련입니다. 그래서 군자는 반드시 '신기독야'해야 한다는 거죠. 이렇게 『대학』과 『중용』은 맞물려 돌아가는 부분이 많습니다.

다시 『중용』으로 돌아와서 정리하자면, "어두운 곳보다 더 잘 보 이는 것은 없으며, 미세한 일보다 더 뚜렷한 일은 없다"고 했지요? 그래서 군자는 어떻게 해야 된다? 혼자 있을 때 '신독'해야 한다! 그런데 여기서 '혼자 있을 때'라는 건 '다른 사람이 안 볼 때'라는 의미도 되지만, 더 깊게 보면 남이 보건 안 보건이 중요한 게 아니라 '나만 아는 내 마음의 움직임', 이런 걸 말합니다. 주자는 후자로 해석했어요. 내 마음속의 일들은 다른 사람이 100% 절대 몰라요. 하지만 나만 아는 그 미세한 움직임이 일어나는 지점을 참 조심해야 돼요. 왜 그럴까요? 중용을 하느냐 안 하느냐가 바로 그 지점에서 갈라지거든요. 도의 길로 가는가, 사욕에 휘둘리는가가 거기서 결정됩니다. 군자와 소인은 거기서 갈라진다고 본 거죠. 겉으로 드러날 때가 아니라 내면에서 우리의 의식이 작동할 그 순간부터 이미 갈라진다는 겁니다.

희로애락지미발喜怒哀樂之未發 **위지중** 謂之中이요, **발이개중절**發而皆中節 **위지화**謂之和니 **중야자**中也者 **천하지대본야**天下之大本也요, **화야자**和也者 **천하지달도야**天下之達道也라.

다시 『중용』으로 돌아와 보면요, '희로애락'은 우리의 대표적인 일상의 감정이잖아요. '희로애락애오욕'(喜怒哀樂愛惡慾) 하면 칠정(七情)이고요. 기뻐하고[喜], 노여워하고[怒], 슬퍼하고[哀], 즐거워하고[樂]. 아, 여러분 '락'의 음이 세 개인 것은 알고 계시죠? '즐거워할 락', '음악 악', '좋아할 요' 이렇게요. '요산요수'(樂山樂水)가 '좋아할 요'로 쓰인 예죠. 아무튼 여기서는 즐거워한다는 '락'입니다.

자, '희로애락지미발'(喜怒哀樂之未發), 이러한 정이 '미발', 드러나지 않은, 혹은 작동되지 않은 것은 '성'(性)이라 할 수 있죠. 그것이 '불편불의'(不偏不倚), 편벽되고 치우친 바가 없으므로 그러한 때를

'중'(中)이라고 한대요. 위지중(謂之中)입니다. 인간의 성정(性情)은 내면에 있을 때는 하늘에서 받은 그대로 고요한 상태란 것이죠.

그런데 '발이개중절 위지화'(發而皆中節 謂之和), 그 '중'한 상태의 감정이 겉으로 발해져서 모두 '절도'(節度)에 '중'(中)한 걸 '화'라고 한대요. '발한다'는 것은 일상에서 마음을 쓰고 말하고 행동하는 겁니다. '솔성'의 과정이죠. 여기서의 '중'(中) 자는 맞는다, 적합하다의 의미니까 '중용' 할 때 '중' 자와 같은 동사이죠. 그럼 '절에 맞는다'는 건 뭘까? '절'은 아까 말씀드린 대나무 마디를 떠올리시면 돼요. 정도, 구분이죠. 그러니까 동양문화권에서는 희로애락 같은 감정을 표현하는 것도 자신의 신분에 따라 처한 상황에 따라 드러내는 방식 내지는 정도가 다르다고 생각한 거예요, 감정 표현도 '절도'에 맞게 해야지 신분과 처지에 따라 각기 다르게 설정되어 있는 범위를 벗어나 버리면 그 사회가 제대로 작동되지 않는다고 생각한 겁니다. 예를 들어 자식으로서 부모님 앞에서 지나치게 슬픔을 표현하고, 하소연하면 불효입니다. 부모님께 걱정을 끼쳐드리는 것, 불효죠. 그게 다 '절도'에요. 그리고 이렇게 절도에 맞는 것, 각자의 위치에서 범주와 범위에 맞게 생각하고 행동하는 것을 일컬어서 '화'(和)라고 한 것입니다.

이어서 '중'과 '화'를 한 번씩 더 풀어 주죠. '중야자 천하지대본야' (中也者 天下之大本也), 희로애락이 아직 발현되지 않은 그 상태인 그 '중'이 바로 '천하'의 '대본', 큰 근본이래요. 그리고 '화야자 천하지달도야'(和也者 天下之達道也), '화'라는 것은 '천하'의 '달도'고요. 이때 '달'(達) 자는 무언가에 '통달하다' 할 때 쓰죠. 천하고금에, 어떠한 세상에서나 다 통한다는 의미입니다. 초시간적이고 초공간적인 개념이라고 할 수 있어요. 한편으로 '달' 자에는 어디에 도달한다는 뜻도 있잖아요? 여기서 '달' 자를 이 의미로 본다면 이때 '달도'는 '죽을 때까지 해야 되는'이라는 뜻이 됩니다. 평생 가지고 가야 할 도라는 거죠. 물론 주자는 첫번째, 두루 통한다는 뜻으로 해석했습니다.

이 문장에 대한 주석이 중요하니 복습 삼아 쭉 살펴보겠습니다. 일단 "喜怒哀樂희로애락, 情也정야, 其未發則性也기미발즉성야, 無所偏倚무소편의. 故謂之中고위지중." 우선 희로애락은 '정'(情)이라고 합니다. 네, 감정을 '리'(理)라고 하지는 않겠죠.

주자학에 보면 '인심'(人心)과 '도심'(道心)이라는 게 있어요. 학교 다닐 때 윤리 교과서에서 보신 게 기억나면 좋겠지만… 아무튼 우리의 마음을 '인심'과 '도심'으로 나누는데, 이 중에서 '인심'이 바로 '희로애락애오욕' 같은 칠정(七情)이에요. '도심'은 측은지심, 수오지심, 사양지심, 시비지심 같은 사단(四端)이고요. '사단칠정론'(四端七情論)이란 결국 인심과 도심의 관계를 이야기하는 겁니다. 퇴계 철학과 율곡 철학이 어떻게 다르다느니, 퇴계 선생이 기대승하고 편지를 주고받으며 논쟁했다느니 하는 이야기 들어 보셨을 거예요. 퇴계 선생님께서 돌아가시기 몇 달 전까지 편지를 쓰고 그러셨죠. 그걸 '사단칠정 논쟁'이라고 합니다. 그 논쟁의 주제는 결국 인심과 도심의 구도를 어떻게 설정할 것인가, 그리고 거기에 기반하여 우리의 이런저런 감정들을 어떻게 잘 조절해서 인의예지를 실현하면서 살 수 있을까 하는 겁니다.

아무튼 이러한 '희로애락', '정'이 "其未發則性也"기미발즉성야, 발현되지 않고 우리 마음속에 편벽되거나 치우치지 않은 상태로 있을 때는 '성'(性)이라는 거죠. 그런데 사실 바로 이 부분, 어떤 단계까지가 '성'이냐 하는 것 때문에 싸움이 일어나는 겁니다. 칠정이 발할 때 '리'가 따르느냐 분리가 되냐 등등…. 어쨌든 이 '성'은 하늘이 명한 거니까 여기에는 편벽됨이 없어요, 치우침이 없어요[無所偏倚]. 그러니까 이런 '성'의 상태를 '중'이라고 할 수 있는 겁니다[謂之中].

이어서 "發皆中節 情之正也"발개중절 정지정야. '발'하여서 모두 '절'에 맞게 되면, 어떤 범주 안에 들어가게 되면, 이것은 '정'(情)의 '정'(正)이라는 말입니다. 그럼 이 범주에 맞지 않으면 뭐가 되죠? 네, '정'의 '사'(邪)가 됩니다. '정'(情)에는 '정'(正)이 있고 '사'(邪)가 있어요. '정'(情)의 '정'(正)이 바로 '도심'과 연결될 수 있는 거죠. 그래서 희로애락 같은 이 '정'이 발하여서 바른 방향으로, 그 범위 안의 것으로 드러나면 충분히 긍정적인 겁니다. 성리학이나 주자학이 인간의 감정을 완전히 무시하거나 그런 건 아니에요. 다만 조절을 해야 한다는 거죠. 이걸 너무 벗어나는 건 받아들일 수 없는 거였어요. 자, 이렇게 발하여서 모두 다 '절'에 맞으면 이것이 '정'의 '정'이니, "無所乖戾 故謂之和"무소괴려 고위지화, 어긋나는 바가 없어서 '화'라고 한다는 거예요. 이게 바로 『중용』에 나오는 '중'과 '화'의 개념입니다. 중요한 부분이지요.

다음은 '대본'과 '달도'에 관한 주석입니다. "大本者대본자, 天命之性천명지성, 天下之理천하지리 皆由此出개유차출." '대본'이라는 게 하늘이 명한 '성'으로, 천하의 이치가 모두 이로 말미암아 나온다고 하네요. 그러니 이것이 "道之體也"도지체야, 도의 '체'(體)라고 합니다. '체'의 반대말이 '용'(用)이죠? '체'는 본체고 '용'은 쓰임입니다. '체'가 '본'(本)

이자 '선'(先)이고, '용'이 '말'(末)이자 '후'(後)죠. 자, 이렇게 '대본'이라는 것은 하늘이 명하신 성이고 천하의 모든 이치가 이로 말미암아 나오니 이것이 곧 도의 '체', 본질입니다.

"達道者 循性之謂."달도자 순성지위 '달도'는 앞에서 두루 통하는 도 내지는 죽을 때까지 지켜야 될 도라고 했죠? 여기서는 '좇을 순'을 써서 '성'을 따라가는 걸 말한다고 설명하고 있습니다. 달도란 '성'을 따라 살아가는 것을 말하니, "天下古今之所共由천하고금지소공유 道之用也도지용야"라. 한문에서 '말미암을 유(由)' 자는 '행할 행(行)'의 뜻으로도 자주 쓰이는데요, 이 문장이 그런 경우입니다. "천하고금에 모두 다 행하는 것이니, 도의 '용'이다"라는 겁니다. 이렇게 '중'이 '체'로, '화'가 '용'으로 정리가 돼요.

그러니까 어디서부터 출발해요? 내 마음에 '미발'인 상태, 아직 드러나지 않은 평정한 상태, '중'(中), 어떤 편벽됨도 없는 나만이 아는 '독처(獨處)'입니다. 이게 전제되어 있어요. "내 마음은 항상 흔들린다네" 이러시면 안 돼요, 여러분. 흔들리는 건 '발'해진 상태예요. "내 마음은 호수요" 하셔야 합니다. 어쨌든 그러한 상태에서 마음이 외물과 부딪혀 나올 때 일상생활에서 균형, 조화를 이루어야 하겠죠.

다음 문장으로 넘어갑니다. **치중화**致中和 **천지위언**天地位焉 **만물육언**萬物育焉이라. 우선 '치중화'(致中和)에서 '중'과 '화'로 따로따로 이해를 하셔야 해요. '체'와 '용'으로요. 이걸 다 섞어서 비비시면 안 됩니다! 자, 그러니까 '중'과 '화'를 '치'(致)한다는 건데, 이 '치' 자에 대해서는 주석을 보세요. "致 推而極之也."치 추이극지야 '추'(推)는 '밀 추' 자예요. 확

대해서, 이걸 쭉 밀어 나가서, 그것의 끝[極]까지 간다는 거예요. 좀 하다가 나 힘들어, 좀 쉴래, 이러시면 절대로 안 된대요. 계속 가야 합니다. 이렇게 '중'과 '화'를 '치'한다는 이야기를 하면 『대학』이 떠오르지 않을 수가 없습니다. '격물치지'(格物致知)부터 시작해서 '성의정심'(誠意正心), '수신제가치국평천하'(修身齊家治國平天下)가 연계되어 있지요. 이걸 『대학』의 8조목이라고 하는데 옆에다가 써놓으세요. '격물', '치지', '성의', '정심', '수신', '제가', '치국', '평천하' 여덟 개예요. 이게 여기서는 '치중화'로 나온 겁니다. 『맹자』에는 사단(四端)을 '확이충지'(擴而充之)하라고 나와 있죠? 인의예지의 실마리인 사단을 '확이충지'하면 처음은 졸졸졸 흐르는 물과 같다가 나중에 큰물이 되고, 처음엔 불씨였던 것이 나중에 확 퍼진다고요. 아무튼 '중'과 '화'를 끝까지 추구해요. 끝까지 확장하고 확충합니다.

그러면 '천지위언 만물육언'(天地位焉 萬物育焉)한대요. 하늘과 땅이 자리잡고 만물이 자란대요. 주석에 보면 "位者 安其所也"위자 안기소야라네요. '위'라는 것은 '안기소', 그 있을 곳에서 편안하대요. 하늘과 땅이 그 있을 곳에서 편안하다니? 하늘의 해와 달, 별들의 운행이 제대로 돌아가고, 지상의 것들도 다 잘돼요. 천지가 그 있을 곳에서 편안한 것이죠. 하지만 내가 '중화'를 제대로 안 하면, 지진이 나고, 홍수가 나고… 안 좋아집니다. 다음에 "育者 遂其生也"육자 수기생야, "'육'이라는 것은 그 가지고 태어난 삶을 완수한다"라는 말이죠. 제대로 자라는 거예요. 중간에 벼가 쓰러지거나 꽃이 다 펴 보지도 못하고 지거나 이런 일 없어요. 그런데 여기서 '성'(成) 자가 아니라 '수'(遂) 자를 쓴 것에 유의하셔야 합니다. 여기에다 '성'을 쓰면 안 돼요. 두 글자의 의미가 다릅니다. '수' 자는 시간의 경과가 들어가 있는 단어예요. 무슨 뜻이냐 하면, 씨앗을 심어 싹이 트고 잎이 나고 열매가 나잖아요? 마지막에 열매가 맺히는 것에 포인트를 맞추면 '성' 자를 써요. 모두 이루었다고. 그런데 이루려고 노력하는 과정 전체를 얘기하려면 '수' 자를 써야 합니다. 그 열매가 다시 씨가 되는 것까지 이 과정 전체를 '수' 자로 표현한 거죠.

여기서 여러분, 이 구절을 어떻게 봐야 되는지를 각자 한번씩 생각해 보세요. 소우주와 대우주 관계로 보셔도 좋고, 나와 전 우주가 맺고 있는 관계, 전 지구와 전 우주가 맺고 있는 관계로 보셔도 좋습니다. 아무튼 나라는 한 개인이 '중'과 '화'를 다했을 뿐인데 천지가 그 있을 자리에서 편안하고 만물이 제대로 다 자란다니, 이런 비약이 도대체 어떻게 가능한 것인가에 대해 고민을 해봐야 된다는 거죠.

이어지는 주석도 지나칠 수가 없어요. "自戒懼而約之자계구이약지, 以至於至靜之中이지어지정지중 無所偏倚무소편의, 而其守不失이기수불실, 則極其中즉극기중, 而天地位矣이천지위의. 自謹獨而精之자근독이정지, 以至於應物之處이지어응물지처, 無少差謬무소차류, 而無適不然이무적불연, 則極其和而萬物育矣즉극기화이만물육의"라.

어떻게 '중'과 '화'를 지극히 할 수 있나를 말하는 부분입니다. '계신'(戒愼), '공구'(恐懼)로 풀고 있네요. '자계구이약지'에서 '자'(自) 자는 '스스로', '나'의 뜻이 아니라 '~로부터'로 봅니다. 뒤의 '지'(至) 자와 연결되어 '~로부터 ~에 이른다'가 됩니다. '계'(戒) 자와 '구'(懼) 자는 앞에서 나왔죠? 경계하고 두려워하는 거죠. 그러니까 "경계하고 두려워하는 마음을 '약'(約)"하는 데서부터 시작한다는 것인데, 이

'약' 자가 문제입니다. 이게 '요약하다'의 '약' 자이긴 한데, 그렇게 보시면 의미가 살지 않아요. 『논어』에 '박학이약지'(博學而約之)라는 말이 나옵니다. 넓게 배우고 그것을 '약'하라는 것인데, 이때의 '약' 자는 자신이 중요하다고 생각하는 것을 집약하라는 뜻이지요. 쉽게 말해 '일이관지'(一以貫之)예요. "하나로 꿰뚫어라"라는 거죠. 지금 강의하면서도 『중용』 했다가 『주역』 했다가 『장자』 얘기도 하고 막 정신없잖아요? 이것저것 많이 배우고 계신데, 그걸 '약'해야죠. 하나로 꿰어야 합니다. 핵심을 잡아 나간다고 해도 되겠네요. 그런데 여기서 '약'은 계구하는 마음이 흩어지지 않게 유지한다는 뜻으로 보시면 좋습니다. 남들이 해줄 수 없습니다. 그러니까 여러분, 경계하고 두려워하는 긴장감을 유지하여 편벽되고 치우침이 없는 내면의 '중'을 지키는 단계까지 이르러야 하는 겁니다.

'이지어지정지중'(以至於至靜之中)으로 시작되는 문장의 '지'(至)는 '이기수불실'(而其守不失)까지 걸리는데요. '지극히 정한 가운데에 편벽되고 치우친 바가 없어 그 지킴을 잃지 않는 데에 이르면', 이렇게 해석하시면 됩니다. 그럼 '지정지중'이 바로 뭡니까? '희로애락'이 '미발'한 상태이죠. '미발'을 '지정', 지극히 고요하다고 푼 것입니다. 그러니 편벽되고 치우친 바가 없겠지요[無所偏倚]. 그 지킴을 잃지 않은즉[其守不失], 그 불편불의한 '중'을 다할 수 있어서[極其中], 천지까지도 제자리에 편히 있어 운행이 순조롭게 된다는 것입니다[天地位矣]. 이걸 보면, 인간이 갖고 있는 마음가짐이라든가 이런저런 행동들이 전부 하늘과 땅에 작용을 하는 겁니다. '천'(天)에서 우리가 '성'(性)을 받았잖아요. 서로 상호작용을 하는 거죠. 『주역』에서도 보면, '천'

과 '지' 사이에 '인'이 있잖아요. 인간이 가운데에 자리잡고 하늘과도 주고받고, 땅과도 주고받아요. 하늘의 운행을 바르게 하고, 땅은 다 잘 자라게 하고, 이걸 뭐라고 해요? '삼재'(三才), 세상을 움직이는 세 개의 요소, 삼극(三極)이란 뜻이죠.『주역』이 내내 이야기하는 게 이런 거예요. 인간이 수시로 변하는 상황 속에서 어떻게 적절하게 행동할까를 얘기하는 거거든요. 지금 이 주석도 결국 그 이야기를 하고 있는 거예요.

그다음에 '자근독이정지'(自謹獨而精之), '근독'으로부터 세밀히 하여 사물에 응하는 데에 조금의 착오도 없이, 하는 일마다 그렇지 않음이 없는 데에 이르면, '화'(和)를 지극히 하는 것이 되어 만물이 생육될 거라고 하네요. '근독'에서 시작된다고 하는데 아까는 '신독'이라고 했죠? 같은 뜻인데, 주자는 '신독'을 '근독'이라고 많이 바꿔서 얘기해요. '삼갈 근(謹)'에는 '열심히', '죽을 때까지' 한다는 뉘앙스가 있네요. '근독', '신독'을 아주 성실히, 평생 동안 해요. 그러면서 그것을 어떻게 한다? '정'(精)하라고 했어요. 여기서 '정'은 촘촘히, 빈틈없이 하라는 겁니다. '신독', '근독'부터 하니 허술하면 안 되는 거예요. 시행착오를 많이 겪겠죠. 내 마음을 잡고 있다가 어느 순간 놓치기도 하겠죠. 그런 시행착오를 줄여 나가는 길은 정밀히 하는 방법밖에 없습니다.

자, 이렇게 아주 촘촘히 정밀하게 해가지고 '응물'하게 되면[以至於應物之處], 조금의 어긋남이나 오류도 없을 수 있겠지요[無少差謬]. 여기서 '응물'이란 무엇인가 하니, 만물에 '응'(應)하는 것, 그러니까 여러분이 일상에서 하는 경험 일체, 대인관계라든가 자연을 대하는 태도라든가 이런 모든 걸 다 포함하는 거예요. '차'(差)는 '어긋날 차' 자, '류'(謬)는 '잘못될 류' 자이고요. 이어지는 '무적불연'(無適不然)에서 '적'(適) 자는 '적합하다'의 뜻이 아니라 여기서는 '가다'라는 뜻입니다. "어디에 간들 그렇게 되지 않음이 없다", 이건 주자가 많이 쓰는 관습적인 표현이에요. 이때 '적' 자가 의미가 안 잡힌다 싶으면, '행'(行) 자로 생각하면 돼요. 무슨 일을 행하든 그런 상태가 되지 않음이 없어요. 오류나 실수가 없는 상태가 된다는 거죠. '근독'에서부터 그런 상태에까지 이르게 되면 그 '화'를 지극히 하는 것이 되어 만물이 저절로 잘 자라게 돼요[極其和而萬物育矣].

'중'과 '화'를 지극히 한다는 의미가 파악되셨나요? 다음 문장도 보세요. "蓋天地萬物개천지만물 本吾一體본오일체"래요. 천지와 만물이 본래 나와 일체라고 하네요. 여러분, 이거 어떻게 생각하십니까. 갑자기 내가 이 우주 만물과 긴밀하게 연계되어 있다고 생각하니 부담스러우신가요? 그래서 허투루 살 수가 없는 거예요.『중용』은 결국 인간의 입장에서 천지와 만물을 바라보는 책이에요. 사실『주역』도 마찬가지입니다. 점괘 나온 걸 보고, 이러이러한 상황에 놓여 있으니까 이렇게 저렇게 하는 것이 '이롭다', '무난하다'라고 판단하는 거잖아요. 그런데『중용』은 여기서 더 분명하게 이야기하고 있습니다. 나와 천지만물은 본래 '일체'이다. 하늘이 명한 '성'을 가지고 태어났으니 당연한 이치 아니겠어요. 인간의 정신·행동을 이렇게 크고도 의미 깊게 본 책이『중용』입니다.

그래서 "吾之心正오지심정, 則天地之心즉천지지심, 亦正矣역정의"라. '천지지심'은 천지를 인격화한 표현이죠. 나의 마음을 바르게 한즉 천지의 마음도 또한 바르게 된다는 겁니다. 마음을 바르게 한다는 '정심'(正心)은 『대학』의 8조목 중 하나이기도 하죠. 사실 이게 참 어려운 겁니다만…. 아무튼 결국 뭐예요? 우리의 타고난 성정이 '정'하게 바른 방향으로 가야 한다는 겁니다. 희로애락의 '정'이 출발점이에요. 모든 인간관계가 그렇게 대단한 이념이나 이런 걸로 돌아가는 게 아니라 희로애락 감정의 수준에서 형성되고 그 파장이 윤회로 남는 겁니다. 그러니 내 마음을 '정'하게 써야 해요. 그리고 "吾之氣順오지기순, 則天地之氣즉천지지기, 亦順矣역순의." 나의 기운이 '순'(順)한즉, 여기서 '순' 자는 천지자연의 흐름, 이치를 따른다는 의미로 보시면 돼요. 나의 기운이 이 흐름을 따른즉, 천지의 기운도 또한 '순'하게 된대요.

저는 처음 『중용』을 배우고 익힐 때 이 부분이 이해하기도 어렵고, 엄청난 말에 충격을 받기도 했어요. '중'과 '화'를 다하면 천지가 다 편안해지고 만물도 잘 자란다? 지금도 그때 버스를 타고 집에 돌아오면서 이게 도대체 뭔 소린가 혼란스럽던 기억이 생생합니다. 그래서 여러분, 이 부분은 힘닿는 데까지 주석도 찾아 읽으시고, 생각도 많이 하셔야 해요. 그래야 이 의미가 여러분 것이 되죠. 문장도 너무 평범하고 어려운 글자도 없는데 이런 엄청난 얘기를 하고 있잖아요? 나와 이 세계, 이 우주가 맺고 있는 관계를요. 자, 이걸 기억하셔야 합니다. 천지만물이 나와 본래 일체라는 것, 그 최고의 경지는 나의 '계구'(戒懼)와 '근독'(謹獨)에서 시작된다는 것을요. 평범하죠? 그러니까 더 대단한 겁니다.

그 뒤의 주석에도 여러 얘기가 나오는데요. 중요한 것은 '체'와 '용', '중'과 '화'는 분리되는 것이 아니라 같이 가야 된다는 거예요. 사실 같이 갈 수밖에 없잖아요? '희로애락'이 발해지지 않은 게 '중'이고 발해서 '절'에 적합한 게 '화'잖아요. 그러니까 '체'인 '중'과 '용'인 '화'를, 본체와 쓰임을 분리시킬 수가 없잖아요. 이걸 생각하면 더욱 '계구', '근독'에 힘쓰게 됩니다. 세상살이에 저절로 신중하고 겸손해지겠지요.

길게 말씀드렸는데, 여기까지가 1장이고, 이게 『중용』 전체의 주제문입니다. 이 장에서 '성'은 결국 어디서부터 나와요? 하늘이죠. 인간 본성의 근거를 하늘에 둠으로써 '천부성'을 갖게 된 겁니다. 여러분, 『중용』은 인간의 '성'은 천부적이고, 동질적이라는 선언으로 시작됩니다.

그러니까 『중용』에서는 인간의 선한 본성이 없다고 부정한다든가 분리하여 떼어 버리고 싶다든가 이런 게 안 된다는 겁니다. 그래서 결국 우리가 할 수 있는 건 이것을 잘 함양시키는 거예요. 잘 기르고 확장시켜, 최대한 인간답게 살아가는 거죠. '솔성'의 길이지요.

이 장을 맺는 부분의 주석에는 주자학의 용어가 많이 나옵니다. '존양성찰'(存養省察)도 나오고 '반구저신'(反求諸身)도 나와요. '존양성찰'은 가지고 태어난 본연의 성을 잘 보존하고 기르라는 겁니다. 물론 지속적으로 의식을 집중하는 '성찰'의 자세를 유지해야겠지요. '반구저신'의 '諸'는 '제'가 아니라 '저'로 읽습니다. 이때는 '지어'(之於)의 뜻이거든요. 되돌이켜서[反] 그것을 자기 자신에게서[諸身] 찾아요[求]. 왜? 자기가 다 갖고 있으니까요. 남을 성찰하지 말고 우선 자신을, 자신의 내면을 성찰해서 구해야 합니다. '존양성찰', '반구저신'은 뒤에 다시 나오는데, 천리를 보존하고 인욕으로 나가는 길을 막아야 한다는 『중용』의 주제를 표현한 유명한 구절들입니다. 자, 이렇게 1장을 마치겠습니다. 1장이 『중용』 전체의 주제문인지라 설명이 길 수밖에 없었습니다.

제2장

仲尼曰 :
중 니 왈

"君子中庸, 小人反中庸.
군 자 중 용 소 인 반 중 용

君子之中庸也, 君子而時中;
군 자 지 중 용 야 군 자 이 시 중

小人之中庸也, 小人而無忌憚也."
소 인 지 중 용 야 소 인 이 무 기 탄 야

중니께서 말씀하셨다.

"군자는 중용을 하고 소인은 중용에 반대로 한다.

군자가 중용을 하는 것은 군자이면서 때에 맞게 하기 때문이요,

소인이 중용에 반대로 하는 것은 소인이면서 꺼리는 것이 없기 때문이다."

『중용』전체 33장 중에서 2장부터 11장까지는 자사(子思)가 자신의 할아버지였던 공자의 말을 인용해서 "공자께서 이렇게 말씀하셨다, 저렇게 말씀하셨다"라고 쓴 부분입니다. 가만 보면 공자의 능력이 손자인 자사에 와서 꽃을 피운 거 같아요. 아들 리(鯉)는 별로 비범하지 않았다고 전해지는데… 역시 '격세유전'(隔世遺傳)인가요? 아무튼 이 부분은 공자의 말로 1장에서 봤던 중용을 다시 설명하는 부분입니다. 이 2장부터 11장까지가 한 묶음이라고 보시면 돼요.

첫머리에 **중니왈**仲尼曰이라고 나오죠? 뒤에 가면 '자왈'(子曰)도 많이 나오는데, 둘 다 '중니가 말했다', '자가 말했다'인 거죠. 모두 공자를 가리킵니다. 공자가 뭐라고 말했는가? **군자중용**君子中庸 **소인반중용**小人反中庸이래요. 이 문장도 워낙에 유명합니다. '군자'는 '중용'이요, '소인'은 '반중용'이다. 여기에는 동사가 생략되어 있어요. 군자는 중용을 '행하고'죠. 군자는 중용을 행하고, 소인은 중용에 반대로 행합니다. 반(反)한다는 건 '중용과 어긋난다' 또는 '중용을 하지 않는다'라고 보셔도 되고요. 그래서 생략된 동사를 '행'(行)으로 봐도 좋습니다.

여기서 보셔야 할 건 '군자'와 '소인'의 개념입니다. 원래 공자 이전에 군자와 소인은 지배계급과 피지배계급을 가리키는 말이었어요. 세금을 내는 사람을 '소인', '야인'(野人)이라고 했어요. 그래서 『맹자』에는 '군자는 소인이 없으면 굶어 죽는다'는 말이 있어요. 소인이 농사지어서 세금을 내야 군자가 살 수 있다는 거죠. 한편 소인은 군자가 없으면 인간답게 살지 못한대요. 의식주가 해결되었어도 인륜을 모르고 산다면 금수와 다를 것이 없다는 거지요. 교화가 필요한 소인을 '야인'이라고도 합니다. 그래서 군자의 책무는 소인들을 제대로 교화해서 인간답게 살 수 있도록 이끄는 거예요. 이때 교화는 통치한다, 다스린다는 의미죠.

그런데 공자는 지배계급인 '군자' 안에 다시 군자와 소인이 있다고 봐요. '사'(士) 안에 군자도 있고 소인도 있는 거죠. 군자는 누구냐? 정신적 가치를 추구하면서 비굴하지 않게 사는 사람이죠. 소인은 출세주의자들, 수단·방법 가리지 않고 부귀영화만 좇는 사람, 이런 사람들이고요. 공자가 보니까 지식인이라고 자처하는 것들 중에 이런 인간들도 많더라는 거죠. 지금 2장에서 나오는 군자와 소인은 바로 이 개념입니다. 『논어』에 나오는 군자와 소인은 대부분 이 용례입니다. 그럴 때 우리는 소인을 '소인배'라고 얘기하죠. 그래서 군자는 '중용'하고, 소인은 '반중용'한다고 할 수 있는 거죠.

주석을 보면 "唯君子爲能體之"유군자위능체지라는 부분이 있습니다. '몸 체'(體)는 여기서는 '체행한다', '몸으로 한다'라는 뜻의 동사로 쓰였어요. 오직 군자만이 능히 그것을 몸으로 할 수 있대요. 소인은 안 된대요. 여기서 그것은 중용을 가리키는 말이고, 그럼 몸으로 한다는 게 뭘까요? 실천한다? 그런데 실천한다고 하면 '행'(行) 자를 쓰면 되잖아요? '밟을 천(踐)' 자를 써도 되고요. 그런데 '몸 체' 자를 썼어요. 여러분, 이게 대단한 글자입니다. 이렇게 저렇게 해야지 생각하고 의도를 가지고 행하는 게 아니라 그냥 몸에 탁 붙어서 저절로 된다는 거죠. 그러니 굉장한 겁니다. 군자가 중용을 '체'한다는 건, 그냥 밥 먹고 그냥 생각하고 그냥 걷고 하는데, 몸이 저절로 중용을 행한다는 거죠. 이 '체' 자가 정말 의미가 무거운 글자예요. '행'이나 '천'이 의식적으로 노력을 해서 하는 거라면 '체'는 의식하지 않고, 몸과 일체가 되어 저절로 된다는 거거든요. 체질화되었다고 할 수도 있고 세포 속에다 스며들었다고도 할 수 있겠네요. 그래야 '군자중용'이 되는 거예요.

군자지중용야君子之中庸也 **군자이시중**君子而時中이요, **소인지중용야**小人之中庸也 **소인이무기탄야**小人而無忌憚也로 넘어갈까요? 앞부분만 먼저 보면 군자의 중용, 군자가 하는 중용은 '군자이시중'(君子而時中)이래요. 도대체 '군사이시중'을 어떻게 해석할 것인가가 문제인데요, 동사가 없어요. 언해 부분을 보면 '君子-오'라고 되어 있는데, 이건 "군자이면서"의 뜻입니다. 결국 군자의 중용은 '군자가 되어서' '시중'한다는 건데요, 우선 군자가 되어야 하는 겁니다. 『대학』에 나오는 '수신제가치국평천하'에서, 특히 '수신'(修身)을 한 군자 상태에서 가능하다는 말이에요. 그렇게 군자가 되어야 '시중'이 가능합니다. 이때 '시'(時)는 '때때로'나 '가끔'이 아니라 '항상'의 뜻입니다. 항상 어떤 상황에 놓이든지 과불급(過不及)이 없는 평상의 이치, 중용을 체행한다는 거지요.

　'소인지중용'(小人之中庸)은 어떤 판본에서는 '반'(反) 자가 들어가 "소인지반중용"이라고 되어 있기도 합니다. "소인의 중용은"이나 "소인이 중용에 어긋난 것은(혹은 반대로 하는 것은)"이나 문장 전체로 보면 결국 같은 뜻이죠. "소인이 하는 중용의 수준은" 이런 뜻이에요. 소인도 중용을 한다고 내세우겠지요? 이러한 소인의 중용은 '무기탄야'(無忌憚也), '기탄'(忌憚)이 없대요. '꺼릴 기' 자와 '꺼릴 탄' 자를 쓰는 기탄은 '거리낌이 없다'는 뜻이지요. 세상에 겁나는 것 없이 제멋대로 산다는 거예요. 1장에서 『대학』 구절을 설명할 때 나왔죠. '소인한거 위불선 무소부지'(小人閒居 爲不善 無所不至)라고요. 소인이 일상생활에서 '불선'한 일을 하는 것을 하지 못할 바가 없다고 했잖아요. 바로 그거예요. 거리낌없이 제멋대로 사는 걸 기탄이 없다고 표현한 겁니다. 소인의 상태에서 제멋대로 살아요. 내가 어떻게 살든 무슨 상관이냐면서요. 어떻게 이렇게 살 수 있을까? 우리 주변에도 이런 사람들 한둘씩 있습니다. 그런 사람들 유심히 보세요. 최소한의 도리, 예의가 없지요. 그런 것이 어디 있냐면서 자포자기하는 사람, 인간이길 포기한 사람들은 거리낌이 없어요.

하지만 군자는 '계구', '신독'합니다. 왜? 나로부터 가족, 사회에서 우주까지가 다 연결되어 있으니까요. 경외심이 저절로 생기는 거죠. 그래서 대개 '경외'는 나와 다른 존재와의 긴밀한 관계를 생각할 때 갖게 되는 어떤 조심스러움, 두려움인 거예요. 소인은 이런 거리낌이 없기 때문에 겁없이 제멋대로 살지요.

자, 여기까지가 2장입니다. 1장을 본 뒤에 보니까 분량이 짧죠? 장을 분량으로 나눈 게 아니라 의미로 나눴거든요. 아, 참고로 『중용』을 33개 장으로 나눈 사람은 주자입니다. 주자 이전에는 그냥 뭉텅이 글, 통글이었답니다.

여러분, 여기서 잠깐 생각해 보세요. 이 글을 지은 자사(子思)가 기원전 400년 무렵 사람이란 말이에요. 그러니까 우리는 지금 2,500년 전 글을 읽으면서 자사와 대화를 하고 있는 거죠. 이런 것을 『맹자』에서는 '상우'(尙友)라고 합니다. 맹자는 각자의 수준에 따라 친구의 수준도 달라진다고 합니다. 한 고장의 뛰어난 선비, 선사(善士)는 한 고장의 선사를 친구로 삼겠지요. 일국의 선사는 일국의 다른 선사를 친구로 삼을 겁니다. 그런데 일국의 선사를 친구로 삼는 것에 만족하지 못한다면? 그렇죠. 시대를 거슬러 올라가 옛사람, 고인(古人)이 남긴 시와 글을 읽어, 그들과 사귀어야겠지요. 이에 대한 내용이『맹자』「만장」(萬章) 하편에 나왔는데, 잠깐 볼까요? "頌其詩송기시 讀其書독기서 不知其人부지기인 可乎가호 是以論其世也시이론기세야 是尙友也시상우야." 풀어 보면 "그의 시를 외며, 그의 글을 읽으면서 그 사람을 알지 못한다면 되겠는가! 이로써 그가 살았던 세상을 논하는 것이니 이를 '상우'라 한다"입니다.

시대를 거슬러 올라가 책을 통해 옛사람을 벗으로 삼는단 건데, 이게 얼마나 대단한 일이에요? 2,500년 전 그 옛날에 인간이란 무엇인가, 인간은 무슨 일까지 할 수 있는가를 써놓은 자사도 대단하고, 지금 우리가 과거로 거슬러 올라가서 그때 그 사람이 남긴 글을 읽고, 그 사람의 생각에 고개를 끄덕이며 친구가 되고 있는 것도 보통 인연은 아니지요. 지금 우리는 2,500년 전 사람, 자사와 사귀고 있는 거예요! '상우', 참 멋진 일입니다.

제3장

子曰 :
자 왈

"中庸其至矣乎! 民鮮能久矣!"
중 용 기 지 의 호 민 선 능 구 의

공자께서 말씀하셨다.

"중용은 지극한 것이다! 사람들 중에 잘하는 이가 드문 지가 오래되었구나!"

이번에는 공자님이 뭐라고 말씀하셨는가? **중용기지의호**中庸其至矣乎에서 '기~호'(其~乎)는 '아마도 ~일 것이다'라고 해석합니다. 이대로 직역하면 '중용기지의호'는 "중용은 아마도 지극한 것이리라"라고 할 수 있을 텐데요, 여기서는 그렇게 해석하지 않습니다. 중용의 지극함에 '아마도'라는 부사는 어울리지 않으니까요. 여기서는 '지'(至)에만 포인트를 줘서 해석을 합니다. 중용은 정말 대단한, 지극한 것이라는 거죠.

중용이 이렇게 지극하고 중요한 것인데, **민선능구의**民鮮能久矣라고 하네요. '선' 자는 '조선'(朝鮮) 할 때의 선이죠? 그럴 때는 '선명하다', '맑다', '깨끗하다' 등의 뜻을 갖는데, 한문에서는 그런 용례는 많지 않습니다. 일반적으로는 '적다', '드물다' 등의 뜻으로 쓰입니다. 그러니까 이 구절은 어떻게 해석돼요? "사람들 중에 잘하는 이가 드문 지가 오래되었다"입니다. 중용이 지극한 것이고 너무도 중요한 것인데, 사람들 중에 이걸 제대로 알고 잘 행하는 사람이 드물어진 게 이미 오래되었다는 탄식이죠. 『논어』 「옹야」(雍也)편에도 약간 다르게 이 구절이 나옵니다. "子曰자왈 中庸之爲德也중용지위덕야 其至矣夫지기의부 民鮮久矣민선구의" 해석해 보면, '중용의 덕은 지극하도다! 백성이 드문 지 오래되었다'가 되겠지요. 『중용』에는 『논어』에 없는 '능' 자가 있어서 의미를 파악하기 훨씬 좋네요. 여기서 '능'하다는 일단 '능지능행'(能知能行)의 뜻으로 보시면 좋습니다. 능히 알고서 능히 행하는 거요. 자, 그러니까 이 중용이라는 건 우리 모두가 알고서 행해야 할 중요한 일인데, 사람들이 이걸 잘 못하고 있는 것을 공자님은 안타까워하신 것이네요.

제4장

子曰：
자 왈

"道之不行也, 我知之矣, 知者過之, 愚者不及也;
도 지 불 행 야 아 지 지 의 지 자 과 지 우 자 불 급 야

道之不明也, 我知之矣, 賢者過之, 不肖者不及也.
도 지 불 명 야 아 지 지 의 현 자 과 지 불 초 자 불 급 야

人莫不飮食也, 鮮能知味也."
인 막 불 음 식 야 선 능 지 미 야

공자께서 말씀하셨다.

"도가 행해지지 못하고 있는 이유를 내가 알겠노라. 지혜로운 자는 지나쳐 버리고, 어리석은 자는 미치지 못하기 때문이다.

도가 밝혀지지 못하고 있는 이유를 내가 알겠노라. 현명한 자는 지나쳐 버리고, 모자란 자는 미치지 못하기 때문이다.

사람들이 음식을 마시고 먹지 않는 이가 없지만 맛을 아는 이가 적다."

공자님이 계속 말씀하십니다. **도지불행야**道之不行也 **아지지의**我知之矣, "도가 행해지지 않는 이유를 내가 알겠노라"라고요. '갈 지(之)' 자를 살려서 해석하셔도 좋아요. "도가 행해지지 않는 것, 내가 그것을 알 겠노라"라고 말이죠.

그런데 이런 상황을 어떻게 해서 아냐면요, **지자과지**知者過之 **우자 불급야**愚者不及也랍니다. '지자'의 '지'(知)는 지혜가 있는 사람을 뜻합니다. 한문에서 '지'(知)와 '지'(智)는 통용되는데요, 읽다 보면 이 '지'(知) 자가 나올 때 '안다'는 뜻의 동사인지[知], '지혜로운 사람'이라는 명사인지[智]를 분별하셔야 돼요. 지금은 '그걸 어떻게 알아요?' 하시는데, 꾹 참고 『중용』을 열심히 읽으시다 보면 어느 순간 저절로 알게 되십니다.

자, 그런데 여기서 지혜로운 사람은 아는 것이 많다고 자부하는 사람이에요. 정말 현명한 지자(知者)가 아니지요. 그런 사람은 "그것을 지나간다"[過之]라고 하네요. 도를 일상적으로 우리가 몸에 붙이고 '솔성'하면서 살아야 하잖아요? 그런데 중용의 도가 행해지지 않는 것을 내가 알겠노라! 그 이유가 뭔가 하니, 잘난 척하는 사람은 우습게 여기고 그냥 지나가 버린다는 거죠. 일상적인 거니까 '내가 그걸 꼭 해야 돼?' 하면서 그냥 소홀히 여기고 지나가 버려요. 왜? 지식이 높으신 분들은 이러기 십상이죠. 그럼 '우자불급야'(愚者不及也)는 무슨 뜻일까요? 어리석은 사람은 도에 대해 미처 알지 못하여 행하는 데 미치지 못한다는 겁니다. 결국 이 경우나 저 경우나 중용의 도는 행해지질 않는 거죠. 똑똑하다고 자부하는 사람은 그걸 소홀히 여겨 지나치고, 어리석은 사람은 거기에 미치지 못하니까요.

도지불명야道之不明也 **아지지의**我知之矣 **현자과지**賢者過之 **불초자불급야**不肖者不及也라. 앞 문장과 똑같은 구조로 되어 있네요. 가만 보면 앞 문장은 '행', 실천에 관한 이야기고 지금 문장은 '지', 앎에 관한 이야기인 걸 알 수 있습니다. 바로 3장에서 말씀드린 '능지능행'을 이렇게 나누어서 설명하고 있는 거죠. 어쨌든 공자님은 도가 '불명야'(不明也), 밝혀지지 않는 이유를 내가 알겠답니다. 밝혀지지 않는다는 건 중용의 도가 무엇인지 확실하게 인식되지 않고 있는 것이지요. 자, 그 이유가 무엇일까요? '현자과지'(賢者過之), 현명한 사람은 이미 충분히 알고 있기 때문에 알 필요가 없다고 생각하여 더 이상 알려고 하지 않는다는 겁니다. 일상적인 거니까. '중용은 내가 다 알고 행하는 건데 뭐' 하면서 그까짓 거라고 소홀히 여겨요. 참고로 한문에서 '현'(賢) 자는 마냥 착하고 어질다는 것이 아니라 '능력 있다'라는 의미가 있는 글자입니다. 황희 정승이 현상(賢相)이었다고 하면 당시 문맥으로는 유능한 재상이었단 뜻입니다.

'현자'의 반대말로 '불초자'(不肖者)라는 단어가 나옵니다. '불초자' 하면 "불초소생은 웁니다" 이런 구절이 떠오르시지요? '초'가 '닮을 초' 자죠. '초상화' 할 때도 쓰고요. '불초' 하면 부모를 닮지 않았다는 말이에요. 그래서 '불초하다' 하면 '부모님에 못 미친다', '부족하다'라는 의미죠. 이런 모자란 사람들을 '불초자'라고 합니다. '불초자불급야'(不肖者不及也), 이렇게 부족한 사람들은 '불급', 미치지 못해요. '과유불급'이라는 말 있잖아요? '과'(過)도 '불급'(不及)도 똑같이 문제인 거죠. 그런데 여러분, 대체로 뭘 하기 힘든 경우에 "나는 못해내겠다, 불급인가 보다"라고 생각하시는데요, 그게 그렇지가 않습니다. 우리 각자는 또 어떤 부분에서는 '불급'이기도 하고 '과'이기도 해요. 능력이 지나쳐 넘어가는 경우에 오히려 정말 해야 할 일에 소홀하기 쉽죠. 그러면 불급이 되는 겁니다. 매일매일 우리 일상적 삶에서 지키며 살아가야 할 것, 진정성을 말이에요. 여기서는 중용의 실천을 말하는 것이지요.

참 평범하지만 중요한 문장입니다. 한 번 더 정리하자면, '솔성'이 되지 않는 것, 도가 제대로 행해지지 않는 걸 내가 그 이유를 알겠노라. 똑똑하다고 자부하는 사람들 내지는 잘난 사람들은 그것을 지나쳐 버려 소홀히 한다. 반면에 어리석은 사람은 알고 행해야 할 수준에 미치질 못해요. 과한 경우나 불급한 경우나 천리의 당연한 이치인 도에서 벗어나기는 마찬가지가 되죠. 중의 실천이 그만큼 어렵네요.

그래서 **인막불음식야**人莫不飮食也 **선능지미야**鮮能知味也라. 갑자기 왜 먹고 마시는 얘기가 나오나 살펴볼까요? '막불'(莫不)은 '~하지 않음이 없다'라는 의미입니다. 이중부정이죠. 자, '인막불음식야', "사람은 마시고 먹지 않는 이가 없다"라는 말입니다. 누구나 다 물 마시고 밥을 먹잖아요. 그런데 '선능지미야'라, 여기서 '능'(能)은 '능히'라는 뜻의 부사로 해석합니다. 3장의 '민선능구의'(民鮮能久矣)에서의 '능'은 '능한 사람'을 뜻하지만 여기서는 부사입니다. 한문은 이렇게 같은 글자가 위치에 따라 부사도 됐다가, 동사도 됐다가, 명사도 되기도 하죠. 이게 한문의 무한 매력입니다. 주격, 소유격 바뀔 때 글자 모양까지 바뀌는 표음문자와는 다르죠. 한자는 고립어라서 그런 게 없습니다. 물론 처음에는 '아, 이게 어느 땐 동사고, 어느 땐 명사고, 어느 땐 부사고, 뭐가 이렇게 제멋대로야?' 이러시면서 좀 어렵게 느끼실 수 있어요. 그런데 두세 달만 고생하시고 나면 안 바뀌는 게 그렇게 고마울 수가 없답니다. 이게 변한다고 생각해 보세요. 저는 프랑스어 배울 때 엄청 고생했어요. 격에 따라 시제에 따라 바뀌고, 외울 것도 많더라고요, 그렇죠? 한자는 글자는 바뀌지 않지만 놓인 위치에 따라서 문법적 기능이 달라집니다. 아무튼 여기서 '능'은 부사입니다. 사람이 먹고 마시지 않는 이가 없지만, 능히 맛을 아는 사람이 드물다, 적다는 거죠. 우리가 매일 음식을 마시고 먹지만 그 맛을 모르는 거죠. 그럼 이거는 무슨 의미인가? 지금 먹고 마시는 얘길 하자는 게 아니잖아요?

주석을 보면 "道不可離"도불가리라고 1장에서 했던 얘기를 반복하죠. 도(道)는 잠시라도 우리랑 분리될 수 없는 거잖아요. 그렇게 우리 속에, 우리의 일상 속에 들어와 있는데 사람들이 그걸 살피질 않아요. 그래서 누구는 '과'하고 누구는 '불급'하는 폐단이 생긴다는 거죠. . 이걸 음식에 비유한 거죠. 우리가 매일 먹는 음식과 물처럼 중용의 도 역시 이런 일용할 양식이라는 거예요. 그런데 우리가 매일 먹는 음식의 맛, 가치를 모르듯이, 우리가 도와 분리된 채 살 수 없다는 걸 사람들이 모른다는 얘기를 비유적으로 하고 있는 겁니다. 사람이 먹고 마시지 않음이 없건마는 능히 그 진정한 맛을 아는 사람이 드문 것처럼, 분리될 수 없는 도를 인식하고 '솔성'의 삶을 사는 사람이 드물다고요. 그렇죠. 매일 가야 하는 '길'이라고 해서 소홀히 해서는 안 된다는 얘기입니다.

제5장

子曰 :
자　왈

"道其不行矣夫!"
도 기 불 행 의 부

공자께서 말씀하셨다.

"도가 행해지지 못하겠구나!"

이어서 **도기불행의부**道其不行矣夫라고 합니다. 이런 상황이니 "도가 행해지지 못하겠구나" 정도의 의미로 보시면 돼요. '의'(矣) 자와 '부'(夫) 자가 뒤에 붙어 있는데 이건 단정의 감탄사입니다. 참고로 '부' 자가 문장 앞에 나올 때 옛날 선생님들은 '대저'를 붙여서 해석하시곤 하셨어요. 그런데 요즘엔 문장을 일으키는 '부'(夫), '범'(凡)과 같은 발어사는 의미가 없다고 보고 굳이 해석하지 않습니다. 반면에 지금 이 문장에서처럼 '부' 자가 맨 끝에 올 때는 대개 느낌표가 따라와요. 그래서 옛날 선생님들은 '~인저!' 하고 해석하셨어요. 안타까움 같은 게 느껴지시나요? 그러니까 "도가 행해지지 않을진저!"라고 해석할 수 있겠습니다. 아, 이렇게도 귀중한, 우리 몸에서 잠시도 떼 놓을 수 없는 도리, 우리가 갖고 태어난 '성'의 실천이 행해지지 않고 있구나! 이런 문장을 보면 마음속에서 안타까움이 솟아나셔야 되는데…. '도가 행해지지 않다니! 나부터 행해야겠다!' 하면서요.

주석을 보시면 "由不明故不行"유불명고불행이라고 나옵니다. '불명' 하기 때문에, 분명히 알지 못하기 때문에 행할 수 없다는 거예요. 이게 또 중요한 내용입니다. 주자를 얘기할 때 '선지후행(先知後行)의 철학'이라고 하죠. 분명히 알아야 그에 맞춰 행할 수 있다고 생각한 것, 이게 바로 주자학입니다. 반면에 왕양명의 『전습록』에는 '지행합일'(知行合一)이라고 나옵니다. 아는 것과 행하는 것을 같이 가져가야 된다는 거죠. 왕양명 선생께서 대나무를 계속 집중해서 보시면서 '격물치지' 공부를 하시다가 이치를 깨닫지 못하고 7일 만에 졸도하셨다는 일화가 있죠. 주자의 '격물치지' 공부 방법에 따라 먼저 사물의 이치를 알아야 행할 수 있다고 생각해서 대나무를 집중 탐구 하셨는데,

친구는 3일 만에 쓰러지고, 왕양명 선생은 7일째 쓰러지셨대요. 그러고 나서 '아, 주자의 공부 방법으로는 안 되겠다' 해서 지행합일을 주장하신 겁니다. 주자는 선지후행, 왕양명은 지행합일입니다.

그런데 사실 『논어』는 '선행후지'(先行後知)를 말해요. 『논어』를 읽어 보면 먼저 행하라고 합니다. '효'(孝)와 '제'(弟) 같은 근본에 힘쓴 다음에 여력이 남으면 학문하라고요. '행유여력 즉이학문'(行有餘力 則以學文)이라고 하죠. 그런데 주자가 이걸 '선지후행'으로 뒤집어서 해석의 틀을 바꾼 겁니다. 이게 왕양명에 이르러서 '지행합일'로 또 바뀌는 거고요.

2장부터 5장까지는 내용이 간략해서 1장을 읽으면서 쌓였던 피로를 풀 수 있었습니다. 『중용』은 장마다 분량의 편차가 심한데요, 처음에는 이런 구분이 이상하지만 몇 번 읽다 보면 긴장과 이완의 묘미가 있답니다.

제6장

子曰 :
자 왈

"舜其大知也與! 舜好問而好察邇言, 隱惡而揚善,
순 기 대 지 야 여 순 호 문 이 호 찰 이 언 은 악 이 양 선

執其兩端, 用其中於民, 其斯以爲舜乎!"
집 기 양 단 용 기 중 어 민 기 사 이 위 순 호

공자께서 말씀하셨다.

"순 임금은 큰 지혜[大知]를 지닌 분이리라.

순 임금은 묻기를 좋아하시고 일상의 말에서도 살피기를 좋아하셨다.

나쁜 것은 숨기고 좋은 것은 드러냈으며, 좋은 것 중에서 양쪽 끝을 파악하여

그 알맞은 도리를 백성에게 쓰셨으니, 이것이 순 임금이 순 임금이 되신 까닭

이다."

순기대지야여舜其大知也與부터 볼까요? '여'(與) 자는 '같이하다', '참여하다' 할 때 쓰는 '더불 여' 자죠. 그런데 이 글자가 이렇게 문장 끝에 오면 '어조사 여(歟)' 자와 같아요. 옆에 '하품 흠(欠)'이 붙은 글자 '여' (歟)와 용례가 같습니다. 그런데 사서에 '歟'는 한 번도 안 나오고 전부 '與'로 씁니다. 이 글자를 찾아보면 '그런가 여'예요. 그런데 이게 의문사가 아니라 감탄이면서 확신의 뜻이에요. '~이신가!', '~이시도다!', '~이신저!' 이렇게 해석하시면 됩니다.

그래서 "'순'(舜)은 '대지'신저!"라고 합니다. 여기서 '지'(知)는 곧 '지'(智)예요. 위대한, 크신, 현명하신 분이라는 말이죠. 이 '순'이라는 인물은 '요순시대'(堯舜時代) 할 때 그 순 임금입니다. 이 순이라는 인물은 여러 면에서 흥미진진하죠. 일단 평민으로 왕의 아들도 아닌데 왕위를 물려받았어요. '요'(堯) 임금은 '순'의 아버지가 아니라 장인입니다! 『사기』 「오제본기」(五帝本紀)에 의하면 요 임금이 순이 어질다는 소문을 듣고 왕위만 준 게 아니라 아황(娥皇)과 여영(女英) 두 딸을 시집보냈거든요. 고대 제후들은 딸들을 이 집 저 집으로 시집보내지 않고 한 집에 보냈어요. 그래야 권력이 분산되지 않거든요. 이런 결혼 동맹을 잉첩(媵妾)제도라고 합니다. 자매형 일부다처제라 할 수 있는데, 자매가 한 남자의 남편이 되어서 아이도 공동육아를 해요. 언니가 아이를 못 낳을 수도 있고, 낳다 죽을 수도 있고 그렇잖아요. 그러니까 자매들이 같이 키워서 세력을 만드는 거죠. 지금의 눈으로 보면 이상하지만 당시엔 굉장히 합리적인 결혼제도였지요. 그래서 이 여인들의 공동체는 아주 결속력이 강해요. 아무튼 순은 천자의 아들도 아닌데 천자가 되었고, 역시 자기 아들이 아니라 치수(治水)에 성공한

'우'(禹)에게 나라를 물려주는 그런 사람입니다. 우는 하(夏)나라를 세워 아들 계(啟)에게 물려주지만요. 아무튼 『논어』와 『사기』에서는 순을 요에게 '선위'(禪位)받아서 무위의 정치를 이룬 인물로 그리고 있습니다.

반면 『맹자』에서는 순의 가족관계가 부각되죠. 순 임금에 관해 민간에서 전해지는 이런저런 이야기들이 나옵니다. 아들을 죽이려는 어리석은 아버지 고수(瞽瞍), 형수를 빼앗으려는 탐욕스런 이복동생 상(象)… 이런 막장드라마 같은 이야기들이 나와요. 지붕을 고치러 올라갔더니 아버지가 사다리를 치우고 불을 질렀다는 둥, 우물을 파러 들어갔더니 우물을 돌로 메웠다는 둥, 순 임금의 아버지는 자식을 죽이려고 별짓을 다 하는 어리석고 어두운 아버지였습니다. 아버지의 이름이 고수(瞽瞍; 눈먼 사람)였다고 전해지니 정말 앞을 보지 못한 사람이 아니라 아들을 제대로 알아보지 못한 장님 같은 아버지란 뜻일 수도 있습니다.

이런 아버지는 어쩌면 좋죠? 자식이 자식답지 못할 때는 제대로 인간 되라고 때릴 수라도 있죠. 『효경』에도 자식 때리는 얘기가 나오거든요. 자식이 인간 안 될 것 같으면 이럴 때 이런 채찍으로 때리고 저럴 때는 저런 몽둥이로 때리고 해서 어떻게든 인간을 만들어 놓으라고요. 그런데 아버지가 아버지답지 못할 때 자식은 대체 어떻게 해야 되는가! 이건 정말 심각한 문제죠. 그렇다고 그냥 모른 척하고 놔두는 것도 안 돼요. 아버지가 동네에서 부도덕한 행실로 비난을 받고 있는데 자식이 모른 척하면 그건 불효거든요. 피눈물을 흘리면서 간절한 마음으로 아버지를 아버지답게 행동하도록 이끌어야 합니다.

그러면 또 아버지가 막 때리겠죠. 네가 뭘 안다고 충고질이냐고, 시건 방진 놈이라고. 그렇게 맞아서 피를 철철 흘려 가면서도 또 아버님을 붙잡고 "이러시면 안 됩니다, 아버님!" 해야 하는 거예요. 마음을 서서히 서서히 돌려놔야 한대요. 한 번에 안 되니까요.

그런데 바로 순이 이런 행동을 했다고 합니다. 그러면서 이때부터 순은 '대효'(大孝), 위대한 효자로 일컬어집니다. 그렇게 효의 상징인 인물이 되죠.『맹자』를 보면 순 임금도 너무너무 고통스러워서 하늘을 보고 울부짖었다고 나와요. '호읍'(號泣)이라고 하는데 부모에 대한 원망과 사모하는 마음, 원모(怨慕)가 대성통곡으로 터져나온 것이지요. 아무튼『맹자』에는 순 임금이 이렇게 어리석을 정도로 일편단심 효를 행한 사람, 효로 알려져서 천자까지 된 사람으로 나와요. 원래 농사짓고 그릇 굽던 평민이었는데 효자로 소문이 퍼져 요 임금 귀에까지 들렸다는 거예요. 옛날에도 사람에 대한 평판은 굉장히 빨리 퍼져서 큰 인물은 평민층일지라도 궁궐의 임금 귀에까지 들어갑니다.

그런데 여기『중용』에서는 지금 뭐라고 나왔죠? 네, '대지'(大知), 크게 현명하신 분이라고 합니다. 이렇게 고전에서 순 임금이란 인물 자체가 굉장히 이야깃거리가 많습니다.『논어』에서는 '인'(仁)의 이미지,『맹자』에선 '대효'(大孝)의 이미지,『중용』에서는 '대지'(大知)의 이미지…. 자, 아무튼 여기서는 "순 임금은 큰 지혜를 지닌 분이신저!" 입니다.

순이 왜 '대지'가 됐는가에 대한 내용이 이어집니다. 원문을 다시 한 번 읽어 볼까요? **순호문이호찰이언**舜好問而好察邇言 하시고 **은악이양선**隱

惡而揚善 하시며 **집기양단**執其兩端 하사 **용기중어민**用其中於民 하시니 **기사이위순호**其斯以爲舜乎신저. 여러분, 지금 우리가 4장에서부터 '아는 것'[知]과 '행하는 것'[行]에 대해 이야기를 해오고 있는 거잖아요? 중용의 도를 아는 '지혜'의 문제와 능히 행하는 '실천'의 문제이지요. 지금이 '지'의 문제를 얘기하면서 순 임금을 불러온 거예요.

순 임금은 위대한 인물 '대지'인데, 그렇게 된 이유를 '호문'(好問), 묻기를 좋아하는 데서 찾고 있네요. 자신이 알고 있는 것만을 쓰지 않고 다른 사람에게 물어서 그들의 좋은 점을 취했다는 거지요. 그리고 또 '호찰이언'(好察邇言)했다고 하네요. '이'(邇) 자는 '가까울 이'니까 '가까운 말'을 관찰하는 것, 유심히 살피는 걸 좋아했다는 겁니다. '가까운 말'이 뭐냐 하면 주석에는 "邇言者 淺近之言"이언자 천근지언이라고 설명되어 있어요. 천근한 말, 이건 곧 일상에서 주고받는 대화를 말합니다. '얕을 천(淺)' 자에 '가까울 근(近)' 자잖아요. 특별히 고상한 얘기가 아니라 "너 밥 먹었니", "오늘 밥맛은 어땠니" 같은 가깝고 일상적인 말들을 가리킵니다. 이런 일상에서 오고 가는 평범하고 쉬운 말들을 유심히 살피는 걸 좋아했단 거죠. 지혜란 게 수준 높고 멀리 있는 게 아닙니다. 그냥 일상에서 밥 먹고 살아가면서 서로 마음을 나누고, 상대방의 말에 귀 기울일 때 식견이 높아지고 우리는 좀더 나은 존재가 된단 얘기예요. 너무 평범한가요? 그렇지 않습니다.

다음 '은악이양선'(隱惡而揚善)을 볼까요? '악을 숨겨 주고 선을 드러낸다'는 것은 무엇일까요. 여기서 '악'(惡)은 '불선'(不善)의 뜻으로 보세요. 상대방의 좋지 않은 일들, 근거 없는 이야기, 속된 말로 '지라시' 같은 것들을 자꾸 들추어 알리지 않고 숨기고요[隱], 선, 좋은 점은 드러내요[揚], 적극적으로 남김없이 알리는 겁니다. 바로 상대방에 대한 배려입니다. '은악양선'은 아예 사자성어로 쓰이는데요, 여기에서는 좋은 의미이지만 부정적 맥락에서 쓰일 때도 있습니다. 검열을 하거나 사실을 은폐할 때 이 말을 쓰는 경우가 많았거든요. 이런 게 알려지면 교육상 안 좋다는 핑계를 대면서요. '은악양선'은 은폐를 정당화할 때 핑계대기 좋은 말이기도 하죠. 하지만 『중용』에서는 상대방의 좋지 않은 일을 자꾸 드러내지 말고, 좋은 것을 적극적으로 드러내라는 의미로 쓰였습니다. 그래야만 사람들이 선에 대해 자꾸 말해 주겠지요.

그리고 '집기양단'(執其兩端). 이 구절은 오해하시면 안 됩니다. '양단'의 '단'(端)은 끄트머리를 말하는데요, 그 양쪽 끄트머리를 잡는[執] 거예요. 그런데 '양단'이라고 하니까 '아, 선과 악의 양 끄트머리를 잡나 보다' 오해하실 수 있는데, 그게 아닙니다. 여기서 양단은 선 중에서 최선의 선택을 하는 겁니다. 우리가 드러내야 할 선에도 여러 가지가 있잖아요? 어떤 좋은 일을 하려고 할 때 여러 가지 좋은 의견이 나와요. 중론(衆論)이 있지요. 선을 지향하는 중론 중에서 A로 할까 B로 할까 양쪽을 잘 판단하고 헤아린다는 뜻이에요. 주석에도 '於善之中'어선지중, '좋은 것 중에서'라고 똑똑히 나와 있습니다.

그다음에 '용기중어민'(用其中於民), 백성에게 '중'(中), 가장 적절한 것을 '용'(用), 쓴다, 즉 행한다는 겁니다. 이때 '중'은 알맞은 도리, 중용의 도를 말하는 것이기도 하겠죠? 여러분, 순 임금은 지금 천자잖아요? 나라를 다스리는 위치에 있는 지존이지요. 그런데도 자신보다 아랫사람들에게 묻기를 좋아하고 주변에서 오가는 가까운 말들,

이런저런 일상적인 이야기를 살피기를 좋아했답니다. 순 임금이 경청한 것이 요샛말로 여론이라고 해도 좋고요. 쉽게 말해 민심의 향방을 살핀 거예요. 그다음에 안 좋은 일들은 들추어내지 않고, 좋은 일은 숨김없이 알렸다는 겁니다. 그리고 좋은 것 중에서 잘 판단해서 백성들에게 가장 적절하고 적합한 것을 시행했다는 겁니다. 여기서 '수도'(修道), '품절'(品節)을 생각해 주십시오. 이런 과정을 거쳐 '교', 예악·형정으로 정책화하는 단계까지 간 것이죠.

'기사이위순호'(其斯以爲舜乎), 여기서 '사'(斯) 자는 '이 사' 자예요. 'this'죠. 참고로 『논어』에서 '사문'(斯文)이라는 단어가 나오는데 이건 '이 문화', 그러니까 우리 학파, 유가를 말합니다. '사문난적'(斯文亂賊)이란 말도 여기서 나온 거고요. '이 시(是)' 자와 통하는 글자라고 보면 됩니다. 그래서 '사이'(斯以) 하면 '이것으로써', '이것 때문에'란 뜻이에요. 여기서는 이것 때문에 순 임금이 되었다는 거죠. 결국 '대지'가, 순을 위대한 선각자가 되게 했다는 겁니다.

'대지'가 되는 방법이 뭐라고요? 첫째, 자기가 아는 것이 전부라고 생각하지 말고 주변 사람에게 묻기를 좋아하고, 일상적인 것에 항상 관심을 가져라. 그다음에 상대방에 대한 배려심을 가지고 안 좋은 것은 들추어내지 말고, 좋은 것은 적극적으로 널리 알려라. 이 과정에서 중론이 모이게 되면 좋은 것 중에서 여러 방식이 있잖아요? 그중에 신중히 판단해서 가장 적절한 것을 행하라. 그러면 우리 모두 뭐가 돼요? '대지', 크게 지혜로운 사람이 된다고 합니다. 우리 모두 이렇게 살아야 한다는 권유이기도 합니다.

제7장

子曰 :
자 왈

"人皆曰予知, 驅而納諸罟擭陷阱之中, 而莫之知辟也.
인 개 왈 여 지 구 이 납 저 고 확 함 정 지 중 이 막 지 지 피 야

人皆曰予知, 擇乎中庸, 而不能期月守也."
인 개 왈 여 지 택 호 중 용 이 불 능 기 월 수 야

공자께서 말씀하셨다.

"사람들이 모두 말하기를 자기가 지혜롭다 하지만 그물덫과 함정의 한가운데

로 몰아넣어도 피할 줄을 모른다.

사람들이 모두 말하기를 자기가 지혜롭다 하지만 중용을 택하여 한 달을 지켜

내지 못한다."

이번 7장은 8, 9장과 연결시켜 읽으면 아주 재미있는 장입니다. 공자님이 이번엔 이렇게 말씀하시네요. **인개왈여지**人皆曰予知. "사람들이 모두 말한다. 내가 지혜롭다고." 여기서는 '나 여(予)' 자를 어떻게 보느냐에 따라 두 가지 해석이 가능합니다. 첫째, 사람들이 모두들 '내가 참 똑똑해'라고 하는 겁니다. 여기서 '나'는 사람들 일반이 되는 거죠. 이때 '나 여' 자는 '사람 인(人)'과 같고요. 그리고 둘째, 공자가 자신에 대해 하는 말로 보는 겁니다. 그러니까 사람들이 나, 공자를 똑똑하다고 한다는 거죠. 두 가지 중 주자는 첫번째 해석을 택했습니다. '사람들이 모두 자기 자신을 똑똑하다고 하지만'이라고요. 두번째 해석을 골라도 참 재미있죠. 공자가 "어, 사람들이 나를 지혜롭다고 하는데, 나 사실 멍청이야", 이런 거잖아요. 이런 해석도 좋은데 주자는 택하지 않았습니다.

　이렇게 사람들은 자신들이 똑똑하다고 하는데 그 실상은 어떤가요? **구이납저고확함정지중**驅而納諸罟擭陷阱之中 **이막지지피야**而莫之知辟也라고 하네요. '구'(驅) 자는 원래 짐승한테 쓰는 글자예요. 짐승을 뒤에서 사정없이 모는 겁니다. 이 글자를 사람한테 쓰면 '재촉한다'는 의미가 되죠. '납'(納) 자는 세금 '납부' 할 때 쓰는 '납' 잔데, '들일 납' 자입니다. 어디로 들어가게 한다는 거죠. 다음 글자는 '저'(諸)로 읽어요. 1장 끝에 '반구저신'(反求諸身) 이야기할 때도 그렇게 읽었었죠? 조금 자세히 말씀드리자면, 이 글자는 '모두 제' 자로 많이들 알고 계십니다. '제군'(諸君) 할 때처럼요. 그런데 여기서처럼 '저'로 읽으면 '지어'(之於)의 뜻이에요. 이 두 글자가 합쳐져서 '저'가 된 거죠. 이때는 "무엇에 대해서"의 뜻입니다. 그런데 여러분, 사서에서는 대부분

'저'로 읽지, '제'로 읽는 경우는 거의 안 나온답니다. 대부분 '저'로 읽어요. 여기에서처럼 문장 가운데 나오면 '지어'의 뜻이고, 문장 맨 끝에 나올 때는 '지호'(之乎)의 뜻으로 의문문을 만들어 준답니다.

'고확함정'(罟擭陷阱)에서 '고'(罟) 자는 '그물 고' 자, '확'(擭) 자는 '덫 확' 자입니다. '고확' 하면 그물 장치라고 보시면 돼요. '함정'은 말 그대로 '함정에 빠지다' 할 때의 그 함정이죠. 다 동물을 잡는 데 쓰이는 장치들입니다.

그리고 '이막지지피야'(而莫之知辟也) 끝에서 두번째 글자 '辟', 여기서는 '피'로 읽었죠? 이 글자는 음이 최소한 세 가지예요. '벽'이랑 '피'랑 '비'요. 여기서는 '피할 피(避)' 자와 통용자예요. '개벽하다' 할 때 쓰는 '열 벽(闢)' 자 혹은 '편벽하다' 할 때 쓰는 '치우칠 벽(僻)' 자와 통용될 때는 '벽'이라고 읽고, '비유하다'에 쓰는 '비유할 비(譬)' 자와 통용될 때는 '비'로 읽습니다. 문장을 읽다가 이 글자가 나오면 순간적으로 판단하셔야 해요. 음이 무엇일까? '피'? '벽'? 아니면 '비'? '벽'으로 읽을 때가 가장 많지만요.

글자들을 익혔으니까 구절의 의미를 풀어 보면, 그렇게 자기가 지혜롭다고 자부하는 사람들이 말이죠, 몰아가지고[驅] '고확함정지중', 그러니까 덫이나 함정 속으로 들여보내도[納] '막지지피야'(莫之知辟也), 그것을 피할 줄을 알지 못한대요. 어려운 상황이 앞에 닥치는데 그것도 모르고 그냥 거기로 간다고요. 뭐에 빠져서? 뭐에 눈이 어두워져서 사리 판단을 못하는 것일까요? 사욕에 눈이 어두워서죠. 이유가 생략되어 있다고 보면 됩니다. 욕심에 눈이 가려지면 "나는 지혜로워", "나는 똑똑해" 하는 사람들일수록 더 함정에 집어넣어도 피할 줄을 모른다는 거죠. 함정에 빠지는 동물들 보면 참 가소롭잖아요? 지혜롭다고 자부하는 인간도 다를 바가 없다는 겁니다.

다음으로 또 **인개왈여지**人皆曰予知, 사람들이 다 자기가 똑똑하다고 하는데, **택호중용**擇乎中庸 **이불능기월수야**而不能期月守也 래요. '기월'(期月)은 만 한 달이란 뜻이거든요. 그러니까 똑똑하다고 자부하는 사람들이 '택호중용', 중용을 선택해서 '불능기월수야', 만 한 달을 지키지 못한다는 겁니다. 6장에 중용을 행할 수 있는 방법이 나왔잖아요? 묻기를 좋아하고 주변 사람의 말과 행동을 살피면서 최선의 길을 찾으라고요. 그런데 그렇게 중용을 택하고도 그게 한 달을 채 못 간다는 거예요. 자기가 지혜롭다고 그렇게 자랑을 해놓고도 말이죠.

정리해 볼까요? 사람들이 다 자신들이 지혜롭다고 하면서도 몰아가지고 함정에 집어넣어도 피할 줄도 모르고 또 중용을 선택해도 한 달도 못 지킨대요. 여기서 '나 여(予)' 자를 공자로 봐도 괜찮습니다. 공자 자신도 그렇게 못한다는 거예요. 중용의 삶이 그만큼 어렵다는 거겠죠.

제8장

子曰 :
자 왈

"回之爲人也, 擇乎中庸, 得一善,
회 지 위 인 야 택 호 중 용 득 일 선

則拳拳服膺而弗失之矣."
즉 권 권 복 응 이 불 실 지 의

공자께서 말씀하셨다.

"안회의 사람됨이 중용을 택하여 선한 일을 하나라도 얻으면 정성스럽게 가슴
에 간직하여 지키고 그것을 잃지 않았다."

7장은 중용을 지키지 못하는 사람들을 말했는데, 8장에서는 중용을 행했던 안회(顔回)가 등장합니다. '회'(回)는 공자의 뛰어난 제자 안회, 안연(顔淵)을 가리킵니다. 『논어』를 읽어 보면 공자가 어떤 사람인지가 눈에 잡힐 듯한데요, 솔직히 선생으로서 공자는 너무 속마음을 그대로 드러냅니다. 모든 선생님들은 공부 잘하는 학생 엄청 좋아하지요. 공자도 그랬습니다. 안회를 편애하고, 또 그걸 숨기지도 않아요. 요새 선생님들이야 좀 조심하는 편인데 공자는 당최 조심을 안 해요. 그냥 내가 좋은데 어떡해 그러면서 엄청나게 편애합니다. 안회는 정말 유일하게, 뭘 해도 다 예쁜 그런 제자였습니다. 그래서 다른 제자들이 자신을 안회와 견주면서 스트레스를 많이 받았죠. 공자가 제자들과 나누었던 대화들을 보면, 공자가 안회를 칭찬하면 다른 제자들이 옆에서 물어보죠. "선생님, 저는요?" 그러면 "너는 걔만 못하지" 이럽니다. 숨기질 않아요. 이렇게 아끼던 제자 안회는 공자보다 먼저 죽고 맙니다. 공자는 하늘이 나를 버렸다, "천상여"(天喪予)라고 하면서 대성통곡하지요. 아들 같은 제자, 후계자를 잃은 충격이 얼마나 컸겠습니까? 나중에 안회는 아성(亞聖)이라고도 불린답니다.

자, 그래서 **회지위인야**回之爲人也 **택호중용**擇乎中庸 **득일선**得一善 **즉권권복응이불실지의**則拳拳服膺而弗失之矣라는데요, '회지위인야'는 "안회의 사람됨은"이라고 해석하시면 됩니다. '택호중용'은 앞장에 나온 것처럼 "중용(中庸)을 택해서"고요. '택'(擇) 자를 쓴 걸 보면 중용은 하늘이 준 선한 능력을 최대한 발휘하며 항상 의식하고 추구해야 하는 거라는 의미가 내포되어 있어요. 이렇게 뜻을 세워 추구해야 할 것이니까 '수양'이니 '수신'이니 하는 말이 나오는 거죠. '득일선'에서 '일선'

(一善)은 "하나의 선이라도" 이렇게 해석하시면 돼요. 하나의 좋은 점이라도 뭔가 얻었어요. 그러니까 중용을 행했더니 이게 참 좋구나 하면서 하나의 선을 얻은 거죠. 마지막 구절 '즉권권복응이불실지의'(則拳拳服膺而弗失之矣)에서 '권'(拳) 자는 원래 '권투할 권', '주먹 권' 자인데요, 겹쳐 쓴 '권권'은 '진실되게', '정성스럽게'의 뜻입니다. '복응'에서 '응'(膺) 자는 흉곽, 가슴이란 뜻이고, '복'(服) 자는 주석에 "服猶著也"복유착야라고 되어 있어요. '복'은 '착'(著)과 같다. 이 '착'은 대개 '나타날 저'로 알고 있지만 여기서는 '붙일 착(着)' 자와 같은 뜻이거든요. 그러니까 '복응'하면 가슴에 딱 붙이는 겁니다. 그냥 마음속에 가지고 있다고 하려니까 좀 약하다고 느꼈나 봐요. '복' 자를 써서 딱 붙여 버린 거죠.

자, 그러니까 안회의 사람됨이 어떻냐 하면, 이렇게 중용을 택해 하나의 선이라도 얻었으면, 아주 정성스럽게, 마음을 다해 그걸 받들어서 가슴에다 떨어지지 않게 딱 붙여요. 그러고는 '불실지', 그것을 상실하지 않았다, 놓치지 않았다는 겁니다. 참고로 '아니 불(弗)' 자는 요새 달러($)의 의미로도 쓰이는데, 이건 근대에 와서야 생긴 차자(借字)의 용례입니다. 고문에서는 '아닐 불(不)' 자와 통용되는 글자니까 앞으로 나오는 '弗'은 전부 '不'이라고 바꿔서 생각하시면 돼요. 아무튼 바로 앞 7장에서 똑똑하다는 사람들도 '기월'(期月), 한 달도 지키기가 어렵다 그랬잖아요? 중용이 이렇게 유지하기가 어려운 것이기 때문에, 하나라도 좋은 점을 얻게 되면 어떻게 해야 돼요? 정성스럽게, 가슴에다 부착해 둬야 한다는 거죠. 다른 말로 하면, 철저하게 행하란 소리죠. 철저하게 행해서 그것을 잃지 않아야 하는 겁니다. 그러려면 '복응'하는 수밖에 수가 없는 거예요. 가슴에 딱 붙여 놓는다, 참 재미있는 표현이죠?

안회가 이렇게 할 수 있었던 이유는 무엇인가? 주석에 "顔子蓋眞知之"안자개진지지라고, '진지'(眞知)래요. 진심으로 알았기 때문에 가능했답니다. 철저하게 안다는 의미로도 볼 수 있습니다. 그랬기 때문에 능히 택해서 능히 지킬 수 있었어요. 여기서 보세요, 또 '선지후행'(先知後行)이잖아요? 제대로 알아야지 끝까지 제대로 지켜 행할 수 있으니까요. 아무튼 안회가 이렇게 가슴에다 붙이고 잃지 않을 수 있었던 것은 '진지'했기 때문입니다. 그러면 '과불급'(過不及)의 문제가 안 생겨요. 내가 똑똑하다고, 아는 게 많다고 뛰어넘고 소홀히 한다거나, 또 어리석거나 '불초'하다고 하여 미치지 못하는 폐단이 없으려면 어떻게 해야 돼요? 네, 철두철미하게 알고, 철저하게 행해야 합니다. '능지능행'(能知能行)해야만 오래 지킬 수 있는 겁니다.

제9장

子曰 :
자 왈

"天下國家可均也, 爵祿可辭也, 白刃可蹈也,
천 하 국 가 가 균 야 작 록 가 사 야 백 인 가 도 야

中庸不可能也."
중 용 불 가 능 야

공자께서 말씀하셨다.

"천하와 국가를 고르게 다스릴 수 있으며, 벼슬과 녹봉도 사양할 수 있으며, 흰
칼날을 밟을 수 있지만, 중용은 능히 할 수 없다."

'중용'에 관한 대단한 이야기입니다. **천하국가가균야**天下國家可均也에서 '균'(均) 자는 균등히 고르게 한단 뜻입니다. "천하국가를 고르게 다스릴 수가 있고"라고 해석하면 되겠네요. 여러분, 정치에서 이 '균'이 참 중요한 겁니다. 주석에는 "均平治也"균평치야라고 나오네요. '수신제가치국평천하' 중에서 '평천하'의 '평'(平)이 곧 여기서 말하는 '균'인 거예요. 고르게 한다는 건 곧 차별 없이 다스린단 소리죠. 인사와 조세제도를 균등히 하여 특혜를 없애고… 이런 게 다 '균'입니다. 어느 지역에서는 20% 걷고 어느 지역에서는 10% 걷고 그러면 안 되잖아요?『맹자』를 보면 고대의 세율은 10%였습니다. 사람을 들어 쓰는 것도 균등히 하기가 참 어렵지요. 그래서 통일제국의 정치이념은 '평'과 '균'이 필수입니다. 이게 사실 굉장히 어려운 거죠.

　　작록가사야爵祿可辭也를 볼까요? '작'(爵)은 벼슬이고 '록'(祿)은 녹봉이죠. '사'(辭)는 '말씀 사'이지만, 여기서는 '사양한다', '거절한다'는 뜻입니다. 그러니까 높은 벼슬자리나 많은 월급도 사양할 수 있다네요. 무도한 시대라 판단되면 나 그런 거 필요 없다, 내 뜻대로 자유롭게 살겠다 하면서요. 하지만 이건 또 얼마나 어려운 겁니까? 물욕, 명예욕 등 세상에서 인정하는 세속적 욕망을 모두 버리는 거지요.

　　백인가도야白刃可蹈也에서 '인' 자는 '칼날 인' 자예요. '칼 도(刀)'에 점을 하나 더 찍었어요. 그럼 '백인'하면 뭡니까? 시퍼런 칼날, 너무 시퍼레서 흰빛이 도는 칼날입니다. 날이 바짝 서 있는 거죠. 그런데 이런 아주 시퍼런 칼날도 '밟을 도(蹈)', 밟을 수가 있다, 그러니까 그 위에 올라설 수가 있다는 얘기입니다. 무당 중에서도 고수만 가능하겠지요?

그럼 이게 대체 다 무슨 얘긴가? 주석에 "三者삼자 亦知仁勇之事 역지인용지사 天下之至難也천하지지난야"라고 나와 있습니다. 이 세 가지는 또한 '지'(知)와 '인'(仁)과 '용'(勇)의 일로서 천하에 지극히 어려운 일이라고 하고 있네요. 지금까지 살펴본 본문의 세 구절이 각각 '지', '인', '용'과 짝을 이뤄요. 천하국가를 균등하게 다스리는 것은 크게 지혜로운 사람이 할 수 있는 '지'의 영역이죠. 작록을 사양할 수 있는 건 '인'이지요. 하얀 칼날을 밟을 수 있는 건 '용'의 영역입니다. 셋 다 참 어려운 일입니다.

하지만 말이죠, 이런 일들은 천하의 지극히 어려운 일이지만 한쪽에 치우쳐 있기 때문에 집중해서 노력한다면 어렵긴 하지만 어떻게 해볼 수 있을 것 같기도 해요. 하지만 '중용'은 쉽게 할 수 있을 것 같지만 그렇지 않다고 하네요. **중용불가능야**中庸不可能也 래요. '능'(能)이 동사로 쓰여서 "중용은 능하기 어렵다", '능히 할 수 없다'의 뜻입니다. 여기서 '능' 자도 결국 '능지능행'이겠죠? 잘 알고 잘 행해야 중용이 가능한데, 그게 참 어려운 일이다. 지금 이 얘기를 하는 거예요.

중용은 누구나 할 수 있는 쉬운 일이기도 하지만, 정작 내가 매 순간 실행하면서 살겠다고 하면 너무나도 어려운 일이지요. 그런데 왜 그렇게 어려울까? 주석에 보면 "一毫人欲之私"일호인욕지사라고 나와요. '호'(毫) 자가 '터럭 호' 자입니다. "추호(秋毫)도 없다"라는 표현 쓰죠? 그때 '추호'는 정말 가느다란 가을터럭을 말하고, 여기 쓰인 '일호'는 '조금이라도'의 뜻이에요. 그러니까 아주 조금의 인욕지사, 인욕의 사사로움이 끼어들면 중용의 실천은 어렵게 되고 맙니다. 그런데 이 부분에서 주자는 '의정인숙'(義精仁熟)을 조건으로 제시합니다.

조금이라도 인욕의 사사로움이 없으려면 '의리를 정밀히 하고 인이 성숙해야 한다'는 것이죠. 의리를 정밀히 하려면 밝은 '지'가 필요하겠지요. 인의 실천이 무르익으려면 '행'에 힘써야 할 겁니다.

그러니 앞에 나온 세 가지, 천하국가를 균등하게 다스리는 것, 어마어마한 작록을 사양하는 것, 칼날을 밟는 것은 어려운 일이지만 중용에 견준다면 상대적으로 쉬워요, 상대적으로 말이죠. 반면 중용은 쉬울 것 같지만 잘하기 어렵습니다. 우리 마음속에 욕망이 끊임없이 생기고 또 생기기 때문이죠. 그래서 우리는 무얼 해야 한다? 네, '신기독야'(愼其獨也), '신독' 해야 합니다. 마음에 일어나는 선과 불선의 그 순간을 잘 봐야 해요. 어렵겠죠? 그렇기 때문에 백성 중에 능한 사람이 드물 수밖에 없습니다. 중용을 자연스럽게 행하는 것이 그렇게도 어렵다고 하네요.

제10장

子路問强.
자 로 문 강

子曰 :
자 왈

"南方之强與? 北方之强與? 抑而强與?
　남 방 지 강 여　북 방 지 강 여　억 이 강 여

寬柔以敎, 不報無道, 南方之强也, 君子居之.
관 유 이 교 불 보 무 도 남 방 지 강 야 군 자 거 지

袵金革, 死而不厭, 北方之强也. 而强者居之.
임 금 혁 사 이 불 염 북 방 지 강 야 이 강 자 거 지

故君子和而不流, 强哉矯! 中立而不倚, 强哉矯!
고 군 자 화 이 불 류 강 재 교 중 립 이 불 의 강 재 교

國有道, 不變塞焉, 强哉矯! 國無道, 至死不變, 强哉矯!"
국 유 도 불 변 색 언 강 재 교 국 무 도 지 사 불 변 강 재 교

자로가 강함을 물었다.

공자께서 말씀하셨다.

"남방의 강함인가? 북방의 강함인가? 아니면 네가 추구하는 강함인가?

너그럽고 부드럽게 가르쳐 주고 무도하게 해도 보복하지 않는 것은 남방의 강
함이다. 군자는 이렇게 처신한다.

병장기와 갑옷을 깔고 자며 죽게 되더라도 마다하지 않는 것은 북방의 강함이
다. 강한 자가 이렇게 처신한다.

그러므로 군자는 조화롭게 어울리지만 시류에 휩쓸리지 않으니, 강하도다, 그 꿋꿋함이여!

중립에 서서 치우치지 않으니, 강하도다, 그 꿋꿋함이여!

나라에 법도가 행해질 때에는 영달하게 되더라도 어려웠던 시절의 뜻을 변하지 않으니, 강하도다, 그 꿋꿋함이여!

나라에 법도가 행해지지 않을 때에는 죽을 때까지 뜻을 바꾸지 않으니, 강하도다, 그 꿋꿋함이여!"

9장에서 공자의 제자 중에 '어짊'을 대표하는 안회가 나왔는데, 10장에서는 '용맹함'을 대표하는 자로(子路)가 나오네요. 첫머리의 **자로문강**子路問强에 나오는 '자로'는 공자의 제자 '계로'(季路)입니다. 이름은 유(由)이고요. 자로는 『논어』에 나오는 공자 제자 중에서 가장 매력적인 인물이죠. 무인 출신답게 성격도 급하고, 이런저런 실수도 많이 하지만 무한한 매력이 있답니다.

공자와의 관계도 애틋했지요. 자로가 원래 유명한 장군이었는데 학문에 뜻을 두고 공자의 제자가 되었습니다. 당시는 전쟁의 시대이니 무사들은 여차하면 칼 빼 들고 싸우려고 덤비는 사람들이었고 학문하는 사람들 사이에서야 당연히 평판도 좋지 않았죠. 그런데 공자가 "자로가 내 제자 된 이후에 나를 비난하는 소리가 안 들린다"라고 했다고 합니다. 공자가 자로를 수레도 몰게 하고 항상 옆에 두었더니 사람들의 공자 비방하는 소리가 쑥 들어가더라는 거죠. 다른 제자들이 자로를 우습게 여기면 공자가 "아니다, 걔 보통사람 아니다" 이렇게 말하고요.

『논어』 안에서 가장 캐릭터가 살아 있는 인물이 바로 이 자로라고 할 수 있습니다. 공자와 제자들의 삶을 만화영화로 만들면 자로가 거의 주연급이 되지 않을까 싶을 정도로요. 안회는 오히려 성격 변화가 없는 밋밋한 사람이었죠. 공자가 뭘 가르쳐 줘도 가만히 있어요. 질문도 안 하고 가만히 있어서, 아는지 모르는지 알 수가 없었다고 해요. 공자가 얘가 좀 멍청인가 해서 배운 후에 어떻게 하나 살펴보면 또 잘하고 있고요. 어디 가면 꼭 그런 학생 있죠? 항상 잘 알아듣고서 질문도 없이 조용히 하고 있는 애. 그런데 자로는 바로바로 리액션을 해요. 알면 안다, 모르면 모른다. 일반적으로 선생들은 리액션이 강한 자로 같은 제자를 좋아합니다.

이런 자로가 강함을 물어봤네요. 『논어』에는 '용'(勇), 그러니까 용기를 물어본다고 되어 있는데, 『중용』에는 '강'(强)을 물어본대요. 주석에는 "子路好勇"자로호용이라고 무용(武勇)을 좋아한다고 나와 있습니다. 그러니 강함을 물어봤겠죠. 그런데 여러분, 이렇게 제자가 뭘 물어보잖아요? 그때 선생님들의 흔한 반응 중의 하나가, 저도 가끔 그러는데, "네 질문이 정확하게 무엇이냐"라고 되물어 보는 겁니다. 그걸 공자가 똑같이 하고 있네요. 그러면 제자들이 좀 긴장하게 되죠. 이거 참 안 좋은 버릇이에요. 그냥 "야, 너 질문 참 좋다" 이렇게 말해 줄 수도 있는 거 아닙니까?

아무튼 공자가 이렇게 다시 물으면서 대답합니다. **남방지강여**南方之强與 **북방지강여**北方之强與 **억이강여**抑而强與. 이때 '여'(與) 자가 뭐예요? 앞서 6장에서 잠깐 말씀드렸는데 '무엇인가'라는 의문사 '여'(歟) 자로 쓰였습니다. '억'(抑) 자는 '누를 억' 자로 '억불정책'에서처럼 '누른다', '억압한다'라는 뜻인데요, 한문에서는 대개 '아니면'이라고 전환하는 접속사 역할을 합니다. 주석에도 "抑語辭"억어사라고 되어 있잖아요. 의미 없이 들어간 허자란 뜻입니다. 주자는 일관되게 이 '억' 자를 해석을 안 하는데요, 주자 빼고 다른 여러 학자들은 '아니면'이라고 해석을 하거든요. 그렇게 해도 좋아요. '말 이을 이(而)' 자는 여기서는 '너 이' 자로 쓰였습니다. 이 글자는 이렇게 이인칭 대명사로도 쓰이기 때문에 나올 때마다 한 번씩은 '너 이' 자 아닌가 의심을 해봐야 해요. 어쨌든 자로가 선생님께 강함을 물어보니까 공자 선생님이 되문 습니다. "네가 말하는 게 남방의 강이야, 북방의 강이야? 아니면 네가 추구하는 강이야?" 자로가 추구하는 강이란 뭐겠어요? 혈기를 내세 우는 북방의 힘센 무사의 용기겠죠. 이렇게 선생님이 되물으니까 자 로는 기가 죽습니다. 말문이 막혀서 가만히 있었겠지요.

그러자 공자가 말을 잇습니다. **관유이교**寬柔以敎 **불보무도**不報無道 **남방 지강야**南方之强也 **군자거지**君子居之라고요. '관유이교', 너그러움과 부드 러움으로써 가르쳐요. 대체 무슨 소리인가? 주석을 보면 '관유이교' 를 "謂含容巽順위함용손순 以誨人之不及也이회인지불급야"라고 설명하고 있습니다. '관'과 '유'로써 가르치는 것을 '함용손순'으로 푼 것이죠. '함용'의 '함' 자는 '품을 함' 자입니다. '함용' 하면 품고 용납하는 겁니 다. '관'(寬)을 '함용' 두 글자로 풀고 있는 거죠. '유'(柔)는 '손순'으로 풀었습니다. '부드러울 손' 자와 '순할 순' 자로요. 이렇게 본문의 한 글자를 두 글자씩으로 만들어 자세히 풀어서 의미를 분명하게 해주 는 게 주자가 주석을 다는 일반적 스타일입니다. 그래서 주자 주를 세 심히 읽다 보면 한자 어휘력이 늘어납니다. '관유'는 곧 너그럽게 받 아들이고 부드럽게 대하는 것을 말하며, '이회인지불급야', 이로써 사 람들이 미치지 못하는 것을 깨우쳐 주는 것이라고 합니다. '회'(誨) 자 는 '가르칠 회' 자거든요. 본문에는 뭘 가르친다는 건지 구체적 언급 이 없는데 여기서 '인지불급', '사람들이 미치지 못하는 것'을 넣어서 의미를 확실히 하고 있습니다.

　그다음에 '불보무도'를 볼까요. "謂橫逆之來위횡역지래 直受之而不

報也,직수지이불보야"래요. '거스를 횡', '거스를 역' 자, 도리에 어긋난 일이 자기에게 온다는 거죠. '누군가가 도리에 벗어난 행동을 해도' 정도의 뜻으로 보면 되겠네요. 여기서 이어지는 '곧을 직(直)' 자는 부사로 쓰여 '단지 단(但)'의 뜻입니다. 무도함을 당하여도 다만 그것을 받아들일 뿐 보복하지 않는대요. 감수한다는 거죠.

주자는 남방은 '풍기'(風氣), 그러니까 풍토 내지는 지방색이 유약해서 "以含忍之力勝人爲强"이함인지력승인위강이라고 합니다. '함인'은 너그럽게 받아들이고 참는다는 거니까 '함인지력' 하면 '인내력'과 비슷한 의미가 됩니다. '승인'의 사이에는 '어'(於) 자를 집어넣어서 '승어인'으로 보세요. 보통사람보다 뛰어나다는 뜻이에요. 자, 그러니까 남방은 그 풍토가 유약해서 인내력이 보통사람들보다 뛰어난 것을 강함으로 삼아요. 잘 참아 내는 게 중요하고, "지는 게 이기는 것이다"라고 생각한단 말이죠. 공자는 양자강 일대 남방엔 이런 분위기가 있다는 겁니다.

여기서 '군자거지'(君子居之)는, 군자는 그러한 도리를 지키며 살아간다는 것입니다. 설사 상대방이 무도하게 대할지라도 너그럽게 받아들이고 참는 것이지요. 똑같이 되받아치고 보복한다면 군자라고 할 수 없지요.

그다음에 **임금혁**袵金革 **사이불염**死而不厭 **북방지강야**北方之强也 **이강자거지**而强者居之를 볼까요? '임'(袵) 자는 '임'(衽)과 같은 글자인데요, 원래 우리가 깔고 자는 '요'를 가리키는데, 여기서는 동사로 '깔다', '깔고 자다'의 뜻이라고 보면 됩니다. '임금혁'은 '금혁을 깔고 잔다'라는 거예요. 그럼 '금혁'(金革)이 대체 뭐냐? '쇠와 가죽'인데, 결국 '무기'와 '갑옷'을 뜻하는 말입니다. 그러니까 병장기를 깔고 잔다는 건 항상 소지하고 있는 거예요. 늘 싸움에 나설 준비를 하고 있는 거죠. 이런 사람들한테는 싸움이 출세의 기회이기도 하죠. 그래서 싸우다가 죽더라도 '불염', 싫증내지 않는다, 후회하지 않는다는 거예요. 이게 바로 황하 일대 북방의 강함이에요.

그러면 '이강자거지'(而强者居之)를 어떻게 해석할 것이냐? '이'(而)의 해석에 따라서 두 가지 의미가 가능해요. 우선 첫번째, 주자의 해석인데요, 이 글자를 '말 이을 이' 자, 연결사로 봤어요. "병장기를 항상 지니고 있으면서 죽더라도 후회하지 않는 것이 북방의 강함이니 강한 자들은 이렇게 산다." 별도의 의미 없이 문장을 잇는 용도로만 쓰였죠. 그리고 두번째 해석은 '너 이' 자로 보는 겁니다. "자로 너 같은 강한 사람이 그렇게 산다"라는 거죠. 이런 해석도 가능합니다. 아무튼 북방이 내세우는 강함과 남방이 내세우는 강함이 이렇게 다르다고 합니다. 벌써 공자시대 때 이렇게 풍토에 따른 기질 이야기가 나오네요.

여러분, 자로가 어떻게 죽었는지 아시는 분들 많으실 거예요. 자로의 죽음에 대한 것은 『사기』의 「공자제자열전」에 나와 있는데요, 위(衛)나라 내란 중에 죽었거든요. 위 영공(靈公)이 만년에 미녀 남자(南子)에게 빠지자, 태자 괴외(蒯聵)가 남자를 치려다가 실패해서 망명합니다. 위 영공이 죽은 후 괴외의 아들 첩(輒: 출공出公)이 왕위에 오릅니다. 결국 아버지 괴외와 아들 첩 사이에 내란이 일어나는데 자로는 아들 첩의 편에 섰다가 죽게 됩니다. 자로의 죽음에는 여러 일화가 있습니다. 시체에다 소금을 뿌려서 염장이 됐잖아요. 공자의 제자 중에 가장 참혹한 죽음을 맞이한 것이죠. 그후 공자가 죽을 때까지 젓 갈류를 먹지 않았다고도 하는데, 『논어』에는 자로의 과용을 염려하는 구절이 여러 번 나오지요.

당시 기준으로 보면 공자가 오래 사셨잖아요? 평균연령이 50세 가 채 안 되는 시대에 74세까지 사셨으니까요. 『논어』 「향당」 편을 보 면 공자 이분께서 워낙 섭생을 잘했어요. 매일 도인 체조 하고, 음식 도 굉장히 가려서 드셨죠. 시장에서 사 온 술은 마시지 않고, 심지어 반듯하게 썰지 않은 깍두기도 안 드시고, 잠잘 때도 보온에 엄청 신경 쓰고요. 그런데 노년에 충격적인 일을 연이어 겪게 됩니다. 하나뿐인 아들 리를 앞세우게 되고, 연이어 애제자 안회가 죽고, 그다음에 정이 깊었던 자로까지 비참하게 죽었지요. 공자의 말년은 매우 쓸쓸했습 니다. 친아들, 학문의 후계자를 잃었고 공자 일이라면 무조건 나섰던 든든한 제자 자로도 먼저 죽고 말았으니까요.

고故로 **군자화이불류**君子和而不流하나니 **강재교**强哉矯요, **중립이불의**中立 而不倚하나니 **강재교**强哉矯요, **국유도**國有道에 **불변색언**不變塞焉하나니 **강 재교**强哉矯요, **국무도**國無道에 **지사불변**至死不變하나니 **강재교**强哉矯요! '교'(矯) 자가 네 번 나오네요.

군자는 이러이러하다고 네 가지로 이야기하고 있는데, 우선 '화 이불류'(和而不流)부터 볼까요? 이건 『논어』에 나오는 유명한 말 '화 이부동'(和而不同)과 같은 말입니다. '화'(和), 사람들과 잘 어울려요. 군자는 이렇게 여러 사람들과 진심으로 잘 어울려야 해요. 왕따 되면 안 돼요. 스스로 잘난 척하면 안 됩니다. '부동'은 꼼짝도 안 하고 가만 있는다는 의미가 아니라 어떤 문제가 있을 때 잘잘못을 따지지 않고 여러 사람들 의견에 그냥 휩쓸려 가진 않는다는 의미입니다. 시류에 휩쓸려 간다는 의미의 '동'(同) 자를 '류' 자로 바꿔 써도 되는 거죠. 『논어』에는 '화이부동', 『중용』은 '화이불류'! 사람들과 조화를 이루지만 세속의 흐름에 그냥 휩쓸려 가지는 않아요. 자신의 주장과 입장은 갖고 있다는 거죠. 그럼 소인은 어떨까요? 네, '동이불화'(同而不和)합니다. 막 휩쓸려서 "나도 그래", "나도 그래" 하면서 '동' 해요. 하지만 뭔가 공적으로 중요한 문제가 생기거나 개인의 희생이 필요할 때는 '불화'하죠. 조금도 손해를 안 보려고 하니까. 그럴 때 '불화'해요. 여기에도 사욕이 문제가 되는 거예요. "나도 그래" 하다가 뭔가를 조금씩 내놔야 하거나 자기 희생이 필요할 때는 "나는 빠질래. 생각이 달라" 이러면서 뒤로 빠지죠. 소인은 '동이불화'하고 군자는 '화이부동'합니다.

　군자는 '화이불류'하나니 '강재교'(强哉矯)라는데요, 이때 '강' 자는 의지가 강하다는 것, 이런 것이 진짜 강함이라는 거예요. 자로 너같이 무기 들고 나서는 것은 아니라는 거죠. '재'(哉)는 어조사고, '교'(矯) 자를 좀더 설명하면 이 글자에는 크게 세 가지 뜻이 있습니다. '바로잡을 교'. 가장 기본적인 뜻이죠. '잘못을 교정하다' 같은 데 씁니다. 또 '위조하다'라는 뜻이 있어요. 이 용례는 아마 많이 못 보셨을 겁니다. 교지(矯旨)란 단어가 있는데요, 왕명을 거짓으로 꾸며서 내리는 명령서란 뜻입니다. 마지막으로 굳센 모습을 가리켜요. 주석에 보면 '교'를 '강모'(强貌), 굳센 모습이라고 풀고 있어요. 여기서는 이 뜻인 거죠. 자, 그래서 군자는 두루 잘 조화를 이루지만 휩쓸리지는 않으니, 그다음에 '강재교'를 어떻게 해석해요? 여러 가지 해석이 있습니다. 그냥 '교'를 해석하지 않고 "강하도다!" 하고 느낌표를 찍은 번역도 있고, "강하도다, 의연함이여!" 이렇게 된 것도 있고, "의연한 모습이여!" 이런 것도 있어요. 느낌은 대강 아시겠죠? '강하도다! 그 꿋꿋함이여!'로 해석하겠습니다.

그다음에 군자는 '중립이불의'(中立而不倚)합니다. 가운데에 서 있다네요. 자기 입장을 가지고 있어요. '중'에, 중용의 도에 딱 서서 치우치지 않았어요. 한쪽으로 치우치지 않았으니, 역시 '강재교', 강하도다, 그 꿋꿋함이여! 자, 이 두 가지는 군자의 일상에서의 모습을 말해요. '화이불류'와 '중립이불의'가 군자가 일상에서 수신하고 수행하는 삶을 가리키죠.

이어지는 두 가지는 처해진 상황에 따른 처신입니다. 나라에 도가 있을 때와 없을 때가 있겠지요. '화이불류', '중립이불의'는 개인이 수신을 통해 성취하는 겁니다. 하지만 나는 일정한 시간대에 존재하고 세상 속에서 살고 있잖아요. 세상은 크게 두 가지입니다. 더러운 세상, 그리고 살 만한 세상이에요. 여기선 그것을 국유도(國有道)와 국무도(國無道)로 표현했습니다. 이때의 '도'는 『노자』에서 말하는 '무위지도'(無爲之道)가 아니라 '치국지도'(治國之道)예요. 성인이 추구하는 그런 도가 아니라 나라를 다스리는 원칙 같은 거죠. 나라가 좀 괜찮게 돌아가고 있으면 나라에 도가 있다고 할 수 있겠죠.

나라가 제대로 운영되고 있을 때 그런 세상에서 지식인은 어떻게 살아야 할까요? '수기'(修己)한 다음에 어떻게 해요? 네, '치인'(治

人)해야죠. 유가에서는 정치를 해야 한다고 합니다. 나라에 도가 있을 때는 능력을 100% 펼쳐서 벼슬을 하고 부귀영화를 누려야 돼요. 이때 벼슬을 못하는 건 부끄러운 거예요. 왜? 자기가 무능한 거거든요. 평소에 '수기'가 안 되어 있고 '치인'을 할 준비가 안 됐다는 말이니까요. 지식인으로 이 얼마나 부끄러운 일입니까! 반대로 나라에 도가 없는데 벼슬해서 영화를 누리겠다고 뜻을 굽히고 나가는 것도 부끄러운 거예요. '수기'를 제대로 못한 거니까요. 이 '치'(恥), 부끄러움은 상황에 따라 그 내용이 달라집니다.

자, 본문에서 '국유도'에 '불변색언'(國有道, 不變塞焉)이라고 했네요. 나라에 치국지도가 있고 자기도 능력이 있어서 나가서 벼슬을 해요. 그럴 때 어떻게 해야 하는가? '색'(塞)을 변하지 않는대요. '색'은 '막힐 색' 자잖아요? 이 글자는 '색'으로 읽기도 하고 '새'로도 읽죠. '요새'(要塞)에서처럼 '변방'의 뜻일 때는 '새'로 읽습니다. '발본색원'(拔本塞源)할 때는 '색'으로 읽고요. 그런데 여기서 '색'은 '어려운 시절'을 말합니다. 벼슬하기 전, '미달'(未達)의 시절 말이에요. 원래 사(士) 계층은 부유한 왕공·귀족 계층이 아니에요. 원래 평민 출신 병사였어요. 쉽게 말해서 '민'(民)이 군대 가면 '사'가 되는 거예요. 근데 춘추전국시대 때 전쟁이 엄청 많았죠. 병사 중에서 전쟁에서 공을 세운 이들이 노예도 받고 땅도 받아서 고향에 돌아옵니다. 공자 아버지 숙량흘(叔梁紇)도 그랬어요. 이렇게 땅과 노예가 생겨 집안 살림이 안정되면 다음 단계로 아이에게 책을 읽힙니다. 그러면 관료로 진출할 수 있는 '사'(士)가 되는 겁니다. '사'는 책을 읽는 계층입니다. 하지만 여전히 살림은 빠듯합니다. 『맹자』에 보면 '사'가 석 달 정도 벼슬을 못하면 제사 지내고 집에 찾아온 손님 접대하기가 어려워진다고 해요. 원래 '사'들은 벼슬 안 할 때는 다 살림살이가 어려워요. '색'이 바로 그 어려운 시절을 말합니다. 어려운 시절, 출세 못하고 갑갑한 시절을 '색'이라고 해요. 그러니까 이 문장은 나라에 치국지도가 있어 영달하게 되더라도 어려운 시절에 가졌던 마음가짐이 변하면 안 된다는 거예요. "벼슬을 하더라도"의 의미가 생략된 문장인 거죠. 출세한 다음 어려운 시절을 잊지 말 것. '빈천지교불가망'(貧賤之交不可忘)이라고 하잖아요. 빈천했을 때에 사귄 친구는 출세해도 잊으면 안 됩니다. 자, 이렇게 변하지 않으니, 또 강재교라!

다음에 '국무도'에 '지사불변'(國無道, 至死不變). '국무도'는 나라에 치국지도가 없다는 뜻이겠죠? 여기서 '무도'는 남방 사람이 당한 '무도'와 다른 거예요. 앞에 나온 '무도'는 이유 없이 모욕을 당하거나 무례한 일을 당하는 거고, 여기선 치국지도가 없단 뜻입니다. 그래서 나라가 엉망진창이에요. 이럴 때는 벼슬하면 위험합니다. 이때는 '지사'(至死), 죽을 때까지 변하지 말래요. 뭐를? '수기'한 자신의 마음가짐이요. 무도한 세상이 10년, 20년 계속되고 집안 살림은 갈수록 어려워져요. 어떡하죠? 뜻을 꺾고 벼슬을 해야 되나? 아닙니다. 그냥 죽을 때까지 하지 말란 소리예요. 이럴 수 있는 에너지는 다 어디서 나와요? '화이불류', '중립이불의'에서죠. 평소에 이게 안 되면, 출세했을 때 사람이 오만해지고, 무도한 세상에서 어렵게 오래 살게 되면 사람이 비굴해지죠. 참 어려운 얘기죠. '수기'에서 '치인'으로 자연스럽게 넘어가려면 '도', 그러니까 치국지도가 있어야 된다는 건데 이건 내가 할 수 없는 일이잖아요.

『맹자』, '대장부' 장에 '여민유지'(與民由之)가 나옵니다. 천하에 도가 있을 때는 '여민유지'한다고요. "백성들과 더불어 자신이 배운 것을 행한다"라는 건데 이게 곧 '여민동락'(與民同樂)의 뜻입니다. 백성의 살림살이를 편하게 하는 정치를 행하여 백성들과 더불어 같이 즐거운 세상을 만드는 것이 동양지식인의 이상이죠. 세종대왕이 만든 궁정음악이 '여민락'(與民樂)이잖아요? 정치를 잘해서 백성과 함께 즐기는 음악을 연주한다는 뜻이지요.

그런데 세상이 무도하면, 반대로 '독락'(獨樂)이란 개념이 나와요. 자기 혼자서라도 가치관을 지키며 즐기면서 살아야 된다는 거죠. '국무도'에 '지사불변' 하는 게 바로 이 '독락'입니다. 세상은 더럽고 나는 그걸 좇을 수 없을 때, 혼자라도 즐긴다. 뭘 즐기죠? 네, 자신의 도, 자신의 가치관이죠. 그래서 '여민동락'과 '독락'이 대비되는 개념입니다. 조선시대 때 권호문이 지은 경기체가 중에 「독락8곡」이 있는데요, 이 '독락'이 지식인의 삶의 한 방식이 된 겁니다. 『고문진보』(古文眞寶)에도 사마광(司馬光)의 「독락원기」(獨樂園記)가 실려 있고요. 아무튼 세상이 여의치 않을 때 혼자라도 자신의 가치관을 지키고 살아야만 자기답게, 자기의 삶을 살 수 있는 거지요. 그런데 여기서 '지킬 수(守)' 자를 안 썼죠? 이 글자는 좀 답답하고 여유가 없어 보입니다. '락'(樂) 정도는 돼야죠! 장자는 심지어 '락' 자도 성에 안 차서 '쾌'(快) 자를 썼어요. 물질적 욕망, 명예욕 다 버리고 나는 '쾌'하게 '소요유'(逍遙遊)하며 살겠다! 하지만 유가는 '쾌'까지 못 갑니다. 그럼 세상을 부정하고 '방외인'(方外人)이 되는 거거든요. 유가는 그럴 수 없어요. 독락하고 있다가 정치상황이 바뀌면 다시 나가서 벼슬해야 됩니다. '방내인'(方內人)의 철학이지요.

　이런 질문을 받은 적이 있습니다. 나라가 도가 없는데 능력 있는 사람을 뽑아 주겠느냐, 그런 사람에게 기회가 주어지겠느냐고요. 그것도 맞는 얘기지만 지금 문제가 되는 건 뽑히느냐 안 뽑히느냐 이전에 뜻을 굽히느냐 안 굽히느냐 하는 거예요. 세상이 무도할 때 대부분의 지식인은 타협합니다. 『맹자』를 보면 '왕척이직심'(枉尺而直尋)이란 말이 나옵니다. '한 자를 굽혀 여덟 자를 펴겠다'면서 무도한 세상에 벼슬하러 나간다는 겁니다. 큰 뜻을 이루기 위해 약간의 편법을 받아들여야 한다는 사람들이 많잖아요? 하지만 맹자는 말도 안 된다고 일갈합니다. 자신을 굽히고서 세상을 바로잡을 사람은 없다는 거죠. 자신과 세상을 기만하지 말라는 겁니다.

　그런데 이 문제가 참 민감하긴 합니다. 선조 때 율곡 선생은 그래도 한번 해볼 만한 세상이라고 봤고, 퇴계 선생은 이건 안 될 세상이다 해서 안동으로 내려간 거잖아요. 이렇게 판단이 엇갈릴 때가 있습니다. 시대에 대한 상황인식과 나아가고 물러나는 '진퇴'의 문제는 항상 논란이 있어요. 숙종 때도 다른 사람들은 무도한 세상이라고 봤는데 우암 송시열(尤庵 宋時烈) 선생은 나가서 벼슬하셨습니다. '어떻게든 해봐야 하는 때다!' 생각하신 거죠. 그러니 처세가 참 어렵습니다. 중종 때 정암 조광조(靜庵 趙光祖) 선생도 마찬가지예요. 선생의 진퇴를 두고 물러날 때 못 물러났다, 그 자리에서 머뭇거려서 기묘사화(1519년)가 일어나 본인은 사약을 받고 아까운 인재들이 피해를 많이 보는 참화가 일어났다는 평가가 있지요. 『조선왕조실록』에는 지식인의 처세에 대한 이런 다양한 평가가 남아 있는데, 역시 어려운 문제입니다.

자, 10장에서 공자는 '강함'을 묻는 자로에게 네 가지의 '군자의 강함을 말해 주면서 네가 추구해야 될 강함이니 이렇게 살라고 권유하였습니다. '화이불류'하고 '중립이불의'하고 '불변색언'하고 '지사불변'하라고요. 근데 자로는 혈기의 강함을 누르지 못하고 위나라의 내란에 연루되어 죽고 말았죠. 역시 군자의 삶은 어려운 일입니다.

제11장

子曰：
자 왈

"素隱行怪, 後世有述焉, 吾弗爲之矣.
색 은 행 괴 후 세 유 술 언 오 불 위 지 의

君子遵道而行, 半途而廢, 吾弗能已矣.
군 자 준 도 이 행 반 도 이 폐 오 불 능 이 의

君子依乎中庸, 遯世不見知而不悔, 唯聖者能之."
군 자 의 호 중 용 둔 세 불 견 지 이 불 회 유 성 자 능 지

공자께서 말씀하셨다.

"숨어 있는 것을 찾고 괴이한 행동을 하는 것을 후세에 칭송하여 기록으로 남기는 경우가 있는데, 나는 이러한 짓을 하지 않겠노라.

군자가 도를 따라 행하다가 중도에 그만두는 경우도 있는데, 나는 그만두지 못하겠노라.

군자는 중용을 따르는데 세상을 피해 숨어 살아서 인정을 받지 못하게 되더라도 후회하지 않으니, 오직 성인이라야 이렇게 할 수 있다."

첫 구절은 '소은행괴'가 아니라 **색은행괴**素隱行怪로 읽습니다. '素'는 『한서』(漢書)에 '찾을 색(索)' 자로 나옵니다. '색인' 할 때 쓰는 '찾을 색' 자입니다. '색은'은 무슨 뜻이냐면, '은'(隱) 자는 '숨을 은' 자잖아요? 숨어 있는 이상한 이론이나 교리 같은 거예요. 도사나 신선 되는 법, 공중부양법, 영생법 같은 거. 이렇게 은미하게 숨겨져 있는 걸 찾아서 들쑤셔 내는 걸 '색은'이라고 합니다. 그리고 '행괴'는 괴이한 행동을 하는 거예요. '벽곡'(辟穀: 곡식은 안 먹고 솔잎, 대추, 밤 등을 생으로 먹음)을 하여 밥을 안 먹고 신선 되는 수행에 집중하는 등 여러 가지가 있을 수 있죠. 이렇게 찾기 힘든 이상한 이치를 들쑤셔 내고, 괴이한 행동을 하는 것이 '색은행괴'예요.

유가는 이런 수행법을 괴이한 일로 생각합니다. 주석을 봐도 그렇고 이런 '색은행괴'를 바라보는 일차적인 시선은 요샛말로 "너무 튄다"는 거였죠. 조선시대 때는 유가 지식인이 스님이 되려고 출가한다든가 도사가 되겠다고 산속을 헤매고 다니면서 불사의 신선술을 연마하면 '색은행괴'라고 불렸어요. 좋지 않게 본 겁니다. '수기치인' 하는 군자는 그러면 안 된다는 겁니다. 군자란 이 세상에서 평범하게 상식적으로 살아야 해요. 결혼도 하고, 아이도 낳고, 평범하게… 이런 시대에 갑자기 결혼 얘기를 꺼내서 미안하지만, 『중용』에서는 그렇다는 말입니다.

'색은행괴'의 주석은 표시해 놓는 게 좋아요. 색은행괴는 "言深求隱僻之理언심구은벽지리 而過爲詭異之行也이과위궤이지행야"라. 앞에서 잠깐 봤던 '치우칠 벽(僻)' 자가 나오네요. 숨겨져 있고 치우쳐 있는 그런 은벽한 이치를 '심구', 깊이 탐구해요. 이게 '색은'입니다. 그리고

'이과위궤이지행'에서 '궤'(詭) 자는 속인다는 뜻으로 법도를 벗어난 걸 가리키고요. '궤이'한 일, 법도를 벗어나서 속이는 그런 행실을 지나치게 해요[過爲]. 이어 붙이면, '색은행괴'라는 것은 비상식적인 이치를 깊이 추구하고 법도에 벗어난 행실을 지나치게 하는 것이라는 겁니다. 왜 그렇게 할까요? 네. 그렇죠. 이런 방식으로 세상을 속이고 (기세欺世), 명성을 도둑질(도명盜名)하려는 거죠. 소인배의 사는 방식이라는 겁니다.

공자가 살았던 시대에도 이런 사람들이 많았던 거예요. 요새만 그런 게 아니라요. 인류 역사엔 항상 이런 독특한 세계관을 지니신 분들이 일정한 비율로 쭉 있어 왔어요. 저는 이걸 나쁘게 보지 않습니다. 아니, 오히려 좋게 보는 쪽에 가까워요. 당대 사상·학술의 다양한 편폭을 보여 주니까요. 모두 유가 아니면 도가, 아니면 불가… 이렇게 될 수도 없겠지만, 정말 이렇게 한쪽으로 집중되면 지루하고 심심한 세상이 되겠죠. 유향(劉向)의 『열선전』(列仙傳), 갈홍(葛洪)의 『신선전』(神仙傳)에 '색은행괴' 했던 분들에 대해 흥미진진한 정보가 남아 있지요. 그런데 일상적인 삶의 기준으로 보면 이런 사람들이 다 '색은행괴' 하는 거죠. 『장자』에 나오는 말로 하면 '방외인'(方外人)이에요. 이때 '방'(方)은 네모난 걸 말하는데, '인간 세상'에 대한 은유죠. '방외인'은 테두리 밖에 사는 사람들, 소위 아웃사이더고, 우리 같이 안에 사는 사람은 '방내인'(方內人)이고요. 아무튼 '색은행괴'는 방외인의 삶을 비난하는 말입니다. 매월당 김시습(梅月堂 金時習) 같은 분도 이 소리를 들었죠. 승려 되겠다고 머리 깎았다가 다시 환속하고 결혼했다가, 아내가 죽은 후에는 다시 천하를 떠돌고…. 『홍길동전』을 지은 허균(許筠)도 마찬가지예요. 상중에 여자를 가까이한다든가 불상을 모셨다든가… 행실에 논란이 많았지요.

이런 '색은행괴' 한 행적을 **후세유술언**後世有述焉. 후세 사람이 그것을 좋게 여겨 기술하는 일이 있대요. 후세 사람이 보면 신기하잖아요? 그래서 기록으로 남깁니다. 그런데 유가에서 보기에 이건 뭐예요? 색은행괴 하는 사람들은 이걸 노리고 이런 짓을 한다는 겁니다. 쉽게 말해 사람들 이목을 끌려고 '사기를 치고 있다'란 얘기예요. 이게 주석에 나옵니다. 세상에 사기를 쳐서 이름을 도둑질하는 짓이라고요. 이 사람들이 순수하게 그러는 게 아니라 다 의도가 있다! 평범하게 살아서는 기록에 안 남을 것 같으니까 의도적으로 그런 거다! 이럽니다. 그래서 **오불위지의**吾弗爲之矣. 나는 그런 일을 하지 않는다고 합니다. 그런 일이란 건 '색은행괴'를 말하겠죠? 사실 '색은행괴' 하는 사람들은 비범하고 뛰어납니다. 똑똑하다고 자부하고 중용의 이치를 가소롭게 여기는 거죠. 4장에 나왔던 '지자'(知者), '현자'(賢者)가 이 경우라고 보시면 됩니다. 나는 후세 사람이 나를 기억해 주고 기록으로 남길 것을 기대하면서 '색은행괴' 하는 짓은 하지 않는다는 뜻입니다. 그렇게 살지 않겠다는 거죠.

그다음에 **군자준도이행**君子遵道而行 **반도이폐**半途而廢 **오불능이의**吾弗能已矣라고 합니다. 군자는 '준도이행'이에요. '따를 준' 자니까 '준도'(遵道) 하면 도를 따른다는 건데, '준' 자가 부담스러우시면 '지킬 수(守)'를 쓰셔도 돼요. 그런데 굳이 '준' 자를 왜 썼을까? '수'를 쓰면 그냥 지키는 건데, '준'을 쓰면 '그 원칙을 따라서 걸어간다'는 뉘앙스가 강하거든요. '준' 속에 사실은 '행'(行)의 의미가 포함되어 있는 거죠. 우리가 '준법' 하면 법을 가만히 지키고만 있는 게 아니잖아요? 우리가 그걸 행하죠. 여기서 도를 '준'한다는 의미도 그것이고, 더 확실히 하기 위해서 '이행'을 덧붙여 줬습니다. "도를 따라서 행하다가"라는 뜻이죠. 주석에는 '遵道而行준도이행 則能擇乎善矣즉능택호선의'라고, 준도이행을 '능히 선을 택하는 것이다'라고 설명해 두었네요. 이럴 때 선을 택한다는 건 결국 중용의 도를 택하는 거겠지요. '솔성'의 길을 가는 겁니다.

'반도이폐'(半途而廢)의 '도'(途) 자는 '길 도' 자예요. '도'(塗)와 같은 글자입니다. 다만 '途' 자는 주로 길이란 뜻으로 쓰이지만, '塗' 자는 용례가 많지요. '칠하다', '지우다', '진흙탕' 등등… 도식, 호도, 도탄 등의 단어에 이 '塗' 자를 씁니다. 그러니까 '반도이폐'란 우리가 도를 따라서 살아가다가 그 길의 중간쯤에 '폐'(廢)하는 거죠. 에잇! 하면서 그만둬 버리는 겁니다. 가만 보니까 나만 지키고 사는 거 같아요. '솔성'을 하면 왠지 손해 보는 것 같고 그래서 인생이 안 풀리는 것 같아요. 그래서 '중도이폐'(中途而廢)를 합니다. 『논어』「옹야」 장에는 '중도이폐'라고 되어 있죠. 주석에는 "半塗而廢반도이폐 則力之不足也즉역지부족야"라고 합니다. 길을 반쯤 가다가 폐하는 것은 '역부족', 힘이 달리기 때문이라는 거죠. 지금도 하던 일을 접으면서 '역부족'이라고 하죠. 역부족을 이겨 내려면 어떻게 해야 할까요? 자신의 내부에서부터 에너지를 자꾸 길러 내야 돼요. 인생을 제대로 살 수 있는 에너지를 내부에서부터 쌓고 길러 내는 거죠. 이게 곧 수신이겠지요. 대개 역부족을 말하는 사람들은 '지'(知)는 충분한데 '행'(行)이 못 미치거든요.

그리고 '오불능이의'(吾弗能已矣), 나는 그만두지 못한다네요. 이 말인즉슨 죽을 때까지 힘써 하겠다는 겁니다. 여기서 '그칠 이(已)' 자를 보고 갈까요? 한문책에 매 페이지마다 나오는 글자인데요, '자기 기(己)', '뱀 사(巳)'랑 비슷하게 생겼습니다. '뱀 사' 자는 자주 나오는 글자가 아니니까 그나마 괜찮은데, '巳'와 '己'는 구분하기 힘듭니다. 지금 우리가 보는 이 본문에도 '자기 기' 자로 보이는데, '그칠 이' 자입니다. 이 글자는 형태보다는 의미로 파악을 해야 해요. 하나 힌트를 드리면 문장 끝에 '而已矣'(이이의) 식으로 종결사로 쓰일 땐 다 '그칠 이' 자로 보시면 됩니다.

그래서 **군자의호중용**君子依乎中庸 **둔세불견지이불회**遯世不見知而不悔 하나니 **유성자능지**唯聖者能之라. 여기서 '의'(依) 자는 '의거하다'의 뜻입니다. 앞서 본 '준'(遵) 자로 바꿔 쓰셔도 돼요. 그러니까 군자는 중용에 따라서, 중용에 의거해서 살아요. 그러면서 '둔세불견지', 이때 '둔'(遯) 자는 '숨을 둔' 자예요. '둔갑술' 같은 데 쓰이는 글자죠. '둔세'는 세상에서 숨어 산다는 겁니다. 그런데 말이에요, 유가에서는 숨어 살고 싶어 하지 않습니다. '치인'(治人), 정치하고 싶어 해요. 좀더 나은 세상을 만들고 싶어 해요. 하지만 세상에 나가서 어떻게 해볼 수가 없는 '무도'(無道)의 상황이라면, 그럴 땐 '둔세'해야 됩니다. 은거해서 '독락'(獨樂)해야 돼요. '불견지'에서의 '견'(見) 자에 주목해 주세요. 이때 '견' 자는 피동을 만들어 주는 동사거든요. 그래서 "'지'(知)를 보지 못한다"라고 해석하지 않아요. '지'를 남이 나를 알아준다는 의미에서 '인정하다'라는 뜻으로 보고, '불견지'를 '인정받지 못한다'라고 해석하시면 됩니다. 자, 그래도 '불회', 후회하지 않는대요. 뭐를? 자신의 선택을. 더러운 세상과 타협하지 않는 '독락'의 삶을요. '세상에 은둔하여 인정받지 못해도 후회하지 않는다'는 『주역』 「건괘」 '문언'(文言)에서는 초구(初九)의 '잠룡물용'(潛龍勿用)을 설명하는 부분에 나옵니다. 원래 잠룡은 자신을 드러내지 않습니다. 요새 잠룡들은 자신들이 잠룡이라고 적극적으로 나서지만요. 『주역』에서는 잠룡을 용덕(龍德)을 지니고 숨어 사는 사람으로 봅니다. 세상에 숨어 살아도 '무민'(無悶), 인정받지 못해도 '무민', 고민이 없다고 합니다. 지금 자칭 잠룡들은 인지도가 낮아지면 엄청 고민할 거예요.

사실 이게 참 어려운 겁니다. 생각해 보세요. 이게 얼마나 큰 결단이 필요한 일입니까? 요새도 취직 안 하고 공부하며 백수의 삶을 택하겠다고 하면 부모님과 주변 친지들이 엄청 걱정하실 겁니다. 옛날에는 그게 가문 전체에 엄청난 파문을 일으켰겠지요? 뛰어난 아들, 조카가 세상과 담을 쌓고 살겠다니! 아무튼 이렇게 세상에서 숨어 살면서 나를 알아주는 사람이 없어요. 인정받지 못해요. 하지만 그럼에도 후회하지 않는 것, 이것은 '유성자능지'(唯聖者能之), 오직 성인, 위대한 사람만이 이것을 할 수 있대요. 그만큼 어려운 일이라는 겁니다.

여기서 한 가지 질문을 해보죠. 세상에서 숨어 사는 '둔세'랑 앞에 나온 '색은행괴'는 어떻게 다른가? 가령 퇴계 선생님도 풍기군수를 하시다가 벼슬을 던지고 안동으로 가 버리셨어요. 조선시대만 해도 이런 분들이 한둘이 아닙니다. 그럴 때 이분들이 낙향 이유를 글로 쓰셔서 반드시 자신의 입장을 밝히십니다. 내가 정계를 떠나는 것은 '색은행괴'가 아니라고요. 네, 유자들은 자기들이 하는 건 '둔세'라고 하면서 '색은행괴'와 구별을 합니다. '은거·둔세'와 '색은행괴'를 구별해요. 내가 이상한 짓을 하러 가는 게 아니라 세상을 잠시 떠나 있는 것이라고요. 다시 나올 거라는 거죠. 그리고 낙향한 그날부터 고향에서 후학들을 가르칩니다. 아예 세상을 버린 게 아니라 일시적인 선택이라고요.

자, 여기까지가 11장입니다. 앞서 말씀드렸듯이 2장부터 11장까지는 공자의 말을 인용하여 1장의 내용을 풀어 놓은 거예요. 『중용』 전체를 볼 때 여기까지가 두번째 챕터라고 할 수 있고, 이어지는 12장부터 19장까지가 또 한 챕터라고 보시면 됩니다.

제12장

君子之道, 費而隱.
군 자 지 도 비 이 은

夫婦之愚, 可以與知焉; 及其至也, 雖聖人亦有所不知焉.
부 부 지 우 가 이 예 지 언 급 기 지 야 수 성 인 역 유 소 부 지 언

夫婦之不肖, 可以能行焉; 及其至也, 雖聖人亦有所不能焉.
부 부 지 불 초 가 이 능 행 언 급 기 지 야 수 성 인 역 유 소 불 능 언

天地之大也, 人猶有所憾.
천 지 지 대 야 인 유 유 소 감

故君子語大, 天下莫能載焉; 語小, 天下莫能破焉.
고 군 자 어 대 천 하 막 능 재 언 어 소 천 하 막 능 파 언

詩云: "鳶飛戾天, 魚躍于淵." 言其上下察也.
시 운   연 비 려 천 어 약 우 연   언 기 상 하 찰 야

君子之道, 造端乎夫婦, 及其至也, 察乎天地.
군 자 지 도 조 단 호 부 부 급 기 지 야 찰 호 천 지

군자의 도(道)는 쓰임이 넓지만 체(體)는 은미하다.

평범한 부부라도 참예하여 알 수 있지만 그 지극함에 미쳐서는 비록 성인일지라도 또한 알지 못하는 바가 있다.

평범한 부족함이 있는 부부라도 행할 수 있으나 그 지극함에 미쳐서는 비록 성인일지라도 또한 능하지 못한 바가 있다.

천지가 베풀어 주는 것이 크더라도 사람은 오히려 유감으로 여기는 것이 있다.

그러므로 군자가 큰 것을 말하면 천하가 다 실을 수 없으며, 작은 것을 말하면

천하가 깨뜨리지 못한다.

시에서 말하였다. "솔개는 날아올라 하늘에 이르고, 물고기는 연못에서 뛰어 논다." 하늘과 땅에 그 이치가 밝게 드러남을 말한 것이다.

군자의 도는 부부에서 시작되니, 그 지극함에 이르러서는 하늘과 땅에 밝게 드러난다.

12장부터 19장까지는 중용의 도를 논한 부분인데요, 『중용』을 여러 번 강의도 하고 스터디도 해보면요, 지금부터 볼 이 부분을 가장 어려워하시더라고요. 그래서 미리 말씀드리는데, 모든 걸 한 번에 꿰뚫고 보겠다는 생각보다는 가벼운 마음으로 차근차근 여러 번 보시는 편이 좋을 것 같아요.

12장은 자사가 1장에 나오는 '도는 떠날 수 없다'(道不可離)의 의미를 거듭 밝힌 거라고 합니다. 13장부터 19장까지는 공자의 말을 인용하여 이것을 분명히 한 것이고요. 그러니까 12장부터 19장까지의 이 부분은 중용의 도를 우리의 일상생활에서 버릴 수 없다는 것을 강조하고 있는 겁니다.

자, 그러면 **군자지도**君子之道 **비이은**費而隱부터 시작해 보겠습니다. 군자의 도란 곧 '중용의 도'겠죠? 그러한 중용의 도가 '비이은'이라고 하네요. '비'(費) 자는 '비용' 할 때 '비' 자인데, 여기서는 '두루두루 포괄적으로 행해진다', '퍼져 있다'라는 뜻입니다. 그래서 군자의 도, 중용의 도의 쓰임이 '비' 하다는 건 우리가 일상에서 경험하는 세계 안에 쫙 퍼져 있다는 겁니다. 멀리 있는 어떤 것이 아니라 일상 속의 아주 평범한 것이라는 말이죠. 1장의 '솔성지위도'(率性之謂道)를 생각하시면 됩니다.

그런데 또 '은'(隱) 하다고 합니다. '색은행괴' 할 때 나온 그 '은' 자죠? 거기서는 '깊이 숨겨져 있다'는 뜻이었지만 여기서는 '은미하다', '미묘하다'입니다. 도의 본체가 은미해서 우리가 인식할 수 없다는 거죠. 무엇이 그렇게 은미해서 예측할 수가 없는가? 여러분, 현상세계의 '소이연'(所以然)이라는 겁니다. 문자 그대로는 "그렇게 된

바", "그리 된 까닭"이라는 뜻인데 한번 생각해 보세요. 누가 다른 사람이 아닌 그 사람인 까닭은 무엇인지, 어떤 일이 그렇게 일어나게 된 까닭은 무엇인지 등의 근본원인을 생각해 보면 굉장히 근본적이고 추상적인 수준의 사고가 필요합니다. 왜 세상이 이렇게 돌아가고 있는지, 왜 내가 하필 이 시간과 공간 속에서 태어나서 이렇게 살고 있는지… 그러한 '근본원인'이 곧 '소이연'이죠. 이건 눈에 보이지도 않고 인식할 수도 없는 '형이상'의 차원이라고 할 수 있습니다. 반면 우리가 이렇게 저렇게 살고 있는 모습, 일어나고 있는 일들은 인식할 수 있는 '형이하'의 차원이고요. 그러니까 이 문장에서 보면, 군자가 행하는 중용의 도는 형이하의 차원에서는 '비'(費)하고 형이상의 차원에서는 '은'(隱)하다는 겁니다.

워낙 중요한 개념이니까 여기서 '비이은'을 주자의 주로 다시 한번 복습해 볼까요. 주자는 '비'를 "用之廣也"용지광야라고 했어요. 이 도의 쓰임이 아주 넓다는 거죠. 우주의 존재하는 모든 것에는 다 도의 작용이 있습니다. 효용이 넓고 넓다, 작용이 광범위하다, 무한대다, 이런 의미의 '비'예요. 그다음에 '은'은 '體之微也'체지미야라고 풀었습니다. 여기서 '체'는 '도'(道)의 '체', 본질이겠죠. '체'는 형이상, '용'은 형이하, 그래서 주자의 글을 보시면 '체용론'이 많이 나옵니다. 노자는 『도덕경』에서 체를 '도'(道)라고, 용을 '덕'(德)이라고 표현했고요. 그래서 『도덕경』인 겁니다. 『중용』에서는 이 세상 모든 현상의 움직임, 이 모든 건 뭐라고 썼어요? 한 글자로 '비'! 엄청난 추상화 용어죠? 이 현상계의 모든 복잡다단한 작용을 '비'라는 한 글자로 딱 개념 정리를 했어요. 그다음에 그것을 움직이게 하는 근원, 본질적인 것은 뭐다? '은'이다! 그래서 『중용』은 이 세상을 '비'와 '은'으로 다 설명하고 있는 거예요.

물론 다른 주석도 있습니다. 일례로 후한의 대학자 정현(鄭玄)은 『예기』에 들어 있는 이 부분을 '군자의 도는 어긋나는 세상을 만나면 은둔한다'로 풀었습니다. '비'를 '어긋나다', '해치다'의 의미로 본 것이죠. 주자의 해석과 큰 차이가 있지요. 이 강의는 주자의 주석을 기본으로 하지만, 가끔 다른 주석도 보겠습니다.

이어서 **부부지우**夫婦之愚로도 **가이예지언**可以與知焉이로되 **급기지야**及其至也 **수성인**雖聖人이라도 **역유소부지언**亦有所不知焉. 자, 앞에서 계속 『중용』은 '지'와 '행'의 문제라고 했죠? '능지능행', 능히 알고 능히 행하는 문제, 이게 핵심이란 말이죠. 여기에 지금 그런 얘기가 다시 나옵니다. 일단 '부부지우'는 '부부의 어리석음'이 아니라 '평범한 부부라도' 이런 뜻이에요. 그러니까 "우리 같은 (평범한) 보통사람이라도"를 말할 때 한문에서는 '부부지우'라고 합니다. '가이예지언'(可以與知焉)에서 '與'는 '예'로 읽겠습니다. 보통 '여'로 읽고, '더불다', '같이하다'의 뜻이죠. "더불어 무엇을 한다"처럼 부사로도 많이 쓰이고요. 그런데 여기서처럼 '예'로 읽으면, 혹시 '참예하다'라는 말 들어 보셨어요? 어르신들이 자주 쓰시던 말인데…. 요새는 '참여하다'라고 쓰는데 옛날에는 이걸 '참예하다'라고 했거든요. 그러니까 '가이예지언'은 그것에 참여하여 알 수가 있다는 말이죠. '그것'은 뭐겠습니까? 네, 중용의 도. 중용을 실천하는 것을 가리킵니다.

아무리 평범한 보통의 부부, 남녀도 그것에 대해 참여해서 알 수가 있다, 아무리 평범한 사람이라도 중용의 도를 파악할 수가 있대요. 왜? 누구에게나 하늘로부터 받은 '성'(性)이 있으니까! '천'이 명한 '성'이 있기 때문에 가능하다는 거죠. 이런 일상적인 '비'의 차원에서는 아무리 어리석고 평범한 부부라도 관여하고 참여해서 알 수 있어요. 결국 누구나 다 할 수 있다는 보편성, 일반성을 말하는 겁니다. 그런데 이런 이야기를 실컷 하더니, '급기지야'(及其至也), 그 지극한 것, 그러니까 최고 수준에 이르러서는, '수성인역유소부지언'(雖聖人亦有所不知焉), 비록 성인이라도 또한 알 수 없는 바가 있대요. 왜? 인간이기 때문에! 우리가 세상을 어떻게 다 알겠어요? 우주가 어떻게 만들어지고, 어떻게 변화하는지 이런 거 다 모르잖아요. 우리 같은 보통사람은 물론 모르고, 우리만 그러는 게 아니라 성인들도 모른다. 그래서 '또한 역' 자를 쓴 겁니다. '은', 이치의 '소이연'은 성인도 모르는 게 있다! 어때요, 좀 위로가 되지 않으세요? 우리 모두는 알 수 있는 것(가지可知)과 알 수 없는 것(불가지不可知) 사이에 속해 있네요.

그다음에 뭘 이야기할까요? 네, '지'(知)를 말했으니 '행'(行) 이야기를 하겠죠. **부부지불초**夫婦之不肖라도 **가이능행언**可以能行焉이로되 **급기지야 수성인** 及其至也 雖聖人이라도 **역유소불능언**亦有所不能焉이라. '불초'는 4장에서 한 번 나왔었죠? 부족하다는 뜻이었지요. '부부지우'가 "평범한 부부라도"였으니까 '부부지불초'는 "부족함이 있는 부부라도"라고 보면 되겠습니다. 사실상 같은 뜻이에요. 그런 부족하고 평범한 사람, 부부일지라도 '가이능행언', 능히 행할 수 있지만, 그러니까 앞에 나온 '예'(與) 대신에 여기 쓰인 '능'(能) 자를 써도 되는 거예요. 부족한 부부라도 능히 행할 수 있지만 또 그 지극한 것에 있어서는 비록 성인이라도 '또한' 능하지 못한 바가 있어요. 100% 못하는 바가 있어요. 이러니까 중용이라는 게 여러분, 누구나 다 할 수 있는 것이면서 또 뭡니까? 정말 최고 수준까지는 어느 누구도 완벽하게 할 수 없는 게 되어 버리는 거예요. 앞 문장과 합쳐서 보면, "아무리 평범하고 모자란 사람도 알 수 있고 행할 수 있지만, 최고 수준의 것은 성인도 알 수 없고 행하지 못하는 것이 있다"는 말이 되겠습니다.

다음의 **천지지대야**天地之大也에도 **인유유소감**人猶有所憾이라. 여기서 '대'는 단순히 '크다'라기보다는 '위대하다'란 뜻이에요. 우주, 하늘에서 이루어지는 일들을 다 알 수가 없잖아요? 지상에서 이루어지는 것도 마찬가지고요. 우리가 어떻게 다 압니까? 다큐멘터리 같은 거 보면 지상 곳곳에 생각지도 않았던 짐승들, 새들도 얼마나 많아요? 그런데 하늘과 땅의 위대함, 광대함에 대해서도 인간들은 오히려 '감'(憾)하는 바가 있대요. 이때 '감'은 '섭섭히 여기다'라는 의미예요. 사람들이 하늘과 땅에서 일어나는 어떤 작용들에 대해서 유감으로 여기는 게 있다는 거죠. 이를테면 날씨가 고르지 않아서 추워야 할 때 덥다든가, 가물거나 홍수가 난다든가, 지진이 일어난다든가, 쓰나미가 온다든가… 그런 일을 겪을 때 인간은 '아, 대체 뭐냐!', '왜 이렇게 가혹하게 하는 거냐!' 하면서 유감을 가질 수 있다는 겁니다. 왜 그럴까요? 네, 근본원인, 소이연이 있는데 그 전체를 모르기 때문이죠. 이렇게 천지에서 일어나는 광대한 일에 대해 인간은 불만을 가질 수도 있지요.

그래서 이걸 다른 시각에서 보면, **고**故로 **군자어대**君子語大 **천하막**

능재언天下莫能載焉. 군자의 도가 그 큰 것을 말하면, '천하막능재언'이래요. '재'(載) 자는 원래 뜻이 수레에 물건을 싣는 거예요. '실을 제'자죠. 그런데 이 글자가 지구가 우리를 '싣고 있다'라는 식의 비유에도 쓰입니다. 그러니까 군자의 도 중에 큰 것을 말하면 천하에 능히 그것을 실을 만한 것이 없어요. '은', '소이연'을 다 담을 만한 것이 없다는 거죠. 그리고 **어소**語小 **천하막능파언**天下莫能破焉. 또 군자가 작은 것, 평범한 남녀가 모두 알고 행할 수 있는 이치를 얘기하면요. 이런 건 우리가 쉽게 깨트릴 수 있을 것 같잖아요? 그런데 이걸 깨트릴 수 없대요. 평범한 일상에 은미한 도가 들어 있으니까요. '비'의 세계입니다. 중용을 알고 행하는 데는 이런 면이 있다는 겁니다.

자, 다음 문장입니다. 여기서는 '비'와 '은'의 관계를 구체적 예를 들어 말합니다. **시운**詩云 **연비려천**鳶飛戾天 **어약우연**魚躍于淵 **언기상하찰야**言其上下察也라. '시운'은 "시에 말하길"입니다. 시의 출처가 주석에 밝혀져 있는데『시경』(詩經),「대아」(大雅) '한록(旱麓)편'입니다. 여기서『시경』에 관해서 잠깐 이야기를 하고 갈까요?『중용』에는『시경』인용이 많거든요.『시경』에 남아서 전해오는 시는 305수인데요, 보통 그냥 '삼백 수'라고들 합니다. '시삼백'(詩三百)이라고요. 그전부터 내려오는 민간가요가 3천 편이 넘었는데, 보아하니 내용상 문제가 있는 것도 있고 겹치는 구절도 있어서 공자가 300수로 정리했다고 해요. 이것이 공자 '산시설'(刪詩說)인데 의심하는 학자도 많지만, 아무튼 공자가 고대문헌 정리에 깊이 관여한 것은 사실이라고 봅니다. 이 때문인지 후대에도 많은 분량의 시작품들을 추려서 정리할 때 300개로 많이들 해요. 당시(唐詩) 300수, 송시(宋詩) 300수… 이런 식으로요. 이 300이란 숫자가 그냥 나온 게 아니란 말씀! 그리고 『시경』의 시들은 '풍'(風), '아'(雅), '송'(頌)으로 분류를 합니다. '풍'은 바람결 타고 전해져 불린 노래, 그러니까 민간가요를 말하죠. 현재 160편이 전해집니다. '아'(雅)는 국가의 공식적인 의전, 모임에 쓰인 음악이라고 할 수 있어요. 다른 나라에서 사신이 왔다든가 신하들과 연회를 열 때 연주하는 음악입니다. 105편이 남아 있어요. 나머지 40편은 '송'인데 제사 음악입니다. 종묘에서 조상신에게 제사 지낼 때 연주하죠. 이렇게 이런저런 행사에 음악이 빠지질 않았어요. 당시에 '문화'라고 할 때 음악이 그 대표격이라고 할 수 있습니다. 지금 여기 나온 시는 궁정 의전음악인 '아'네요. 출처가 '대아'(大雅)잖아요.

자, 본격적으로 시를 읽어 볼까요? '연비려천 어약우연'(鳶飛戾天 魚躍于淵)이라는 구절은 써 보시고, 또 외우셔도 좋습니다. 아주 유명한 구절이고, 벽에 족자로 만들어서 걸어 놓곤 했습니다. 그럼 이게 무슨 뜻이냐? '연'(鳶)은 '소리개 연' 자고, '려'(戾)는 원래 '거스를 려' 자이지만, 여기서는 '도달한다'란 뜻입니다. 주석에서는 '려'를 '지'(至)라고 풀어 두었습니다. 그렇다면 '연비려천'을 해석하면 어떻게 되죠? 네, "소리개가 날아올라 하늘에 이르고" 정도로 하면 되겠습니다. 소리개는 무슨 에너지로 하늘까지 올라갈까요? 이걸 보면서 경이감을 갖게 되는 거예요. 『장자』 읽으신 분들은 거대한 날개로 바닷물을 차고 비상하는 붕새도 덩달아 생각나실 겁니다. 멋있는 부분이죠.

다음으로 '어약우연'. 한문에서 '우'(于) 자는 거의 90% '어'(於)와 같은 의미입니다. 옛날 글일수록 '우' 자가 많이 쓰였는데 후대로 오면서 '우' 대신 '어'를 쓰게 된 거죠. 어쨌든 두 글자의 쓰임은 거의 같습니다. 물고기가 연못에서 '약', 뛰어오른대요. 물 위로 팍팍팍 뛰는 거 있죠? 여러분 많이 쓰시는 '비약'(飛躍)도 바로 이 구절에서 나온 말입니다. '연비려천'의 '비', '어약우연'의 '약'을 붙인 거죠. 지금은 '비약적으로' 같은 때 많이 쓰이는데, 원래 이 단어는 지상에 존재하는 수많은 생명체들이 생기 넘치게 사는 모습, 자기가 왜 그렇게 생기가 넘치는지도 모르고 어떻게 생명이 주어졌는지도 모르지만 활발발하게 사는 모습을 가리켜 쓰는 말입니다. 이렇게 활력 넘치는 이 모습, 이게 바로 도가 작용하는 모습이고, 앞에서 썼던 표현을 가져오자면 '비'(費)한 세계에 들어 있는 '은'(隱)한 이치, '소이연'이지요.

자, 그래서 소리개는 날아올라 하늘에 이르고, 물고기는 연못에서 뛴다고 했으니, '언기상하찰야'(言其上下察也). 그것이 위와 아래에서, 하늘과 지상에서, 그러니까 소리개는 하늘에서 물고기는 땅에서 '찰'(察)한다고 말합니다. 원래 '찰' 자는 '관찰하다', '본다'라는 뜻인데, 주석에는 '찰'을 '드러날 저'(著)라고 풀고 있어요. 결국 하늘과 땅에서 보인다, 드러난다는 거죠. 우린 이 드러나는 모습을 통해 그렇게 만든 '소이연'까지 생각하게 되는 겁니다. '소이연'을 보고 들을 수는 없지만, 그 이치의 작용[用]은 이렇게 밖에 드러나 있는 겁니다. 이걸 자연스럽게 알게 되는 것, 공자는 '이순'(耳順)이라고 하셨죠.

이 장의 결론 부분이 대단합니다. **군자지도**君子之道 **조단호부부**造端乎夫婦니 **급기지야**及其至也 **찰호천지**察乎天地라. 여기서 '조'(造) 자가 동사예요. 시작된다는 겁니다. '군자지도 조단호부부'는 "군자의 도는 평범한 부부에게서 실마리, 단초가 시작된다"는 뜻입니다. 평범한 남녀, 부부의 일상 속에 군자의 도가 들어 있다네요. 유가 텍스트에서는 음과 양, 남과 여가 만나 결혼하지 않으면 이 세상이 안 돌아간다고 봐요. 결혼을 안 하는 사람들이 많으면 가뭄도 오고 그래요. 비가 안 오면 노처녀 노총각이 눈총을 받고, 심지어 국가 차원에서 결혼을 시키기도 했답니다. '단'(端)이 실마리잖아요? '사단'(四端) 할 때도 이 글자를 쓰고 "단서를 찾아라" 할 때도 마찬가지고요. 실마리라는 건 뭐겠습니까? 결국 '시작'이죠. '어'(於)로 바꿔 쓸 수 있는 '호'(乎)는 여기서 '~로부터'의 뜻이겠고요. 그러니까 군자의 도는 부부로부터, 남녀의 결합에서부터 시작한다는 말입니다. 『주역』도 내내 이 이야기예요. 남녀는 어떻게든 결혼을 해서 음양의 이치로 살아야 한다… 그럼 지금처럼 결혼 안 하는 시대는 어쩌죠? 중용으로 갈 수도 없나? 그건 곤란하죠. 주변 사람들과 서로 나누며 애틋하게 살면 됩니다. 혼자 고립되어 살면 중용은 어렵다고 봐야죠.

'급기지야 찰호천지'(及其至也, 察乎天地). 그 지극한 것에 이르러서는 하늘과 땅에 드러나 있다. 하늘에 드러난 해와 달과 별, 땅에서 보이는 산과 계곡 등등… 이런 걸 통해서도 우리는 어떠한 원칙, '소이연'에 맞춰서 살아야 된다는 걸 알 수 있다는 겁니다. 여기서 세상을 보는, 해석하는 '천'(天)·'지'(地)·'인'(人), '삼재'(三才)가 나오는 거잖아요. '천', '지', 그리고 그 가운데 인간. 하늘에도 음양의 흐름, 균형이 있고, 땅도 마찬가지거든요. 『주역』을 보면 계속 삼재 얘기를 하죠. 효 여섯 개의 자리가 두 효씩 '천·지·인'의 자리잖아요. 그 지극한 것에 있어서는 하늘과 땅에 다 드러나 있다. 그러니까 이걸 누구나 다 볼 수 있다는 거예요. 그렇기 때문에 도는 잠깐이라도 분리될 수가 없는 거예요. 조금만 쉬고, 오늘은 건너뛰고 도를 행해야지? 이런 거 안 돼요. 일상 속에서 항상 생각하고 실천하라는 거죠.

제13장

子曰:
자 왈

"道不遠人. 人之爲道而遠人, 不可以爲道.
도 불 원 인 인 지 위 도 이 원 인 불 가 이 위 도

詩云:'伐柯伐柯, 其則不遠.' 執柯以伐柯, 睨而視之,
시 운 벌 가 벌 가 기 칙 불 원 집 가 이 벌 가 예 이 시 지

猶以爲遠. 故君子以人治人, 改而止.
유 이 위 원 고 군 자 이 인 치 인 개 이 지

忠恕違道不遠, 施諸己而不願, 亦勿施於人.
충 서 위 도 불 원 시 저 기 이 불 원 역 물 시 어 인

君子之道四, 丘未能一焉: 所求乎子, 以事父, 未能也;
군 자 지 도 사 구 미 능 일 언 소 구 호 자 이 사 부 미 능 야

所求乎臣, 以事君, 未能也; 所求乎弟, 以事兄, 未能也;
소 구 호 신 이 사 군 미 능 야 소 구 호 제 이 사 형 미 능 야

所求乎朋友, 先施之, 未能也.
소 구 호 붕 우 선 시 지 미 능 야

庸德之行, 庸言之謹, 有所不足, 不敢不勉, 有餘不敢盡.
용 덕 지 행 용 언 지 근 유 소 부 족 불 감 불 면 유 여 불 감 진

言顧行, 行顧言, 君子胡不慥慥爾!"
언 고 행 행 고 언 군 자 호 부 조 조 이

공자께서 말씀하셨다.

"도가 사람에게서 멀리 있지 않으니, 사람이 도를 행하면서 사람을 멀리한다면

도라 할 수 없다.

시에서 말하였다. '도끼자루감을 베네, 도끼자루감을 베네! 그 기준이 멀리 있지 않도다!' 도끼자루를 잡고 도끼자루를 만들 나무를 베면서, 자기 도끼자루를 비스듬히 보고 있으면서도 기준이 오히려 멀리 있다고 여긴다. 그러므로 군자는 사람의 도리로써 사람을 다스리다가 잘못을 고치면 그만둔다.

충과 서는 도와의 거리가 멀지 않으니, 자기 몸에 행해지기를 원하지 않는 일은 다른 사람에게 행하지 말라.

군자의 도가 네 가지인데 나는 그중에서 한 가지도 능하지 못하다. 자식에게 바라는 것으로 부모를 섬기는 일을 제대로 하지 못하고, 신하에게 바라는 것으로 군주를 섬김을 제대로 하지 못하고, 동생에게 바라는 것으로 형을 섬김을 제대로 하지 못하고, 친구에게 바라는 것을 내가 먼저 베풂을 제대로 하지 못한다.

일상에서 덕을 행하며 일상에서 하는 말을 삼간다. 행함에 부족한 것이 있으며 감히 힘쓰지 않음이 없으며, 하고 싶은 말이 있어도 감히 다하지 않는다. 말을 할 때는 행실을 돌아보고 행실에서는 말을 생각해 보아야 하니 군자가 어찌 신중하지 않을 수 있겠는가."

자왈子曰 **도불원인**道不遠人 **인지위도이원인**人之爲道而遠人이면 **불가이위**
도不可以爲道니라. 도대체 어려운 글자가 하나도 없는 평범한 문장입
니다. 그런데 이 문장을 좋아하시는 분들이 은근히 많더라고요. 공자
가 말하기를, '도'(道)는 '불원인'(不遠人), 사람에게서 멀리 있지가 않
대요. '원인'은 멀리 있는 사람이란 뜻이 아닙니다. '원'과 '인' 사이에
'어'(於) 자가 생략되어 있다고 보셔야 해요. 사람'에게서' 멀리 있는
게 아니란 말이죠. 모든 남녀, 부부가 능히 알고 능히 행할 수 있다는
거죠. 왜? '솔성'(率性)이니까요. 우리가 하늘이 준 '성'을 따라가는 게
'도'잖아요. 그러니까 『중용』에서는 '인간이기를 포기하고 싶다!' 해
도 그게 되질 않습니다. 내가 포기한다고 되는 게 아니에요. 다 주어
진 거니까요. 선천적으로 고귀하게 태어난 사람만이 할 수 있는 것이
아니라 평범한, 약간은 부족한 사람들 모두에게 다 해당되는 거예요.
매일매일 해야 하는 거고요.

'인지위도이원인'(人之爲道而遠人)에서 '위'(爲) 자는 '행할 행
(行)' 자로 보세요. 사람이 도를 하면서, 그러니까 우리 같은 한 개인
개인이 도를 한다고 하면서, '이원인', 사람에게 멀리하면, 이게 무슨
뜻이냐면 '도'가 누구나 다 할 수 있는 시시한 것이라니, 하면서 아주
뛰어난 인간만 한다고 생각한다든가 사람에게서 멀리 있다고 생각한
다든가 하는 거예요. 그러니까 일부 사람만 할 수 있다든가, 너무 고
상한 거라 나는 못하겠다고 한다든가, 하면서 행하지 않는 거죠.

주석을 보면, "道者 率性而已"도자 솔성이이라고 나와 있네요. 도는
'성'을 따라가는 것일 뿐이라는 거죠. 그래서 "固衆人之所能知能行者
也."고중인지소능지능행자야 참으로[固] 모든 사람들[衆人]이 능히 알고 능

히 행할 수 있는 거래요. 앞에서 계속 '능지능행'을 말했었잖아요? 고로 "常不遠於人"상불원어인, 항상 사람에게서 멀리 있는 게 아닌 거죠. 이어서 "若爲道者厭其卑近약위도자염기비근 以爲不足爲이위부족위 而反務爲高遠難行之事이반무위고원난행지사 則非所以爲道矣즉비소이위도의"라고 했습니다. 만약[若] 도를 행하는 사람[爲道者]이 그 '비근'한 것[其卑近]을 싫어하면[厭]. 여기서 '비근'이라는 건 쉽게 말해서 하찮은 거예요. 아무리 어리석은 보통사람도 도를 다 행할 수 있다고? 밥 먹는 거, 생각하는 거, 걷는 것도 다 도에 맞게 하라는 거야? 구태여 내가 그런 것까지? 이러는 게 '비근'을 싫어하는 거예요. 그러면 '이위부족위', 도를 행하기에 부족하다고 생각해요. 그래서 '반무위고원난행지사', 반대로 '고원'(高遠)하고 '난행'(難行)한 일에 힘써요. 고상해서 좀 있어 보이고 하기 어려운 일만 찾아서 한단 거죠. 그런즉, '비소이위도의', 도를 행하는 것이 아니라는 거예요. 그러니까 도를 행하는 건 뭐예요? 매일매일, 눈 떠서 잠잘 때까지, 내 주변의 일상적인 일부터 최선을 다해 하는 거예요. 그 얘기입니다. 그래서 도는 사람에게서 멀리 있지 않다고 한 겁니다.

이렇게 사람이 할 수 있는 일을, 일상적인 일을 멀리한즉, '불가이위도'(不可以爲道)랍니다. 여기서 '위' 자는 '행하다'가 아니라 '말하다/일컫다'를 뜻합니다. 그래서 사람이 도를 '하면서' 사람의 일을, 사람이 할 수 있는 도리를 멀리한다면 도라고 '일컬을' 수 없다! 이렇게 됩니다. 그런 건 도가 아니라는 말이죠. 다시 한번 말씀드립니다. 도는 어디서부터 하셔야 돼요? 일상적으로, 매일매일, 한 발짝씩. 처음부터 고상하고 하기 어려운 일만 하려고 하는 건 도의 실천이 아니에요! 이 구절이 주는 의미가 엄청난 거예요, 여러분. 딱히 색은행괴 하는 뛰어나신 분들을 부러워하거나 따라하실 필요가 없어요. 중요한 건 일상에서의 행함이죠.

그다음에는 『시경』의 구절이 인용됩니다. 『논어』에서는 『시경』을 별로 인용하지 않거든요. 그런데 『대학』과 『중용』에서는 『시경』이 꽤 많이 인용됩니다. 이게 딱히 어려운 건 아닌데, 시가 나오면 조금 부담스러워하시더라고요. 하지만 그러지 않으셔도 됩니다. 같이 차근차근 보죠.

시운詩云 **벌가벌가**伐柯伐柯 **기칙불원**其則不遠. '則'은 대개 '즉'이라고 읽는 접속사로 쓰이죠. 하지만 '법칙' 할 때는 '칙'으로 읽고요. 여기선 '칙'입니다. 95%는 '즉'인데, 이렇게 가끔 '칙'으로 읽습니다. **집가이벌가**執柯以伐柯 **예이시지**睨而視之 **유이위원**猶以爲遠이라. **고**故로 **군자이인치인**君子以人治人하다가 **개이지**改而止라. 이 부분은 공자가 인용한 시구에 대한 해석입니다.

'벌가'의 '가'(柯)는 도끼자루를 말합니다. 도끼자루를 만들려면 어디로 가야 돼요? 나무 옆에 가서 나무를 잘라야죠. '벌'(伐) 자가 도끼자루를 만들 나무를 자른다는 소리입니다. 그래서 '벌가' 하면 도끼자루를 만든다는 의미입니다. '벌가벌가'는 "도끼자루감을 베네, 도끼자루감을 베네"로 해석하시면 됩니다. 시니까 운율 맞추느라고 '벌가'를 두 번 반복했다고 보시면 돼요. 그렇게 도끼자루감을 베는데, '기칙불원'(其則不遠), 그 '칙'이 멀리 있지 않다고 합니다. 자, 도끼자루를 하나 만들어야겠다 하고 도끼를 들고 큰 나무 앞에 갔어요. 도끼자루도 사이즈가 있을 거 아니에요? 나무를 자를 때도 그걸 기준 삼아서 잘라야 일하기가 수월하죠. 그런데 그 기준이 멀리 있지 않아요. 어디에 있겠어요? 네, 내가 쥐고 있는 도끼자루가 바로 그 기준이 되는 겁니다. 나무를 어느 정도 사이즈로 잘라야 될지는 지금 내가 가지고 있는 도끼자루를 기준으로 하면 된다는 거죠.

생각해 보세요. 우리가 중용의 도를 추구하는데, 그 기준점은 누구에게 있어요? 멀리 있지 않아요. 가장 가까운 곳, 바로 나에게 있죠! 왜? 하늘로부터 부여받은 '성'(性)을 가지고 있으니까요. 우리가 '내가 좀더 나은 존재가 되어야지'라고 생각하면 남을 보며 부러워할 것이 아니라 우선 자신이 가지고 태어난 '성'을 성찰하면 되는 거죠. '양지양능'이 이거죠. 이미 중용을 실천할 수 있는 그 본이 되는 도끼자루를 내가 가지고 태어났어요.

공자의 시 해석을 볼까요? '집가이벌가'(執柯以伐柯)는 "도끼자루를 쥐고서 도끼자루감을 베면서"입니다. 어렵지 않죠? '예이시지유이위원'(睨而視之 猶以爲遠)에서 '예'(睨) 자는 옆으로 비스듬히 본다는 의미예요. 여러분, 머릿속으로 그림을 한번 그려 보세요. 도끼자루를 쥐고, 나무를 치려고 할 때 비스듬히 옆으로 보잖아요. 검도하듯이 정면에서 바라보고 나무를 내리치는 게 아니라요. '예' 자가 바로 그걸 표현한 글자입니다. '곁눈질하며'라고 할 수도 있고, '눈을 옆으로 뜨고'로 할 수도 있어요. 도끼질을 할 때 이렇게 옆으로 보면서 내 도끼자루와 나무를 동시에 보면서 치잖아요. 그럴 때 오히려 '이위원', 멀다고 여긴대요. 도끼자루를 쥐고 도끼자루감을 치면서, 아이구, 도끼자루를 어떤 사이즈로 어떻게 만들지, 이렇게 생각한다는 거예요. 어이가 없죠. 하지만 공자는 우리가 이렇게 살고 있다는 거죠. 자신이 어떤 존재인지, 무엇을 할 수 있는지 모르며 산다는 겁니다.

'고군자이인치인 개이지'(故君子以人治人 改而止), 그러므로 군자는 이인치인해요. 사람으로써 사람을 다스린다는 이 말, 여기서 '사람으로써'는 '그에게 있는 것을 가지고'라는 뜻이죠. 그에게 있는 것을 가지고서 그 사람을 다스립니다. 여기서 '다스릴 치(治)' 자는 '가르칠 교(敎)' 자로 바꿔 쓰셔도 좋아요. 대부분의 사람들은 내면에 가지고 있는 능력을 잘 모르고 살아가죠. 그러니까 그럴 때 옆에 있던 군자가 그가 가지고 있는 것으로써 그를 이끌어 줘요. 가르쳐요. 누군가가 인생을 제대로 못 살고 있으면 그 사람한테 너는 이런이런 일을 할 수 있는 존재로 태어났다고, 그가 사람으로서 갖고 태어난 능력으로 그를 가르쳐요. 그래서 상대가 그걸 고치잖아요[改]? 그래서 방향을 잡아 나가면 그만하면[止] 되는 거예요. 그런데 '止'를 '그치다' 대신에 '~할 따름이다'로 해석하는 경우도 있습니다. "군자는 그 사람이 가지고 태어난 본연의 능력으로써 그를 가르치고 고치게 할 뿐이다"라고요.

주석을 좀 보고 갈까요? "所以爲人之道소이위인지도 各在當人之身각제당인지신"이랍니다. '위인지도', '사람이 행할 도리는 각각 그 해당되는 사람의 몸에 있다' 이 말이에요. 멀리 가서 찾을 필요가 없는 거죠. 이 주석은 줄 쳐 놓으세요. 처음부터 피차의 구별, 나와 타인과의 큰 차이가 있을 수 없는 겁니다. 다만 먼저 알고 행하고 있는 군자가 자각하고 있지 못한 사람이 이미 갖고 있는 능력을 끄집어 내주는 거예요. 특별히 밖에서 무엇을 불어넣고 이런 거 아니죠.

여기서 동양의 교육론이 출발합니다. 이것이 '이인치인'(以人治人)입니다. 핵심은 선생이 이렇게 저렇게 하는 게 아니라, 각자 가진 것들을 끄집어 내주는 것입니다. 그래서 『논어』를 보면 서로 맞지 않는 부분이 참 많아요. 제자들이 효가 뭐냐고 물어보면 대답이 다 다릅니다. 질문한 사람을 기준으로 눈높이를 맞춘 거거든요. 몸이 많이 아픈 약골 제자가 공자한테 와서 "선생님, 효가 뭡니까"라고 물어봐요. 공자가 뭐라고 했겠어요? "너 아프지 않는 게 효다." 간단해요, 그죠? 유력자 집안의 아들이 "선생님, 효가 뭡니까" 그래요. 그런데 대단한 집안이니까, 가령 제사 지내거나 초상 치를 때 분수를 벗어나 호화롭게 하겠지요? 그러니까 뭐라고 해요? 부모님 봉양하고 초상 치르고 제사 지낼 때 '법도대로' 하라고 해요. 예를 벗어나 과도하게 하는 건 효가 아니라는 거예요. 이렇게 대답이 다 다릅니다. 효란 각자가 처지에 맞게 해야 한다는 거죠. 이런 식입니다. 이게 공자 교육론의 기본인 거예요. 한 사람, 한 사람에게 적합한 방식으로 길을 찾을 수 있게 도와 준 거죠.

말 나온 김에 공자와 제자들의 교실을 상상해 볼까요? 『논어』를 보면 대부분 공자는 방에 있고, 제자들은 별도의 공간에 있었어요. 입실(入室)제자니 승당(升堂)제자니 하는데, 아무튼 공부하다가 질문이 생기면 들어와서 물어보고 나가고 이런 식으로 한 거 같아요. 같이 들어올 때도 대체로 다섯 명은 넘지 않은 거 같아요. 공통 관심사가 생기면 공자를 포함해서 두세 명 정도가 같이 토론했던 것으로 추정됩니다. 네, 엄청 소수정예죠. 그러니까 저런 게 가능합니다. 단, 이럴 때 문제점은 뭐예요? 비교가 너무 분명하게 된다…. 그래서 안회같이 말

없이 모든 내용을 바로 이해하는 제자와 공부하면 주변 사람이 피곤했을 것 같아요. 몇 명 안 되니 물어갈 수도 없었고요.^^

이제 '충서'(忠恕)가 나옵니다. 낯익은 단어죠? 『대학』에도 『논어』에도 나오는 말입니다. **충서**忠恕는 **위도불원**違道不遠하니 **시저기이불원**施諸己而不願을 **역물시어인**亦勿施於人이라고 하네요. 일단 '위도불언'의 '위'(違)는 '위반행위', '위법'이라 하여 '어기다'의 뜻으로 많이 쓰이지만, 여기서는 '~로부터'의 뜻입니다. '도로부터 멀지 않다', '도에서 멀지 않다' 이런 뜻이죠. '충'과 '서'는 도에서 가깝다는 겁니다. 그러니 '시저기이불원', 자기 입장에서 생각을 해봅니다. 어떤 일이 나에게 다가오면 어떨까? 생각을 해보니까 원하지 않아요[不願]. 한마디로 싫은 거죠. 그걸 '역물시어인', 또한 남에게 베풀지 말라는 겁니다. 이때 '시'(施) 자는 '행'(行) 자로 봐도 되죠? 결국 간단한 겁니다. 각자 싫은 일을 남한테도 행하지 말라는 거. 이거 성서에도 나오지 않나요?

　『논어』에는 '기소불욕 물시어인'(己所不欲 勿施於人)이 「안연」과 「위령공」편에 두 번 나오죠. 자기가 원하지 않는 걸 남에게 하지 말라고요. 여러분, 한편으로는 '내가 싫은 일은 남에게도 행하지 않는다'라는 게 너무 소극적인 게 아닌가? 이것보다 '내가 좋은 일 남도 같이 한다'가 더 낫지 않을까 생각하실 수도 있겠네요. 그런데 곰곰이 생각해보세요. 내 생각에 좋다고 다른 사람에게 같이 하자고 하는 거 엄청 피곤한 겁니다. 여러분들도 많이 당하지 않나요? 막 짜증이 납니다. 오히려 나 싫은 일 남에게 안 하는 게 훨씬 의미 있고 지속적으로 할 수 있어요. 이것만으로도 충분히 '인'(仁)의 실천이라고 수 있습니다.

『논어』를 보면 충서가 바로 '인'과 연결이 돼요. 「이인」(里仁)편을 보면 공자가 증자한테 '오도'(吾道)는 '일이관지'(一以貫之)다, "나의 도는 하나로써 꿰뚫는다"라고 얘기하고 교실을 나가 버렸어요. 그랬더니 학생들이 와서 "야, 선생님께서 무슨 말씀하고 가셨냐?" 그러니까 증자가 "선생님의 도는 '충서'일 뿐이다"라고 얘기해요. 선생님이 말씀하신 '하나'를 증자가 '충'과 '서'로 알아들은 거죠. 대단한 선생님과 제자입니다.

여기서는 충서의 개념을 주자의 주석으로 설명하겠습니다. '충서'에 대한 주석은 『대학』에도 나오고 『논어』에도 나오고 거의 비슷합니다. 여러분, 일단 '충서'를 '충'과 '서'로 이해해 주세요. 우선 "盡己之心爲忠"진기지심위충, 진기지심을 '충'이라고 한대요. 자기의 마음을 다하는 것, 이게 곧 '충'입니다. 그러니까 높은 분에 대한 '충성심'이 아니라 '자기 성실성'인 거죠. 내 속에 있는 마음을 다하는 것이 '충'이다. 『중용』에서는 뭐겠습니까? 하늘이 부여한 '성'(性)을 다 발휘하는 것, 최대한 확장시키는 것이 바로 '충'이죠. 이렇게 '충'을 다하는 걸 『대학』에서는 '수신'(修身)이라고 하고, '명명덕'(明明德)이라고도 했지요.

다음에 '서'는 "推己及人爲恕"추기급인위서라고 합니다. '추기급인'도 사자성어로 쓰이는데요, 여기서 '밀 추(推)' 자는 확장한다는 의미예요. 나를 밀어서, 확장해서, 이때 나는 그냥 대강 사는 내가 아니고 '충'한 나겠죠? 그런 나를 확장해서 그걸 다른 사람에게까지 미치는 거예요. '수신' 다음에 '제가치국평천하'까지 가야 하듯이요. 그런데 나만 잘되겠다고 욕심, 사욕이 생기는 순간 '인'이고 '충'이고 '서'고

다 어려워집니다. 그런 사욕이 생기지 않도록 조심하는 게 '신독'(慎獨)이었죠? 여러분, 자기 마음의 자리를 잘 봐야 돼요. 계속 봐야 됩니다. 멀쩡히 잘 있다가 옆집 애가 어디 좋은 데 취직했다고 하면 마음한 번 흔들리고, 또 윗집 애가 수학 성적이 잘 나왔다고 하면 또 한 번흔들리고… 막 흔들립니다. 그래서 계속 계속 해야 돼요. 아무튼 '서'는 '용서'의 뜻으로 많이 쓰이지만, 여기서는 인의 적극적 실천을 말합니다.

정리하자면 '충'은 뭐예요? 줄여서 '진기'(盡己)! 자기를 다한다. 자신의 능력 혹은 가지고 태어난 '성'을 최대한 발휘하는 겁니다. '서'는 뭐예요? 자기성실성을 다른 사람에게 확장시키는 거겠죠. 주석이지만 워낙 유명한 문장입니다. 이게 또 '인'인 거죠. '충서' 두 글자 중에서 '인'과 같은 개념으로 쓸 수 있는 것은? 이러면 '서'(恕)겠죠. '충'은 개인적인 것이고 '서'는 개인을 넘어선 거니까요. 그래서 자공이공자님에게 일생 동안 지켜야 할 글자 하나만 가르쳐 달라고 할 때'서'를 말해요. 자공은 그 글자를 허리띠에다 써 가지고 항상 몸에 두르고 다닙니다.

이게 『맹자』에서는 어떻게 나오냐면요, 나의 부모님을 사랑하는마음을 확장해서 다른 사람의 부모님을 사랑하고요, 나의 아이를 사랑하는 마음을 확장해서 다른 사람의 아이까지 간다고 해요. 이러면이 세상은 살아 볼 만한 세상이 되는 거예요. 그게 유가뿐만 아니라인간세상에서 가장 이상적으로 생각하는 대동(大同)사회예요. '친친'(親親)의 마음을 타자에게까지 확장하는 겁니다. 그 이상 다른 건 없습니다.

지금까지 계속 도를 행하는 게 사람에게서 멀지 않다고 했습니다. 그러면서 더 쉽게 얘기해요. **군자지도사**君子之道四 **구미능일언**丘未能一焉. 군자의 도에는 네 가지가 있대요. 여기서 군자의 도란 곧 중용의 도이고 충서의 도겠죠? 아무튼 그게 네 가지인데, '구미능일언'이랍니다. '구'(丘)는 공자 이름이죠. 그러니까 나 공자도 '미능일언'이란 말이에요. 네 가지 중에 한 가지도 제대로 못한다는 거네요. 앞장에서도 몇 번 나왔던 '언'(焉) 자에 대해서 잠깐 말씀드리자면, 이 글자의 첫번째 기능은 종결사예요. 이 경우 '야'(也) 자와 마찬가지로 해석을 안 하지요. 주자는 거의 이 경우로 봐서 해석을 안 해요. 두번째는 대명사입니다. '그것'이라고 해석하죠. 세번째는 의문사인 '어찌 하(何)' 자의 용법인데, 대개 문장 앞에 나옵니다. 여기서는 대명사로 보아서 '그중에서'라고 하시면 좋겠네요.

그럼 그 네 가지가 대체 뭐냐? 이제 차례대로 나옵니다. **소구호자**所求乎子 **이사부** 以事父를 **미능야**未能也이니. 여기서 '호'(乎)도 '~에게'의 뜻입니다. '소구호자 이사부'는 "자식에게 바라는 것으로 부모를 섬긴다"는 뜻이에요. 내가 자식에게 원하는 것, 그 마음으로 부모님을 섬기는 것이라니, 무슨 말인지 다 아시겠죠? 이게 굉장히 어렵다는 것도 다 아실 거고요. 내가 자식에게 원하는 게 있으면 똑같이 우리 부모도 나에게 원하는 게 있으시겠죠. 그 마음을 헤아려서 부모를 섬기는 것. 나는 부모님의 자식이자 내 자식의 부모이기도 하잖아요? 쉽게 말해 '역지사지'(易地思之) 하는 거죠. 이런 걸 일상에서 해나가야 중용을 실행하는 거예요. 아무튼 그걸 '미능야', 능하지 못하며, 잘하지 못하며. **소구호신**所求乎臣 **이사군**以事君 **미능야**未能也. '신'(臣)은 요새로 보면 아랫사람이죠? 부하직원이라고 보셔도 되겠고요. 신하에게 바라는 것, 신하가 나에게 이렇게 해줬으면 좋겠다 하는 것으로써 군주를 섬기는 것에 능하지 못하며, 또 **소구호제**所求乎弟 **이사형**以事兄을 **미능야**未能也며, 동생에게 바라는 것으로써 형을 섬기는 것을 잘하지 못하며, **소구호붕우**所求乎朋友로 **선시지**先施之를 **미능야**未能也며, 친구에게 바라는 것을 먼저 그에게 해주는 것에 능하지 못하다. 내가 바라는 게 있으면 먼저 친구에게 해주면 되는데 그것도 잘 못한대요. 공자는 이 네 가지를 일상에서 하면 좋은데 그중 한 가지도 잘하지 못한답니다. 솔직히 우리도 거의 다 이렇죠. 마음에 많이 걸립니다. 결국 다 일상에서 도리에 맞게 살기 어렵다는 거죠.

그러니까 **용덕지행**庸德之行하며 **용언지근**庸言之謹하야 **유소부족**有所不足이어든 **불감불면**不敢不勉하며 **유여**有餘어든 **불감진**不敢盡하야 **언고행**言顧行하며 **행고언**行顧言이니 **군자호부조조이**君子胡不慥慥爾리오. 모든 건 말하고 행하는 것, 언행의 문제로 귀결됩니다. 요새 우리는 내가 이렇게 말하고 행동하지만 나의 내면·심리는 이것과는 다르다, 이런 식으로 복잡하게 얘기하는데, 여기서는 우리가 말하고 행동하는 것이 바로 '나'라고 합니다. 내면이나 속내를 언행으로 드러나는 것과 별도로 있다고 하지 않습니다.

　'용덕지행 용언지근'(庸德之行 庸言之謹). '용'(庸) 자는 주석에 '평상'(平常)이라고 풀고 있어요. 네, '용'은 일상입니다. '용덕지행'은 일상에서 덕을 행한다는 뜻으로 보시면 됩니다. '덕'(德) 자를 '알 지(知)' 자로 보셔도 좋아요. 우리가 일상생활에서 알고 있는 것, 이렇게 행하는 게 바른 것이라고 아는 것, 바로 그것을 행한다는 거죠. 또 '용언지근'은 일상적인 말, 일상에서 하는 말을 삼가야, 조심해야, 신중해야 된다는 말입니다. 이건 또 얼마나 어렵습니까! 인간관계 틀어지는 건 대부분 말 때문에 그렇잖아요. 아무튼 그래서 '유소부족'(有所不足), 여기서는 '실천하는 데 있어서', '행하는 데 있어서'가 생략됐어요. 우리가 무언가를 행하는 데 있어서 부족한 것이 있으면, '불감불면'(不敢不勉), 감히 힘쓰지 않음이 없어야겠지요. '힘쓸 면(勉)' 자, 노력하는 거죠. 여러분, 보통 우리가 뭔가 실천하려고 할 때는 좀 부족한 게 있어요. 반면에 말은 너무 빨리 나와요. 항상 넘치죠. '유여 불감진'(有餘 不敢盡)이 이 말입니다. 할 말이 많아도, 남아 있어도 감히 다하지 않는다는 거죠. 자, '행'은 항상 부족하고 '언'은 항상 넘칩니다. 부족한 '행'은 채우려고 노력하지 않으면 안 돼요. 넘치는 '언'은 모두 쏟아내서는 안 되고요. 여러분, 아무리 화나고 속상해도 하고 싶은 말을 다 퍼부으면 나중에 후회하지 않습니까?

그래서 '언고행 행고언 군자 호부조조이'(言顧行 行顧言 君子胡不慥慥爾)입니다. '고'(顧) 자는 '회고록'(回顧錄), '삼고초려'(三顧草廬) 할 때 쓰는 '고' 자로, 고개를 돌려서 되돌아본다는 거예요. 그냥 보는 게 아니라 고개를 돌려보는 거죠. 그래서 '언고행 행고언', 말이 행동을 돌아보고 행동이 말을 돌아봅니다. 말을 할 때 항상 행동에 대해서 깊게 생각해요. 내가 말한 걸 다 실행할 수 있는지를요. 또 행동할 때는 항상 내 말이 어떤가 생각해 봐야 돼요. 결국 항상 '언'과 '행'이 적절한지 생각하라는 거죠.

그러니 군자가, '어찌 호(胡)' 자예요. 이 '호' 자가 '오랑캐 호' 자로 쓰이는 일은 생각보다 많지 않습니다. 대부분 '어찌 호' 자예요. "군자가 어찌 '조조'하지 않겠는가?" 이 말입니다. 맨 끝의 '이'(爾) 자는 여기서는 '호'(乎)와 같은 의문종결사로 보시면 됩니다. 원래 '이' 자가 의문문을 만들어 주는 건 아니지만 여기서는 '어찌 호' 자와 호응을 이룬 것이죠. 그러면 과연 이 '조'(慥)란 무엇인가? 원래 뜻은 아주 착실하단 뜻이에요. '신중하다', '삼가다', 그러니까 '신'(愼) 자로 바꾸셔도 좋습니다. "어찌 군자가 신중하지 않을 수 있겠는가"가 되죠. 언제요? 일상생활에서 언행에 신중하라는 거지요. 언행이 곧 나 자체이니까요.

앞서 말한 네 가지 군자의 도, 행하려고 하면 전부 다 어렵죠? 자식에게 바라는 바로써 부모를 섬긴다는 것은 집안에서의 문제고, 아랫사람이나 신하에게 구하는 것으로써 윗사람 혹은 임금을 섬긴다는 것은 공적인 영역일 겁니다. 동생에게서 원하는 것으로 형을 섬긴다는 건 가족의 윤리이기도 하고, 동네에 나가면 '장유유서'가 되니 마을 공동체의 윤리이기도 해요. 또 친구에게서 구하는 것을 내가 먼저 해준다는 건, 원만한 인간관계의 기본이죠. 이러한 군자의 네 가지 도가 있는데, 공자님께서 그중에서 한 가지도 잘하고 있지 못하다고 하시네요. 하지만 이건 공자가 정말 못한단 뜻이 아니라 우리를 격려하기 위한 '겸사'라고 봐야겠지요. 아무튼 13장에서는 도는 사람에게서 멀리 있지 않기 때문에 평범한 부부도 할 수 있지만, 그 지극한 수준은 공자님도 잘하기 어렵다고 합니다.

제14장

君子素其位而行, 不願乎其外.
군 자 소 기 위 이 행 불 원 호 기 외

素富貴, 行乎富貴; 素貧賤, 行乎貧賤; 素夷狄, 行乎夷狄;
소 부 귀 행 호 부 귀 소 빈 천 행 호 빈 천 소 이 적 행 호 이 적

素患難, 行乎患難. 君子無入而不自得焉.
소 환 란 행 호 환 란 군 자 무 입 이 부 자 득 언

在上位, 不陵下; 在下位, 不援上.
재 상 위 불 릉 하 재 하 위 불 원 상

正己而不求於人, 則無怨, 上不怨天, 下不尤人.
정 기 이 불 구 어 인 즉 무 원 상 불 원 천 하 불 우 인

故君子居易以俟命, 小人行險以徼幸.
고 군 자 거 이 이 사 명 소 인 행 험 이 요 행

子曰: "射有似乎君子, 失諸正鵠, 反求諸其身."
자 왈   사 유 사 호 군 자 실 저 정 곡 반 구 저 기 신

군자는 현재의 위치에서 행하고, 그 밖의 것을 원하지 않는다.

부귀한 처지라면 부귀한 사람의 도리를 지키고, 빈천한 처지라면 빈천한 사람의 도리를 행한다. 이적의 땅에서 살고 있다면 이적의 처지에 맞게 행하고, 환란에 처해 있다면 환란에 대처하는 도리를 행해야 한다. 군자는 처해 있는 상황에 따라 자득하지 않음이 없다.

윗자리에 있으면 아랫사람을 업신여기지 않으며, 아랫자리에 있으면서 윗사람을 잡고 기어오르지 않는다. 자신을 바르게 하고 다른 사람에게 요구하지 않으

면 원망이 없게 될 것이다. 위로는 하늘을 원망하지 않으며 아래로는 남을 탓하지 않는다.

그러므로 군자는 평소대로 살면서 천명을 기다리고, 소인은 위험한 일을 감행하면서 요행을 바란다.

공자께서 말씀하셨다. "활 쏘는 것이 군자의 도리와 비슷한 점이 있다. 활을 쏘아 정곡을 맞히지 못하면 돌이켜 자신에게서 그 원인을 찾는다."

이 14장은 자사의 말로 사실 많은 설명이 필요한 부분입니다. 그렇지 않으면 오해하실 수도 있는 내용이 들어 있습니다.

우선 **군자소기위이행**君子素其位而行이요, **불원호기외**不願乎其外라. 여기서는 '소'(素) 자가 문제예요. 원래는 '본디 소' 자입니다. '소질'이 가지고 태어난 본래 능력이잖아요? 그런데 염색 안 한 흰 비단실로 짠 옷감도 '소'라고 합니다. '소'에는 흰색이란 뜻도 있어요. '소복' 하면 흰 옷이고요. 아, 『논어』에 '회사후소'(繪事後素)라는 유명한 말이 나옵니다. "그림을 그리는 일이란 흰 바탕을 마련한 뒤의 일이다"라고 하지요. 그런데 여기서는 "素猶見在也"소유현재야라고 풀고 있네요. 여기서 '見'은 '볼 견'이 아니라 '드러날 현'입니다. '소' 자가 '현재'를 말한대요. 그러니까 '군자소기위이행', 군자가 자신의 현재 위치에서 행한다는 말입니다. 어떤 벼슬에 있든 어떤 처지이든 그 자리에 맞게 행하는 사람이 군자인 거죠. 그리고 '불원호기외', 그 밖의 것들, 자기 본분이나 처지에서 벗어난 그 밖의 것들은 원하지 않는다는 거죠.

여러분, 중용은 일상성이 제일 중요하죠? 내가 지금 아버지로서 뭘 해야 한다면 그 일에 충실해야 한다는 거예요. 『논어』의 '정명'(正名)을 생각하시면 좋습니다. '군군신신부부자자'(君君臣臣父父子子), 우리는 아버지이자 자식이고, 남편이자 동료이죠. 그 각각의 자리에서 이름에 맞게 행동하라는 겁니다. 이게 유가적 사유의 특징이기도 합니다. 그러니까 유가로 나라를 다스릴 수 있는 거예요. 도가로는 '양생' 몸을 튼튼하게 할 수 있고, 불가는 마음을 다스릴 수 있고, 유가는 나라를 다스릴 수 있습니다. 유가의 치국(治國), 도가의 치신(治身), 불가의 치심(治心). 이 세 개를 다 같이 가져가는 거거든요. 하나만 갖고 간 사람 없어요. 다 같이 해요. 몸과 마음과 나라, 다 필요하잖습니까? 네, 한 가지만 고집하지 않습니다. 자, 아무튼 현재에 있는 위치에서 최선을 다한다. 당연히 해야 될 걸 한단 말이에요. 그리고 그 바깥의 것은 원하지 않는다. 주석에는 "無慕乎其外之心也"무모호기외지심야라고, 그 바깥에 있는 것에 마음을 쓰지 않는다는 거죠.

다음 문장 역시 오해의 소지가 많아요. 우선 해석해 보겠습니다. **소부귀**素富貴하야 **행호부귀**行乎富貴하며, **소빈천**素貧賤하야 **행호빈천**行乎貧賤하며. 우선 여기까지 봅시다. '소'는 '현재'라고 말씀드렸죠? 현재 부귀한 상태면 부귀함을 행하래요. 부귀함을 행하라는 게 대체 무슨 말일까요? 요샛말로 '갑질'하라는 건 아닐 거고…. 자, 이 사람이 현재 부귀한 상태라는 건 치국지도가 있는 거예요. 나가서 벼슬을 해서 출세했단 소리예요. 10장에서 이야기했죠? 나라의 상황이 괜찮고 벼슬할 만한데 가난하게 사는 건 평소 수신에 힘쓰지 않은 것이니 부끄러운 거라고요. 왜? 내가 무능한 것이니까. 유가는 뜻을 펼 만한 때는 벼슬하라고 얘기하거든요. 그래서 현재 부귀한 상태에 있으면 부귀함을 제대로 행해야 되는데, 여기에는 아랫사람에게 교만하지 말라는 경계가 들어 있습니다. 부귀한 처지를 누리는 데도 도리가 있다는 겁니다. 아랫사람에게 교만하게 대하면 안 되고, 되도록 베풀어야 해요. 10장에 나온 '나라에 도가 있을 때 출세하더라도 어려웠던 시절의 뜻을 변하지 않는다'를 생각해 주세요.

또 '소빈천'(素貧賤), 현재 빈천한 처지에 있잖아요? 세상이 어지러워서 능력을 펼 수 없고 둔세하고 있어요. 이런 빈천한 처지에 있으면, '행호빈천'(行乎貧賤), 그 빈천한 처지를 감수하면서 살아야 한다는 거예요. 이런 때 부귀를 누리겠다고 나서면 사람 망가지니까요. 이럴 땐 빈천을 감수하며 살아야 돼요. 여기서도 10장에 나온 '나라에 도가 없을 때 죽을 때까지 뜻을 바꾸지 않는다'를 생각하시면 됩니다. 그런데 여기서 '빈천'의 의미에 주의하셔야 합니다. '가난하고 천함'은 『논어』에 자주 나오는데, 이게 상대적인 개념이에요. 공자가 '빈천'했다고 말을 해요. 공자가 정말 신분이 노비였던 것도 아니고, 밥을 못 먹은 것도 아니잖아요? 공자한테는 상당히 후견인들이 많았어요. 여행 경비가 있어야 그렇게 돌아다니지 안 그러면 중국 그 넓은 땅을 어떻게 14년 동안 돌아다닙니까? 딸린 제자들이 몇인데요. 아무튼 이 '빈천'은 상대적인 개념이에요. 국무총리 할 만한 사람이 인정을 못 받아서 구청장을 하면 그것도 '천'한 거예요. 월급을 1억 받을 만큼 능력 있는 사람이 5천만 원밖에 못 받아도 '빈'한 거예요. 이렇게 보셔야 합니다. 능력만큼 대우를 못 받고 그 능력에 맞는 자리에 있지 못하면 빈천한 겁니다. 글자 뜻 그대로, '아, 정말 굶주릴 만큼 가난했고 신분이 낮았나 보다'라고 생각하시면 안 됩니다.

옛날 문집 자료를 보면 '행장'(行狀)이란 게 있어요. 죽은 사람이 평생 살아온 일을 적은 글이죠. 거기 보면 "평생을 빈천하게 살았으며" 같은 구절이 나온단 말이에요? 그런데 또 '분재기'(分財記)라는 문건이 있죠. 부모에게 물려받은 재산이나 형제끼리 재산을 나눈 기록이 다 남아 있어요. 아무튼 그 '분재기'를 보니까, 종이 100명이고, 200명이고 막 그래요. 논은 몇십 마지기씩 되고요. 아니, 행장에는 빈천하게 살았다면서 분재기에는 대체 이게 뭐야? 그래서 일부 연구자들은 속았다, 허위의식이다, 이러기도 합니다. 하지만 이건 뭐예요? 그 사람이 집안에서 물려받은 재산은 있을지 몰라도, 능력을 발휘할 기회를 못 가진 거예요. 예컨대 어떤 분이 퇴계의 문인이고 과거시험도 우수했는데, 라인을 잘못 타서 중앙의 요직을 못하고 한직만 돌았어요. 그러면 행장에 '빈천했다'고 쓰고, 본인도 주변 사람도 다 그렇게 생각합니다. 그러니까 당대적 맥락이라는 게 있는 거예요. 공자도 불우했기 때문에 '빈천했다'라고 할 수 있는 겁니다.

참고로 조금 전에 '본디 소' 자 이야기 했었잖아요? 공자를 '소왕'(素王)이라고 합니다. 공자는 왕이 된 적이 없는데 왜 이렇게 부르죠? '흰 왕'은 뭐죠? 네, 일종의 정신적 지도자, 문화대통령입니다. 공자가 이렇게 소왕이기 때문에 사마천은 「세가」(世家)에 공자를 집어넣었어요. 제후도 아닌데 제후 집안의 역사를 기록한 세가에다 넣은 거죠. 이런 사례는 공자가 유일합니다. 이 얼마나 대단한 거예요? 사마천이 공자를 문화대통령으로 딱 위치 지어 준 거죠. 그때부터 공자는 여타의 제자백가와는 완전히 레벨이 달라지게 되었지요. 노자, 장자, 맹자는 어디에? 네, 「열전」(列傳)에 있습니다.

다시 본문으로 돌아와서, 지금까지는 부귀와 빈천의 문제였죠? 이런 부귀와 빈천은 자기 능력과 그에 따른 처지예요. 이제 이 세상과 관련된 이야기를 합니다. **소이적**素夷狄 **행호이적**行乎夷狄하며 **소환란**素患難 **행호환란**行乎患難이니 **군자무입이부자득언**君子無入而不自得焉이라. '이적'의 나라에서 내가 살게 됐어요. 포로로 끌려가는 경우도 있지만, 태어났는데 '이적'의 땅이네요. 어쩌겠어요. 이적의 나라에서 살아야지요. 중국 입장에서 보면 우리가 바로 '동이'(東夷), 동쪽 오랑캐 아닌가요? 아무튼 이적에서 살게 되면, 그 이적의 풍토에 맞추어 살면서 사람의 도리를 하라는 소리예요. 이적에서 살면서 그곳 풍토와 너무 괴리된 행동을 하면서 사는 것도 안 되고요. 그럼 '색은행괴' 되는 거죠. 어쩌다 환란의 처지에서 살게 됐어요. 태어났는데 전쟁의 시대야, 그러면 환란 속에서도 사람의 도리를 행하면서 살래요. 이때 뭘 행할 수 있겠어요? 자기 몸을 지키는 거예요. 현명하게 처신하며 자신과 가족의 안위를 지키는 거예요. 그것을 행해야죠.

군자는 '무입이부자득언'(無入而不自得焉)하다는 건, 우선 "들어가서 스스로 얻지 않음이 없다"라고 해석이 됩니다. 여기서 '들어갈 입(入)'자는 '처하다', '거하다' 정도로 보시면 됩니다. 우리는 태어나는 순간 어떠한 상황에 들어가서 거기 놓이는 거잖아요? 부귀한 상황에 처해지기도 하고 빈천한 처지에 놓이기도 해요. 자신의 선택은 아니지만 어떤 상황에 놓이든 스스로 적합한 삶을 행한다는 겁니다. 그 상황에서 가장 적합한 인간의 도리를 다하고, 그것대로 사는 것을 '스스로 얻는다'라고 표현한 거죠. '자득'이 이런 뜻입니다. 스스로 그 상황에 적합한 도리를 얻지 않음이 없는 것. 이건 누가 가르쳐 줄 수 없는 거예요. 본인이 스스로 터득하는 것이지요.

다음 문장은 좀 쉽습니다. 앞의 구절하고 연결되는데요. **재상위**在上位 **불릉하**不陵下. '릉'(陵)은 '왕릉'이라 할 때는 언덕이라는 뜻이지만 여기서는 '능멸한다'의 뜻입니다. 다른 사람을 업신여기는 거예요. 높은 자리에 있을 때 아랫사람을 우습게 여기고 업신여기기 쉽죠. 사람이 부귀해지면 제일 먼저 자신도 모르게 교만해져요. 그래서 10장에서는 어려운 시절에 가졌던 뜻이 바뀌면 안 된다고 '불변색언'(不變塞焉)이라고 했었잖아요. 이어서 **재하위**在下位 **불원상**不援上. 사람이 아랫자리에 있을 때, 빈천할 때, 직책이 낮을 때에는 '불원상'이라는데, 이 '원'(援) 자는 '당길 원' 자예요. 아랫자리에 있으면서 윗사람의 연줄을 잡고 올라가서는 안 된다는 겁니다. 윗사람이 아랫사람 우습게 여기고 아랫사람이 윗사람을 잡고 기어오르려고 하면 대립과 질시가 끊이지 않겠지요. 그런 사회는 혼란해집니다.

정기이불구어인正己而不求於人 **즉무원**則無怨. 우선 자기를 반듯하게 해요[正己]. 그래야만 다른 사람에게서 구하려 하지 않아요[不求於人]. 그런즉, '무원', 원망이 없게 됩니다. 자신의 마음을 반듯이 하고 다른 사람에게 이것저것 요구하지 않으면, 우리 마음에 원망이 없게 돼요. 원망은 무언가를 바라는데, 이루어지지 않을 때 생기게 마련이죠. 원망이 커지면 분노가 되겠지요. 가령 백이와 숙제는 수양산에서 굶어 죽으며 세상을 원망했을까? 이게 중요한 테마거든요. 네, 공자는 백이와 숙제는 원망하지 않았다고 봅니다. 앞에서 '둔세' 하면 알아주지 않아도 '불회'(不悔), 후회하지 않는다고 했잖아요?

그래서 **상불원천**上不怨天이요, **하불우인**下不尤人이라. '정기', 자신을 바르게 해야만 위로는 하늘을 원망하지 않고. 아래로는 사람을 탓하지 않게 됩니다. 재미난 건 '우'(尤) 자예요. 원래 혹이 난 게 '우'예요. 툭 튀어나온 거. 이게 의미가 확장되면서 다른 사람을 '탓하다'라는 뜻을 갖게 됐습니다. 위로는 하늘을 원망하지 않고, 아래로는 다른 사람을 탓하지 않게 된다. 그래서 뭐예요? 내 인생 내 힘으로 제대로 살아갈 수 있게 되는 거예요. 원망하고 탓하다 보면 중용의 도를 행할 수 없거든요. '인'(人) 자를 '인간세상'으로 풀어 놓은 번역본도 있을 겁니다.

고故로 **군자거이이사명**君子居易以俟命**이요 소인행험이요행**小人行險以徼幸이라. 그러므로 군자는 '거이'(居易)하면서 '사명'(俟命)합니다. '거이'에서 '易'는 '역'이 아니라 '편안할 이'로 쓰였네요. 주석에도 "易平地也"이평지야라고 되어 있습니다. 그러니까 '거이'는 '평소대로 살면서', '자기가 있는 자리에서' 정도의 의미로 보시면 되겠습니다. 그리고 '사명'은 '기다릴 사(俟)' 자, '명'을 기다립니다. 앞서 나온 내용과 연결시켜 보자면, 자신을 알아줄 수 있는 시대, 자기 실력을 발휘할 수 있는 시대가 되는 것도 '명'이 바뀌는 거라고 할 수 있겠죠? 물론 그 반대의 경우도 있겠지요. 이렇게 바뀌는 상황에 맞춰 살아가는 것이 '사명'입니다.

반면 소인은 어때요? '행험이요행'(行險以徼幸)한대요. "요행을 바란다"라고 할 때 바로 이 '요행'(徼幸)을 씁니다. '구할 요(徼)'를 써서 행운을 구한다는 거죠. 주석을 보면 "徼求也"요구야라고 되어 있어요. '요행'(僥倖)이라고 쓰기도 하는데 같은 말이에요. 소인들은 '행험'합니다. 위험한 일을 주저하지 않고 감행해요. 로또를 사는 것도, 힘 있는 사람에게 줄을 대서 출세하려는 것도 '행험'입니다. 쉽게 말해 불확실한 일에 자신의 운명을 걸어 보는 거죠. 평소 지키던 것을 헌신 짝처럼 버리기도 하고, 모함도 하고, 온갖 못된 짓을 해요. 여기에 '험' 자를 썼습니다. 앞에 '편안할 이' 자가 나왔으니까 반대말을 맞춰 준 거죠. 평탄하게 살면서, 평소대로 살면서 '명'을 기다리는 것이 군자고, '험'한 일을 하면서 요행을 바라는 것이 소인입니다. 그런데 요행은 이루어져도 별로 좋을 게 없잖아요? 아, 여기서 '행'은 '행복'이 아닙니다. '행복'은 현대어고, '행' 자는 대부분 요행, 마땅히 얻을 것이 아닌데 얻게 되는 것을 가리킵니다. 또 '행'이 '사랑을 받는다'는 의미로도 쓰이는데요, 이때의 사랑도 별로 바람직한 사랑이 아니에요. 임금이 요사스런 여자를 사랑할 때라든가, 이럴 때 씁니다. 그런 여자, 국정을 어지럽히는 여자를 가리켜 '행희'(幸姬)라고 해요. 아내를 사랑할 땐 '행'이라고 안 써요. 아, 아내를 사랑하는 건 기록에 나오지도 않죠. 당연해서 그런 건지 드물어서 그런 건지…. '행신'(幸臣) 하면 간신을 말합니다. 군주가 특정한 여인, 신하에게 사랑을 베풀면, 특혜가 생기기 마련이죠. 아무튼 '행신', '행희', '행첩', 전부 다 부정적 의미의 '행'입니다.

어쨌든 여러분, 험한 짓 하지 말고 평소대로 최선을 다하여 사는 게 중요하다는 뜻입니다. 그래서 『중용』은 읽다 보면 좀 심심해요. 딱히 특별한 내용이 없는 거예요. 우리가 다 알고 있는 내용이잖아요? 하던 대로 살아라. 단 항상 긴장해라. 여기서 긴장하란 말은 '정도에 벗어나지 않게 경계하라' 정도로 보면 되겠네요, 그렇게 자기를 반듯하게 유지해라. 네, 『중용』은 심심합니다. 그런데 모든 진리는 단순하고 심심하지 않나요?

자사는 14장을 공자의 말로 마무리합니다. **자왈**子曰 **사유사호군자**射有似乎君子니. 여기서 '사'(射)는 활쏘기를 말합니다. 말타기, 활쏘기는 당시 군자들의 기본교양이니만큼 사서에서는 활쏘기에 비유해서 이야기를 많이 해요. 이 문장은 "활 쏘는 것은 군자와 비슷하다"라는 뜻인데, 대체 이게 무슨 뜻일까요? 이어서 **실저정곡**失諸正鵠 **반구저기신**反求諸其身. '정곡'이라는 단어가 나옵니다. '정곡을 찌른다'는 말 많이 쓰죠? 원래는 찌른다기보다는 맞힌다고 해야 정확한 표현인데요, '정곡'이 '과녁'인데 과녁은 찌르는 게 아니라 맞히는 거니까요. 여기서 '정'은 베로 만든 과녁의 한가운데이고, '곡'은 가죽으로 만든 과녁의 한가운데입니다. 모두 과녁판의 한가운데 표적이죠.

자, 그래서 '실저정곡'은 뭐예요? 정곡에서 벗어났다는 의미입니다. 활을 쐈는데 정곡에서 벗어났다는 건 사람의 일상에서 본다면 어떤 행동을 했는데 중용에서 벗어난 거라고 말할 수 있겠습니다. 그러면 '반구저기신'이라. 이건 '그 기(其)' 자를 생략해서 '반구저신'으로 많이 쓰죠. 자신에게 되돌이켜서 반성해요. '저'(諸) 자가 '지어'(之於)잖아요? 되돌이켜서 그것, 그러니까 왜 과녁을 못 맞혔는지, 왜 내가 중용에서 벗어나게 되었는지, 그 실수의 원인을 자기 자신에게서 구하는 겁니다. 화살이 과녁을 벗어나면 바람을 탓하는 사람도 있고 활을 탓하는 사람도 있겠지만, 기본적으로는 '아, 내가 아직 실력이 안 되는구나' 하고 반성을 해야 합니다. 마찬가지로 중용에서 벗어나게 됐을 때 주변 사람 탓을 하는 게 아니라 되돌이켜서 그 문제점을 자기 자신에게서 찾아야 하는 거죠. 이런 게 다 일상에서 되풀이하는 '수신'이에요. 그래서 유가에서는 무슨 엄청난 수행법이 따로 있질 않아요. 그냥 매일매일 자신을 점검하는 것, 그게 곧 수행이죠. 마음 굳게 먹고 도사가 되겠다고 집을 떠나 산에 들어가는 거? 없습니다. 뜻을 성실하게 하고 일상에서 '반구저신'(反求諸身)하면 돼요.

한마디 덧붙이면, 『맹자』에 이런 얘기가 있습니다. 언제까지 나만 반성할 순 없잖아요? 내가 참 정성껏 했는데 저 사람이 나에게 모욕을 줄 수 있어요. 그래도 내가 반성해요. 그래서 다시 잘하려고 노력했는데 저 사람이 또 그래요. 열받겠죠? 그래도 내가 반성합니다. 몇 번까지? 세 번까지! 세 번까지는 그렇게 합니다. 그런데도 나에게 문제점이 없고 저 사람이 무례하게 굴면 어떻게 한다? 인간관계를 정리하면 돼요. 그래도 된대요. 물론 부모·형제는 정리하면 안 됩니다. '친친'의 대상은 끝까지 안고 가셔야 해요. 하지만 친구, 직장상사 등 다른 사람은 다 정리해도 됩니다. 임금한테도 사표 내고 떠나면 되는 겁니다. 이렇게 인간관계의 구별이 있습니다. 어쨌든 '세 번까지는' 내가 문제점이 있는 게 아닌가 하면서 스스로의 언행을 '반구저신'하셔야 합니다. 보통 세 번은커녕 단번에 불같이 화를 내곤 합니다만….특히 그렇게 하면 안 되는 부모, 형제, 남편, 자식에게 더 그러죠.

제15장

君子之道, 辟如行遠必自邇, 辟如登高必自卑.
군 자 지 도 비 여 행 원 필 자 이 비 여 등 고 필 자 비

詩曰 : "妻子好合, 如鼓瑟琴. 兄弟旣翕, 和樂且耽.
시 왈   처 자 호 합 여 고 슬 금 형 제 기 흡 화 락 차 탐

宜爾室家, 樂爾妻帑."
의 이 실 가 락 이 처 노

子曰 : "父母其順矣乎!"
자 왈   부 모 기 순 의 호

군자의 도는 비유하면 먼 곳을 가려면 반드시 가까운 데서 출발하고, 높은 곳
에 오르려면 반드시 낮은 데서부터 시작해야 하는 것과 같다.

시에서 말하였다. "처자식과 정이 깊은 것이 비파와 거문고를 타는 듯하네.

형제와 뜻이 맞아 화락하고 즐기도다. 너의 집안을 화목하게 하며 너의 처자식
들을 즐겁게 한다."

공자께서 말씀하셨다. "자식이 이렇게 하면 부모가 편안하실 것이다."

군자지도君子之道라고 군자의 도가 어떤 것인지 이야기를 이어 가고 있습니다. **비여행원필자이**辟如行遠必自邇 **비여등고필자비**辟如登高必自卑라고 하네요. '辟' 자는 7장에서 '그물과 함정을 피할 줄 모른다'고 할 때는 '피'로 읽었는데 여기서는 '비'로 읽습니다. '비유하다' 할 때 쓰는 '비'(譬) 자와 같습니다. 그래서 '비여' 하면 '비유하자면 뭐와 같다'는 거예요. 자, 군자의 도는 비유하자면 뭐와 같아요? '행원필자이', 먼 곳을 가려면 반드시 가까운 데서 출발하는 것과 같대요. '스스로 자(自)' 자를 '~로부터 한다'라고 보시면 됩니다. '이'(邇)는 '가까울 이' 자, 그러니까 '가까울 근(近)' 자와 통용되는 거죠. 먼 곳을 가고자 하면 필히 가까운 곳에서부터 출발해야죠. 먼 곳부터 갈 수 없잖아요? '비여등고필자비'도 같은 방식으로 해석하면 됩니다. 높은 곳에 오르려면 필히 낮은 데에서부터 시작해야 된다는 말이죠.

사실 얼마나 평범한 얘기입니까? 그럼 군자의 도, 중용의 도는 뭐예요? 고원한 데서 시작하는 것이 아니라 지금 여기 일상에 있다는 거죠. 그렇게 하다 보면 어느 시점에 먼 곳, 높은 곳에 가 있겠죠. 하지만 그건 생각하지 말고 그냥 가까운 데서부터, 낮은 데서부터 해나가는 거예요.

이어서 자사가 시와 그에 관한 공자의 해석을 인용했네요. **처자호합**妻子好合 **여고슬금**如鼓瑟琴. **형제기흡**兄弟旣翕 **화락차탐**和樂且耽. **의이실가**宜爾室家 **락이처노**樂爾妻帑라는 시구입니다. '처자호합 여고슬금'부터 보면, '슬금'은 '금슬'이라고 보시면 됩니다. 부부 사이에 '금슬 좋다'라는 말 많이 쓰죠? '슬'(瑟)은 비파고, '금'(琴)은 거문고입니다. 이 두 악기가 잘 어울린다는 거죠. 요새 느낌으로 말하자면 바이올린하고 첼로처럼? 아무튼 이 두 악기 앞에 '고'(鼓) 자를 썼습니다. '북 고' 자가 동사로 쓰이면 '두드리다', '치다'가 되는데, 여기에서처럼 비파와 거문고 같은 현악기에 쓰면 '튕긴다', '탄다'라는 뜻이겠죠. 아, 관악기에는 '불 취(吹)' 자가 주로 쓰입니다. 그래서 '처자호합'(妻子好合)은 처자식과 관계가 좋고 마음이 딱 맞는 걸 말합니다. 여러분, 이거 엄청 어려운 일이죠? 우리가 늘 겪는 거 아닙니까? 아무튼 아내·자식과 사이가 좋고 마음이 맞는 것이 비파와 거문고를 연주하는 것, 두 악기가 어울리는 것과 같다네요.

'형제기흡, 화락차탐'(兄弟旣翕 和樂且耽)에서는 '흡'(翕) 자를 짚고 가 볼까요? 원래 뜻은 숨을 들이마신단 거예요. '호흡'할 때 쓰는 그 글자죠. 그런데 주석에서는 '흡'을 "亦合也"역합야라고 봤습니다. '처자호합'의 '합'과 같은 뜻이라는 거죠. 형제 사이도 처자와 마찬가지로 마음이 합치되어 잘 어울린다는 겁니다. 이 '흡'에 또 어떤 느낌이 있냐면, 우리가 호흡을 자연스럽게 하잖아요? 그런 자연스러움이 전제되어 있는 거예요. 형제의 얼굴이 뭔가 자연스럽지 못하고 약간 우울하면 딱 알아보죠. 이렇게 형제 사이가 '기흡', 이미 관계가 아주 좋은 것이 '화락차탐'입니다. 이 글자의 뜻은 주석에 "亦樂也"역락야라고 되어 있습니다. 그러니까 화락한 상태가 되어 즐겁고 또 즐겁다는 거죠. 우애가 있는 형제 모습이 눈에 선합니다. 보기에도 아름답죠.

'의이실가 락이처노'(宜爾室家 樂爾妻帑)에서 '실가'란 말이 나오네요. '실'(室) 자가 원래는 집, 거처라는 뜻이잖아요? 옛날 어르신들은 안사람을 '실가' 또는 '내자'(內子)라고 했고, 좀더 넓게는 '가족'입니다. 같은 집에 사는 사람들이죠. 그리고 여기서 '의'(宜) 자가 동사예요. '적합하다', '마땅하다'라는 뜻이죠. '의당'(宜當)이란 말 쓰잖아요? 아무튼 '의이실가', 너의 가족과 잘 어울려서 화목하고, '락이처노', 너의 처와 자손들을 즐겁게 한다는 뜻이네요.

이 세 구절을 이으면 "아내와 자식들과 관계가 좋음이 거문고와 비파를 타는 듯하고, 형제 사이가 이미 화합하여 즐겁고 또 즐거우며, 네 가족과의 관계를 마땅하게 하며 처자식과 즐거워하라"라는 겁니다. 그럼 이 얘기를 지금 왜 하는가? 바로 앞에서 군자의 도는 먼 곳을 가려면 가까운 곳에서부터 가야 되고 높은 데로 오르려면 반드시 낮은 데서부터 시작해야 된다고 했잖아요? 그러면 중용의 도에 맞는 삶은 어디서부터 시작되어야 하죠? 네, 내 가족관계에서부터 시작하라는 겁니다. 이 얘길 하는 거예요.

공자가 이 시를 쭉 읊으신 다음에 본인의 감상을 말씀하셨네요. **부모기순의호**父母其順矣乎라고요. 3장 '중용기지의호'(中庸其至矣乎)에서 '기~호'(其~乎)가 나왔었죠? 원래 '아마도 ~하리라', '아마도 ~하실 것이다'의 뜻이라고 말씀드렸습니다. 이 뜻대로 번역하면 어떻게 되느냐? 아들이나 딸이 처자식과의 관계가 좋고 형제들과도 우애가 있어 집안이 순탄해요. 그럼 부모님께서 아마도 마음이 편안하실 것이라는 거예요. 이때 '순' 자는 '편안하다', '즐겁다'의 의미죠. "아마 부모님도 참 좋으실 것이다." '아마'를 생략해도 상관이 없겠죠? "부모님도 참 좋으실 것이다."

그런데 다른 해석이 있어요. 시의 내용처럼 사는 게 부모님의 뜻일 거예요, 그죠? 그래서 "내가 부모님의 뜻을 따랐구나"로 해석이 됩니다. 여기서 '순'은 '따르다'가 되겠죠. 공자가 이 시를 읽고 나서, 아, 내가 이렇게 살고 있는 게 부모님의 마음을 따른 것이구나! 부모님의 뜻대로 살고 있구나! 이렇게 감탄하시는 겁니다. 전혀 해석이 다르죠? 하지만 이 해석도 좋습니다.

제16장

子曰：
자 왈

"鬼神之爲德, 其盛矣乎!
귀 신 지 위 덕 기 성 의 호

視之而弗見, 聽之而弗聞, 體物而不可遺.
시 지 이 불 견 청 지 이 불 문 체 물 이 불 가 유

使天下之人齊明盛服, 以承祭祀. 洋洋乎!
사 천 하 지.인 재 명 성 복 이 승 제 사 양 양 호

如在其上, 如在其左右.
여 재 기 상 여 재 기 좌 우

詩曰：'神之格思, 不可度思, 矧可射思!'
시 왈 신 지 격 사 불 가 탁 사 신 가 역 사

夫微之顯, 誠之不可揜如此夫!"
부 미 지 현 성 지 불 가 엄 여 차 부

공자께서 말씀하셨다.

"귀신의 작용이 성대하구나!

보아도 보이지 않으며 들어도 들리지 않으나 사물의 근간이 되어 빠뜨릴 수 없다. 천하의 사람들로 하여금 재계하고 깨끗이 하며 의복을 성대히 차려 입고 제사를 받들게 한다. 충만하여 마치 그 위에 있는 듯하며 그 좌우에 있는 듯하다. 시에서 말하였다. '신이 이르심을 헤아릴 수 없으니, 하물며 소홀히 하겠는가.' 은미한 것이 드러나니 성의 가릴 수 없음이 이와 같구나!"

자, 이 장에서는 중용의 도, '비이은'(費而隱)에 대해 공자님이 무슨 말씀을 하셨을까요? **귀신지위덕**鬼神之爲德 **기성의호**其盛矣乎! 아니, 『중용』에 귀신 얘기가 나오다니 이게 대체 뭔가 싶습니다. 『논어』에는 공자가 '괴력난신'(怪力亂神)에 대해 말하지 않았다고 하는데 말이죠.

성리학자들은 '귀신'을 어떻게 이해했을까요? 우선 '정자'(程子)는 "鬼神귀신 天地之功用천지지공용 而造化之迹也이조화지적야"라고 합니다. 여기서 정자는 정이천(程伊川), 『주역』의 주석을 단 바로 그분입니다. 천지의 공용이란 하늘과 땅의 작용이라고 보시면 됩니다. 하늘에서 햇볕이 내리쬐고 비가 오고 땅에서 뭐가 자라나고… 우리가 속속들이 알 수는 없지만 늘상 일어나고 있는 그런 일들, 이 모든 걸 '귀신'이란 단어로 표현한다는 거예요. 쉽게 말해 귀신은 천지의 '공용=작용'이라고 할 수 있죠. 다음에 '조화'라는 건 "귀신이 조화를 부린다" 같은 때 많이 쓰는데, '현상'이라고 보시면 돼요. '조화지적야' 하면 드러나 있는 현상에는 보이지 않는 도, 이치의 자취가 있다는 겁니다. 뭔가 그렇게 만드는 '소이연'(所以然)이 있는 거예요. 그렇게 된 까닭이 있는 거죠. 은미한 것, '비이은'(費而隱)의 '은'이지요. 정이천 선생은 '귀신'을 천지에서 일어나는 모든 작용이면서 드러나 있는 현상계를 움직이는 자취로 보는 겁니다.

다른 주석도 볼까요? 역시 북송오자(北宋五子) 중 한 분인 '장자'(張子), 장재(張載)의 주석입니다. 장재는 귀신을 "二氣之良能也"이기지양능야라고 했대요. 이 주석도 유명합니다. '이기'라고 하니까 뭔가 느낌이 오지 않으세요? 네, '양'(陽)과 '음'(陰)입니다. '양능'은 본연의 타고난 능력이라는 말입니다. 그래서 '이기'의 '양능'은 음양이 원래 가지고 있는 작용이라는 말이에요. 주자는 '귀신'을 '이기'(二氣) 두 기운으로 나누어 말하면 '귀'(鬼)는 음의 기운이고 '신'(神)은 양의 기운이라고 합니다. 또 '귀신'을 '일기'(一氣)로 말하면 '이르러 펴지는 것은 신(神)이고 돌아가 되돌아가는 것은 귀(鬼)가 되니 그 실질은 하나'라고 합니다. 그러니까 '귀신'은 나누어서 말할 수도 있고, 하나, '일물'(一物)로 볼 수도 있는 거죠. 정이천, 장재, 주자의 귀신론은 『주역』의 음양론을 깔고 있는 겁니다.

본문으로 돌아와서 '귀신지위덕'(鬼神之爲德)은 '귀신의 작용이'란 뜻입니다. 직역은 '귀신의 덕 됨이'지만, 귀신이 뭔 덕이 있는가, 고민하지 마세요. '귀신의 작용이'라고 보시면 됩니다. '덕'은 보통 미덕, 인격으로 해석되는데 이렇게 작용이란 의미로도 쓰입니다. 우리 눈에 보이지는 않지만 '소이연'으로 작동하고 있는 이 에너지, '기'(氣)의 작용이 어떻대요? '기성의호'(其盛矣乎), 성대하도다! 이 세상의 모든 것을 만들고 배치하고 변화시키니 얼마나 성대해요? 그래서 이렇게 이야기했습니다. "귀신의 작용이 성대하구나!"

그래서요. **시지이불견**視之而弗見하며 **청지이불문**聽之而弗聞이로되 **체물이불가유**體物而不可遺라. '시지이불견'은 귀신의 작용을 보려 해도 보이지 않는다는 겁니다. 귀신은 형체도 없고 소리도 없잖아요? 하지만 우리는 귀신의 작용으로 이루어진 이 세상을 바라보며 살고 있습니다. '청지이불문'도 비슷한 얘기겠죠? 그것을 들으려 해도 듣지 못한다는 거죠. 여러분, 혹시 귀신의 소리가 들려오면 곤란합니다. 들리면 고민을 좀 하셔야죠. 직업을 바꾸시거나 인생의 길을 틀어야 하는 거니까….

자, 아무튼 귀신의 작용으로 이루어진 세상에서 살고 있지만, 그것들을 움직이는 기의 작용은 볼 수가 없고, 들을 수가 없어요. 앞에서 나온 구절 중에 자연스럽게 떠오르는 단어가 있죠. 네, 비이은(費而隱)이죠!

다음으로 '체물'에서 '체'(體)를 어떻게 해석하시겠어요? 만물에 어떻게 되어 있다? '들어가 있다'! 만물에 근간으로 들어가 있는 거예요. 이럴 때 '체' 자를 씁니다. 주석에 "物之終始물지종시 莫非陰陽合散之所爲막비음양합산지소위"라고 되어 있습니다. 만물의 시작과 끝이 '음양합산'으로 만들어진 것이 아닌 것이 없대요. 음과 양의 기운이 합하고 흩어지면서 만들어진 이 세상의 모든 존재와 그 사이에서 일어나는 일들의 근간에는 도의 소이연이 있다는 거죠. 이게 바로 '체물'인 겁니다. 만물에 다 들어가 있단 거죠. 그냥 들어가 있다기보다는 딱 붙어서 근간을 이루고 있다. 이렇게 만물에 들어가 있기 때문에 만물의 근본이 되고, 또 그렇기 때문에 '불가유'(不可遺)입니다. '유'(遺) 자는 여기서 '버릴 유' 자입니다. '유기하다' 같은 때 쓰이는 글자죠. '유산' 할 땐 '남길 유'로 쓰이고요. 그럼 어떻다? 네, 이 세상 존재와 일어나는 일들의 근간이 되니 버릴 수가 없어요. 만물의 근본을 이루고 있으니 빠뜨릴 수가 없는 거예요.

다음 문장, **사천하지인**使天下之人으로 **재명성복**齊明盛服하야 **이승제사**以承祭祀하고 **양양호**洋洋乎 **여재기상**如在其上하며 **여재기좌우**如在其左右니라. '하여금 사(使)' 자니까 천하의 사람들로 하여금 이렇게 하게 시킨다는 겁니다. 누가요? 네, 귀신이지요. 이 음양의 작용이 천하의 사람에게 뭔가 보이지 않는 기운에 감응되어 보이지 않는 존재에 대한 경외심을 갖게 한다는 겁니다. 아무리 알파고 시대를 살아도 이런 마음도 참 중요하죠. 사람은 누구나 거대한 존재, 대자연에 대한 경외심을 가지고 있지요. 귀신이 천하의 사람으로 하여금 뭘 하게 하는지 한번 볼까요?

'재명성복'(齊明盛服)의 '齊' 자는 '가지런히 할 제' 자로 알고 계시죠. '수신제가'(修身齊家) 할 때 그 '제' 자요. 그런데 여기서는 '재'로 읽으셔야 합니다. '제'나 '재'나 뭐 차이가 있나 하실지도 모르지만, 여기서처럼 '재계한다'로 해석할 때는 '재'로 읽습니다. 자, 천하의 사람으로 하여금 '재'하고 '명'하고 '성복'하게 한대요. '재'는 몸과 마음을 삼가는 것, '명'은 주석에 '결'(潔)이라고 되어 있는 것처럼 깨끗하게 한다는 거예요. '청결' 할 때 '결' 자거든요. '성복'은 복장을 갖추는 거죠. 이때 '성'(盛) 자는 '갖춰 입다'라는 뜻이거든요. 귀신이 시키는 일 중의 대표적인 일로 제사를 들고 있는데요, 제사를 앞두고는 마음을 삼가고, 몸도 깨끗이 하고, 제사 복장으로 정장도 하지요. 요새는 제사도 여행가서 아무데서나 지내고, 대충 등산복 입고 지내기도 하고 하지만, 옛날에는 그렇지 않았죠. 제사 음식도 오랜 기간 차근차근 준비하고, 목욕재계 했지요.

'이승제사'(以承祭祀)를 볼까요? '승'(承) 자는 원래 계승한다는 거잖아요? 윗대의 것을 이어받는 거요. 그래서 조상님 제사를 지낼 때 '제사를 받든다'고 하지요. 보통은 제사를 '지낸다'라고 하는데, 그것에 해당하는 글자가 바로 '승' 자입니다. 그러니까 보이지 않는 귀신의 존재는 우리, 천하의 사람들로 하여금 마음가짐을 숙연하게 하고 깨끗하게 몸을 닦고 옷을 갖춰 입고서 제사를 받들게 한다는 겁니다.

'양양호 여재기상 여재기좌우'(洋洋乎 如在其上 如在其左右)의 '양'은 원래 '큰바다 양'이잖아요? 그런데 여기선 뭐냐면요. 이렇게 제사를 받드는 동안 조상신이 그 자리에 강림해서 그 기운이 꽉 차게 느껴지는 걸 말합니다. '양' 자는 기운이 가득 찬 걸 뜻해요. 그래서 '여재기상', 마치 제사 지내는 그 위에 와 계신 것 같아요. '여재기좌우', 마치 좌우에 계신 것 같고요. 이렇게 조상에 대한 정신적인 유대관계를 느끼는 체험의 현장이 제사인 거죠. 그러니까 공경하는 마음을 다해 제사를 지낼 때 보이지 않는 조상신과 감응하게 되는 겁니다. 이런 경험은 이 세상에 빠짐없이 들어 있는 귀신의 작용에 경외심을 갖게도 하고요.

요새는 어디 가서 이런 얘기 못합니다. 제사 준비에 명절증후군이란 병명이 붙어 있을 정도니까요. 이런 얘길 계속 듣다 보면 사실 제사를 왜 지내나 하는 생각이 들어요. 정성도 깃들이지 않은 형식뿐인 제사를 뭐 하러 지내나 하는 생각이 저절로 듭니다. 그래도 혹시 제사를 지내시거나 가족예배를 보실 때 지금 말씀드린 것을 한번 생각해 보실 필요는 있지 않을까 싶습니다. 정말 와 계신 것 같은, 내 머리 위에 좌우에 조상님이 와 계신 것과 같은 그 느낌, 그 경험이요. 이걸 느끼게 하는 게 뭐다? 이 세상을 움직이는 음양의 에너지, 귀신의 작용이라는 거죠. 그게 천하의 사람들로 하여금 정성을 다해 제사를 받들게 한다는 거니까요.

이어 역시 시가 나옵니다. **신지격사**神之格思 **불가탁사**不可度思 **신가역사**

矧可射思. 「대아」에 실린 '억'(抑)이라는 제목의 시입니다. 자, 이 시에서 말하기를, '신지격사', 이때 '격'(格) 자는 이르다, 강림하신단 뜻이에요. 주석에는 '올 래(來)'와 같다고 했네요. 신이 오시니, 강림하시니, 그런데 이렇게 해석하니 '사'(思) 자가 해석이 잘 안 됩니다. 이건 왜 그러냐 하면, 『시경』에 나오는 '생각할 사' 자는 90퍼센트가 해석하지 않는 허사거든요. 『시경』에서는 운과 글자 수를 맞추려다 보니 해석 안 되는 글자들이 상당히 많이 들어가 있습니다. 여기서도 세 구절의 끝이 모두 '사'인데 해석 안 할 겁니다. 자, 그래서 이 시를 '신지격', 신이 이르심이여! '불가탁'은 헤아릴 수가 없다는 말이죠. 언제 어떤 모습으로 오시는지 말이에요. '度'은 대부분 '법도 도' 자로 해석되지요. 강을 건너다라는 동사로도 쓰이구요. 그런데 여기서는 '헤아린다'는 뜻이고 음도 '탁'입니다. 마지막의 '신가역'에서 '신'(矧)은 '하물며'의 뜻입니다. '어찌'라고 하셔도 되고요. '射'은 '역'으로 읽습니다. 활을 쏠 때는 '사'로 읽고 여기서는 '싫어한다'라는 뜻으로 '역'으로 읽습니다. 참고로 쏴서 '적중시킨다'는 의미일 때는 음이 '석'입니다. 어쨌든 이 문장은 "신이 이르심을 헤아릴 수 없으니 하물며 싫어할 수가 있겠는가"의 뜻이 됩니다. 단, 싫어한다는 게 제사 지내기 싫다, 이런 뜻이 절대 아니에요. '소홀히 할 수 있겠는가'이죠. 신이 강림하는 것을 우리가 다 헤아릴 수 없으니 하물며 소홀히 하겠는가! 이런 뜻입니다.

그러면서 **부미지현**夫微之顯이니 **성지불가엄**誠之不可揜이 **여차부**如此夫인저. 문장 맨 끝에 '부'(夫) 자가 와서 '~인저'로 해석되는 구문입니다.

'미지현'에서 '미'(微)는 은미한 귀신의 작용, '소이연'입니다. '현'(顯) 자는 '나타나다', '드러나다'고요. 그리고 '엄'(揜)은 '가리다', '덮다'의 뜻이에요. '엄폐하다' 할 때 쓰는 그 글자죠. 그러니까 이 문장은 "은미한 것이 세상에 드러나니, '성'(誠)을 덮어서 가릴 수 없음이 이와 같도다!"라고 해석됩니다. 이렇게 '성'(誠)이 등장하네요. '성'은 『중용』 전체의 주제어인데, 여태 안 나오다가 여기 16장에서 이렇게 뜬금없이 툭 나와 버립니다. '성'에 대한 설명은 나올 때마다 차차 할 텐데, 일단은 주석 먼저 볼게요. 이것까지 같이 외우시면 좋아요. "誠者 眞實無妄之謂."성자 진실무망지위 '성'이란 것은 '진실무망'을 말한다. 진실되어서 망령됨이 없는 거죠. '망'(妄)은 '거짓'이라는 뜻이 있거든요. 그래서 앞으로 '성'이 뭐냐고 물으면 '진실되어서 거짓이 없는 것이다' 하셔도 됩니다. '성실하다'도 이런 맥락이잖아요.

주자는 이렇게 글자 하나하나의 개념 정리부터 시작합니다. 이게 주자학의 탄탄한 토대예요. 그전의 해석들은 이런 식으로 글자 하나하나까지 규정하지 않았어요. 그냥 의미를 풀어 나갔죠. 근데 이 꼼꼼하신 주자는 개념어 하나하나를 정의하는 데서부터 자신의 학문을 시작하는 겁니다. 일단 개념 규정을 한 후 사서에 그 개념을 일관되게 써서 해석을 합니다. 그래서 '성'='진실무망' 이런 건 외워 놓으시면 좋아요. 왜? 사서에 다 똑같이 달거든요. 이게 또 주자학의 특색입니다. 개념어를 일관되게 써서 사서 안에서 자신의 논리를 단단히 엮어 버린 거예요.

계속 주석을 봅니다. "陰陽合散음양합산 無非實者무비실자, 故其發見之不可揜如此고기발현지불가엄여차." 음양이 '합'하고 '산'하는 것에 진실되지 않은 것이 없어요. 고로 그 발현을 감출 수 없는 것이 이와 같다는 거죠. 결국 우리가 제사를 지낼 때 느끼는 감흥, 정말 여기 와 계신 것 같은 양양하게 꽉 찬 느낌이란 게 바로 이러한 소이연, 귀신의 작용이 우리 내부에서 발현되는 거라는 거예요. 우리 내면에서 뭔가 흔들림, 감응이 생기는 게 이 때문이라는 거죠.

제17장

子曰 :
자 왈

"舜其大孝也與! 德爲聖人, 尊爲天子, 富有四海之內,
순 기 대 효 야 여 덕 위 성 인 존 위 천 자 부 유 사 해 지 내

宗廟饗之, 子孫保之.
종 묘 향 지 자 손 보 지

故大德必得其位, 必得其祿, 必得其名, 必得其壽.
고 대 덕 필 득 기 위 필 득 기 록 필 득 기 명 필 득 기 수

故天之生物, 必因其材而篤焉. 故栽者培之, 傾者覆之.
고 천 지 생 물 필 인 기 재 이 독 언 고 재 자 배 지 경 자 복 지

詩曰 : '嘉樂君子, 憲憲令德. 宜民宜人, 受祿于天.
시 왈 가 락 군 자 헌 헌 영 덕 의 민 의 인 수 록 우 천

保佑命之, 自天申之.'
보 우 명 지 자 천 신 지

故大德者必受命."
고 대 덕 자 필 수 명

공자께서 말씀하셨다.

"순은 대효(大孝)이시다! 덕으로는 성인이 되시고 존귀함으로는 천자가 되시고
부유함으로는 천하를 소유하셨다. 종묘에서 제사를 흠향하시며 자손을 보전하
셨다. 그러므로 대덕은 반드시 그에 합당한 지위를 얻으며, 반드시 그에 합당한
녹봉을 얻으며, 반드시 그에 합당한 명예를 얻으며, 반드시 그에 합당한 수명을

얻는다.

그러므로 하늘이 만물을 낼 적에 반드시 그 재질에 따라 키워 준다. 뿌리가 튼튼하게 내린 것은 북돋아 주고, 기울어진 것은 엎어 버린다.

시에서 말하였다.

'아름답고 즐거운 군자여! 밝게 드러난 훌륭한 덕이 있구나.

백성들에게 마땅하며 사람들에게 마땅하게 하니 하늘에서 녹봉을 받도다.

하늘이 보우하사 천자로 명하시니 하늘의 복이 거듭되도다.'

그러므로 대덕이 있는 자는 반드시 천명을 받는다."

지금부터 보실 17장부터 19장까지는 문장도 길고, 낯선 글자들도 좀 있습니다. 그래서 약간 어려울 수도 있는데요, 더 중요한 건 이 장들이 중국의 역사와 관련되어 있다는 거예요. 요순, 우탕, 문무, 주공 같은 여러 인물들이 등장하거든요. 17장은 순 임금, 18장은 문왕, 19장은 무왕과 주공, 이렇게 차례로 위대한 인물들을 등장시켜 이야기를 끌어 나갑니다. 이 세 개의 장을 하나의 묶음으로 보셔도 좋아요. 너무 어렵게 생각하실 것까진 없고, 가벼운 마음으로 차근차근 읽다 보면 충분히 이해하실 수 있습니다.

자왈子曰 **순기대효야여**舜其大孝也與 하면서 순 임금 얘기부터 나오네요. '여'(與) 자는 종결사입니다. "무엇인저" 하는 '여'(歟) 자와 같은 글자라고 보면 돼요. 이 문장이 무슨 말인고 하니, 공자가 말했답니다. 순은 '대효'(大孝), 위대한 효자셨다고요. 6장에서 순이라는 인물에 대해서 소개했는데요, 6장에서는 '대지'(大知)라고 했는데, 17장에서는 '대효'라고 하네요. 순 임금을 '대효'라고 칭송하는 것은 『맹자』에도 나옵니다. 자기를 미워하고 심지어 죽이려는 아버지 고수에게 답답한 마음으로 울부짖어 가면서도 효도를 다한 '대효'잖아요.

그래서 **덕위성인**德爲聖人 **존위천자** 尊爲天子라. 농사짓고 그릇 굽던 순은 그 덕으로는 성인이 되셨고, 존귀한 천자가 되셨대요. 자기가 천자가 될 줄도 모르고 그냥 농사짓고 물고기 잡으며 성실하게 살았는데, 어느 날 요 임금이 두 딸을 시집보내어 사위를 삼고 나라를 물려준 거죠. 선위한 것이지요.

부유사해지내富有四海之內 **종묘향지**宗廟饗之 **자손보지**子孫保之. 일단 '사해지내'(四海之內)는 글자 뜻 그대로 보면 '사방의 바다의 안쪽'이니 두 글자로 줄이면 곧 '천하'입니다. '유'(有) 자는 여기서는 '있다'가 아니라 '소유하다'로 해석하시면 됩니다. 그러니까 부유함으로는 천하를 소유하게 되었다는 거죠. 천자가 되었으니까 천하가 자기 것이 된 겁니다. 그래서 돌아가신 후에는 종묘가 세워진 거예요. 이분을 받드는 후손들이 종묘를 세운 거죠. '종묘향지'에서 '향'(饗) 자는 '흠향할 향' 자예요. 그러니까 사후에 종묘에서 '흠향'(歆饗)하시는 영광을 누리신 거지요. 좀 풀어서 설명하면, "종묘에 그 신위가 모셔져서 거기에서 제사를 받으시고"라는 뜻입니다.

'자손보지'(子孫保之)는 언해를 보시면 "子孫을 保ᄒ시니라"라고 되어 있습니다. 그러니까 순 임금이 돌아가신 후에 종묘가 세워져서 제사를 흠향하셨고, 또 조상신이 되셔서 자손들을 보전하셨다 내지는 자손들에게 큰 덕을 베푸시어 자손을 지켜 주셨다는 뜻입니다. 위대하신 분은 이렇게 제사를 공짜로 얻어 잡수시는 것이 아니라 후손들에게 음덕을 내려 주신다는 겁니다. 다른 해석이 하나 더 있습니다. 순 임금이 종묘에서 제사를 받으셨고, 자손들이 대대로 받들어 모셨다고 보는 겁니다. 종묘를 지킨 주체가 순이 아니라 자손이죠. 첫번째 해석은 순 임금이 돌아가셔서까지 자손을 보전했다. 두번째 해석은 자손들이 그 종묘를 잘 지켰다. 이해가 가시죠?

이 문장에서 또 하나 고민해 볼 게 있습니다. 이것까지 이야기를 할까 말까 했는데 그냥 말씀드릴게요. 자, 순은 위대하신 효자고, 덕으로는 성인이 되셨고, 존귀함으로는 천자가 되셨죠. 성인이 되고 천자가 될 때 '위'(爲) 자를 썼습니다. 그런데 조금 전에 '부유사해지내'에서 '유'를 '소유하다'라고 했잖아요? 좀 이상한 느낌 안 드세요? 덕으로는 성인이 되셨고, 존귀함으론 천자가 되셨는데, 부유함으로는 천하를 소유하셨다…. 앞에서는 동사가 연속해서 '위'였다가 뒤에서는 '유'로 바뀌는 거죠. 그래서 여러분, 이런 해석도 있는데요, 이때 '부'(富) 자를 '부유함'이 아니라 '넉넉하게'라는 뜻의 부사로 해석하는 겁니다. 약간 의역하면 '참 훌륭하시게도' 정도 되려나요? 그러니까 "천하를 넉넉하게, 훌륭하게 다스리셨다"라는 거죠. 천자면 이미 최고의 부자가 아니겠어요? 그러니 굳이 '부유함'을 이야기할 필요가 없다는 거죠. 이 해석에서는 '덕'과 '존'만으로 충분한 거죠.

고故 **대덕필득기위**大德必得其位 **필득기록**必得其祿 **필득기명**必得其名 **필득기수**必得其壽. 그러므로 '대덕'은 이러저러하다고 합니다. 요새는 불가에서 '대덕'이란 말을 많이 쓰죠? 큰스님을 대덕으로 칭하곤 합니다. 어쨌든 위대하신 분, 성인을 의미하는데요, 순 임금처럼 위대한 이런 분은 반드시 얻습니다[必得]. 그 자리[其位]를 얻고, 그 녹봉[其祿]을 얻고, 그 명예[其名]를 얻고, 그 수명[其壽]을 얻어요. '록'은 '녹봉', 요샛말로 '월급'이나 '연봉'입니다. 그리고 여기서 '그 기(其)' 자는 단순하게 'that'일 수도 있지만 이 문맥에서는 '그 덕에 합당한', '그 덕에 부응하는' 정도의 뜻으로 보면 더 좋겠네요. 그러니까 큰 덕을 갖추신 분께는 필히 그 덕에 합당한 자리, 합당한 보수, 합당한 명예, 합당한 수명이 주어집니다. 대덕이신 분들은 막 100세도 넘게 산다고 해요. 왜? 몸과 마음의 밸런스가 맞으니까요.

고故로 **천지생물**天之生物 **필인기재이독언**必因其材而篤焉하나니 고故로 재

자배지栽者培之하고 **경자복지**傾者覆之라. '천지생물'에서는 '생'(生)이 동사입니다. '낳다', '탄생시키다'라는 거죠. 하늘이 '물'(物), 인간을 포함한 만물을 탄생시켜요. 그런데 반드시[必] 그 '재'로 인하여[因其材] '독언'합니다. 여기서 '재'는 주석에 '질'(質)이라고 풀어져 있어요. 선천적으로 가지고 태어난 능력, 바탕이란 뜻이죠. 그러니까 '그 재질로 인하여', 조금 더 의역하자면 '그 재질에 맞게' 정도로 보시면 되겠습니다. '독'(篤) 자는 '돈독히 한다', '두터이 한다' 정도로 보면 돼요. 주석에도 '두터울 후(厚)'라고 되어 있습니다. 그러니 하늘이 만물을 낳고, 필히 그 각각 태어난 바탕에 따라서 돈독히 해줘요. 좀더 쉽게 말하면 키워 준다, 북돋아 준다는 거죠.

그래서 '재자'는 '배지'하고 '경자'는 '복지'라고 합니다. 여기서 '재'(栽) 자는 '심을 재' 자인데 주석에는 '식'(植)이라고 되어 있습니다. '재자'는 심어져 있는 것, 자라고 있는 것이라고 할 수 있겠네요. 여기에 숨은 의미는 자기가 노력한다는 거예요. 반듯하게 잘 자라려고 노력하는 거죠. 그리고 '배'(培) 자는 그것을 북돋아 준다. 이 글자는 '두 배, 세 배' 할 때 '배'(倍) 자하고도 통용되는데요, 여기서의 의미는 잘 자라라고 흙을 갖다 덮어 준다는 거예요. 그러니까 '재자배지'는 뭐예요? 곱게 잘 자라고 있는 애들은 하늘도 격려하신다는 의미입니다. 기가 북돋아져요. 주석에 "氣至而滋息"기지이자식이라고 하죠? 기가 이르러서, 혹은 기가 지극하여서 '자'하고 '식'하게, 그러니까 불어나고 자라게 해준다는 겁니다. 반면에 '경자복지'의 '경'(傾) 자는 한쪽으로 기운 거, 제대로 안 자라는 건데요, 그건 어떻게 해요? '복'(覆) 자, 바로 엎어 버려요. 회복할 수 없을 정도로 기울고 넘어간 건 포기하고 하늘도 뒤집어엎는단 뜻이에요. 그러니 가지고 태어난 바탕을 잘 유지하면서 커 가야 되는 거예요. 그래야 기운이 북돋아지지, 점점 욕심만 부리고 엉뚱한 짓 하면 확 뒤집어진다는 거죠. 한편으로는 참 무서운 말이 아닐 수 없습니다. 그렇죠? 이 '재자배지'와 '경자복지'는 따로도 많이 인용됩니다.

시왈詩曰 가락군자嘉樂君子 **헌헌영덕**憲憲令德이 **의민의인**宜民宜人이라. **수록우천**受祿于天이어늘 **보우명지**保佑命之하시고 **자천신지**自天申之하니라. 평범한 문장이지만, 누가 이렇게 하는가를 잘 보셔야 됩니다. 주석에서는 역시 시의 출처부터 밝히고 있네요. 「대아」(大雅)의 '가락'(假樂) 편이라고 합니다. '가'(假) 자가 다르게 되어 있는데 이건 '아름다울 가'(嘉) 자와 통용되는 글자라 그래요.

　자, 그래서 '가락군자', 요샛말로 하면 "행복한 군자여"라는 뜻이네요. 이 사람은 왜 행복하겠어요? 가족관계가 원만해서 행복한 겁니다. 이게 아주 기본이에요. 자신의 주변, 인간관계가 순탄해야 행복한 거예요. 그러한 즐거운 군자의 아름다운 덕이여!

　'헌헌영덕'에서 '헌' 자는 '헌법' 할 때도 쓰는 그 '법 헌' 자잖아요? 그런데 주석을 보니 시에는 이게 '드러날 현(顯)'이라고 되어 있네요. 그래서 이건 '현현영덕'이라고 읽으셔도 돼요. '령'(令) 자에 대해 말씀드리자면, 여러분 이 글자를 주로 '명령하다' 할 때 쓰는 글자로 알고 계시죠. '하여금 령' 자로도 알고 계시고요. 두번째 뜻일 때는 '하여금 사(使)' 자와 같은 뜻이에요. 그다음에 오늘 말씀드릴 게 세번째 뜻, '아름다울 령' 잡니다. '영식'(令息)이니 '영애'(令愛)니 하는 말

들어 보셨죠? '식'(息) 자는 아들을 말하고 '애'(愛)는 딸을 말하죠. '영애'와 '영식'은 원래 로열패밀리에만 쓰는 단어가 아니라 친구나 다른 집안의 아들딸을 가리킬 때 쓰는 말입니다. '영부인'(令夫人)도 마찬가지고요. 그래서 저희 아버님도 오랜만에 친구 분을 만나시면 "영식은 여의었는가?" 이러셨었어요. "자네 아들 장가들었나?"라는 말이죠. "자네 영애는 어떤가?" 이러셨고요. 이때 저 집 딸 이름이 영애인가 하시면 안 되죠? 물론 저도 어렸을 땐 그랬습니다만…. 아무튼 이럴 때 '영'은 '아름다울 미(美)'의 뜻인 거 기억해 두세요. '영' 자는 다른 사람의 아들, 딸, 부인에 대한 미칭이라는 거. '헌헌영덕'의 '령' 자가 이 뜻으로 쓰인 겁니다.

'의민의인'(宜民宜人)이라! 여기서 '의'(宜) 자는 '알맞다'라는 뜻의 동사예요. '민'(民)에게도 알맞고 '인'(人)에게도 알맞다는 거죠. 이 글자가 껄끄러우시다면 '화'(和) 자로 바꾸셔도 됩니다. '민'과도 잘 어울리고, '인'과도 잘 어울린다는 의미로요. 지금 이 사람은 나라를 다스리는 위치에 있는 사람이에요. 그래서 아름다운 군자 내지는 행복한 군자여, 그리고 빛나는 그의 덕이여! '민'하고도 '인'하고도 모두 잘 어울리는구나!

여기서는 '민'과 '인'의 구별에 유의해야 합니다. 이건 『논어』에서도 구별을 하는데요, 쉽게 말해 '민'은 농사지어서 세금 내는 사람들, 야인 곧 통치의 대상입니다. 반면에 '인'은 지배계급이에요. 그래서 『논어』에서 공자가 "군자가 돼라", "소인이 되지 말아라" 얘기할 때 그 대상은 누구예요? 자기와 같은 지배계급인 '인'이에요. '민'한테는 이런 얘기 안 합니다. '민'이 그렇게까지 되려고 하면 곤란해요! 평민은 교화, 훈련시킬 순 있지만 엄밀히 말해 교육의 대상은 아닌 거예요. 자, 이렇게 '민'하고 잘 어울려야 세금도 제대로 내고, 전쟁터에도 나가 주겠죠? 그리고 '인'하고 잘 어울려야 화합을 하고 내란이 안 일어나겠고요. 당시에도 '난신적자'(亂臣賊子)가 얼마나 많았겠어요?

'수록우천'(受祿于天)은 하늘에서 '녹'(祿)을 받는단 말입니다. 하늘에서 녹을 받는다는 건 곧 천명으로 천자가 됐단 소리고요. 다음으로 '보우명지'(保佑命之)하시고 '자천신지'(自天申之)라. '보우'란 단어 낯익죠? 애국가에 나오는 그 '보우하사'예요. 그런데 '보우하사' 앞에 뭐가 있어요? "하느님이" 하신다고 하잖아요? 이거 똑같습니다. 바로 앞에서 하늘에서 '녹'을 받았다고 그랬잖아요? 다 하늘이 도와요. '보우'를 쪼개서 보면 '보'(保) 자는 보존해 준다, 지켜 준다는 거고, '우'(佑) 자는 '도울 우' 자예요. 그러니까 하늘이 보호해 주고 도와주는 거죠. 그렇게 보우하시고, 그에게 명을 내립니다[命之]. 이렇게 나라를 다스려라 하고 명을 하는 거예요. 그러니까 '자천신지', 하늘로부터 그에게 '신'(申)한대요. '신'(申)은 '펼 신(伸)' 자하고 많이 통용되는데 주석에선 '중'(重) 자로 풀고 있네요. 여기서의 '중' 자는 '무겁다'는 뜻이 아니라 '거듭하다', '계속하다'라는 뜻입니다. 그러니까 하늘이 그에게 거듭한다는 건 계속 유지시켜 준다는 뜻이에요. 약간 어렵나요? 그래도 잘 생각해 보면 이해가 가실 거예요. 하늘에서 '녹'을 받는다는 건 하늘이 그를 보우하고, 또 그에게 천명을 내려 준 거예요. 그러니 하늘에서부터 그것이 계속 유지되고 있는 거죠. 쉽게 말해 하늘이 그 자리를 오래도록 유지하게 해준다는 의미로 '신' 자를 썼다고 보시면 됩니다.

고故로 **대덕자필수명**大德者必受命이라. 그러므로 큰 덕을 갖춘 사람은 반드시 천명을 받는다고 합니다. 천명을 받으면 그 덕에 합당한 자리가 주어진다고 했죠? 그런데 말입니다. 천명을 받은 사람이, 예를 들어 이성계라면 어떻게 해요? 천명을 주려고 보니 아직 왕이 아니라 장군인 거죠. 그러면? 네, 왕조가 교체되는 겁니다. 그래서 왕조 교체를 흔히 '천명의 이동'으로 얘기하잖아요. 천명은 이렇게 개인에서 개인으로 옮겨 가는 겁니다. 이런 텍스트를 읽었기 때문에 천명이 바뀌었다고 하면 사람들이 다 받아들인 거예요. 지금 생각하면 이상하지 않아요? 궁궐만 접수했는데 민심이 막 다 받아들여요. 이런 인식이 저변에 있어 받아들여진 겁니다. 물론 성공하고 나서 천명이 바뀌었다고 주장하는 것이지만, 왕조 교체를 받아들이는 데에는 기본적으로 이런 인식이 있는 거예요. 우리나라는 그래도 오래가는 편입니다. 중국은 250년, 300년 지나면 왕조가 바뀌어 버리잖아요. 자, 어쨌든 "대덕은 반드시 천명을 받는다"라는 겁니다. 주석에는 "受命者수명자 受天命爲天子也수천명위천자야"라고 되어 있죠? "수명은 천명을 받아서 천자가 되는 것이다"라는 거죠. 그러니까 순 임금이 농사짓다가 천자가 된 거예요. '대덕'이 되면 이게 다 되는 겁니다. 순은 뭘로 대덕이 됐죠? 네, '대효'로 됐죠. 이 사람이 지극한 효자인 걸 보면서 사람들이 순이 '대덕'인 걸 인정하게 된 거예요. 서양에도 이런 경우가 있는지 모르겠지만 동양에선 효자로 소문나서 천자가 된 사람이 있어요. 효로 천자까지 되다니!

제18장

子曰:
자 왈

"無憂者, 其惟文王乎! 以王季爲父, 以武王爲子. 父作之,
무 우 자 기 유 문 왕 호 이 왕 계 위 부 이 무 왕 위 자 부 작 지

子述之.
자 술 지

武王纘大王王季文王之緖, 壹戎衣而有天下,
무 왕 찬 태 왕 왕 계 문 왕 지 서 일 융 의 이 유 천 하

身不失天下之顯名. 尊爲天子, 富有四海之內, 宗廟饗之,
신 불 실 천 하 지 현 명 존 위 천 자 부 유 사 해 지 내 종 묘 향 지

子孫保之.
자 손 보 지

武王末受命, 周公成文武之德, 追王大王王季,
무 왕 말 수 명 주 공 성 문 무 지 덕 추 왕 태 왕 왕 계

上祀先公以天子之禮. 斯禮也, 達乎諸侯大夫及士庶人.
상 사 선 공 이 천 자 지 례 사 례 야 달 호 제 후 대 부 급 사 서 인

父爲大夫, 子爲士, 葬以大夫, 祭以士.
부 위 대 부 자 위 사 장 이 대 부 제 이 사

父爲士, 子爲大夫, 葬以士, 祭以大夫.
부 위 사 자 위 대 부 장 이 사 제 이 대 부

期之喪, 達乎大夫. 三年之喪, 達乎天子. 父母之喪,
기 지 상 달 호 대 부 삼 년 지 상 달 호 천 자 부 모 지 상

無貴賤, 一也."
무 귀 천 일 야

공자께서 말씀하셨다.

"근심이 없었던 분은 오직 문왕이실 것이다. 왕계를 아버지로 삼으시고 무왕을 아들로 삼으셨으니, 아버지가 시작하시고 아들이 이어받아 이루었다.

무왕이 태왕·왕계·문왕의 가업을 이으서서 한 번 군대를 일으켜 천하를 소유하셨다. 그 자신은 천하의 뛰어난 이름을 잃지 않아서, 존귀함으로는 천자가 되시고 부귀함으로는 천하를 소유하셨으며 종묘에서 제사를 흠향받으시고, 자손들을 보전하셨다.

무왕이 말년에 천명을 받으서서 아들 주공이 문왕과 무왕의 덕을 완수하셨으니 태왕과 왕계를 추존하여 왕으로 높이셨다.

위로는 선조들을 천자의 예로 제사 지내셨다. 이 예가 제후와 대부, 그리고 사와 서인에게까지 미치게 되었다.

아버지가 대부이고 아들이 사이면 아버지 장례는 대부의 예로써 하고 제사는 사의 예로써 한다.

아버지가 사이고 아들이 대부이면 아버지 장례는 사의 예로써 하고 제사는 대부의 예로써 한다.

1년상은 대부에까지 해당되고, 3년상은 천자에까지 이르니, 부모의 상은 신분의 귀천에 관계없이 똑같기 때문이다."

17장은 순 임금 이야기였죠. 지금부터 볼 18장의 주인공은 문왕과 무왕입니다. 참고로 문왕이 주(周)나라를 세운 건 아니에요. 주나라를 세운 사람은 아들인 무왕이죠. 아들이 나라를 세운 뒤에 아버지를 추존해서 문왕이라고 한 겁니다. 문왕은 이름이 '창'(昌)인데 직위를 따서 '서백'(西伯)이라고도 했습니다. 아들인 무왕은 이름이 '발'(發)이고요. 『주역』에서는 이 문왕이 굉장히 중요한 사람입니다. 『사기』「주본기」(周本紀)에 의하면 폭군 주(紂)에 의해 유리(羑里)에 갇혔을 때, 괘사(卦辭)·효사(爻辭)를 다신 분이니까요. 문왕과 주공이 단 괘사와 효사를 계사라고도 합니다. 예나 지금이나 감옥에 가면 뭔가를 많이 쓰나 봐요. 문왕이 괘사를 짓고, 주공이 효사를 지었다고 나누기도 합니다. 아무튼 문왕은 『주역』의 역사에서 굉장히 중요한 인물입니다.

문장으로 돌아가서, 공자님 말씀이 **무우자**無憂者 **기유문왕호**其惟文王乎인저라고 합니다. 자, 보세요. 앞에서 순은 '대효'라고 했죠? 그런데 지금 문왕은 '무우자', 근심이 없는 사람이래요. "근심이 없었던 사람은 오직 문왕이리라"라고 해석하면 됩니다. 이게 다 일종의 설정이에요. 문왕이라고 왜 걱정이 없었겠어요? 감옥에도 가고, 천하의 3분의 2를 가지고서 자신의 나라를 세우고 싶은데 여의치 않아서 노심초사하기도 하고…. 그런데 여기서 '근심 없었던 문왕'이라고 딱 설정해 놓는 겁니다. 이후에 '무우자' 하면 누구예요? 문왕이에요. '대효=순', '무우=문왕' 이렇게 캐릭터를 잡는 겁니다.

왜 근심이 없었느냐? **이왕계위부**以王季爲父하시고 **이무왕위자**以武王爲子하시니 **부작지**父作之이어늘 **자술지**子述之라. "왕계를 아버지로 삼으시고 무왕을 자식으로 삼으셨으니", 쉽게 말해 아버지와 아들 덕분에 근심이 없었다는 거죠. 그래서 '부작지', 아버지가 그것을 만드시고, '자술지', 아들이 그것을 술했다고 합니다. 여기서 '술'(述)은 '이어받았다' 정도로 보시면 되고요.

자, 그렇다면 이 문장의 의미가 무엇인가? 아버지가 그것을 만들었다는 건 왕조를 세울 기초공사를 하셨다는 뜻이에요. 주석을 보면 "此言文王之事차언문왕지사, 書言王季其勤王家서언왕계기근왕가, 蓋其所作개기소작, 亦積功累仁之事也역적공루인지사야"라고 나와 있습니다. 차근차근 해석해 볼까요? 이것은 문왕의 일을 말한 것이니[此言文王之事], 『서경』에 이르기를[書言], 왕계는 왕가, 즉 왕조를 세우는 일에 힘썼답니다[王季其勤王家]. 왕계는 문왕의 아버지예요. 그래서 대개 그가 만든 바는[蓋其所作] 또한 공을 쌓고 인을 포갰다고 합니다[亦積功累仁之事]. 여러 가지 '공'과 '인'을 쌓은 거예요. 그러니까 문왕은 걱정이 없었어요. 왕계가 아버지였고, 뒤를 이은 아들 무왕이 왕조를 열었기 때문에. 아버지가 왕업의 기초를 만드셨고, 아들이 그것을 이어받았기 때문에. 네, 그래서 문왕은 아버지와 아들 사이에서 전달하는 역할을 했다는 거죠. 이것도 문왕에 대한 하나의 해석입니다. 참고로 『맹자』에는 문왕이 근심 없었다는 얘기는 나오지 않습니다.

무왕武王 **찬태왕왕계문왕지서**纘大王王季文王之緖**하사, 일융의이유천하**壹戎衣而有天下 **신불실천하지현명**身不失天下之顯名 **존위천자**尊爲天子 **부유사해지내**富有四海之內 **종묘향지**宗廟饗之 **자손보지**子孫保之**라.** 여기에서는 '대왕'을 '태왕'이라고 읽을게요. '큰 대' 자가 '태'(太) 자로 쓰일 때가 있습니다. '大山'을 '태산'이라고도 읽듯이요. 그리고 이렇게 사람 이름일 때

'태왕'이라고 읽습니다. 자, 문장은 길지만 딱 보니 앞장에 나왔던 "존위천자 부유사해지내 종묘향지 자손보지"는 그대로 반복되고 있네요. 앞부분만 이해하면 다 해석이 됩니다.

문왕의 아들인 무왕이 '찬'(纘) 했대요. 주석을 보면 '찬'은 '계'(繼)라고 나옵니다. '이어받아서'의 뜻이에요. 그러면 태왕과 왕계와 문왕의 '서'(緒)를 '이어받았다'라는 말인데, 왜 '일 사(事)' 자나 다른 글자가 아닌 '실마리 서' 자를 썼겠어요? 그분들은 이루지 못했잖아요. 왕조를 세우지 못했으니까요. 그러니 그분들이 준비해 놓으신 것을, 열어 놓으신 그 '실마리'를 이어받았다고 쓴 겁니다. 무왕의 아버지는 문왕이고, 할아버지는 왕계고, 증조할아버지는 태왕인 거죠? 나라를 세우려면 이렇게 적어도 삼대는 공을 쌓고 사대, 오대째의 공업이 쌓여야 되는 겁니다. 나라를 한 번에 빨리 세우려고 해도 안 된다는 거예요.

그러면 왜 태왕부터 시작하는가? 『맹자』에 '고공단보'(古公亶父)라고 나와요. 이 사람이 바로 태왕입니다. 『사기』 「주본기」(周本紀)에 의하면 주(周)나라를 세운 부족은 융적(戎狄)의 땅에 자리잡았다고 해요. 지금의 감숙성(甘肅省; 간쑤성) 일대였습니다. 고공단보 때 융적을 피해 동쪽으로 이동해서 기산(岐山)이라는 곳까지 왔어요. 여기가 섬서성(陝西省; 산시성) 일대입니다. 그러니까 중국 영토 안으로 들어온 사람이 고공단보라고 할 수 있습니다. 그래서 지금 고공단보부터 주의 건국을 이야기하고 있는 거예요.

그 고공단보에게는 아들이 세 명 있었습니다. 첫째아들이 태백(太伯), 둘째아들이 우중(虞仲), 그리고 셋째가 바로 누구예요? 왕계

입니다. '계'(季) 자는 원래 막내한테 붙이는 글자예요. '끝 계' 자거든
요. 이렇게 아들이 셋이고, 막내아들 왕계의 아들이 바로 나중에 문왕
이 될 '창'(昌)이에요. 근데 할아버지 태왕(고공단보)이 보기에 손자가
참 똑똑해 보이는 거야. 첫째아들이나 둘째아들한테 왕위를 주면 이
똑똑한 손자한테 기회가 안 갈 거잖아요? 그래서 막내인 왕계한테 주
고 싶어 해요. 그래서 두 형이 나라를 떠났어요. 이들은 동남쪽으로
내려와서 오(吳)나라의 시조가 됐습니다. 오의 시조가 바로 태백이
고, 2대조가 동생 우중이죠. 근데 이 이야기를 듣고 뭔가 생각나시는
거 없으세요? 네, 우리나라 세종대왕 이야기요. 두 형을 두고 셋째에
게 왕위가 가잖아요. 이때 이 왕계와 창의 이야기를 들여옵니다. 고공
단보가 막내에게 왕위를 줘서 나라를 이렇게 부흥시켰다, 이런 전례
가 있다는 거죠. 장자계승의 원칙을 바꾸려 하니 명분이 필요하잖아
요? 전례를 찾아야 되는 거예요.

그 똑똑해 보였던 손자가 문왕이고, 그 아들이 무왕이에요. 참고
로 유명한 강태공도 무왕과 관련이 있는 인물입니다. 무왕이 은나라
주왕을 칠 때 앞장선 사람, 일종의 총사령관이었거든요. 그래서 받은
나라가 제(齊)나라고요. 이때 반대한 사람이 누구예요? 백이와 숙제
죠. 이렇게 다 연결이 됩니다. 다시 무왕 얘기를 하자면, 무왕이 일찍
죽었어요. 무왕의 아들인 성왕은 너무 어렸거든요? 그래서 무왕의 동
생이자 성왕의 삼촌인 주공이 성왕을 돕습니다. 그런데 그걸 두고 주
공이 왕위를 빼앗느니 어쩌느니 여러 얘기가 있었어요. 자, 조카인 어
린 왕을 돕는 숙부, 이 그림을 보시면 또 뭐가 떠오릅니까? 그렇죠. 단
종과 수양대군이요. 그러니까 사육신은 이 얘기를 가져와서 한탄하

죠. "주공은 어린 조카를 도와서 나라를 지켰는데!" 하면서요.

사실 이런 이야기들에도 여러 버전이 있습니다. 족보 자체야 안 변하지만 각각의 인물들에 대한 평가나 해석에 따라 여러 전승이 있는데요, 지금 가장 주류로 인정되는 건 『사기』에 나오는 「주본기」예요. 다른 버전으로는 이를테면 태백과 우중이 양보를 한 게 아니라 쫓겨났다는 얘기도 있고, 주공이 성왕한테 권력을 뺏으려다 실패했단 얘기도 있고, 동생인 소공(召公)한테 3년 동안 쫓겨나 있다가 다시 돌아왔단 얘기도 있고…. 문왕에게는 무왕을 포함해서 일곱 명의 아들이 있었다고 하니 아들들 사이의 알력이 대단했겠지요. 한 개의 역사만 있는 게 아닙니다. 여러 개 중에서 사마천이 선택한 스토리 라인이 있고, 그 외의 여러 라인이 구비전승으로 전해지는 것이지요.

다시 본문으로 돌아옵시다. 무왕이 태왕, 왕계, 문왕이 여셨던 그 실마리를 계승하여서 '일융의이유천하'(壹戎衣而有天下), 여기서 '일'(壹) 자가 '한 일(一)' 자인 건 아시죠? 나이 드신 분들은 은행 가서 돈 찾을 때 필요하다 해서 '壹', '貳', '參' 자 꼭 배웠잖아요. 자, 그런데 여기서는 이 글자가 '한 번'이란 뜻의 부사로 쓰였습니다. 이어지는 '융의'에서 '융'(戎) 자는 '오랑캐 융' 자인데요, 동이(東夷), 남만(南蠻), 북적(北狄), 서융(西戎)이라고 하죠. 특히 서쪽의 오랑캐를 가리키는 글자입니다. 그런데 한문에서는 이 뜻으로는 잘 안 나오고, '전쟁'이라는 의미로 많이 쓰여요. 그래서 '융의' 하면 뭘까요? 네, 갑옷 내지는 전투복입니다. '융거'(戎車) 하면 전투용 큰 수레이고요. 이 구절에는 동사가 생략됐어요. 주석 마지막 줄에 "言壹著戎衣以伐紂也"언일착융의이벌주야라고 동사 '착'(着) 자가 나옵니다. '한 번 갑옷을 입고'라는 뜻이죠. 이건 결국 뭐예요? "단 한 번의 전투로", "한 번의 정복전쟁으로" 이런 뜻입니다. 그렇게 해서 '유천하', 천하를 소유하게 되셨어요. 그만큼 쉽게 됐단 말이겠죠. 민심을 얻었기 때문에, 천명을 얻었기 때문에 단번에 된 거예요. 『서경』에 보면 여기서 '도과'(倒戈)라는 말이 나옵니다. 주의 병사들이 무왕의 군대에 맞서 싸우지 않고 창을 거꾸로 들고 자기 군대를 쳤다는 거지요. 후에는 군부 내에서 반란을 일으킬 때 '도과'라는 표현을 쓰게 되었지요.

참고로 앞의 주석에 나오는 '주'(紂)는 은나라의 마지막 임금 이름이에요. 한 번 융의를 착용하시고, 바로 이 폭군 '주'를 친 거죠. 이 정복전쟁에 관한 얘기는 『사기』에도 나오고 『서경』에도 자세히 나오는데요. 또 잠깐 샛길로 가 볼까요?

이 전쟁이 언제 일어났을까요? 주나라를 세운 게 언제냐, 무왕이 융의를 입은 그 한 번이 대체 언제냐는 거죠. 여기에 대해서는 기원전 1147년설을 비롯해서 몇 개가 있습니다. 그런데 가만 생각해 보면 저렇게 연도를 확정하는 게 좀 신기한 거예요. 『서경』에도 연도가 나오진 않거든요. 거기 보면 '목야'(牧野)라는 지역에서 새벽 일찍 전투를 시작하러 가요. 원래 전투는 새벽에 하거든요. 그때 굉장히 밝은 별이 안내를 해서 동쪽으로 진격했다고만 되어 있는데, 이걸 비록 몇 가지 설이 있지만 몇 년도의 일이다 꼭 집어서 주장하니까 좀 놀랐어요. 그게 어떻게 된 거냐면, 그 밝은 별을 핼리혜성이라고 보는 연구자들이 있어서 그렇습니다. 핼리혜성은 주기가 있잖아요? 그 주기를 계산해서 연도를 밝혀내는 겁니다. 마침 이때 나타난 핼리혜성에 대한 자료가 메소포타미아의 쐐기문자로 기록된 게 있대요. 교차 검증이 가능한 거죠. 그래서 별자리에 관계된 책을 보면 꼭 이 얘기가 나오더라고요. 개인적으로는 그냥 동쪽으로 별이 흘러서 그걸 쫓아갔다고 보긴 합니다만. "이게 하늘의 뜻이다!", "동쪽으로 가라는 거다" 해서 황하를 건너 동쪽으로, 은의 수도 안양까지 왔다는 거죠. 뭐, 어느 쪽이든 개연성이 있습니다. 안 보이던 별이 나타나는 순간, "드디어 천명이 왔다!" 하면서 들고일어날 수 있는 명분이 되니까요. 왜냐하면 이건 제후연합군이 움직이는 거거든요. 무왕의 단일군이 아니라 여러 부족의 연합군이 움직일 때는 이런 명분이 더 중요했겠죠. 아무튼 이런 재미있는 핼리혜성 설이 있습니다.

다시 원래의 얘기로 돌아와서, 무왕이 기원전 1100년경의 어느 새벽에 한 번 전투복을 입으시고 천하를 소유하게 됐어요. 주공과 강태공이 동행했구요. 그리고 '신불실천하지현명'(身不失天下之顯名). 그 자신[身]이 천하의 혁혁한 명예를 잃지 않아서, 이게 무슨 의미일까요? 비록 왕조를 바꿨지만 민심과 천명이 자기 것이었기 때문에 '임금을 죽인 신하'라는 불명예는 얻지 않았다는 거예요. 왕조 교체가 보통 문제가 아니잖아요? 그래서 맹자는 뭐라 그래요? 포악한 주 임금 같은 것은 임금이 아니라 '일부'(一夫)다, 그냥 평범한 한 사람이란 소리예요. '독부'(獨夫)란 말도 씁니다. 민심 잃은 외로운 일개 인간이에요. 이러면 군주가 아니기 때문에 쳐도 된다는 거죠. 이게 바로 역성혁명의 논리입니다. 이 논리가 여기서도 바탕에 깔려 있어요.

자, 이렇게 한 번 융의를 입고 천하를 소유하게 되었는데도 그 자신이 천하의 그 혁혁한 이름, 명예를 상실하지 않았답니다. 이어지는 건 앞장에서 본 대로입니다. '존위천자 부유사해지내 종묘향지 자손

보지.'(尊爲天子 富有四海之內 宗廟饗之 子孫保之) 존귀하기로는 천자
가 되어서 부유함으로 천하를 소유하게 되었어요. 그래서 종묘에서
제사를 받으시고, 또 자손들이 그것을 지켰다. 내지는 자손들을 보전
해 주셨다.

　폭군 '주' 이야기를 하다 보니, 또 한 사람 짚고 넘어갈 사람이 있
네요. 이 족보에 나오는 다른 중요한 인물로 '기자'(箕子)가 있습니다.
'기자조선'의 바로 그 기자입니다. '주'의 작은아버지가 바로 기자였
어요. 이 사람이 동쪽으로 갔다는 말은 있어요. "제기를 안고 동쪽으
로 도망갔다." 이렇게 되어 있는데, 그 동쪽이 고조선인지, 어디까지
왔었는지 확인할 수 없습니다. 왜냐하면 너무 멀거든요. 왔다면 배를
타고 왔어야 돼요. 육로로는 만주 벌판을 가로질러야 하니 너무 멀지
요. 아무튼 은나라와 주나라가 교체하는 과정에서 엄청난 유민, 피난
민이 발생했고, 그 백성들이 흩어져서 일부가 동쪽으로 왔을 확률은
있죠. 중국에서 왕조가 교체될 때마다 엄청난 이민현상이 일어났습
니다. 진시황이 통일하고 항우와 유방이 싸울 때도 그렇고요, 명-청
교체기에도 명나라 유민이 많이 들어오죠. 이것도 그렇게 보셔야죠.
기자가, 혹은 기자로 대표되는 은나라 유민들이 동쪽으로 대거 이주
했을 거라고요.

　그런데 이 기자가 바로 당시 최고의 지식인이자 정치가였습니다.
그래서 나중에 무왕이 기자를 초대해요. 기자가 자기는 무왕의 신하
는 되지 않겠다며 거부하죠. 그러니까 신하가 아닌 선생으로 모시겠
다고 다시 초대를 합니다. 그렇게 기자가 무왕을 만나서 알려준 게 뭐
예요? 『서경』에 남아 있는 홍범구주(洪範九疇), 국가를 다스리는 아

홉 개의 큰 규범이란 뜻이에요. 여기에 오행(五行)도 나오고요. 그러니까 결국 무왕은 주나라를 세우고, 요샛말로 하면 헌법이라든가 정부기구를 만들 때 은나라, 이전 왕조의 지식인 내지 시스템을 받아들인 거죠. 주나라는 서안 저쪽에서 철기를 가지고 왔다고 해요. 은나라 정복에 성공했는데, 이 지역에 사람이 이렇게 많은 줄 몰랐다가 깜짝 놀랐대요. 이 많은 사람을 어떻게 다스려요? 그래서 은나라의 시스템을 받아들인 거죠. 이 얘기가 『시경』에도 나옵니다. 무왕이 주나라를 세우고 조상신에게 제사 지낼 때 그 제사를 돕는 사람들이 다 은나라 지식인이었다고요. 이것 말고도 드릴 말씀은 많지만 이쯤 하고 일단 진도를 나갑시다.

다음 문장, **무왕말수명**武王末受命 **주공성문무지덕**周公成文武之德입니다. 무왕이 말년에 천명을 받았고, 주공이 문무의 덕을 완성하셨다고 하네요. '문무지덕'은 거의 숙어처럼 많이 쓰인다는 거 알아 두시고요. 결국 주공이 주나라의 시스템을 완비시켰다는 걸 이렇게 표현한 겁니다. 그런데 이 구절 사이에는 생략된 의미가 있어요. 무왕이 천명을 너무 늦게 받으시는 바람에 "이 시스템을 정비하지 못하고 돌아가서"라는 의미가 생략되어 있는 겁니다. 그런데 무왕의 아들인 성왕 얘긴 빼고 주공으로 넘어갔죠? 성왕이 워낙 어린 나이에 왕위에 올랐기 때문이기도 하지만, 공자가 주공을 워낙 사랑하시기 때문이기도 합니다. 주공의 제사를 받드는 나라가 노나라인데, 공자가 바로 노나라 사람이었거든요. 그러니까 지금 공자가 자기 나라의 시조를 높이고 있는 거예요. 공자는 아예 대놓고 얘기합니다. 자기 나라는 주변

나라와는 레벨이 다른 문화 강국이라고요. 이렇게 주장하는 이유가 바로 주공의 존재 때문이고요. 자, 어쨌든 주공이 문왕과 무왕의 덕을 완성한 겁니다.

추왕태왕왕계追王大王王季하시고 **상사선공이천자지례**上祀先公以天子之禮 하시니, **사례야**斯禮也 **달호제후대부급사서인**達乎諸侯大夫及士庶人하니. 여기까지 끊읍시다. '추'(追)는 '과거로 돌아가서', '소급해서' 이런 뜻이 죠. '추억' 할 때 '추' 자니까요. '추왕'은 뭐예요? 추존했다는 거예요. 선조를 왕으로 만들었다. 그러니까 증조할아버지, 할아버지를 추존해서 왕이라는 칭호를 내렸죠. 그리고 그 위로도 조상들이 더 있을 거 아니에요? 이 '선공'(先公)은 그 조상들을 말하는 거예요. 참고로 그렇게 쭉 거슬러 올라가다 보면 이 주나라의 시조는 농사신인 후직(后稷)이 됩니다. 이런 걸 정말 제대로 공부해 보고 싶으시다면 『사기』를 읽으시면 돼요. 어쨌든 위로 그러한 조상들을 천자의 예로서 '사'(祀), 제사 지냈다고 합니다. 조선은 이성계가 나라를 세우고 '해동육룡이 나르샤'라면서 육대조까지 소급해서 추존했잖아요? 그것과 같은 맥락의 얘기입니다. 위로 소급해서 조상들을 천자의 예로 제사지냈다는 게요. 지금 이 모든 것의 주어는 '주공'입니다.

그러니 '사례야 달호제후대부급사서인'(斯禮也 達乎諸侯大夫及士庶人)이래요. 여기서 '사례', 즉 '이 예'란 건 주공이 세운 이때의 시스템을 가리키겠죠. 주공이 자기 조상을 추존하면서 신분별로 예의 법도를 만든 거예요. 이때 세운 '예'가 '달', 두루 통합니다. 어디까지요? '제후', '대부', 그리고 '사서인'(士庶人)에게까지요. 중간에 나오는

'급'(及)은 '그리고'라고 보시면 됩니다. 자, 그러니까 이때 뭘 세운 거예요? 자기 집안은 천자의 집안이잖아요. 천자가 제후들을 봉해 주죠. 제후들이 대부를 봉해 주죠. 대부 밑에 '사서인'이 있어요. '서인'이 바로 평민이죠. 이 시스템을 다 주공이 만들었다 이겁니다. 결국 주공이 주나라의 문물제도를 완성한 사람이 되는 거죠. 이러한 '예'가 제후, 대부, 사, 서인에게까지 두루 통하도록요.

이어서 그 예가 뭔지 실례가 하나 나옵니다. **부위대부**父爲大夫 **자위사**子爲士 **장이대부**葬以大夫 **제이사**祭以士. 아버지가 '대부'고 아들이 '사'예요. 아버지는 벼슬을 했고, 아들은 벼슬을 못했어요. 이럴 때 '장이대부 제이사'랍니다. 장사는 '대부'의 예로 지내고 제사는 '사'의 예로 지낸다는 겁니다. 장사는 본디 죽은 사람이 기준인 거예요. 얼마 전까지만 해도 이런 게 참 중요했는데, 요새는 다 화장해 버리고 삼일 만에 상복 벗어 버리니까 거의 신경 안 쓰죠? 아무튼 장사는 돌아가신 분의 신분, 직책이 기준이고, 제사는 아들의 신분, 직책이 기준인 거예요. 제사를 주관하는 건 아들이니까요. 이게 왜 중요하냐면 이거에 따라 모든 게 달라지거든요. 장례절차, 음식 등등…. 어쨌든 주공 이후에 이런 것들이 다 통하게 됐다는 거예요.

그다음 또 뭐예요? **부위사**父爲士 **자위대부**子爲大夫면, **장이사**葬以士 **제이대부**祭以大夫예요. 무슨 얘긴지 아시겠죠? 아버지가 '사'였는데 아들이 벼슬을 해서 '대부'가 돼요. 그러면 장례는 '사'의 예로 지내고, 제사는 '대부'의 예로 지내는 겁니다. 그럼 제사상이 풍성해지고 그러겠죠? 아무튼 초상은 돌아가신 분이 기준이고, 제사는 자식이 기준이다! 이것만 기억하시면 됩니다.

다음은 다른 예를 듭니다. **기지상**期之喪 **달호대부**達乎大夫하고 **삼년지상**三年之喪 **달호천자**達乎天子하니, **부모지상**父母之喪은 **무귀천일야**無貴賤一也라. '무귀천일야'는 '귀천이 없이 한 가지다'라는 뜻이에요. 이 예는 오해의 소지가 많아서 엉뚱하게 설명해 놓은 책들도 꽤 있더라고요. 우선 '기지상'이라고 했잖아요? '기'(期)가 '돌 기' 자예요. 만 1년이란 뜻이죠. 나아가서 '1년 동안 입는 상복'이라는 뜻도 있습니다. 여러분, 상복을 입는 게 되게 중요해요. 상복을 입으면 그 기간에는 직장 생활 내지는 아무런 생산활동을 못하잖아요. 여러 가지 제약도 따르고요. 3년상 치를 때 영의정을 지내다가도 부모님이 돌아가시면 사표내고 시묘살이 해야 됩니다. 쉽게 말해 경력 단절이죠. 이게 참 간단한 문제가 아닙니다.

그러니까 여기서 보면 기지상, 1년상은 '달호대부', 대부까지 '달'한대요. 밑에서부터 대부까지만 해당된단 소리입니다. 대부 위에 있는 천자나 제후는 이런 1년상은 면제된다는 거죠. 왜? 1년상이라는 것은 부모상이 아니라 작은아버지상이나 그런 거거든요. 그런 경우까지 상복을 입게 하면 천자나 제후가 실무에 지장이 있으니까요. 공적인 일을 많이 맡은 사람은 부모상 이외에는 가능하면 면제해 주는 거예요. 이걸 엉뚱하게 해석해 놓은 데가 꽤 있던데 주의하셔야 합니다. 1년상은 저 아래 계급에서 대부에게까지만 해당된다는 거. 평민들은 해도 되죠. 결재할 일이 없잖아요. 반면에 3년상, 그러니까 부모상은 '무귀천일야', 신분의 귀천이 없이 한 가지인 거죠. 천자까지 해야 되는 겁니다. 왜 1년상은 대부까지만 가고 제후와 천자는 빼주는가만 이해하시면 쉬워요.

"1년상은 대부까지 해당되고 3년상은 사서인에서부터 천자까지 해당되니 부모의 상은 귀천 없이 한 가지다." 이런 상례(喪禮)가 이미 기원전 공자시대부터 확립된 거예요.

제19장

子曰:
자 왈

"武王周公, 其達孝矣乎!
무 왕 주 공 기 달 효 의 호

夫孝者, 善繼人之志, 善述人之事者也.
부 효 자 선 계 인 지 지 선 술 인 지 사 자 야

春秋, 修其祖廟, 陳其宗器, 設其裳衣, 薦其時食.
춘 추 수 기 조 묘 진 기 종 기 설 기 상 의 천 기 시 식

宗廟之禮, 所以序昭穆也. 序爵, 所以辨貴賤也,
종 묘 지 례 소 이 서 소 목 야 서 작 소 이 변 귀 천 야

序事, 所以辨賢也. 旅酬, 下爲上, 所以逮賤也, 燕毛,
서 사 소 이 변 현 야 여 수 하 위 상 소 이 체 천 야 연 모

所以序齒也.
소 이 서 치 야

踐其位, 行其禮, 奏其樂, 敬其所尊,
천 기 위 행 기 례 주 기 악 경 기 소 존

愛其所親, 事死如事生, 事亡如事存, 孝之至也.
애 기 소 친 사 사 여 사 생 사 망 여 사 존 효 지 지 야

郊社之禮, 所以事上帝也; 宗廟之禮, 所以祀乎其先也.
교 사 지 례 소 이 사 상 제 야 종 묘 지 례 소 이 사 호 기 선 야

明乎郊社之禮, 禘嘗之義, 治國其如示諸掌乎!"
명 호 교 사 지 례 체 상 지 의 치 국 기 여 시 저 장 호

공자께서 말씀하셨다.

"무왕과 주공은 누구나 인정하는 지극한 효를 행하셨도다!

효는 선조의 뜻을 잘 계승하며 선조가 하신 일을 잘 이어받는 것이다.

봄·가을에 선조의 사당을 수리하며 종묘의 귀중한 유품들을 진열하며, 선조가 입으셨던 옷들을 펴 놓고, 제철 음식을 준비하여 올린다.

종묘의 예는 위패를 모실 때 소와 목의 순서를 정하기 위해서이다. 제사에서 벼슬에 따라 서는 것은 지위의 귀함과 천함을 구별하는 것이요, 맡은 일에 차례가 있는 것은 어진 사람을 대우하는 것이다. 제사가 끝난 뒤 여럿이 술을 마시게 될 때 아랫사람이 윗사람을 위하여 술잔을 바치는 것은 은덕이 아랫사람에게 미치게 하기 위해서이다. 제사 후에 잔치를 할 때 모발의 색깔대로 앉는 것은 나이의 순서를 정하기 위함이다.

선왕의 자리에서 그분들이 행했던 예를 행하고 그 음악을 연주하며, 그분들이 존중하던 것을 공경하고 그분들이 친애하던 일가를 사랑한다. 죽은 이를 섬기는 것을 산 사람을 섬기듯이 하고, 없는 분을 섬기기를 생존해 계신 분을 섬기듯이 하는 것이 효의 지극함이다.

하늘에 제사지내는 교제와 사직의 제사는 상제를 섬기는 것이다.

종묘의 예는 자신의 선조에게 제사를 지내는 것이다.

교사의 예와 체와 상제사의 의미를 분명히 안다면 나라를 다스리는 것은 손바닥 위에 물건을 놓고 보는 것처럼 쉬울 것이다."

자왈子曰 **무왕주공**武王周公 **기달효의호**其達孝矣乎라. 여기서는 '달효'란 말이 나왔네요. 순은 '대효'(大孝)라고 했는데, 문왕의 아들인 무왕과 주공 형제는 '달효'라고 합니다. 『중용』에 나오는 이 '달효'도 하나의 개념어인데요, '달'(達) 자는 주석에 '통'(通)이라고 나와 있습니다. 그래서 이 '달효'는 '두루 통하는 효'를 말해요. 어느 시대, 어느 지역에 가도 이 사람들은 효자라는 뜻이죠. 주석에도 "乃天下之人通謂之孝"내천하지인통위지효, 천하의 사람들이 모두 다 두루두루 그들을 효라고 얘기한다고 설명하고 있습니다.

이어서 **부효자**夫孝者 **선계인지지**善繼人之志하며 **선술인지사자야**善述人之事者也라. 효의 구체적인 내용이 나오고 있습니다. 물론 효의 여러 모습 중에서 가장 중요한 건 부모님의 마음을 헤아리는 것, 부모님의 뜻을 거스르지 않는 것이겠죠. 그러한 큰 틀 아래 이런저런 세부적인 효가 있을 겁니다. 여기서 그중 하나를 이야기하는 거죠. '부' 자는 발어사니까 따로 해석하지 않아도 되고, 그래서 효라는 것은 뭐냐? '선계인지지'(善繼人之志)에서 '선'(善)은 '훌륭하게', '뛰어나게'의 뜻으로 쓰인 부사입니다. "다른 사람의 뜻을 훌륭하게 계승하는 것이며"라고 해석하면 돼요. 그런데 '효' 이야기를 하고 있는 만큼 여기서 다른 사람은 곧 부모님이죠. 그러니까 부모님의 뜻, 문장 속에서는 문왕의 뜻입니다. 문왕이 나라를 건국하지 못하고 돌아가셨잖아요? 그러한 부모님의 뜻을 훌륭하게 이어받는 게 효라는 거죠. 이어서 '선술인지사자야'(善述人之事者也)는 사람의 일, 즉 부모님이 미처 다 이루지 못하신 일을 훌륭하게 잘 '술'한다는 겁니다. '술'(述) 자 얘기를 잠깐 하자면, 『논어』에 '술이부작'(述而不作)이라고 나오잖아요. 창작하는 게 아니라 뭔가 계승해서 기록한다는 말인데, 부모님이 해놓으신 거라든가, 선생님이 해놓으신 거를 정리해서 기록으로 남기는 것이 '술'입니다. '조술(祖述)하다'라는 말도 있죠. 『논어』는 공자의 강의록을 제자들이 '술'한 거고요. 그런데 여기서는 '술'을 그냥 '행할 행'의 의미로 보시는 게 좋습니다. 아버님이 미처 못하신 일을 훌륭하게 다 수행했다는 의미로요. 결국 부모님의 뜻을 잘 계승한 것, 부모님이 이루지 못하신 일을 잘 따라서 성취한 것, 이게 효입니다. 무왕과 주공의 효는 이거예요.

그러면서 **춘추**春秋에 **수기조묘**修其祖廟하며 **진기종기**陳其宗器하며 **설기상의**設其裳衣하며 **천기시식**薦其時食이니라고 합니다. 그렇게 뜻을 이어받아 나라를 잘 세워서 제사를 받들었다는 이야기를 시작해요. 17, 18, 19장에는 제사 얘기가 참 많이 나오네요. 아무튼 춘추, 봄·가을에 '수기조묘', 조상의 묘를 '수'(修) 합니다. '수' 자는 수리하는 거예요. 허물어진 데가 없나 살펴보고 대청소도 하고요. '진기종기'에서 '기'(器)는 천자의 집안이든 어느 문중이든 전해 내려오는 가보를 말합니다. 임금님께 받은 그릇이라든가 책이라든가 뭐 그런 거 있잖아요? 이렇게 집안에서 전해 오는 물건이 '종기'죠. 이걸 갖다가 '진'(陳) 합니다. 쭉 늘어놔요. 그냥 처박아 놓으면 곰팡이 슬잖아요? 바람도 햇볕도 좀 쐬어 줘야죠. 이렇게 집안의 가보들 내지는 기물들을 진열합니다. 다음에 '설기상의', '치마 상(裳)' 자에 '웃옷 의(衣)' 자예요. 조상님들이 입으셨던 의복, 특히 높은 벼슬을 하셨으면 그 옷이 보관되어 있을 거 아니에요? 이것들도 '설'(設), 늘어놓습니다. 요새는 조상이 내려오시는 그 자리에 신위를 놓는데 옛날에는 그 자리에 예닐곱 살짜리 시동, 어린아이를 앉혔거든요. 아이가 조상신이 강림하는 일종의 매개체인 거죠. 그래서 아이한테 그 옷을 걸쳐 놓기도 했습니다. 이리로 내려오시라고요. '천기시식'에서 '천'(薦) 자는 '드리다', '올리다'의 뜻입니다. '추천서' 할 때도 이 글자 쓰죠? '시'(時)는 '제철'을 말하니 '시식'은 제철음식이 되고요. 그러니까 '천기시식'은 그때 나는 음식을 바친다는 말입니다. 여러분, 제철음식으로 제사를 지내야 되는 거예요. 자기들 먹기 좋은 거 올리시면 조상님들이 당황하십니다. 이게 뭔가 하고요. 요새는 바나나, 파인애플, 피자처럼 조상님이 구경도 못하신 것도 올리고 그러시는데 다시 한번 생각해 주세요. 제철음식을 올려서 그걸로 감사인사를 드리는 것이 맞습니다. 자, 이 문장을 정리하자면 봄·가을로 조상의 묘를 수선하고, 집안의 기물들이랑 입으셨던 옷도 늘어놓고, 제철음식을 바친다는 겁니다.

다음 문장은 좀 어렵게 느끼실 수도 있어요. **종묘지례**宗廟之禮 **소이서소목야**所以序昭穆也. 종묘의 예가 '소이서소목야', 선조의 위패를 모실 때 왼쪽(소)과 오른쪽(목)의 순서를 정하기 위해서랍니다. 여기서 '서'(序) 자는 '순서 짓다', '차례대로 하다'라는 의미고요, '소'(昭)와 '목'(穆)은, 주석에 "宗廟之次종묘지차 左爲昭좌위소 右爲穆우위목"이라고 되어 있습니다. 간단하게 '좌소우목'이라고 하는데요, 종묘에서 시조의 신위를 중심으로 2, 4, 6대는 왼쪽에, 3, 5, 7대는 오른쪽에 모시는 겁니다. 이렇게 모시는 것을 소목의 제도, 소목제(昭穆制)라고도 하죠. 그러니까 이때 '소' 자와 '목' 자는 '밝을 소', '화목할 목'이 아니라 신위를 놓는 순서를 가리킬 때 쓰는 말이에요. 시조 신위 기준으로 왼쪽이 '소', 오른쪽이 '목'입니다. 이걸 그림으로 그리면 이렇게 됩니다.

시조 1대

3대	2대
5대	4대
7대	6대
(목)	(소)

선조의 위패를 이렇게 모시는 거죠. 그러면 부자지간에는 마주보게 되고, 할아버지와 손자는 나란히 있게 됩니다. 이게 '좌소우목'(左昭右穆)이에요.

다음에 **서작**序爵 **소이변귀천야**所以辨貴賤也, 이건 제사 지낼 때 사람들이 늘어서는 순서에 대해 말하는 부분입니다. 제사상 앞에 서서 절도 하고 잔도 올리고 그러잖아요? 그럴 때 벼슬 높은 사람이 앞에 서서 제수를 올립니다. 여기에도 다 순서가 있어요. 이렇게 벼슬 순으로 순서를 정하는 것은 '귀'(貴)와 '천'(賤)을 구별하기 위함이라는 뜻입니다.

그리고 **서사**序事는 **소이변현야**所以辨賢也래요. 일에 있어서 순서를 잡는 것은 '현'(賢), 어진 사람을 변별하기 위함이랍니다. 이 일이라는 게 뭐냐면 제사 지낼 때 '초헌'(初獻), '아헌'(亞獻) 같은 게 있어요. 초헌은 참신(參神)한 다음에 첫 술잔을 신위 앞에 올리는 것이고, 아헌은 둘째 잔을 올리는 거죠. 또 무슨 일이 있어요? 제문 읽고 왔다갔다

하는 것도 있고요. 이런 일들에 있어서 사람들의 순서, 서열을 잡아서 처리합니다. 이때는 어진 것이 기준이에요. 결국 인망으로 선발하는 거죠.

여수旅酬에 **하위상**下爲上은 **소이체천야**所以逮賤也라. '여수'의 '여'(旅) 자는 주석에 '중'(衆)이라고 되어 있습니다. 여러 사람을 말하죠. 그리고 '수'(酬) 자는 술을 권하는 것, 잔을 올리는 걸 말합니다. 술잔 주고받는 걸 왜 '수작'한다고 하잖아요? 그래서 '여수'는 쉽게 말해 제사 지낸 다음에 음복하는 걸 말해요. 제사를 지냈으면 술 한잔씩 해야 되잖아요. 이때는 아랫사람, 신분이 낮거나 나이가 어린 사람이 '위상' 한대요. 직역하면 '윗사람을 위하여'인데요, 윗사람에게 잔을 올린다는 거죠. 왜? '소이체천야', 천한 데까지, 신분이 낮은 사람에게까지 미치게[逮] 하기 때문에요. 여러분, 아랫사람이 윗사람에게 술잔을 올려야 아랫사람에게도 골고루 술을 마실 기회가 주어지는 거예요. 윗사람이 술잔 나눠 주다 보면 빠뜨릴 수도 있잖아요? 아랫사람들이 다 술잔을 한 잔 한 잔 올리면, 자기도 마실 수 있습니다. 아무튼 제사 지내고 음복할 때는 지체가 낮은 사람 내지는 어린 사람이 "술 한잔 드시죠" 한다는 거예요.

마지막으로 **연모**燕毛 **소이서치야**所以序齒也라. '연'은 잔치예요. 원래 '제비 연' 자인데 여기서는 '잔치 연' 자로 쓰였습니다. 차례상에 놓았던 음식 허물어 썰어서 접시에 올리고 잔치를 하잖아요? '연'에 '모' 한다는 건 잔치 때 머리카락 색깔별로 한다는 거예요. 그러니까 "머리가 흰 분은 윗자리로 앉고"라는 소리죠. 그리고 이렇게 하는 이유는 '소이서치야', 나이로 순서를 정하기 위함이라고 합니다. 주석을

보시면 "祭畢而燕제필이연, 則以毛髮之色즉이모발지색 別長幼별장유 爲坐
次也위좌차야, 齒치 年數也연수야"라고 합니다. 제사가 끝나고 잔치를 할
때는 모발의 색깔로 연장자와 어린 사람을 구별하여서, 이것으로써
'좌차', 앉는 차례를 삼는다는 거죠. '치'(齒)는 '연수', 그러니까 나이라
고 설명되어 있네요. 여기서는 '이빨'이 아닙니다! 참고로 옛날에는
'이'가 되게 중요했죠. '이사금'이라는 말도 거기서 나온 거고요. 아무
튼 이렇게 앉는 순서까지 다 정해 줍니다. 호적이나 주민등록이 없던
시절에는 노인들끼리 꼭 나이 가지고 싸우잖아요. 뭐, 주민등록이 있
어도 호적에 늦게 올라가서 그렇다느니 하고 싸우시지만요. 아무튼
그렇습니다. 제사를 지낸 다음에 빙 둘러 앉아서 밥 먹을 때는 나이
순이에요. 이런 게 일일이 『중용』에 규정되어 있답니다.

이렇게 잔치까지 했는데요. 저는 그다음 문장을 읽을 때마다 참 의미
가 새롭더라고요. 우리가 제사를 왜 지내는가를 이야기하는 문장입
니다. **천기위**踐其位 **행기례**行其禮 **주기악**奏其樂 **경기소존**敬其所尊 **애기소친**
愛其所親 **사사여사생**事死如事生 **사망여사존**事亡如事存 **효지지야**孝之至也라.
'천'(踐) 자는 '실천한다' 할 때 쓰는 '밟을 천' 자죠. 주석에는 '밟을 리
(履)' 자와 같다고 되어 있네요. '이력서' 할 때의 그 '리' 자입니다. 그
런데 제가 강조하고 싶은 것은 '그 기(其)' 자예요. 주석에는 이 글자
가 "指先王也"지선왕야, '선왕을 가리키는 것이다'라고 되어 있네요. 그
러니까 '천기위'라는 것은 '선왕의 자리를 밟아 본다'라는 뜻입니다.
하지만 우리는 왕의 아들딸이 아니니까 우리 입장에서 보면 부모님,
조상님이 계셨던 그 자리에 우리가 서 보는 거예요. 그렇게 서 보는

의미는 뭘까요? 제사를 받으시는 그분도 살아생전에 그분 조상님께 제사를 지냈을 거 아니에요? 쉽게 말하면 '역지사지' 해보는 거죠. 제가 부모님께 제사 지낼 때는 저희 아버님이 할아버지께 제사 지냈던 그 입장으로 거기 서 본다는 뜻이에요. 그러니까 그 자리에 서 보는 거, 경험해 보는 걸 '밟을 천'으로 쓴 거예요. 어때요, 훨씬 실감나죠? 이러한 절차를 통해서 선조와 교감할 수 있게 됩니다. 이런 게 삶에 있어서 굉장히 중요한 거예요. 왜? 함부로 살 수 없는 거거든요. 항상 옆에 계신 것같이 느껴지니까요.

자, 계속 이어집니다. 그 자리에 서서 '행기례'(行其禮), 조상이 했던 그 예를 내가 행해 봐요. 또 '주기악'(奏其樂), 그 음악을 연주해요. 옛날에는 제사 때 음악이 중요했잖아요. '종묘제례악'도 그런 거고요. '경기소존'(敬其所尊), 그가 높였던 분들을 내가 또 공경해요. '애기소친'(愛其所親), 그가 친히 여겼던 것을 사랑해요. 돌아가신 그분들께서 후손들을 굉장히 사랑하셨겠죠. 그걸 내가 그대로 이어받아서 사랑하게 된다는 겁니다. 제사는 다 이런 경험을 할 수 있도록 만들어 놓은 겁니다.

그래서 '사사여사생 사망여사존 효지지야'(事死如事生 事亡如事存 孝之至也), 돌아가신 분을 섬기기를 살아 계실 때처럼 섬기며, 지금 안 계신 분을 섬기기를 지금 생존해 계신 것처럼 섬기는 것이 효의 지극한 것이라고 합니다. 제사를 지낼 땐 돌아가신 분을 직접 뵙는 것처럼, 지금 이 자리에 강림하신 혼령을 직접 뵙는 것처럼 해야 된다는 거죠. 그런데 여러분, 여기서 '사'(死)와 '망'(亡)이 구분되고 있죠? 흔히 '사망'이라고 쓰는 이 말도 사실 두 글자가 구분이 되는 겁니다. 매장하기 전에는 '사'라고 하고, 매장을 하고 돌아와 보니까 그분이 안 계신 게 '망'인 거예요. 호칭도 매장하기 전에는 '사자', 매장한 다음에는 '망자'로 달라집니다. 초상을 치르는 예에서도 '사'와 '망'이 달라요. 요새는 성복(成服)을 원칙대로 하는 경우가 거의 없습니다. 원래 입관 전에는 상복을 안 입고 머리를 풀고 있다가 입관한 다음에 상복 입고 머리를 묶죠. 그런데 요새는 그냥 바로 상복을 입어 버립니다. 또 입관 전에는 제사상을 안 올리고 살아 계실 때와 똑같이 진지상을 올려야 해요. 제사상은 입관한 다음에야 올리는 거고요. 또 입관 전에는 문상을 받으면 안 돼요. 그런데 요새는 그런 거 없죠. 저희 친정어머니는 20년 전에 돌아가셨는데, 그때까지만 해도 이게 참 엄격했어요. 집안 어른들이 문상받지 말라고 하시는데, 어떻게 또 오시는 분들 문상을 막아요. 그래서 막 혼나고 그랬어요. 아무튼 20년 전만 해도 입관하기 전까지는 문상 가는 게 예가 아니었습니다. 이렇게 돌아가신 분을 섬기기를 살아 계실 때처럼 섬기며, 지금 안 계신 분을 섬기기를 지금 생존해 계신 것처럼 섬기는 것이 효의 지극한 것이라고 합니다. 이런 걸 다 경험할 수 있는 게 뭐예요? 치상(治喪)과 제사이지요. 그러니 정성을 다하는 수밖에요.

제사 얘기가 한 문장 더 나옵니다. 여기 나오는 제사는 우리한테 직접 해당은 안 돼요. 천자의 나라 이야기니까 나오는 제사입니다. 교**사지례**郊社之禮 **소이사상제야**所以事上帝也. 여기 나오는 '상제'가 바로 하늘에 대한 고대적인 표현이죠. 하늘을 인격적인 존재로 묘사할 때 '상제'란 표현을 씁니다. 이 표현은 『시경』이나 『서경』에는 꽤 등장하는데요, 쉽게 말해 '하늘님'이라고 보시면 돼요. 그래서 '교사지례'가 뭐냐? 제사 중에 '교(郊)제사'와 '사(社)제사'가 있습니다. 교제사는 하늘에 지내는 제사를 말해요. 제천의식이죠. 도성을 벗어나 들판에 나가서 지내기 때문에 '들 교' 자를 씁니다. 널찍한 데서 제단을 쌓아 놓고 지내요. 반면에 사제사는 사직단에, 그러니까 땅의 신에게 지내는 제사입니다. 교제사와 사제사는 결국 하늘과 땅에 지내는 제사인 거죠. 앞에서는 조상신에게 지내는 제사 이야기를 했고, 이어서 하늘과 땅에 지내는 제사 이야기를 하는 겁니다. "교제사와 사제사의 예는 상제에게 제사 지내는 것이고"라고 해석하면 됩니다. 땅의 신은 생략했지만 이미 다 포함되어 있는 거라고 보고요. 그다음에 오는 **종묘지례**宗廟之禮 **소이사호기선야**所以祀乎其先也도 같은 꼴이니까 해석하기 쉽죠? 종묘의 예는 그 조상에게 제사 지내는 것이라고 합니다.

이어서 **명호교사지례**明乎郊社之禮 **체상지의**禘嘗之義 **치국기여시저장호**治國其如示諸掌乎라고 합니다. 이 문장은 무슨 뜻인가? 미리 말씀드리면 천자가 하늘과 땅과 조상신에게 제사만 잘 드려도 나라는 쉽게 다스려진다는 거예요. 예의 법도에 맞게 행하면 아랫사람들이 다 따라 하니까요. 문장을 뜯어보면 앞부분 '명호교사지례 체상지의'는 "교제사와 사제사의 예(禮)와 체(禘)제사와 상(嘗)제사의 의(義)에 밝으면"이라고 해석할 수 있겠습니다. 교제사랑 사제사는 앞에서 봤고, 그럼 체제사는 뭐고 상제사는 뭔가? 체제사는 천자가 종묘에서 지내는 큰 제사인데, 대상을 시조묘까지 확대한 거예요. 쉽게 말씀드리면, 태왕을 종묘에 모셨잖아요? 그런데 그 족보를 위로 쭉 올리면 후직(后稷)이 나온다고 했습니다. 그 후직을 시조묘에 모시고 거기다가 제사를 지내는 거죠. 왜 굳이 그렇게까지 하느냐 하면, 후직이 요순의 신하였거든요. 어떻게든 요순 쪽으로 연결을 시키려고 그런 겁니다. 아무튼 태조를 거슬러 올라서 시조까지 지내는 것이 체제사예요. 백제로 예를 들면, 온조가 백제를 세웠지만 체제사를 지낼 때는 주몽까지 지내는 거죠. 그리고 상제사의 '상'(嘗) 자는 '맛볼 상'인데 여기서는 그 글자 자체가 '가을제사'라는 뜻이에요. 원래 춘하추동으로 계절마다 제사를 지내는데, 그중 하나인 가을제사를 대표적인 예로 든 겁니다.

이런 여러 제사들의 '예'와 '의'에 '명'하다, 즉 밝다는 건 정성을 다해서 제때제때 어긋남이 없이 제사를 지내는 거겠죠? 준비 과정부터 마무리까지 빠짐없이 잘하는 거예요. 그렇게 제사들의 의미를 바로 알고 챙겨 지내면 '치국기여시저장호'(治國其如示諸掌乎)라고 합니다. 나라를 다스리는 것은 '시저장'과 같다네요? '장'(掌) 자는 '손바닥 장' 자예요. '손바닥 뒤집는 것과 같다'는 뜻으로 쓰는 '여반장'(如反掌) 아시죠? 그때 쓰는 '장'입니다. '諸'는 '저'로 읽어야죠. 손바닥이 여러 개라는 의미가 아니라 '지어'(之於)의 뜻이니까요. 그러니까 손바닥 위에 올려놓고 본다는 의미입니다. 나라를 다스리는 그 어려운 일이 너무너무 쉽다는 걸 이렇게 표현한 거죠.

그런데 여러분, 한번 생각해 보세요. 정말로 제사만 잘 지내도 정치가 잘될까요? 앞서 잠깐 말씀드렸듯이 제사를 지낼 때의 지극한 마음이 아래로 아래로 다 퍼지니까 그렇게 될 수 있는 거겠죠. 이게 다름 아닌 '교화'(敎化)입니다. 사실 나라를 다스리는 사람이 어떻게 일일이 쫓아다니면서 다 체크하고 이거 해라 저거 해라 하겠어요? 천자가 할 수 있는 일은 이렇게 제사를 열심히 지내는 것뿐입니다. 그러다가 자연재해가 일어나면 반찬 수를 줄이고, 천둥이 많이 치면 방 가운데 앉아서 두려운 마음으로 이게 하늘이 나에게 주는 경고가 아닌가 하면서 자기를 반성하고… 할 수 있는 게 그런 것밖에 없어요.

자, 이렇게 지금까지 제사 이야기를 했습니다. 제사란 보이지 않는 존재들과의 소통이죠. 천자는 제사를 통해 위의 상제의 뜻과 통하고, 그다음에 신하들과 통합니다. 일종의 매개자 역할이랄까요? 그런 의미에서는 무당이라고도 할 수 있죠. 천자에게는 이런 기능과 역할이 주어진 거예요. 집안에서라면 이게 종손에게 주어지고요. 이렇게 제사를 잘 지내야 하는 한편, 우리가 현실에서 구체적으로 해야 할 것들이 있습니다. 그게 다음 장 중간에 '구경'(九經)이라고 해서 아홉 가지로 제시될 거예요. 이어지는 20장부터는 인간세상에서 일어나는 구체적인 정치에 관해 이야기할 겁니다. 20장은 분량도 가장 길어요! 약간 쉬었다 읽으시는 것이 좋답니다.

哀公問政.
애 공 문 정

子曰 : "文武之政, 布在方策. 其人存則其政舉;
자 왈　　문 무 지 정 포 재 방 책 기 인 존 즉 기 정 거

其人亡則其政息.
기 인 망 즉 기 정 식

人道敏政, 地道敏樹. 夫政也者, 蒲盧也.
인 도 민 정 지 도 민 수 부 정 야 자 포 로 야

故爲政在人, 取人以身, 修身以道, 修道以仁."
고 위 정 재 인 취 인 이 신 수 신 이 도 수 도 이 인

애공이 정치에 관하여 물었다.

공자께서 말씀하셨다.

"문왕·무왕이 행한 정치가 기록으로 남아 있습니다. 그러한 사람이 있으면 그 정치가 행해지고 그러한 사람이 없으면 그 정치가 없어질 것입니다.

사람의 도는 정치에서 빠르게 나타나고, 땅의 도는 나무에서 빠르게 나타나니, 정치의 신속한 효과는 쑥쑥 자라는 갈대와 같습니다.

그러므로 정치를 하는 것은 사람에게 달려 있으니 사람을 취하는 것은 군주의 수신에 달려 있습니다. 몸을 닦는 것을 도로써 하고, 도를 닦는 것은 인으로써 해야 합니다."

20장은 내용이 좀 많아서 일곱 개로 나누어 살펴보겠습니다. 20장은 **애공문정**哀公問政이라고 시작합니다. "애공이 정치를 물어봤다"라는 뜻이죠. 그래서 『중용』의 이 장을 따로 '애공문정장'이라고 하기도 해요. 자, 애공이 군주가 돼서 공자에게 자문을 구한 겁니다. 당시 공자는 프리랜서였거든요. 14년간의 오랜 외유에서 돌아와 무슨 벼슬을 갖고 있는 게 아니라 그냥 자문하는 역할이죠. 그런 공자에게 애공이 정치를 물어본 겁니다. 공자의 시대는 권력이 제후(諸侯)에서 대부(大夫)에게 이동한 시기입니다. 『논어』에 보면 삼환(三桓)인 맹손(仲孫), 숙손(叔孫), 계손씨(季孫氏)가 나오는데, 그중 계손씨 집안이 노나라 정치를 좌지우지했습니다. 당시 노의 제후가 소공(昭公)→정공(定公)→애공(哀公)이었습니다. 공자가 사구 벼슬을 한 것은 정공(기원전 510~495 재위) 때였는데, 외유 끝에 돌아와 보니 노나라의 제후가 애공(기원전 495~468 재위)으로 바뀌어 있었습니다. 이 애공이 노학자 공자에게 자문을 구하는 것이죠.

그랬더니 공자가 말해요. **문무지정**文武之政 **포재방책**布在方策하니, **기인**其人이 **존즉**存則 **기정거**其政擧하고 **기인**其人이 **망즉**亡則 **기정식**其政息이라. 여기서 '문무지정'은 주나라 "문왕과 무왕의 정치"라는 뜻입니다. 공자 때가 기원전 500년경이니까 문왕과 무왕은 그보다 적어도 600~700년 전 사람들이에요. 그런 문왕과 무왕이 한 정치가 '포재방책'하다는데, '방'(方)과 '책'(策)의 주석을 한번 볼까요? 일단 '방' 자는 여러분들 아시는 뜻만 해도 네모나다, 방향, 품행이 방정하다 등 여러 개가 있죠? '방천리'(方千里) 하면 '사방천리'란 뜻이에요. 왕이 있는 궁궐로부터의 반지름 천 리의 땅을 소유하고 있다는 것이죠. 그런데 여기 주석에는 '방' 자가 '판'(版)이라고 나옵니다. 널빤지라는 거죠. 다음에 '책'은 '간'(簡)이래요. 죽간, 목간이죠. 그러니까 문왕과 무왕이 했던 정치가 널빤지와 죽간, 요즘으로 치면 책, 문헌에 다 실려 있다는 겁니다. 공자 땐 종이가 없었으니까 죽간, 목간이었던 거죠. '방책'은 그런 말입니다. 그런데 그냥 '있다'라고 하지 않고 '포재'(布在)라고 했죠? '포'(布) 자는 '두루 있다', '펼쳐져 있다'는 거예요. 이게 재밌습니다. 왕이 "정치를 어떻게 해야 되겠소" 물어보니까 공자가 "문왕 무왕이 했던 정치가 책에 쭉 다 있어요. 그거 보면 돼요" 하는 거잖아요? 이미 가이드북이 있다는 거예요.

'기인'이 '존즉기정거'하고(其人存則其政擧), 여기서 '기인'은 '그런 정치를 할 만한 사람'이라는 뜻입니다. 당신이 지금 그만 한 일을 할 만한 사람이 되느냐고 묻고 있는 거예요. 그래서 그 사람이 있은즉[存] 그 정치, 그러니까 문왕과 무왕의 그 이상적인 정치가 거행되는[擧] 것이고요, '기인'이 '망즉기정식'(其人亡則其政息), 그런 정치를 할 만한 사람이 없으면[亡], 그 정치는 사라진다[息]는 거죠. 여기서 '식' 자는 '자식 식' 자, '숨쉴 식' 자 아닙니다. 사라진단 뜻이에요. 주석에도 '사라질 멸(滅)' 자와 같다고 나와 있잖아요? 어쨌든 중요한 건 뭐예요? '그 일을 할 만한 사람' 있느냐 없느냐입니다.

그런데 여기서 주석을 봐야 합니다. 주자 이전에는 그 사람이 있고 없다 할 때 그 사람은 오직 군주였어요. 문왕과 무왕의 정치를 할 만한 능력이 있는 군주가 있느냐가 관심이었죠. 그런데 주자가 이 의미를 조금 바꿔요. 이게 재미있는 지점입니다. 주자의 정치사상은 신하들의 능력을 믿고 상당한 권한을 맡기라는 거였어요. 일종의 신권

(臣權)을 주장한 거죠. 아무튼 '신권'에 대한 자신의 생각을 주석에다 집어넣어 놓았습니다. 이분이 이렇게 치밀하다니까요. 이런 거 하나하나에도 자기의 생각을 다 집어넣어요. 자, 주석에 "有是君 有是臣" 유시군 유시신이라고 나오죠? 이런 일을 할 만한 군주가 있고 이러한 일을 같이할 만한 신하가 있다. 그러니까 양쪽이 다 있어야 된다는 거죠. 원래는 임금이 하는 거였잖아요? 그런데 임금만 있으면 소용없고 그 뜻을 받들 신하가 있어야 한다고, 이렇게 슬쩍 집어넣어 놓은 겁니다. 어쨌건 문무의 정치를 할 만한 군주가 있고, 그런 군주를 받드는 신하가 있으면, "則有是政矣"즉유시정의, 이러한 정치가 있을 수 있다는 겁니다. 사서의 주자 주를 읽을 때는 이런 부분을 유심히 봐야 합니다. 기회 있을 때마다 틈틈이 "임금 혼자선 안 돼" 하면서 신하의 지분을 슬쩍 집어넣고 있거든요. 그래서 본문을 주자 식대로 정리해 보면 어떻게 되죠? "그런 일을 할 만한 군주와 신하가 있으면 그 정치는 행해지고, 그러한 군주와 그러한 신하가 없으면 그 정치는 행할 수 없다", 이겁니다.

인도민정人道敏政하고 **지도민수**地道敏樹하니 **부정야자**夫政也者는 **포로야** 蒲盧也라. 이것도 많이 인용되는 문장이죠. 사람의 도, 인간세상의 도는 그 효과가 가장 빨리 드러나는 것이 정치라고 해요. '민정'은 "정치에서 빨리 나타나고", "정치에서 그 효과가 빠르고" 정도로 해석이 됩니다. '빠를 민(敏)' 자예요. '지도민수'도 마찬가지 구조니까 해석하기 쉽죠? 땅의 도리는 나무를 보면 금방 알 수 있어요. 쑥쑥 자라잖아요? '인도민정 지도민수', 이 구절은 거의 성어처럼 쓰셔도 좋습니다.

'부정야자'에서 강조하는 '야자'(也者)가 들어가니까 '정치는'보다는 '정치라는 것은'이라고 해석하면 좋겠네요. 그래서 정치라는 것은 '포로야'라네요. '포'(蒲) 자는 '부들 포' 자입니다. 부들 아시나요? 강가에 나는 풀인데 갈대같이 생긴 거요. 옛날에는 돗자리를 다 이걸로 짜서 '부들자리'라고 그랬는데 들어 보신 분들 계실 겁니다. 그리고 '로'(盧) 자도 여기서는 '갈대 로' 자예요. '지도민수'라고 했는데, 식물 중에서도 특히 빨리 자라는 게 갈대거든요. 그래서 정치라는 건 그 효과가 갈대처럼 금방금방 눈에 보인다는 이야기입니다. 그래서 정치에서 '민어사'(敏於事)가 중요하다고들 해요. 이게 『논어』 정치론의 주제이기도 한데요, 이때 '사'(事)는 나랏일이고 그 일을 '민첩하게' 하는 게 중요하다는 겁니다. 집도 떠내려가고 굶는 사람도 있고 막 난리가 났는데 태평하게 있으면 안 되죠. 나랏일 하는 관원한테 제일 중요한 게 이 '민어사'입니다. 조선시대 때 관원 고과 기록표에서 제일 많이 체크당하는 게 '지체됐다'예요. 아무튼 정치라는 것은 어떻대요? 그 효과가 갈대와 같답니다.

고故로 **위정재인**爲政在人하니, **취인이신**取人以身이요. **수신이도**修身以道요 **수도이인**修道以仁이라. 그러므로 '위정재인', 정치를 하는 것은 사람에게 있다고 합니다. 이 말뜻이 뭘까요? 주석을 보면 "家語가어 作爲政在於得人작위정재어득인"이라고 되어 있습니다. '가어'(家語)는 『공자가어』(孔子家語)를 가리킵니다. 공자의 언행과 공자와 문인들과의 대화를 정리한 책입니다. 원래 한무제(漢武帝) 때 학자로 공자의 11대손인 공안국(孔安國)이 편찬했다고 하나 전해지지 않습니다. 현재 전하는 것은 위(魏)의 왕숙(王肅)이 공안국의 이름을 빌려 『좌전』(左

傳), 『국어』(國語), 『예기』(禮記) 등에서 관련 기록을 모아 만든 것입니다. 거기 「애공문정」이라는 장에 지금 보시는 20장도 실려 있고요. 물론 쓰인 순서로 보면 당연히 『중용』이 먼저겠지만요. 아무튼 "『가어』에 보면 '위정재어득인'이라고 되어 있다"라고 합니다. 본문의 '재인' (在人)이 『가어』에서는 '재어득인'(在於得人)이라고 되어 있다는 건데, 그럼 본문의 "정치를 하는 것은 사람에게 있다"가 주석에서는 '사람에게 있다'는 의미가 "사람을 얻는 데 있다"라고 되어 있는 거죠. 혼자서는 정치를 못하잖아요. 그래서 주석에서는 '인'을 '현신'(賢臣), 어진 신하라고 보고 있습니다.

유가뿐만 아니라 동양의 정치사상은 정치의 성패가 유능한 인재를 어떻게 찾아내서 발탁하는가에 달려 있다고 봅니다. 인사가 만사라고 하죠? 그게 핵심이에요. 어떻게 간신배들을 물리치고 인재를 발굴할 것인가? 민간에 숨어 있는, 지체 낮은 인재를 발탁해 내는가? 가령 강태공 같은 사람도 하루아침에 발탁된 사람인데요, 그런 인물을 써야 나라가 확 바뀌거든요. 왕도 그런 사람을 발탁하려면 계획을 짜야 합니다. 주위에 반대하는 사람이 많으니까. 그때 왕이 이러죠. 내가 꿈에 조상을 뵈었는데 조상이 누구를 쓰라고 했다, 조상이 어떤 얼굴의 사람을 가리켰다, 우연히 길에서 만났는데 상서로운 일이 있었다는 등… 이런 식으로 그 사람을 끌어올리는 거예요. 예나 지금이나 왕 주변에는 기득권 세력이 득시글득시글 하거든요. 그걸 뚫고 지체 낮은 인재를 데려다 쓰려니까 엄청 힘든 거죠. 『주역』 건괘에서 구이 (九二)의 '현룡'(見龍)이 구오(九五)의 '비룡'(飛龍)을 만나는 것, 생각해 보세요. '이견대인'(利見大人)이라 하여 구이의 신하에게는 구오의 군주가 대인이고, 구오의 군주에게는 구이의 인재가 대인이지요. 또 그렇게 쓰인 인재는 그 왕이 죽으면 대개 같이 가죠. 대표적인 인물 누굽니까? 상앙(商鞅), 오기(吳起), 이런 사람들이 그런 경우지요. 자, 아무튼 이렇게 정치를 하는 것은 사람을 얻는 데 있어요.

그런데 '취인이신'(取人以身), 사람을, 인재를 얻는 것은 '신'(身)으로 한대요. 이럴 때 '신'은 '군주의 몸'인데, 결국 군주의 인격이란 뜻이에요. 군주가 '수신'한 그 수준, 그러니까 자기가 직접 그걸 발탁할 수 있는 능력이 있어야 돼요. 이걸 표현하는 데 '몸 신' 자를 썼습니다. 정치를 하는 데 핵심은? 인재를 얻는 것! 그런데 사람을 취하는 것은 어떻게? 그 몸으로, 스스로! 이때 '신'이 곧 군주 자신이에요. 이건 누가 대신 못해줘요. 인재를 취하는 것은 군주 자신이 할 수밖에 없어요. 그러니 군주의 수준이 그 나라의 수준이 되는 거죠. 그러니까 군주는 어떻게 해야 되겠습니까? '수신'을 해야죠. 자기 자신의 수준을 높여야만 그 국가를 같이 경영할 인물이 보일 테니까요. 그런 인물이 옆에 있어도 알아볼 만한 수준이 안 된다면, 큰 정치는 시작도 못해 보는 겁니다.

그래서 '수신이도 수도이인'(修身以道 修道以仁)의 '수신'은 곧 군주의 '수신'이에요. 자기 자신의 수준을 높이는 것은 '도'(道)로써 해야 되고, 그다음에 도를 닦는 것, 자신의 수준을 높이는 것은 '인'(仁)으로써 해야 돼요. 주석도 중요합니다. '도'와 '인'을 풀어서 설명하고 있는데요, "道者 天下之達道"도자 천하지달도라. 도라는 것은 '천하지달도'다. 그러니까 수신은 천하의 달도, 천하에 두루 통하는 도리, 인류, 요샛말로 보편적 진리를 가지고 하는 겁니다. 또 "仁者인자 天地生

物之心而人得以生者천지생물지심이인득이생자 所謂元者善之長也소위원자선지장야." '인'이라는 것은 하늘과 땅이 만물을 내는 마음이에요. 천지가 만물을 내는 마음이 어질고 그걸 얻어서 사람이 태어났어요. 그래서 '원'(元)이라는 것이 '선'(善) 중에서도 으뜸이라고 해요. 여기서 '원'이 곧 '인'(仁)이거든요. 『주역』 건괘의 괘사가 '원형이정'(元亨利貞)이죠. 이게 한 글자씩 '인의예지'와 짝을 이루는데요, 「문언전」(文言傳)을 보면 '원은 선의 으뜸'이라는 구절이 나오고, 이때 원을 인이라 합니다. 계절로 보면 봄이 되고요. 아, 그리고 주석을 맺을 때도 "則有君有臣"즉유군유신이라고 '그러한 군주가 있어야 그러한 신하가 있게 된다'고 신하의 존재를 강조합니다.

제20장-2

仁者, 人也, 親親爲大; 義者, 宜也, 尊賢爲大.
인 자 인 야 친 친 위 대 의 자 의 야 존 현 위 대

親親之殺, 尊賢之等, 禮所生也.
친 친 지 쇄 존 현 지 등 예 소 생 야

在下位不獲乎上, 民不可得而治矣.
재 하 위 불 획 호 상 민 불 가 득 이 치 의

故君子不可以不修身, 思修身, 不可以不事親, 思事親,
고 군 자 불 가 이 불 수 신 사 수 신 불 가 이 불 사 친 사 사 친

不可以不知人, 思知人, 不可以不知天.
불 가 이 부 지 인 사 지 인 불 가 이 부 지 천

天下之達道五, 所以行之者三. 曰君臣也 · 父子也 ·
천 하 지 달 도 오 소 이 행 지 자 삼 왈 군 신 야   부 자 야

夫婦也 · 昆弟也 · 朋友之交也, 五者天下之達道也.
부 부 야   곤 제 야   붕 우 지 교 야 오 자 천 하 지 달 도 야

知 · 仁 · 勇, 三者天下之達德也. 所以行之者一也.
지   인   용 삼 자 천 하 지 달 덕 야 소 이 행 지 자 일 야

或生而知之, 或學而知之, 或困而知之, 及其知之, 一也.
혹 생 이 지 지 혹 학 이 지 지 혹 곤 이 지 지 급 기 지 지 일 야

或安而行之, 或利而行之, 或勉强而行之, 及其成功, 一也.
혹 안 이 행 지 혹 리 이 행 지 혹 면 강 이 행 지 급 기 성 공   일 야

인은 사람다움입니다. 부모 형제를 친히 하는 것이 가장 중요합니다.

의는 마땅함입니다. 어진 사람을 높이는 것이 가장 중요합니다.

상복을 입는 기간을 부모·형제부터 시작하여 친척에 이르러 줄여 나가고 어진 이의 수준에 따라 높임의 차등을 두는 것이 예가 생겨난 이유입니다.

아랫자리에 있으면서 윗사람에게 신임을 얻지 못하면, 백성을 다스리지 못할 것입니다.

그러므로 군자는 자신의 몸을 닦지 않을 수 없으니 몸을 닦을 것을 생각하면 어버이를 섬기지 않을 수 없습니다. 어버이를 섬길 것을 생각하면 사람에 대해 알지 않을 수 없고, 사람을 알 것을 생각하면 하늘의 이치를 알지 않을 수 없습니다.

천하의 달도가 다섯인데, 그것을 행하게 하는 달덕은 셋입니다.

군주와 신하 사이, 부모와 자식 사이, 남편과 아내 사이, 형과 동생 사이, 친구 사이의 사귐, 이 다섯 가지는 천하의 달도입니다.

지혜, 어짊, 용기, 이 세 가지는 천하의 달덕입니다.

이것을 행할 수 있게 하는 것은 성, 하나입니다.

어떤 사람은 태어나면서부터 이것(달도)을 알고, 어떤 사람은 배워서 이것을 알고, 어떤 사람은 곤경에 처해 배워서 이것을 아는데, 그 앎에 이르러서는 한 가지입니다. 어떤 사람은 편안히 이것을 행하고 어떤 사람은 이롭게 여겨서 이것을 행하고 어떤 사람은 힘써서 이것을 행하는데, 그 공을 이룸에 있어서는 한 가지입니다.

좀 길군요. 힘을 내서 읽어 볼까요?

인자인야仁者人也 **친친위대**親親爲大 **의자의야**義者宜也 **존현위대**尊賢爲
大. 여기서 '인자인야'는 일반적으로 "인(仁)은 사람이다"라고 해석을
많이 하는데요, 주석에는 "人 指人身而言"인 지인신이언이라고 합니다.
여러분, 이 주석이 굉장히 중요합니다. 원래 이 시대에는 '사람 인' 자
와 '어질 인' 자가 통용됐어요. 그래서 그냥 "사람이면 다 어질다" 이
렇게 해석을 했는데, 주자는 그게 맘에 안 든 겁니다. 그래서 주석에
서 "'인'이라는 것은 사람의 몸을 가리켜서 말했다"라고 한 거예요. 이
렇게 되면 "'인'은 사람이 직접 실행하는 것이다"라는 뜻이 됩니다. 인
은 사람이 몸으로 행해야 하는 것이 됩니다. '인'(仁)이 바로 사람은
아닌 거죠.

자, 그러면 사람이 행하는 그 내용이란 무엇인가? 이어지는 주
석에 "其此生理"구차생리라고 합니다. 이때 '생리'는 만물의 시원인 '원'
(元), '생생지리'(生生之理)라고 보셔도 좋아요. '생생지리'는 『주역』
계사에 나오는 말인데, 천지가 만물을 낳고 낳는 이치라는 말이죠.
'구차생리'는 "그러한 생리를 갖춰서"라는 말이고요. 우리가 태어나
는 이치가 우리 몸에 갖추어져 있어요. 자연이 만물을 내는 이치대로
우리도 태어났어요. 이 생리를 갖추고 있기 때문에 "自然便有惻怛慈
愛之意자연변유측달자애지의 深體味之심체미지 可見가견"이라고합니다. '便'
은 '편할 편'이 아니라 부사로 쓰인 '문득, 곧 변'입니다. 자, 만물을 내
는 이치를 우리가 갖추고 있기 때문에 어떻게 돼요? 자연스럽게 바로
'측달자애'의 뜻이 있게 돼요. '슬퍼할 측(惻)' 자, '슬퍼할 달(怛)' 자니
까 결국 연민, 동정심이에요. 이런 '측은지심'이 없으면 사람이 아니

죠. 맹자는 인간의 사단(四端)을 말하면서 "무측은지심 비인야"(無惻隱之心 非人也)라고 하잖아요. 그다음에 '자'와 '애'는 사랑하는 마음이니까, 결국 인간은 누구나 불쌍히 여기고 사랑하는 마음이 자연스럽게 있다는 거예요. '자연스럽게'라는 게 중요합니다. 갖고 태어난다는 거. 바로『맹자』에서 말하는 '인의예지', '사단'이죠. 그래서 '심체미지', 마음으로 깊이 그것을 '체미'하래요. 몸으로 느끼고 맛봐라, 몸으로 행하라 이거죠. 그러면 '가견', 볼 수 있다네요.

　자, 이러니 '인자인야'(仁者人也)의 뜻이 어려워집니다. 그냥 "인(仁)은 사람이다", "인간으로 태어나면 다 어질다" 이랬었는데 주자가 조건을 달았으니까요. 인간답게 연민과 사랑하는 마음을 갖고 적극적으로 실행해야 인간이 되는 거예요. 그러니 '인'은 사람이 몸소 행하는 것이에요.

　그런데 '친친위대'(親親爲大), 그중에서도 '친친'이 중요하다고 합니다. 곧 '친친'부터 해야 된다는 뜻입니다. '친친'은 같은 글자가 중복된 단어인데, 한문에는 이런 형태가 많지요. '존존'(尊尊), '현현'(賢賢)이 생각나네요. 이런 형태의 단어에서는 앞의 글자를 동사로 해석해 주면 됩니다. 부모·형제를 가까이 여기고 사랑하는 것이 인의 실천의 가장 크고 중요한 것입니다. 유가의 인의 실천은 순차적·차별적입니다. 맹자는 친친한 후에 '인민'(仁民), 백성을 사랑하고, 인민한 후에 '애물'(愛物), 만물을 아껴 쓰라고 합니다. 이렇게 유가의 인의 실천은 나와 가까운 사람부터 시작하여 타자를 거쳐 이 세상의 모든 물건에까지 확장되지요. 동시에 같이 무차별적 사랑을 주장하면 묵가의 '겸애'(兼愛)가 되지요. 유가는 묵가의 겸애설을 '무부'(無父), 아버지가 없는 학설이라고 비판합니다. 나의 아버지와 다른 사람의 아버지를 같이 사랑하면 이것이야말로 아버지를 버리는 것이라는 겁니다.

그다음에 '의자의야'(義者宜也), '의'(義)라는 것은 '의'(宜)래요. 주석에는 "宜者의자 分別事理분별사리 各有所宜也각유소의야"라고 되어 있죠? '의'라는 것은 사물의 이치를 분별하는 거래요. 의리(義理)를 지킨다 할 때의 '의'가 아닙니다. 공자시대 때도 '무조건 의리'가 있었거든요. 전쟁의 시대였으니까 무사의 용(勇)이 지금의 의리에 가깝지요. 앞의 10장에서 자로가 강함을 물었지요. 그때 공자가 말한 '북방의 강'이 의리라 할 수 있습니다. 그런데 주자는 '의'를 사물의 이치를 합리적으로 분별하는 능력이라고 합니다. 그것이 '마땅할 의(宜)' 자래요. 그래서 '의'(義)는 결국 사물의 이치를 제대로 분별하는 걸 말합니다.

자, '의'는 사물의 이치를 분별하는 것이고 '존현위대'(尊賢爲大)——현명한 사람을 제대로 알아보고 그를 능력만큼 높여 대우하는 것이 의의 실천에서 큰 것, 중요한 것이 돼요. 여기서 '현'(賢)은 신분이 아니라 능력에 초점을 맞춘 글자라는 데 유의하세요. 요샛말로 능력을 인정하는 사회를 지향한 거죠. '상현'(尙賢), 능력 있는 사람을 제대로 대우해 줘야 한다는 것이 기원전 500년 때부터 대두된 아주 중요한 사상이에요. 춘추시대가 시작된 걸 기원전 770년경으로 보는데, 춘추시대 초기까지만 해도 제후국들은 나라 규모도 작았고 정치는 그냥 왕과 형제들이 다 했어요. 그러니까 공자 같은 '사'(士) 계층은 정치에 참여할 기회가 애당초 없었던 거예요. 그런데 공자의 시대가 되면서 '존현', '상현', 어진 사람을 발탁해 쓰자는 말이 나오죠. 이제는 제후 집안사람만으로 나라를 통치할 수가 없게 됐거든요. 정치가 안 굴러가요. 그러니 능력 있는 어진 사람에게 직책을 주어 일을 하게 하는 것이 중요해지고요. 이때 '의'(義)라는 가치를 제시하면서 마땅함[宜]을 말하는 겁니다. 그런데 『노자』에서는 '상현'(尙賢)하지 말자고 해요. 차별이 더 커진다는 것이죠. 묵가는 '상현'을 주장하고요. 이렇게 제자백가 내에서 '상현'에 대한 입장이 다릅니다. 유가·묵가는 적극적으로 주장하고 도가는 반대하는 거죠. 자, 그런데 '상현'한다고 '친친' 안 할 수는 없어요, 여러분. 자기 작은아버지, 자기 동생 배제하고 정치할 수 없어요. 같이 조화를 이루어야 되는 거예요. '친친'과 '존현' 두 가지가 다 같이 가야 합니다. 이것은 뒤에 구경(九經)이 나올 때 다시 말씀드리겠습니다.

친친지쇄親親之殺 **존현지등**尊賢之等 **예소생야**禮所生也라. '예'(禮)는 주석에 "節文斯二者而已"절문사이자이이랍니다. 이 두 가지[斯二]는 뭐겠어요? 앞에 나온 '인'과 '의'죠. 이 둘을 '절문'(節文)한다고 하는데 대체 이게 뭘까 싶죠. 사실 어려운 단어입니다. '수도지위교'(修道之謂敎)에서 '수'를 설명할 때 '절문'으로 해석했지요. '절문'의 '절'은 '마디절' 자였잖아요. '문'(文)은 제도란 뜻이고요, 문물제도. 그러니까 '인'과 '의'에 맞게 신분에 따라 제도를 규정한 거예요. 요샛말로 하면 법을 제정한 게 곧 '예'라는 겁니다. 단, 이때의 법은 관습법을 말해요. '예'와 '법'(法)을 같은 의미로 씁니다. 그런데 공자시대를 거치면서 법가가 등장해서 성문법을 만들자고 하죠. 법조항을 일일이 다 만들자고요. 하지만 유가는 이 세상에 얼마나 많은 일이 일어나는데 어떻게 다 법을 만드느냐고 반박하죠. 그럼 법에 해당되지 않는 건 어떡할 거냐? 해오던 관습대로 다스리자는 겁니다. 그러면서 '법'은 성문법을, '예'는 관습법을 가리키는 것으로 의미가 나뉩니다. 공자는 성문법의 시대에 악당이 더 많이 나타났다고 봤어요. 왜? 법만 피하면 되니까! 빠져나가면 되잖아요. 이 세상의 모든 일을 법으로 규정해 놓을 수가 없잖아요. 우리도 너무 잘 느끼고 있죠? 차라리 여태까지 해오던 관습법이 더 넓은 법의 기능을 했다는 거죠. 공자는 법을 많이 만들어 놓으니까 사람들이 법망을 피하고 부끄러움을 모르게 된다고, '무치'하게 된다고 했습니다. 지금도 뉴스에서 법망을 요리조리 피하고는 무죄라고 주장하는 사람들 많이 나오죠.

'殺'은 '죽일 살'이 아니라 '쇄'로 읽었죠? '줄어들다'라는 뜻인데 '차이를 둔다'는 의미입니다. 뒤에 나오는 '존현지등'의 '등'(等) 자도 마찬가지인데, 차등을 둔다는 뜻이고요. 그러니까 '친친지쇄'는 '친친'에 차등을 둔다는 말입니다. 부모·형제부터 시작해서 일가친척으로 범위가 넓어지는데, 나를 중심으로 촌수가 있지요. 예컨대 상례만 봐도 촌수에 따라 차이가 있잖아요? 부모상에는 삼년복을 입고, 누구는 1년, 8개월, 4개월, 또 누구는 안 입어도 되고… 이게 바로 '쇄'예요. 점점 줄어들잖아요. 나로부터 멀어질수록 지켜야 될 예가 줄어든다는 겁니다. 상례의 경우는 나와 대상과의 친소가 상복 입는 시간으로 표현되었죠. 그럴 때 이 글자를 쓰는 거예요. 줄어든다, 차이가 있다는 거죠.

『효경』에 이런 얘기가 나와요. 나에게 부모를 죽인 원수가 있어요. 그러면 그 원수를 갚기 전까진 결혼도 안 하고 과거시험도 못 봅니다. 불구대천의 원수가 두 눈 똑바로 뜨고 살아 있는데 어떻게 그래요? 하지만 사촌, 육촌, 팔촌은 그래도 괜찮습니다. 결혼도 하고, 과거 시험도 보고…. 그러다가 내가 원수 갚을 때 옆에서 몽둥이 들고 있다가 약간 거들면 돼요. '어디까지 거들어라' 하는 게 다 규정이 되어 있어요. 관습적으로 통용되던 상식선이 있었던 거지요. 이게 바로 '쇄'예요. 모든 행동에 어떤 범위가 있는 거죠.

이렇게 '친친'에도 차등이 있고, '존현지등'(尊賢之等), 어진 사람을 높이는 데도 차등이 있습니다. 사람을 무조건 다 높이는 거 아니잖아요. 능력에 따라 차등을 두는 거, 이것이 바로 '예소생야'(禮所生也), 예가 생기는 바래요. '예'라는 것은 단계별로 하는 거잖아요? 이 '예'를 제도라고 보셔도 좋아요. 제도가 생기는 것이다. 자, 그래서 '예'는 어디서 생겨요? '인'과 '의'로부터 생깁니다. '인'과 '의'를 가지고 이러한 제도를 만들어요. 이 사회와 제도는 어떻게 생겼을까에 대해 유가는 이렇게 설명하는 겁니다. 우리의 '인'과 '의'라는 마음상태, 그러니까 불쌍히 여기고 측은히 여기는 마음, 자비심 같은 것, 그리고 능력 있는 사람을 인정하는 이런 마음에서 제도와 시스템이 생겼다고 보는 거죠.

재하불위획호상在下位不獲乎上 **민불가득이치의**民不可得而治矣. 그런데 아랫자리에 있는 군자는 위의 군주에게 신임을 받지 못하면 백성을 다스려 볼, 평소 자신이 배우고 연마한 능력을 펴볼 기회가 생기지 않지요. 네, 뜻을 펴려면 군주에게 신임을 받아야 하는데 그러려면 어떻게 해야 할까요? 가장 빠르고 효과적인 방법은? '수신'이라고 하네요.

고故**로 군자불가이불수신**君子不可以不修身**이니 사수신**思修身**인댄 불가이**

불사친不可以不事親이요, **사사친**思事親인댄 **불가이부지인**不可以不知人이요, **사지인**思知人인댄 **불가이부지천**不可以不知天이라. 지금 나의 '수신'을 생각하는데 한순간에 '천'(天)까지 쭉 이어지네요. 저는 이 부분이 참 중요하다고 봅니다. 왜냐면 후대에 유가를 비판하는 사람들이 집안끼리만 한다느니 친족주의니 이런 얘기를 하는데, 이게 그렇게 간단한 문제가 아닌 거예요. 자, 볼까요? 그러므로 군자는, 이때 군자는 정치적 지도자일 수도 있고 우리들 각자이기도 합니다. 아무튼 이 군자는 '불가이불수신', 수신하지 않으면 안 돼요. '친친', '존현' 하면서 사람답게 살려면 '수신'을 안 할 수가 없는 거예요. '인자인야'(仁者人也), '의자의야'(義者宜也)인데 안 할 수가 있겠어요? 몸을 닦지 않고는 인간의 도리를 못하는 거죠. 군주라면 사람을 얻어서 정치를 해야 하는데, 사람을 무엇으로 얻는가. 나의 몸, 인격으로 아랫사람의 마음을 얻어야 하니 더욱 수신에 힘써야겠지요. 다른 방법이 없어요.

그래서 '사수신', 수신을 생각하면, 내가 수신을 어떻게 해야 하나 생각해 보니까, '불가이불사친', 부모를 섬기지 않을 수가 없어요. 그럼 또 '사사친', 부모님을 어떻게 잘 섬길까 생각해 보니까. '불가이부지인'. 주변 사람을 제대로 알아보지 않으면 안 돼요. 또 다음에 '사지인', 사람을 어떻게 잘 알아볼까 생각해 보니까, '불가이부지천', 하늘을 알지 않으면, 하늘의 뜻을 알지 않으면 안 돼요. 지금 이 구조를 보면 어때요? 나의 존재가 하늘까지, 우주까지 확장되고 있잖아요? 이런 식으로 나의 '수신'이 바로 '지천'으로 갑니다. 우리는 하늘이 명한 '성'(性)을 갖고 태어났기 때문에 하늘의 이치도 알 수밖에 없습니다. 그러한 하늘의 이치, 하늘의 뜻이란 결국 하늘이 우리보고 어떻게 살라고 요구하는가 하는 거겠죠? 제멋대로 살라고 하진 않는다는 거예요. 이걸 살피는 것이 중요한 겁니다.

자, 그 하늘의 뜻이라는 게 무얼까, 궁금해질 때 바로 자세히 나옵니다. **천하지달도오**天下之達道五, 천하의 '달도'가 다섯 개가 있어요. 천하에 두루 통하는 도, 우리가 행해야 될 법도가 다섯 개라고 합니다. 또 **소이행지자삼**所以行之者三입니다. 이 부분 주목해 보세요. 그 다섯 개의 '달도'를 행하는 '소이', 그걸 행하게 되는 원인 또는 에너지라고 보셔도 좋아요. 그것을 행하게 되는 '소이'는 세 가지래요. 그러니까 도는 다섯 갠데, 그것을 행하려면 우리가 세 가지 자질을 갖추어야 합니다.

우선 '달도' 다섯 개가 뭔지를 알아야겠죠. 여기 쉽게 나왔네요. **왈**曰 **군신야**君臣也 **부자야**父子也 **부부야**夫婦也 **곤제야**昆弟也 **붕우지교야**朋友之交也 **오자**五者 **천하지달도야**天下之達道也. 여기서 '교'(交)는 앞의 다른 항목에 전부 걸리는 게 아니라 '붕우지교'에만 걸리는 거예요. 군주와 신하 관계, 아버지와 자식 관계, 남편과 아내 관계, 형과 동생 관계, 붕우의 사귐, 이 다섯 가지가 천하의 '달도'다. 천하에 두루 통하는 도리랍니다. 우린 이걸 '오륜'(五倫)이라고 부르죠. 네, '삼강오륜'(三綱五倫) 할 때 그 '오륜'이요.

주석에는 '달도'를 "天下古今所共由之路"천하고금소공유지로라고 설명하고 있습니다. 천하고금에 공통적으로[共] 말미암는[由], 공통적으로 행하는 길이라는 뜻이죠. 천하는 지리적 개념이고 고금은 시간적 개념이니 초역사적이고 초공간적인 보편성, 보편법칙을 가리킵니다. 이어서 "書所謂五典"서소위오전이라고 나오는데, 여기서 '서'는 『서경』을 말해요. 『서경』의 「순전」(舜典)에 '삼가 오전을 빛나게 한다'[愼徽五典]란 말이 나오거든요. 여러분, 지금 법전이라고 할 때 쓴 이 '전'(典) 자를 쓰는데요, 이 글자가 물론 '문헌', '법'이란 뜻도 있는데, 여기서는 '륜'(倫) 자와 같은 뜻이에요. 『맹자』의 「등문공」(滕文公)에는 성인이 가르치신 '인륜'으로 이 다섯 가지가 나옵니다. 바로 '부자유친, 군신유의, 부부유별, 장유유서, 붕우유신'――이것을 『중용』에서는 '달도'라고 한 것이죠.

'부자유친'(父子有親)의 의미는 아버지와 아들, 부모와 자식 사이는 무조건 친해야 된다는 거예요. 요새는 부자유친에 어려워하는 분들이 많지요. 그런데 부자간은 원래 말이 필요 없는 관계입니다. 예컨대 길 가다가 모르는 사람의 발을 밟으면 "미안합니다"라고 사과를 해야죠. 그런데 집 안에서 어쩌다 아버지 발을 밟으면? 죄송하다고 할 것도 없어요. 그냥 씩 겸연쩍게 웃으면 됩니다. 굳이 뭘 사과를 해요? 그냥 마음으로 통하지요. 이게 '유친'입니다. 번거롭게 격식을 차리고 그러는 관계가 아니라는 거예요. 부자간은 하늘에서 맺어 준 인연으로 그냥 그런 관계라는 겁니다. 굳이 이렇게 저렇게 설명할 필요가 없이 그냥 밥만 같이 먹으면 돼요. 식구잖아요. 이게 '유친'의 의미인 거예요.

『맹자』에 '역자교지'(易子敎之)라는 말이 나옵니다. 자식을 바꿔서 가르친다는 말이죠. 자기 자식 가르치면 안 된다는 겁니다. 왜 그렇겠어요? 아버지가 "너 이렇게 해야 돼, 저렇게 살아야 돼" 가르쳤어요. 그런데 아들이 그걸 제대로 못합니다. 대부분 그렇지요. 부모의 가르침대로, 원하는 대로 되는 자식이 얼마 되나요? 그럼 아버지가 부아가 나요. 화가 치솟아서 아들을 욕하고 미워하는 마음이 생깁니다. 이런 상황이 되면 또 아들은 속으로 뭐라고 생각해요? '아버지도 나에게 하라는 것 다 못하시면서… 왜 저러시나.' 이런 마음이 생깁니다. 저절로 생기게 됩니다. 같이 생활하니까 다 보이잖아요. 아버지는 뭐 자기가 말한 법도대로 사나요? 우리가 원래 그렇잖아요. 연속극 보면서 아들한테 게임하지 말고 시험공부하라고 하는 엄마도 마찬가지고요. 무슨 얘긴지 아시겠죠? 자식은 직접 가르치지 말고 친구네 집에 보내서 가르치라는 게 이 때문입니다. 아, 『맹자』에서 '역자교지'를 말하면서 "부자간에는 불책선(不責善)"이라는 구절도 나와요. '책선'은 좋은 일을 서로 권해 준다[責]는 건데요, 부자 사이에는 '책선' 하시면 안 됩니다. '책선'은 '붕우지도'예요. 친구들끼리는 "너 이렇게 하면 좋겠어" 이럴 수 있는데, "아버님, 이번에 주식 투자를 삼가시죠" 라거나 "아들아, 이번에 너는 전교 10등 안에 들어야 한다" 이런 얘기 하면 안 됩니다. 왜? 서로 의가 상할 수 있어요. 그럼 큰일 나는 겁니다. '천륜'인데 의가 상하면 되겠어요? 그러니까 식구는 그냥 밥만 같이 먹는 게 좋아요. 애를 가르쳐야 된다면 친구 집에 보내거나 여러 아이들 속에 섞어 놓고 가르치시고요.

다음에 '군신유의'(君臣有義). '군신' 간에 '의'가 있어야 돼요. 하지만 군신 간은 끊을 수 있는 인위적 인간관계예요. 그죠? 명분에 어긋나면 임금과 신하는 그냥 헤어지면 됩니다. 신하의 입장에서는 군주에게 이런저런 정책을 진언하고, 군주의 잘못을 간(諫)할 수밖에 없지요. 그런데 세 번 정도 거듭해서 간해도 군주가 바뀌지 않아요. 그러면 정리하고 떠나셔야 합니다. 군신 간의 의가 상하면, 원망, 책임 추궁, 귀양으로 연결될 수밖에 없거든요. 부자 사이는 헤어질 수가 없지만요.

'부부유별'(夫婦有別)에서 '별'(別)은 맡은 역할이 다르다는 뜻이죠. 차등이 있다는 게 아닙니다. 남존여비(男尊女卑)로 보시면 안 됩니다. 집안이 제대로 굴러가려면 아내와 남편의 역할 분담이 확실해야 한다는 것이죠.

'장유유서'(長幼有序)는 집안과 향리, 사회에서 나이의 많고 적음의 차서를 분명히 하는 겁니다. 본문에서는 '곤제'라고 나왔는데, '곤'(昆) 자는 '형 곤' 자예요. 형과 동생 사이의 서열이 분명해야 집안의 질서가 바로잡힌다는 겁니다.

'붕우유신'(朋友有信)은 친구와의 사귐에 신의가 있어야 한다는 것이고요. 아무튼 군신관계, 부자관계, 부부관계, 형제관계, 친구관계, 이 다섯 가지가 '천하지달도'입니다. 그러니까 이걸 알고 행해야 되는 거예요.

다음에 **지인용**知仁勇 **삼자**三者 **천하지달덕야**天下之達德也라고 나오죠. '지'(知)와 '인'(仁)과 '용'(勇), 이 세 가지가 '달덕', 천하의 두루 통하는 덕이래요. 앞에 나온 '소위행지자삼'이라고 할 때 이 '삼'(三)이 바로 '지'와 '인'과 '용'인 거예요. 우리가 오륜을 제대로 행하려면 이 세 가지가 필요하다는 겁니다. 오륜도 그냥 저절로 되는 게 아닌 거죠. 여기서 '지'(知)는 다섯 가지 달도에 대해 아는 것입니다. 모든 사람이 행해야 할 달도라는 것이 있다는 것을 알아야만 다음 단계로 갈 수 있겠지요. '인'(仁)은 달도를 몸소 행하는 것[體行]입니다. '극기복례'를 생각하셔도 좋습니다. '용'(勇)은 달도를 알고 행하는 데 힘쓰는 것입니다. '역행'(力行)이죠. 이때 '덕'의 의미는 덕이 있다 없다 할 때의 의미라기보다, 이 세 가지가 두루 통하는 핵심 내지는 어떤 중요한 요소라는 의미입니다. 그런데 이것을 왜 '달덕'이라고 말했는가? 천하, 고금에 두루 통하는 이치이기 때문입니다. 달도, 오륜을 실행하면서 인간답게 살기 위한 방법은 평생 지·인·용 세 가지를 가지고 가는 수밖에 없는 것이죠.

그런데 **소이행지자일야**所以行之者一也, '소이행지자'라는 구절이 또 나왔네요? 그런데 앞에서와는 의미가 다릅니다. '소이행지자삼' 할 때의 '소이행지자'는 '천하지달도'를 하게 하는 '지·인·용'이었죠. 그런데 여기서는 이 '지·인·용'을 할 수 있게 하는 것을 말합니다. 그게 '일야', 하나래요. 그 '일'이 무엇인가는 여기서 말하지 않지만, 이게 바로 『중용』의 주제인 '성'(誠)입니다. 곧 나와요. 여러분, 오륜을 행하게 하는 '달덕'은 '지·인·용' 세 가지예요. 그리고 이 세 가지를 하기 위해서 하나가 필요해요. 이 하나가 뭐다? '성'! 성실함입니다. 그러니까 '성'이 있어야 '수신'에서 '지천'까지 갈 수 있는 거죠. '성'을 다해야만 하늘의 뜻을 알 수 있는 거예요. 이렇게 '달도', '달덕'은 '성'이라는 키워드로 귀결이 됩니다.

그래서 **혹생이지지**或生而知之하고 **혹학이지지**或學而知之하고 **혹곤이지지**或困而知之하나니, **급기지지**及其知之하야는 **일야**一也며, 한 가지라는 거죠. 앞에 나온 '일야'하고 의미가 다릅니다. 이때 '혹'(或)은 '어떤 사람'이라고 해도 좋고 '어떤 경우'라고 해도 좋습니다. 지금까지 말한 이런 이치들, 그러니까 오륜이 있고 그걸 행하려면 '지인용'이 필요하고 그걸 행하려면 성실해야 하고…. 이런 걸 '혹생이지지', 태어나면서부터 아는 사람 혹은 경우가 있다는 거죠. '혹학이지지', 배워서 아는 경우가 있어요. 우리는 '학이지지' 정도는 모를까 아무래도 '생이지지'는 벅차죠? '생이지지' 하는 사람들은 성인이죠, 성인.

재밌는 건 '생이지지'란 말을 처음 쓴 사람은 공자거든요? 나는 '생이지지자'(生而知之者)가 아니라 '호학자'(好學者), 그저 배우기를 좋아하는 사람일 뿐이라고요. 그런데 나중에 맹자가 공자를 '생이지지자'로 만들어 버렸습니다. 그후 동양문화권에서 '생이지지자'는 바로 공자를 가리키는 말이 됩니다. 공자가 그렇게 자기는 아니라고 했는데 말을 안 듣고…. 맹자 입장에서는 공자를 높여야 자기가 사니까 그런 거겠죠? 원래 다 그렇습니다. 퇴계나 율곡 선생님도 후대로 갈수록 더 신성시돼요. 그게 심해져서 나중엔 좀 이상해 보일 정도로요. 원래 그러신 분들이 아닌데 후대 사람들이 자신들의 필요에 의해 높이다 보니 이상하게 되어 버리죠.

아무튼 '생이지지'하는 경우도 있고, '학이지지'하는 경우도 있고, 또 어떤 경우엔 '곤이지지'래요. 이 '곤이지지' 좋아요. 참 마음에 들어요. '곤'(困) 자는 어렵단 뜻이에요. 어려운 처지, 경험을 통해 안다는 거죠. 곤경에 처하게 되면 배움이 부족하다는 걸 절감하게 되죠. 그래서 배워서 알게 됩니다. '생지', '학지', '곤지', 이런 단어는 별도로도 쓰입니다. 심지어 『곤지기』(困知記)란 책도 있어요. 옛날에 "자네 아들은 생지의 재질이구만" 이런 말들 하곤 했어요. 자네 아들 참 똑똑하단 뜻이죠. 그럴 때 가만있으면 안 됩니다. "아이고, 개는 곤지야" 이래야지 대화가 되지 가만있으면 안 돼요! 이런 식으로 써먹을 수 있으니 여러분도 한 번씩 써 보세요. "나 생지 같아!" 그러면 "아니야, 너는 곤지야" 이렇게요.

참고로 생이지지, 학이지지, 곤이지지 말고 여기 하나 안 나온 게 있어요. 『논어』에 나오는데 여기 안 나온 거요. 제일 안 되는 사람을 '곤이불학'(困而不學)이라고 합니다. 사람이 능력이 부족한데도 배우지 않는다는 거죠. 아무튼 이렇게 생지, 학지, 곤지가 있는데 그게 '급기지지 일야'(及其知之 一也), 그 '지'에 미치는 걸로는 한가지래요. 그러니까 어떻게 하든 아는 단계까지 가는 거고 결국 다 한가지라고 합니다. 어때요, 얼마나 좋아요? '생지'든 '학지'든 '곤지'든 앎에 이르는 것은 마찬가지라는데. 고생 좀 하면 어때요? 결국에는 안다는데!

『중용』에서 '지'(知)가 나왔으니 연이어 '행'(行)이 나오겠지요? 여기 또 나왔습니다. **혹안이행지**或安而行之 **혹리이행지**或利而行之 **혹면강이행지**或勉强而行之 **급기성공**及其成功 **일야**一也라. 아까 나온 '오륜'을 혹자는 '안이행지', 편안히 행한단 거예요. 저절로 행해진다는 거죠. 딱히 노력하지 않는데도 저절로 하면 다 되는 거. '리이행지'는 이롭게 여겨서 행하는 거예요. 여기서 이롭게 여긴다는 건 무슨 큰 이익을 본단 뜻이 아니에요. "이렇게 사는 게 사람답게 사는 거다" 생각해서 행한단 소리죠. 이걸 갖다가 '무슨 이득을 보려고'라고 보시면 안 됩니다! '아, 그렇게 살아야지. 그래야 내가 인간답게 살다 가는 거지!' 하는 게 바로 '리이행지'예요. '면강이행지'에서 '힘쓸 면(勉) 자, '노력할 강(强)' 자 아시죠? 노력해서 행하는 거겠죠. 『주역』 건괘의 전에는 '자강불식'(自强不息)이란 표현이 나옵니다. 천도처럼 사람도 "스스로 노력하기를 쉬지 않는다"라는 뜻이죠. 이때의 '강' 자도 노력한단 뜻입니다. '식' 자는 앞에서는 '소멸된다', '사라진다'의 뜻으로 나왔었는데 여기선 멈추지 않는다는 의미고요. '자강불식', 아주 좋은 말입니다. 주로 도서관이나 독서실 같은 곳에 붙어 있죠? 어쨌든 안이 행지든, 리이행지든, 면강이행지든 그 성공, 공을 이루는 데 있어서는 마찬가지래요.

　『공자가어』「애공문정」에는 '공을 이루는 것은 한 가지다' 다음에 애공의 대답이 나옵니다. '公曰공왈, 子之言자지언, 美矣至矣미의지의, 寡人과인, 實固不足以成之也실고부족이성지야.' 해석해 보면, "애공이 말했다. '그대의 말이 아름답고 지극하나 과인이 실로 답답한 사람이라 그런 일들을 이룰 수 없습니다.'" 어디서 많이 들어본 소리죠. 『맹자』에 보면 양혜왕, 제선왕 등 만나는 군주마다 선생님의 말씀은 훌륭하나 역부족이라고 하죠. 군주들은 대부분 이렇습니다. 쉬운 길로 가려고 해요. 『중용』에는 이 문장이 생략되어서 그다음 문장이 다시 '자왈', "공자가 말했다"로 시작되는 겁니다.

제20장-3

子曰：
자 왈

"好學近乎知, 力行近乎仁, 知恥近乎勇.
호 학 근 호 지 역 행 근 호 인 지 치 근 호 용

知斯三者, 則知所以修身, 知所以修身, 則知所以治人,
지 사 삼 자 즉 지 소 이 수 신 지 소 이 수 신 즉 지 소 이 치 인

知所以治人, 則知所以治天下國家矣.
지 소 이 치 인 즉 지 소 이 치 천 하 국 가 의

凡爲天下國家有九經; 曰修身也, 尊賢也, 親親也,
범 위 천 하 국 가 유 구 경 왈 수 신 야 존 현 야 친 친 야

敬大臣也, 體群臣也, 子庶民也, 來百工也, 柔遠人也,
경 대 신 야 체 군 신 야 자 서 민 야 래 백 공 야 유 원 인 야

懷諸侯也.
회 제 후 야

修身則道立, 尊賢則不惑, 親親則諸父昆弟不怨,
수 신 즉 도 립 존 현 즉 불 혹 친 친 즉 제 부 곤 제 불 원

敬大臣則不眩, 體群臣則士之報禮重, 子庶民則百姓勸,
경 대 신 즉 불 현 체 군 신 즉 사 지 보 례 중 자 서 민 즉 백 성 권

來百工則財用足, 柔遠人則四方歸之,
래 백 공 즉 재 용 족 유 원 인 즉 사 방 귀 지

懷諸侯則天下畏之."
회 제 후 즉 천 하 외 지

공자께서 말씀하셨다.

"배우기를 좋아하는 것은 지에 가깝고, 행함에 힘쓰는 것은 인에 가깝고, 부끄러움을 아는 것은 용에 가깝습니다.

이 세 가지를 알면 몸을 닦는 바를 알 것이요, 몸을 닦는 바를 알면 남을 다스리는 바를 알 것입니다.

남을 다스리는 바를 알면 천하와 국가를 다스리는 바를 알 것입니다.

천하와 국가를 다스리는 데는 구경(九經)이 있습니다. 수신, 존현, 친친, 경대신, 체군신, 자서민, 래백공, 유원인, 회제후가 구경입니다.

몸을 닦으면 도가 확립되고, 어진 이를 높이면 이치에 미혹됨이 없게 됩니다. 친척을 가까이 하면 여러 숙부와 형제들이 원망하지 않고, 대신을 공경하면 나랏일에 혼란이 생기지 않습니다. 여러 신하들의 마음을 헤아리면 선비들의 보답하는 예가 정중하게 되고, 백성들을 사랑하면 백성들이 서로 권면하고, 기술자들을 오게 하면 물자가 풍족해집니다. 먼 곳의 사람들에게 잘해 주면 사방의 백성들이 귀의하고 제후들에게 은혜를 베풀면 천하가 두려워합니다."

자, 다시 **자왈**子曰! 공자가 또 말했어요. 애공이 자신은 부족한 사람이라 공자의 훌륭한 조언을 실행할 수 없다고 했지만 공자는 여전히 애공에게 얘기하고 있습니다. 지금 군주에게 정치란 무엇인가를 가르치고 있는데, 애공이 이 일 저 일 모두 못하겠다 하니 공자가 다시 할수 있다고 격려하는 겁니다. 솔직히 말씀드리자면 애공은 가르쳐도 크게 소용이 없었던 사람입니다. 이름부터가 딱하게도 '애공'(哀公)이 잖아요? 인생 참 안 풀렸거든요. 노(魯)의 실권은 집정대신 계강자(季康子)에게 있었죠. 이때는 오왕 부차(夫差)의 패권주의 시대였고, 오나라가 노의 도성 아래까지 쳐들어오기도 했습니다. 공자, 계강자, 부차가 다 죽은 후에 애공은 월(越)나라의 힘을 빌려 삼환을 치려고 계획하다가 오히려 삼환에게 쫓겨나고 맙니다. 결국 노나라로 돌아오지 못하고 월 땅에서 죽거든요. 그래서 시호도 '애공'입니다.

아무튼 공자님이 말씀하시길, **호학근호지**好學近乎知 **역행근호인**力行近乎仁 **지치근호용**知恥近乎勇이래요. 딱 봐도 '지'(知), '인'(仁), '용'(勇)의 삼달덕을 강조하고 있는 게 보이죠?

'호학근호지'. 배우기를 좋아하면 '지'에 가까워져요. '호학'이란 말은 사실 대단한 칭찬입니다. 공자가 자신을 '호학자'라고 했죠? 그러니까 연구자들이 정조한테 '호학군주'란 말을 쓰는 것도 엄청난 칭찬이에요. 여기서 '알 지(知)' 자는 '지혜 지(智)' 자와 통용되는 것도 아시겠죠? 지혜에 가까워진다는 건 곧 판단력이 분명해진다는 것과도 통합니다. 이어지는 구절들도 같은 구조로 해석하면 되겠네요.

'역행근호인'에서 '역행'을 우리 할아버지들께서는 대개 '힘써 행한다'로 해석하셨는데요, 그래도 되지만 우리는 '배우기를 좋아한다'

에 맞춰서 '행함에 힘쓴다'라고 해석하면 되겠습니다. 행함에 힘쓴다는 것은 뭐겠어요? 네, 실천에 힘쓰는 겁니다. 그러면 '인'에 가까워진 대요.

또 '지치근호용', '恥'는 '부끄러워할 치' 자입니다. '耻'로도 쓰죠? 부끄러움을 알면 '용'에 가까워진다고 합니다. 결국 이렇게 '호학'하고, '역행'하고, '지치'해야 '지', '인', '용'에 가까워지고 비로소 오륜도 행할 수 있다는 거예요. 끝에 왜 '부끄러움' 얘기가 들어갔는지 잠시 말씀드리면, 배우는 것도 좋고 실천하는 것도 좋지만 사람이 부끄러움을 알아야 합니다. 제대로 알지 못하고 실행하지 못할 때 느끼는 마음의 불편함, 부끄러움, 그런 게 있어야 하거든요. 그걸 알면 더 용맹정진하게 되고요. 왜 그렇죠? 네, 인간답게 살다 죽고 싶으니까. 그래서 마지막에 '용'이 들어가는 거예요. 부족한 힘을 북돋우면서 끝까지 가려고 하는 용기 말입니다.

그다음 문장입니다. **지사삼자**知斯三者 **즉지소이수신**則知所以修身이요, '**지소이수신**知所以修身 **즉지소이치인**則知所以治人이요, **지소이치인**知所以治人 **즉지소이치천하국가의**則知所以治天下國家矣라. 이 부분은 『대학』의 '수신제가치국평천하'랑 연결됩니다. '지사삼자'를 해석하면 "이 세 가지를 알면"이에요. 그러면 '지소이수신', '수신하는 소이'를 알게 된대요. 어떡하면 몸을 닦을 수 있는가를 알게 된다는 거죠. "이 세 가지를 알면 수신하는 방법을 안다." 그리고 점층적으로 이어집니다. 수신하는 방법을 알게 되면 '지소이치인', 다른 사람을 다스리는 방법을 알게 돼요. 여기까지 보시면 '수기치인'(修己治人)이 됩니다. 자기 자신을 닦는 '수기'가 다른 사람을 다스리는 '치인'으로 자연스럽게 넘어가고 있죠. 단, 수기를 했는데 치인의 기회가 주어지느냐 안 주어지느냐는 어떤 세상을, 어떤 군주를 만나느냐에 달려 있는 겁니다. 이게 바로 '우'와 '불우'예요. '만날 우(遇)' 자. '불우(不遇)하다'라고 많이들 하잖아요? 이게 세상을, 제때를 만나지 못했다는 의미입니다. 그런데 그것도 수기가 되어 있을 때 얘기지요. 요새는 그것도 안 되어 있으면서 '치인'만 하려고 하니까 문제예요. 아무튼 여러분, 치인 못하더라도 수기는 끝까지 해야 되는 거예요. '독선'(獨善)입니다. 수기와 치인은 이런 관계입니다.

자, 그렇게 '지'와 '인'과 '용', 세 가지를 알아서 수신하는 방법을 알게 되고, 이제 다른 사람을 어떻게 다스릴 수 있는가도 알게 돼요. 그리고 그러면 어떻게 된다? '지소이치천하국가의'(知所以治天下國家矣), 천하국가를 다스리는 법을 알게 됩니다. 그런데 여러분, '천하국가'라고 해서 '천하'와 '국가'로 이해하시면 안 돼요. 우리야 '국가'라는 단어가 익숙하지만 이건 근대에 들어 만들어진 번역어고, 당시에는 그런 개념이 없었습니다. '국'(國)과 '가'(家)를 따로 보셔야 해요. '가'는 자기 집안, '국'은 제후의 나라, '천하'는 천자의 나라로 개념이 다른 겁니다. 이 세 가지를 아울러 '천하국가'라고 하는 거예요. 나라와 집안을 함께 말하는 겁니다. '수신제가치국평천하'에서 '제가', '치국', '평천하'에 해당하는 겁니다. 아무튼 그렇게 집안부터 나라까지 다스리는 법을 알게 되죠.

그러면서 **범위천하국가유구경**凡爲天下國家有九經이라네요. 이때 '위'(爲)

자는 '다스릴 치(治)' 자의 뜻이라고 보면 돼요. 무릇 천하와 국과 가를 다스리는 데 '구경'(九經)이 있다고 해요. 19장 끝날 때 말씀드렸던 '구경'이 여기서 비로소 등장합니다. '경' 자는 주석에 '상'(常)이라고 되어 있어요. '구경'은 곧 '구상'(九常)이니, 이 말은 변하지 않는 아홉 가지 법도라는 거죠. 이름만 들어도 되게 중요해 보이죠? 『중용』의 '구경'은 실제로 무척 중요하고 또 그만큼 인용도 많이 됩니다. 저도 학생들한테 『중용』을 다 못 외울 거면 이거라도 외우라고 꼭 시키곤 해요. 시험 볼 때는 원문으로 쓰라고 문제도 내고요. 그만큼 중요하답니다. 순서가 중요하니까 뒤죽박죽 외우시면 안 되고 꼭 순서대로 외우셔야 해요. 한 단계, 한 단계 나아가야 하거든요.

이제 그 '구경'이 나열됩니다. **수신야**修身也 **존현야**尊賢也 **친친야**親親也 **경대신야**敬大臣也 **체군신야**體群臣也 **자서민야**子庶民也 **래백공야**來百工也 **유원인야**柔遠人也 **회제후야**懷諸候也. 한 번씩, 아니 세 번씩 낭송하면서 외워 보세요. '수신', '존현', '친친', '경대신', '체군신', '자서민', '래백공', '유원인', '회제후'. 이렇게 아홉 개입니다.

이걸 왜 순서대로 외워야 하는가? 나에서부터 점점 먼 곳으로 확장되기 때문입니다. '수신'부터 시작하고 있잖아요. 동양문화권에서는 사적인 나와 공적인 나가 분리가 안 돼요. 사적인 나의 수준이 공적인 내가 하는 일의 수준을 바로 결정한다는 거거든요. 자, 첫번째가 '수신'이고, 두번째가 '존현'이래요. 그런데 뭐가 좀 이상합니다. 앞에서는 계속 '친친'이 '존현'보다 먼저 나왔는데, 여기서는 그게 뒤집혀서 '존현'이 먼저 나옵니다. 이러면 당연히 의심을 하셔야죠.

이게 왜 그런지는 주석을 통해서 설명하겠습니다. "此 列九經之

目也"차열구경지목야, 이것은 구경의 조목을 열거한 것인데, 여씨가 말하길[呂氏曰], 여기서 여씨는 북송의 성리학자 여대림(呂大臨)이란 사람입니다. "天下國家之本在身"천하국가지본재신, 천하국가의 근본은 자기 자신에게 있대요. 항상 나로부터 시작하는 거죠. '몸 신' 자를 쓴 이유는 결국 몸으로 하는 실천이 중요하다는 거겠죠? 그래서 '수신'이 '구경'의 근본이 돼요[故修身爲九經之本고수신위구경지본]. '수신'부터 시작하는 겁니다. 그런데 반드시 선생님에게 나아가 배우고 좋은 친구를 취한 연후에야[必親師取友然後필친사취우연후], 수신의 도가 진전된다고 합니다[修身之道進수신지도진]. 고로 '존현'이 그다음이래요[故尊賢次之고존현차지]. 이때 '존현'의 '현'(賢), 어진 사람이 바로 선생과 친구입니다. 내가 나아지려면 선생과 친구가 정말 중요해요. 아무튼 이런 이유로 '친친'보다 '존현'이 더 앞에 오는 겁니다. 선생과 친구가 있어야 수신이 한 발 더 나아갈 수 있기 때문에요.

기본적으로 유가는 '사'(思)보다 '학'(學)을 먼저 하잖아요? 혼자 도 닦고 있으면 잘 안 된다고 공자가 그랬죠. 밥도 안 먹고 잠도 안 자고 생각해 봤지만 얻는 게 없었다고요. '불여학야'(不如學也)라고, '학'만 못하다, '학'이 먼저라는 거예요. 여러분, 배우기만 하고 생각하지 않으면 '망'(亡), 얻는 게 없어요. 반대로 생각만 하고 또 배우지 않으면 '태'(殆), 위태로워요. 여기서도 '학'이 먼저라는 걸 알 수 있습니다. 그러니까 선생과 친구로부터 배워야 해요. 그래야 내가 좀 나아질 수 있고, 그러면 부모·형제 관계도 좋아지는 걸로 설정돼 있는 거예요. 이건 왜 그래요? 부모·형제는 '부자유친'이라고 했잖아요. 잘못을 따끔하게 말해 주는 관계가 아니라고요. 서로 인생의 잘잘못을 논할 수 있는 건 선생과 제자 사이에, 친구 사이에나 할 수 있는 거예요. 그러니까 '존현'이 '친친'보다 앞에 오는 겁니다.

이걸 나중에 많이들 물어보세요. '친친'이 앞에 가야 되는 거 아니냐고요. 그렇지 않습니다. 여기서의 '존현'은 앞에서 나온 '의자의야 존현위대'(義者宜也 尊賢爲大)에서의 '존현'과는 의미가 다른 거예요. 그때 '존현'은 정치할 때 능력 있는 사람을 발탁하는 거고, 여기서의 '존현'은 나를 제대로 된 인간의 길로 이끌어 주는 선생과 친구를 말하는 겁니다. 어진 사람한테 배워야 그다음에 '친친'할 수 있는 거예요. 그러면 '친친'은 무엇인가? 여기서는 부모·형제부터 아버지·어머니 쪽 일가와 원만한 관계를 유지하는 것을 말합니다.

그다음 경대신(敬大臣), 대신을 공경합니다. 지금 공자님 말씀을 듣고 있는 애공이 나라를 다스리는 군주니까 이런 말도 해줘요. 대신은 요즘으로 치면 장관급 정도로 보면 되겠네요. 그리고 체군신(體群臣), 장관급 아래 있는 여러 신하들을 '체'(體)하래요. 자기 몸처럼 여기라는 거죠. 일체로 여겨라! 주석에는 "視群臣 猶吾四體"시군신 유오사체라고 되어 있네요. '사체'는 '사지'(四肢)랑 같은 말이니까 "군신 보기를 내 몸의 사지처럼 보라"라는 뜻이에요. 이 관료들이 내 손발이 되어서 나라를 다스리는 걸 도와주잖아요. 나라 곳곳에 다 가고요. 그러니까 손발처럼 여기라는 거죠.

'자서민'(子庶民)에서는 '아들 자(子)'가 동사입니다. 서민들, 백성들을 '자'해라, 자식처럼 사랑하라는 뜻이에요. '자'를 '사랑할 애(愛)'로 바꿔 이해하시면 좋겠네요. 백성을 자애하는 마음으로 대하는 거죠.

'래백공'(來百工)에서 '백공'은 쉽게 말해 모든 기술자들이에요. 이럴 때 '백'(百) 자는 백 명이 아니라 '무수하다', '많다'는 뜻입니다. 그릇·농기구 만드는 사람부터 시작해서 온갖 기술자들을 '래', 찾아오게 하라, 불러들이라는 거죠. 이 시대는 대부분이 농사를 짓는 농경제 사회였잖아요. 그러니까 이 기술자들은 특별히 불러들여서 생활용품을 만들게 해야 하죠. 기술자들은 예나 지금이나 프리랜서죠. 땅이 없이 돌아다니는 사람들이니 대우 잘 해주는 데로 가는 거예요. 그러니까 근무조건을 좋게 해주고 그 사람들이 만든 물건에 적당한 값을 쳐줘야 이 사람들이 옵니다. 이렇게 문헌에 '백공'에 대한 이야기가 나오는 게 춘추시대의 특징이에요. 심지어 묵자(墨子)를 기술자 집단의 철학이라고 하잖아요? 상인, 기술자 같은 계층에 대한 처우와 세금 문제가 이때부터 이렇게 하나의 항목으로 다뤄진다는 겁니다.

'유원인'(柔遠人). '원인'은 먼 곳에서 온 사람들, 그러니까 여행자를 말해요. 이 사람들을 부드럽게[柔] 대해야 합니다. 넉넉하고 따뜻하게 대해요. 통행세 같은 것도 과하게 받으면 안 되고, 이런 사람들을 위해 국가에서 숙소를 운영하고 그래야 돼요. 치안도 안전하게 해서 보호해 주고요. 그런 게 다 '유원인'입니다.

마지막으로 '회제후'(懷諸侯). 먼 곳에 제후들이 있잖아요? 천자의 나라를 자기가 직접 다스리고 나머지 땅은 나눠 주는 것이 봉건제입니다. 그 제후들을 '회'(懷), 가슴에 품으라는 겁니다. 원래 '회인' 하면 가슴에 품었다고 '애인'을 말하잖아요? 이렇게 가슴에 품으라는 것도 결국 잘 대우해 줘라, 따뜻하게 해줘라 이런 뜻이에요.

그래서 '수신'부터 시작해서 '존현', '친친', '경대신', '체군신', '자서민', '래백공', '유원인', '회제후'. 이 아홉 가지가 '구경'의 항목이에요. 이걸 '목'(目)이라고 하죠. 항목이에요. 다시 한번 말씀드리지만 순서가 바뀌면 안 됩니다. '친친'보다 '존현'이 먼저예요! 그러니까 여기서 공부의 중요성이 나옵니다. 학습과 경험을 통한 '수신'이 있어야 '친친'도 할 수 있다는 거죠. 제일 어려운 게 이 '친친' 아니겠어요? 그렇죠? 선생이나 친구는 마음에 안 들면 만나지 않아도 됩니다. 성격이 까다롭다는 소리는 들어도 비윤리적이란 비난은 듣지 않죠. 하지만 부모·형제는 평생 안고 가는 인간관계이기 때문에 참 힘듭니다. 뼈저리게 느끼시는 분들 계실 거예요. 네. 정말 어렵죠. '수신' 다음에 '친친'이 아니라 '존현'이 있는 것은 '친친'이 그만큼 힘들어서 그렇다고 보면 됩니다.

이어지는 내용은 '구경'을 잘 실천했을 때의 효과입니다. '수신'하면 어떻고, '존현'하면 어떻고, '친친'하면 어떻게 되고 이런 얘기예요. 주석에 나오는 말을 빌리면 "九經之效"구경지효, 구경의 효과이죠. 한 번 쪽 읽어 볼까요?

수신즉도립修身則道立 **존현즉불혹**尊賢則不惑 **친친즉제부곤제불원**親親則諸父昆弟不怨 **경대신즉불현**敬大臣則不眩 **체군신즉사지보례중**體群臣則士之報禮重 **자서민즉백성권**子庶民則百姓勤 **래백공즉재용족**來百工則財用足 **유원인즉사방귀지**柔遠人則四方歸之 **회제후즉천하외지**懷諸侯則天下畏之.

먼저 '수신즉도립'(修身則道立). "수신한즉 도립한다!", 내 몸을 연마하면 '도립'이래요. 지금 공자가 군주에게 말하고 있으니까 군주가 수신하면 도가 이루어져 백성의 의표가 된다는 뜻입니다. '치국지도'라고 보셔도 좋겠지요. 그것이 '립'(立), 확립됩니다. 확고해져요. 『서경』「홍범」에 보면 '황제가 극을 세운다'는 말이 있는데, 군주는 백성들의 삶에 표준이 된다는 겁니다.

'존현즉불혹'(尊賢則不惑), 어진 사람, 선생과 친구들을 대우하고 높이면 '불혹'한대요. 판단력이 흐려지지 않습니다. 미혹되지 않는 거예요. 그런데 친한 친구가 나를 미혹시키고 있다면 빨리빨리 정리해야 하는 겁니다. 한유(韓愈)의 「사설」(師說)에 보면 친구와 선생을 '혹'을 풀어 주는 사람들이라고 해서 '해혹'(解惑)이라고도 해요. 이 '혹' 자가 어렵다 싶으시면 '동'(動) 자를 쓰면 좋습니다. 공자가 나이 마흔을 가리켜 '불혹'이라고 했죠? 맹자는 이걸 '부동심'(不動心)이라고 했거든요. '불혹'과 '부동'은 같은 의미인 거예요. 여기저기 휩쓸려 다니지 않는다는 게 참 어렵잖아요? 누가 뭐 하면 따라하고 싶고, 특히 뭐 사면 따라 사고 싶고요. 이것이 이치에 미혹되어 있기 때문이라는 겁니다.

'친친즉제부곤제불원'(親親則諸父昆弟不怨)입니다. 일가붙이를 친히 가깝게 여기면 '제부곤제불원'이래요. 여기서 '제부'는 여러 아버지니까 아버지 항렬의 친척들을 말하고, '곤제'는 형과 동생 들입니다. 통틀어서 '일가'겠죠? 이 일가들이 '불원', 원망하지 않습니다. 여러분 다 아시겠지만 친척 사이에 제일 무서운 게 원망하는 거죠. 굉장히 실감나지 않으세요?

'경대신즉불현'(敬大臣則不眩)에서 '현'(眩) 자는 현기증이 난단 뜻이에요. 대신들을 대우해 주면 나라를 다스리는 데 현기증이 나지 않는다는 거니까, 쉽게 말해서 혼선이 오지 않는다는 거예요. 군주가 국가의 중책을 맡길 대신들에게 신임을 보여 주어야만 그 아래에 있는 신하들이 이간질하지 못합니다. 군주와 대신들과의 관계가 원만해야 국가 정책에 혼선이 없다는 걸 이야기하기 위해 '어지러울 현' 자를 쓴 거죠.

'체군신즉사지보례중'(體群臣則士之報禮重)이라. 실무자들을 내 몸처럼 귀하게 여기면 어떻게 돼요? '사지보례중'이래요. 실무자급의 벼슬은 '사'(士) 계층의 몫이었어요. 그 사람들이 예로써 보답하는 것을 무겁게 한다고 하네요. 실무 행정을 맡은 신하들이 맡은 일에 최선을 다하겠지요. 이것이 군주에 대한 보답이 무거운 겁니다. 네, 충성을 바칩니다. 국가가 환란에 빠졌을 때 군주를 위해 목숨을 바칠 수 있겠지요. 보답을 무겁게 하는 겁니다.

'자서민즉백성권'(子庶民則百姓勸), 서민들을 자기 자식처럼 사랑하면 백성들이 '권'(勸)한대요. '권할 권' 자인데 번역본에는 대개 '권면한다'라고 되어 있을 거예요. 이게 무슨 뜻인가 하면, 군주가 백성들을 사랑하면 백성들이 농사 열심히 지어서 세금도 잘 내고, 성 쌓으라면 가서 열심히 쌓고, 전쟁터에 나가라면 열심히 나가고 싸우고 그런다는 거예요. 쉽게 말해 국가정책에 자발적으로 따른다는 거죠. 이럴 때 한문에서는 '권' 자를 씁니다. '따를 종(從)' 자로 보셔도 좋아요. 군주의 심복이 되어 진심으로 따르는 거. 그러니까 서민들을 자식처럼 사랑하면 백성들 사이에서 자식이 부모를 따르듯이 자발적으로 군주를 따르는 마음이 생긴다는 거죠.

'래백공즉재용족'(來百工則財用足). 기술자들을 잘 대우해 줘서 이 사람들이 몰려들어요. 그러면 '재화'가 '풍족'해진다는 말입니다.

물산이 풍족해지죠. 맹자는 물자의 유통을 '통공역사'(通功易事)라고 합니다. 쌀과 비단, 그릇과 농기구를 교환하여 일상생활에 남고 모자람이 없어야 한다는 거죠.

'유원인즉사방귀지'(柔遠人則四方歸之), 여행자들을 따뜻하게 대해 주면, 사방의 백성들이 자발적으로 찾아옵니다. 요샛말로 귀화한다는 겁니다. 이러면 그 나라는 강해지는 겁니다. 예나 지금이나 나라의 힘은 땅의 면적과 인구 수로 따지잖아요. 지금 인구문제가 심각한데요, 춘추시대 군주들도 인구를 늘릴 방책을 많이 고민합니다. 그런데 여행자들을 잘 대해 주면 사방의 백성들이 찾아온대요. 이민 오는 거죠. 맹자는 이것을 왕도정치의 효과라고 보았습니다.

마지막으로 '회제후즉천하외지'(懷諸侯則天下畏之)라고 합니다. 제후들에게 넉넉하게 대해 주면, 천하의 다른 나라들이 그를 두려워한대요. 왜? 제후와의 유대관계가 깊다는 건 연합이 단단하다는 말과 같죠. 그렇게 다른 나라들이 두려워하면 굳이 전쟁을 하지 않아도 카리스마를 갖게 되고 패권국이 될 수 있는 겁니다. 네, 바로 '인자무적'(仁者無敵), 어진 사람에게는 대적할 적이 없다는 겁니다. 유가의 인정(仁政), 왕도정치론의 핵심입니다. 힘의 정치, 패도(霸道)를 하지 마라, 그 대신 우선 자국의 백성을 먹고살게 하는 어진 정치를 행하라, 그리고 점점 그 범위를 천하로 확대하라, 이런 내용이죠.

이렇게 구경(九經)은 수신에서부터 시작해서 천하를 장악하는 데까지 자연스럽게 연결됩니다. 『맹자』에도 나오죠? 천하의 패자가 되고 싶은가? 군주들이여, 수신해라. 단 한 사람의 억울한 사람도 없게 하라. 죄 없는 사람을 한 사람이라도 죽여서 천하를 소유하려 한다면 불가능하다고 되어 있어요. 패도, 전쟁으로는 '왕천하' 안 된다는 겁니다. 소문이 그렇게 퍼지거든요. 그래서 '수신'에서부터 '치국', '평천하'까지 한 줄로 쫘악 연결됩니다. 이것이 '구경'의 순서이고 효과입니다.

齊明盛服, 非禮不動, 所以修身也;
재 명 성 복 비 례 부 동 소 이 수 신 야

去讒遠色, 賤貨而貴德, 所以勸賢也;
거 참 원 색 천 화 이 귀 덕 소 이 권 현 야

尊其位, 重其祿, 同其好惡, 所以勸親親也;
존 기 위 중 기 록 동 기 호 오 소 이 권 친 친 야

官盛任使, 所以勸大臣也; 忠信重祿, 所以勸士也;
관 성 임 사 소 이 권 대 신 야 충 신 중 록 소 이 권 사 야

時使薄斂, 所以勸百姓也;
시 사 박 렴 소 이 권 백 성 야

日省月試, 旣禀稱事, 所以勸百工也;
일 성 월 시 희 름 칭 사 소 이 권 백 공 야

送往迎來, 嘉善而矜不能, 所以柔遠人也;
송 왕 영 래 가 선 이 긍 불 능 소 이 유 원 인 야

繼絕世, 擧廢國, 治亂持危, 朝聘以時, 厚往而薄來,
계 절 세 거 폐 국 치 란 지 위 조 빙 이 시 후 왕 이 박 래

所以懷諸侯也.
소 이 회 제 후 야

凡爲天下國家有九經. 所以行之者一也.
범 위 천 하 국 가 유 구 경 소 이 행 지 자 일 야

목욕재계하고 마음을 깨끗이 하며 예복을 갖춰 입고서 예가 아니면 움직이지

않는 것이 몸을 닦는 것입니다.

참소하는 이를 없애고 여색을 멀리하며 재물을 하찮게 여기고 덕을 귀하게 여기는 것이 어진 이를 찾아오게 하는 것입니다.

지위를 높여 주고 녹봉을 넉넉히 주며, 좋아하고 싫어하는 감정을 공유하는 것이 친친에 힘쓰는 것입니다.

밑의 관리를 넉넉하게 하여 마음대로 부릴 수 있게 하는 것이 대신을 제대로 대우하는 것입니다.

믿음을 다해 대하고 녹봉을 충분히 주는 것이 선비들을 격려하는 것입니다.

부역을 시기에 맞게 하고 세금을 줄여 주는 것이 백성들이 따르게 하는 것입니다.

생산한 물건을 매일 살피고 매달 심사하여 창고에 있는 녹을 그에 맞게 주는 것이 온갖 기술자들을 장려하는 것입니다.

떠나는 사람들을 전송하고 찾아오는 사람들을 맞이하며 능력 있는 사람을 대우하고 부족한 사람들을 도와주는 것은 먼 곳에서 온 사람들을 따뜻하게 대하는 것입니다.

끊어진 제후의 집안을 이어주고 없어진 나라의 제사를 지낼 수 있게 해주고 혼란한 나라를 안정시키고 위태로운 나라를 도와주며, 조회와 빙문을 정해진 때마다 하면서 보내는 예물을 후하게 하고 가져오는 공물을 줄여 주는 것이 제후들에게 넉넉함을 베푸는 것입니다.

천하·국가를 다스리는 데에는 구경이 있는데, 그것을 실행하게 하는 방법은 하나입니다.

지금까지 구경(九經)이 뭐고 그 효과가 어떤지를 이야기했습니다. 여기서는 '수신'부터 시작해서 구경의 각각의 항목을 어떻게 실천할지를 구체적으로 이야기하고 있어요. 제 마음 같아서는 이 부분이 효과 앞에 있었으면 좋겠어요. 이런 일을 이렇게 하면 이런 멋진 효과가 있다, 이렇게요.

일단 **재명성복**齊明盛服 **비례부동**非禮不動 **소이수신야**所以修身也. '재명성복'은 16장에서 나왔던 구절이죠? 거기서는 제사 지내기 전에 몸과 마음을 삼가고, 깨끗이 하고, 옷을 갖춰 입으라고 나왔는데요, 여기서의 의미는 평상시에도 이렇게 하라는 거예요. 제사 지낼 때처럼 몸과 마음을 삼가고, 깨끗이 하고, 옷을 갖춰 입으라고요. 그리고 '비례부동', 예가 아니면 움직이지 말래요. 이게 포인트입니다. 예가 아니면, 도리·이치에 맞지 않으면, 행동하지 말아야 한다는 원칙을 다시 강조합니다. 이것이 곧 '소이수신야', 이것이 몸을 수행하는, 몸을 닦는 '소이', 방식이래요. 포인트는 뭐라고요? 네, '비례부동'입니다.

『논어』에 보면 안연이 '극기복례'를 실천하는 방법을 묻자 공자는 '사물'(四勿)을 말합니다. "비례물시 비례물청 비례물언 비례물동"(非禮勿視 非禮勿聽 非禮勿言 非禮勿動)이라고 나오죠. 예가 아니면 보지도 말고 듣지도 말고 말하지도 말고 행동하지도 말라. 이걸 '비례부동'으로 압축한 거라고 보면 돼요. 언행에 있어서 예에 합치되지 않은 일을 하지 않는 것, 이게 곧 수신입니다. 자꾸 이렇게 하다 보면 실수가 줄어드는 겁니다. 시행착오를 줄이는 거죠. 그것이 인의 실천, 극기복례입니다.

다음에 '권현'은 어떻게 할까요? **거참원색**去讒遠色 **천화이귀덕**賤貨而

貴德 **소이권현야**所以勸賢也라. '거참'(去讒)에서 '참'(讒)은 '참소'라고 할 때 '참' 자고, '거참'은 참소하는 사람이나 말을 물리치라는 뜻인 거죠. 참소하는 말에는 헐뜯는 말, 뒷담화, 아첨하는 말 같은 게 다 포함됩니다. '원색'(遠色)은 쉽죠? '색'(色)을 멀리하는 거요. 이럴 경우 여색으로 해석하는데요, 우리식 표현대로 하면 주색잡기에 빠지지 말라는 뜻이지요. 그리고 '천화'(賤貨)는 돈을 가볍게 여기라는 겁니다. 이때 '천'(賤)의 의미는 '본'(本)으로 여기지 말고 '말'(末)로 생각하라는 거예요. 돈 벌지 말란 말이 아니라 돈을 벌더라도 그 수단까지도 생각하란 뜻인 거죠. 돈을 최고의 목표, 본(本)으로 삼으면 안 됩니다! 그리고 '천'의 반대말 '귀'를 써서 '귀덕'(貴德)이라고 했습니다. 덕을 높이라는 거죠. '귀'와 '천'을 짝지은 거 보이시죠? 만약 돈에다 '말' 자를 썼으면 덕에다는 '본' 자를 썼겠죠. 이렇게 문법적으로 호응을 시킵니다. 비슷하게 '내'(內)-'외'(外)도 쓸 수 있어요. 내적으로 중요하게 여기고 외적인 것으로 하찮게 여기고, 이런 식으로 호응관계를 맞춰야 합니다. 『대학』에 보면 "군주가 재물을 좋아하면 백성이 흩어지고, 군주가 재물을 나누면 백성이 모여든다"고 했지요. 전근대 왕조시대에 땅 한 조각, 백성 한 사람이 모두 군주의 땅이었고 군주의 백성이었죠. 그런데도 인간의 물욕은 끝이 없었나 봅니다. 군주가 백성의 재물을 끌어모아 축적하는 일이 다반사였으니까요.

아무튼 이렇게 참소하는 말 멀리하는 게 쉬울 거 같죠? 절대 안 그렇습니다. 우리 모두 아부에 약해요. 아부하는 줄 알면서도 넘어가는 게 사람입니다. '색'을 멀리하는 건 또 어떻고요. 돈을 천히 여기고, 덕을 귀히 여기는 건 어디 쉽습니까? 정말 어려운 것들입니다. 이런 것들이 '소이권현야'래요. 그런데 여기에 '권'(勸) 자를 썼죠? 어진 사람, 훌륭하신 선생님이나 좋은 친구를 '권'한다는 게 뭘까요? 이런 사람이 자발적으로 자기에게 가까이 온다는 거예요. 참소에 귀가 펄럭거리고, 여색을 가까이 하고, '돈돈돈돈' 노래를 하고, 덕 있는 사람 우습게 알면 좋은 선생, 좋은 친구 못 만나요. 그러니까 '권현'은 그런 좋은 선생, 좋은 친구를 만날 수 있다, 가까이 할 수 있다는 뜻입니다. '가까울 근(近)' 자를 쓰셔도 좋아요. 이 문장을 '어진 사람을 권면한다'라고 하면 무슨 말인지 모호해집니다. 이 '권'의 의미를 확실히 아셔야 해요.

존기위尊其位 **중기록**重其祿 **동기호오**同其好惡 **소이권친친야**所以勸親親也라. 그럼 부모·친척하고 가까이 지내려면 어떻게 해야 될까요? 여기서도 재물과 감정의 공유를 말합니다. 군주의 일가친척의 원망은 어디에서 오는가. 벼슬자리와 녹봉을 넉넉히 해주지 않으면 원망할 수밖에 없다는 겁니다. 감정의 공유도 중요합니다. 좋아하고 싫어하는 것을 같이하는 공감대가 있어야 군주의 일가친척이 군주의 울타리가 되어 군주를 지켜 주겠죠.

관성임사官盛任使 **소이권대신야**所以勸大臣也. 그럼 다음으로 군주 측근에서 국사를 담당하고 있는 대신들은 어떻게 대우해야 할까요? '관성임사'로 간단하게 나와 있네요. 대신은 밑에 관속, 부리는 사람이 넉넉하고, 그들을 임명하고 일을 시키는 데 전권이 보장되어야 합니다. 이래야 대신답게 일을 계획하고 추진해 갈 수 있겠지요. 그럼 대신의 이런 재량권은 무슨 의미가 있을까요? 군주가 대신을 전적으로 신뢰해야만 그만 한 권한을 줄 수 있는 거죠. 대신이 자신의 자리에 맞는 권한을 가지고 있을 때, 주변 사람들은 아! 저 사람은 군주가 믿는 사람이구나, 이런 생각을 하게 됩니다. 이래야 대신의 영이 서겠지요. 일이 됩니다.

충신중록忠信重祿 **소이권사야**所以勸士也. 신하들이 일을 잘하게 하려면 어떡해야 돼요? 군주가 '충신', 진심으로 믿습니다. 그런데 믿기만 하면 뭐해요? 월급을 제대로 줘야죠. '중록'입니다. 중히 준다. 여러분, 세상 모든 일은 항상 마음과 돈이 같이 갑니다. 국가 경영도 마찬가지죠. 마음만으로 되는 게 아니에요. 진심으로 믿고, 월급도 제대로 줘야 돼요.

시사박렴時使薄斂 **소이권백성야**所以勸百姓也. 다음에 백성들한테는 '시사박렴' 해야 해요. '시사'의 '사'(使) 자는 부리는 걸 말하는데, 전쟁에 징집하는 것과 성·다리 등을 쌓고 만드는 부역을 가리킵니다. 그런 부역을 '시'(時), 때에 맞게 해야 합니다. 때에 맞게 한다는 게 뭐냐면, 씨 뿌리는 봄, 김매는 여름, 추수하는 가을에는 부역에 동원하면 안 돼요. 가을 끝나고 해야죠. 그래서 부역에 관련된 시나 기록을 보면 춥다는 얘기가 무척 많이 나와요. 우리 생각엔 왜 군이 그렇게 추울 때 하나 싶지만, 농경사회에서는 추수할 때까지는 사람을 동원할 수가 없는 겁니다. 그래서 전쟁도 대부분 겨울에 해요. 성 쌓는 것도 마찬가지고요. 농사일이 있을 땐 할 수가 없거든요. 사람들을 모아 놔도 마음이 다 논밭에 가 있어서 전념이 안 돼요. 이게 농민군의 기본적인 속성입니다. 어쩔 수가 없어요. 직업군인하곤 다릅니다. 그러니까 여러 종류의 부역을 때에 맞게 해야 된다는 거죠.

'박렴'의 '렴'(斂)은 세금이에요. 이 세금을 가능한 한 박하게 걸어야 한다는 겁니다. 이 문제에 우리 다 얼마나 예민해요, 그죠? 『대학』에도 나오는데, 나라를 운영하는 사람은 최소한으로, 능률적으로 국가를 경영할 경비를 먼저 계산해야 합니다. 그다음에 세금을 조금 걷어야지, 세금 많이 걷겠다고 일 꾸미면 안 된다고 되어 있어요. '박렴' 하니까 '가렴주구'(苛斂誅求)라는 사자성어가 떠오르네요. 가혹하게 세금 걷고, '주'(誅) 자도 '가혹하게', '못살게 군다'라는 뜻이고, '구'(求) 자는 찾아낸다는 의미예요. 시쳇말로 탈탈 털어낸다는 거죠. 공자는 그러지 말고 '박렴'하라고 합니다. 세금 문제는 아주 간단해요. 무조건 조금 걷으면 되는 거예요. 최소한만요.

참고로 『맹자』에 나오는 '왕도정치'의 길은 두 개예요. 형벌을 가능한 한 줄이는 것과 세금을 박하게 하는 것. 이러면 왕도정치가 되는 겁니다. 예나 지금이나 국가 재정의 상당 부분은 국방비로 가거든요? 세금 많이 걷어서 태반이 군비에 쓰여요. 부국강병책 한다고. 그렇기 때문에 줄일 수 있다고 보는 겁니다. 그러니까 『논어』나 『맹자』에 나오는 세금 조금 걷으라는 말은 결국 국방비 줄이라는 거, 전쟁하지 말라는 거예요. 이렇게 세금을 조금 걷으면 '소이권백성야'(所以勸百姓也)라. 백성들을 '권'하게 된다는 겁니다. 이때 '권'(勸) 자는 쉽게 말해 백성들이 살맛나는 거예요. 백성들이 권면되면 열심히 농사지어요. 누가 열심히 안 짓겠어요? 그러면 세금도 많이 걷히겠죠. 그런 겁니다. 백성들이 더 노력하게 된다. 백성들이 자발적으로 열심히 살면서 서로 열심히 살자고 격려하게 되는 거예요. 모든 군주들이 꿈꾸는 것, 백성들이 자발적으로 일하고 세금 내주고 군주를 믿는 것이죠. '무신불립'(無信不立), 백성들이 신뢰하지 않으면 나라가 유지될 수 없다는 것을 제일 잘 알고 있었던 사람, 바로 군주였죠.

일성월시日省月試 **희름칭사**旣稟稱事 **소이권백공야**所以勸百工也. '일성월시'에서 두번째 글자는 '성'으로 읽을게요. 이 글자는 '살필 성'과 '생략할 생', 음이 두 개인데, 여기선 '성'으로 읽습니다. 그러면 '일성월시'가 무슨 뜻이냐? 기술자들이 납품하는 제품들을 매일매일 살펴 체크해요. 그리고 다달이 그 품질을 시험해 봐요. 일종의 품질 관리랄까요? 이 당시 사람들이 여러분들이 생각하시는 것처럼 허투루 살지 않았어요. 엄청 세련되고 철저했습니다. 그릇도 홈세트로 갖춰 놓고 그래요. 유물만 봐도 대단하고, 실내장식은 또 얼마나 화려했는데요. 특히 귀족들은 지금 우리보다 훨씬 더, 상상할 수 없을 만큼 잘 차려 놓고 살았잖아요. 아무튼 이렇게 제품을 잘 살펴보고요.

'희름칭사'(旣稟稱事)의 첫 글자는 원래 '기'(旣)인데, 여기서는 '희'로 읽으세요. 이 '기' 자를 찾아보면 쌀, 식량을 뜻하는 '희'(餼) 자와 같다는 뜻이 있어요. 이런 뜻일 때는 '희'로 읽습니다. 여기서는 '식량을 보내다'라는 넓은 의미로 쓰였고요. 다음 글자인 '름'(稟) 자는 창고란 뜻입니다. 그래서 '희름'은 국가 창고에 있는 곡식으로 월급을 준다는 거예요. '칭'(稱) 자는 '호칭' 할 때 쓰는 '부를 칭' 자인데, 원래의 뜻은 천칭, 그러니까 저울에 맞추는 거예요. '헤아리다'라고 해도 좋아요. 그릇 열 개를 이 정도 수준으로 해오면 얼마다. 이럴 때 '칭' 자를 씁니다. 그러니까 '칭사' 하면 '일에 맞게'죠. 매일매일이든 다달이든 기술자가 한 만큼의 일이 있을 거 아니에요? 그릇 다섯 개다, 호미 열 개다. 이런 결과물에 맞게 곡식 창고에서 일당이나 월급을 주라는 겁니다. 이걸 보면 한편으로는 '아, 옛날에도 중간에서 많이 떼어 먹었나 보다' 싶기도 해요. 아무튼 핵심은 제대로 대우를 해주라는 거죠. 값도 제대로 쳐주고, 제때제때 돈 지급하고요. 그러면 '소이권백공야'(所以勸百工也)라. 많은 기술자들이 노력한다 혹은 더 열심히 일한다. 이런 의미입니다.

그다음에 **송왕영래**送往迎來 **가선이긍불능**嘉善而矜不能 **소이유원인야** 所以柔遠人也라. '송왕', 우리나라를 떠나는 사람을 전송하고, 그러니까 잘해서 보내준다는 거겠죠? '영래', 오는 사람을 환영해요. '가선이긍불능'의 '가선'에서 '선'(善)은 여행자들 중에서도 능력자라든가 인재들을 의미합니다. 이런 똑똑하고 능력 있는 사람이 찾아오면, '가'(嘉) 한다는 건데, '아름다울 가' 자죠? 결국 잘 대해 준다는 얘깁니다. 반면에 '긍불능', 능력이 없는 사람들, 초라하고 어려운 유민이나 난민 같은 '불능'한 사람들은 '긍'(矜), 불쌍히 여겨 도와준다는 겁니다. '긍휼히 여기소서' 이런 말 낯익죠? 이때 쓰는 '불쌍히 여길 긍' 자입니다. '긍지' 같은 단어에서처럼 '자랑할 긍'의 뜻으로도 쓰이지만 여기서는 아니에요. 아무튼 어려운 방문자들을 불쌍히 여겨서 뭐 하나라도 더 해주려고 합니다. 이러면 '유원인'이 되는 거예요. 어때요, 너무너무 구체적이죠?

마지막으로 '회제후'는 어떻게 할까요? **계절세**繼絶世 **거폐국**擧廢國 **치란지위**治亂持危 **조빙이시**朝聘以時 **후왕이박래**厚往而薄來 **소이회제후야**所 以懷諸侯也입니다. 제후들을 품어서 너그럽게 대한다는 건 곧 신망을 얻는 거잖아요. '인자무적'(仁者無敵)이라는 사자성어를 생각해 주십시오. 어진 사람에게 적이 없다는 거잖아요. 이 '회제후'가 바로 이것과도 통합니다. 회제후는 곧 전쟁하지 않고 왕천하(王天下), 천하를 가지게 되는 길이에요. 그래서 이 부분은 『맹자』 읽으실 때 한 번 더 보셔야 돼요. 왜 꼭 전쟁만으로 천하를 통치하려고 하냐는 거예요. 결국 중요한 건 '어떻게 인심을 얻을 것인가'인데 말이죠.

　구체적인 내용으로 들어가서 '절세'는 후손이 끊겨 제사를 지낼 사람이 없는 제후 집안을 말합니다. 이런 집안은 '계'(繼), 후손을 찾아서 제사를 지낼 수 있게 해줘야 합니다. 이것을 집안을 이어 준다고 하는 거죠. 집안뿐 아니라 멸망한 나라들도 제사가 끊기겠지요? 정복 군주들이 정복당한 백성들의 마음을 수습하려면 망한 나라의 제사를 끊으면 안 됩니다. 무왕은 은나라를 정복한 후에 마지막 군주 주(紂)는 처형했어요. 하지만 미자(微子: 주의 이복형)에게 송(宋) 땅을 봉해 주어 은 선조의 제사를 계속 지내게 했습니다. 그리고 우 임금이 세웠던 하나라의 후손도 찾아내어 기(杞) 땅을 주어 제사 지내게 했습니다. 주왕조 초기에 비교적 빠른 시간에 민심이 수습된 것은 바로 이런 백성의 마음을 헤아리는 정책 때문이었습니다.

범위천하국가유구경凡爲天下國家有九經 **소이행지자일야**所以行之者一也. 무릇 천하와 국가를 다스리는 데 구경이 있는데, 이것을 행하는 것은 하나이다. 여기서 하나는 성(誠)을 말합니다. 구경을 단계별로 차근차근 실행해 나가는 데 '성' 하나를 가지고 가야 된다는 거죠. '성'에 대해 본격적으로 논하기 전에 여기에서 '하나'라는 표현으로 미리 나왔네요.

凡事豫則立, 不豫則廢.
범 사 예 즉 립 불 예 즉 폐

言前定則不跲, 事前定則不困.
언 전 정 즉 불 겁 사 전 정 즉 불 곤

行前定則不疚, 道前定則不窮.
행 전 정 즉 불 구 도 전 정 즉 불 궁

在下位不獲乎上, 民不可得而治矣.
재 하 위 불 획 호 상 민 불 가 득 이 치 의

獲乎上有道, 不信乎朋友, 不獲乎上矣.
획 호 상 유 도 불 신 호 붕 우 불 획 호 상 의

信乎朋友有道, 不順乎親, 不信乎朋友矣.
신 호 붕 우 유 도 불 순 호 친 불 신 호 붕 우 의

順乎親有道, 反諸身不誠, 不順乎親矣.
순 호 친 유 도 반 저 신 불 성 불 순 호 친 의

誠身有道, 不明乎善, 不誠乎身矣.
성 신 유 도 불 명 호 선 불 성 호 신 의

모든 일은 미리 생각해 두면 제대로 할 수 있고, 미리 생각하지 않으면 제대로
되지 않습니다.

말은 미리 할 말을 정해 두면 차질이 생기지 않고, 일은 미리 생각해 두면 막히
지 않습니다.

행동은 미리 정해 두면 결함이 없게 되고, 도는 미리 정하면 막히는 일이 없습

니다.

아랫자리에 있으면서 윗사람에게 신임을 얻지 못하면 백성들을 다스릴 수 없습니다. 윗사람에게 신임을 얻는 데 방법이 있으니 친구들에게 믿음을 얻지 못하면 윗사람에게 신임을 얻지 못합니다.

친구들에게 믿음을 얻는 데 방법이 있으니 부모님의 뜻을 따르지 못하면 친구들에게 믿음을 얻지 못합니다.

부모님의 뜻을 따르는 데 방법이 있으니 자신을 돌이켜보아 성실하지 못하면 부모님의 뜻을 따르지 못합니다.

자신의 몸을 성실히 하는 데 방법이 있으니 지선을 분명히 알지 못하면 몸을 성실하게 하지 못합니다.

범사예즉립凡事豫則立 **불예즉폐**不豫則廢. 여기서 '일'[事]이란 것은 달도(達道)·달덕(達德)·구경(九經)과 같이 각 개인이 실천해야 할 일을 말합니다. 이 모든 일을 제대로 해나가기 위해서는 미리 예견하고 준비해야 한다는 거예요. 주석을 보면 "豫 素定也"예 소정야라고 되어 있습니다. '본디 소(素)' 자, 평소에 미리 정해야 된다는 거죠. 삶의 방향은 이렇게 일찍부터 정해 놓아야 하는 겁니다. 평소에 미리 정한 것이 없다면, 하는 일마다 막히고 결국 망치게 되겠죠. 두려운 일입니다.

'언'(言)과 '사'(事)와 '행'(行)과 '도'(道)가 서로 연이어 나오네요. 평소에 정해 놓아야 할 일이 이 네 가지인 거죠. **언전정즉불겁**言前定則不跲에서 '겁'(跲) 자는 쉽게 말하면 '미끄러진다', '엎어진다'는 뜻이에요. 일이 잘못되는 거죠. 우리가 말을 할 때 '전정', 즉 미리 내가 이런 말을 하면 상대방이 이렇게 생각할 것이라는 것을 생각해 두면, 이게 바로 앞 문장에서의 '예'(豫)겠죠? 그러면 실수하지 않게 되겠지요. 미리 예정하면 신중히 한다는 거잖아요. 생각해 보면 말을 함부로 했을 때 닥치는 화가 얼마나 많습니까? 나의 말실수로 가족과 친구가 상처받지요. 생각 없이 말하고 되는 대로 말하면 매일 미끄러지죠. 말은 신중하고 신중하게, 미리 예정해서 해야 합니다. 이렇게 하면 '불겁', 넘어지지 않아요. 이럴 때 넘어진단 표현이 재미있죠? 자기 말에 자기가 넘어진단 표현, 옛날 어른들이 쓰시곤 했지요.

사전정즉불곤事前定則不困. 우리가 일을 해나갈 때도 미리 앞으로의 진행상황을 예견한다면, 그 일의 방향이 확실히 정해져 있으면 곤란을 당하지 않겠지요. 일이 매끄럽게 진행되지 않고 삐걱거린다면 사전의 준비상황을 점검해 봐야겠죠.

행전정즉불구行前定則不疚, 우리가 무언가를 실행할 때 어떻게 해야 되는지를 미리 생각해 두면, '불구'라고 하네요. '구'(疚) 자는 주석에 '병들 병(病)'이라고 되어 있어요. '불구' 하면 문제점이 없다는 말이죠. 행동할 때 미리 신중히 생각하고 처신하면 심각한 문제가 생기지 않아요.

다음에 **도전정즉불궁**道前定則不窮이라. 우리가 어떻게 살아야겠다는 '도리'의 방향이 미리 정해지면 '궁'(窮)하지 않다, 막힘이 없답니다. '궁'은 '막힐 궁' 자인데, '혹'(惑) 자와 바꿀 수 있어요. 흔들리는 거죠. 처음부터 '따라야 할 도리'를 딱 정하고 그 길로 가면 나중에 막히거나 흔들릴 일이 없습니다. 인생 한 삼사십 년 살고 나서 아이고, 더 이상 이렇게는 안 되겠다, 앞으로 어떻게 살아야 될까 하면서 허둥대는 일이 없다는 거죠. 사십이 '불혹'(不惑)이라고 했는데, 미리 방향 설정을 해야지 나이 들어가면서 흔들리지 않게 되겠지요.

재하위불획호상在下位不獲乎上 **민불가득이치의**民不可得而治矣라. 20장-2에서 나온 문장이 다시 나왔네요. 20장-2에서는 '신하가 군주의 신임을 받지 못하면 백성을 다스릴 기회를 얻지 못한다'는 뜻이었습니다. 앞에서 간단히 해석만 하고 넘어갔는데 여기서 차근차근 살펴보죠. '재하위'는 "아랫자리에 있으면서"란 뜻입니다. '아랫자리'라는 건 직책상 아랫자리일 수도 있고, 부모에 비해선 자식이 아랫자리겠죠. '불획호상'에서 '호'(乎)는 '~에게'로 보시면 됩니다. '호상'하면 '윗사람에게'가 됩니다. '획'(獲)은 '획득하다' 할 때 쓰는 '얻을 획'자고요. 그러니까 "아랫자리에 있으면서 윗사람에게 얻지 못하면"이란 뜻인데 뭘 얻지 못한 거죠? 여기서는 '믿을 신(信)' 자가 생략되어 있습니다. 윗사람에게 인정을 받지 못하면, '민불가득이치의', 백성들을 얻어서 다스릴 수가 없대요. 참고로 언해에 보면 "아랫位에이셔우희獲디못ᄒ면民을可히시러곰"이라고 나오는데요, 여기서 '시러곰'이 '얻다'의 옛말이에요. '능'(能) 자의 의미를 포함하고 있다고 보면 됩니다. "아랫자리에 있으면서 윗사람에게 신임을 얻지 못하면 백성들을 능히 다스릴 수가 없다." 네, 그렇죠. 윗사람의 신임이 있어야 자기가 맡은 일을 제대로 시행할 수가 있을 거 아니에요. 그럼 이제 고민이 됩니다. 어떻게 해야 윗사람에게 신임을 얻지? 다음 문장으로 바로 이 얘기가 이어져요.

그전에 잠깐 샛길로 가 보면, 이 문장은 『맹자』에도 나옵니다. 「이루장구」(離婁章句) 12장이에요. 그런데 말이죠, 우리야 큰 관심 없지만 이 문장이 『중용』에 먼저 쓰였는지 『맹자』에 먼저 쓰였는지 이런 거 갖고 연구하는 학자들도 많습니다. 그런데 최근에 『중용』을 먼저라고 보는 설이 굳었어요. 1972년 무렵부터 중국에서 본격적으로 유물을 발굴하기 시작했거든요. 그러면서 오래된 죽간이나 목간이 엄청 쏟아져 나왔습니다. 이때 크게 주목받은 텍스트 중 하나가 『중용』이에요. 죽간으로 된 발굴자료를 보면 지금 우리가 읽는 『중용』하고 거의 차이가 없는 거예요. 그래서 『중용』의 사료적 중요성이 엄청 커졌습니다. 이전에는 『중용』을 『예기』의 한 장이었던 것이 『대학』과 함께 사서의 하나로 독립된 줄 알았는데, 사실 전한(前漢)시대 『예기』가 만들어지기 전에 그 텍스트가 있었던 거죠. 현재 전해지는 『예기』 49편은 기원전 1세기 전한시대, 한무제 때 학자들이 편찬한 것입니다.

그래서 『중용』의 가치가 굉장히 커진 반면, 『노자』는 한바탕 뒤집어졌어요. 그전까지 읽던 왕필본을 출토문헌과 비교해 보니까 글자 수가 너무 많이 달라진 거예요. 그래서 새로운 버전으로 읽게 됐어요. 저도 다시 새로 읽고, 다시 공부했습니다. 출토문헌이 나올 때마다 문장이 바뀌어서 제가 『노자』 책 산 것만 해도, 진고응 판으로만 세 권을 샀어요. 아, 출토과정에서 사라진 줄 알았던 텍스트가 새로 나오기도 했습니다. 『오자병법』, 『손빈병법』 같은 책은 없어진 줄 알았는데 발굴되었습니다. 앞으로도 무슨 내용이 나올지 흥미진진해요. 아무튼 『중용』은 옛날부터 거의 변함이 없는 텍스트라는 거, 그래서 지금 우리가 본 문장도 『맹자』보다 『중용』에 먼저 쓰였을 거라고 추측할 수 있죠.

다시 본문으로 돌아올게요. **획호상유도**獲乎上有道하니 **불신호붕우**不信乎朋友면 **불획호상의**不獲乎上矣리라. 해석은 어렵지 않습니다. 윗사람에게 신임을 얻는 데 방법이 있으니, 친구들 사이에 믿음을 얻지 못하면 윗사람한테 신임을 못 얻는다는 거죠. 네, 여기서부터 시작하는 겁니다. '수신' 다음에 '존현'이 나왔던 것도 이해가 가지요? 친구관계가 이렇게 중요해요. 그러면 친구한테 어떻게 신임을 얻지? 그다음에 나오잖아요.

신호붕우유도信乎朋友有道하니 **불순호친**不順乎親이면 **불신호붕우의**不信乎朋友矣라. 친구들한테 신임을 얻는 데도 또 방법이 있어요. 다 가르쳐 주고 있네요. '불순호친', 부모에게 '순'하지 않으면 친구들에게 신임을 얻을 수 없다. 이때 '순'(順)은 어버이의 마음을 잘 헤아려서 부모님의 뜻을 따른다, 순종한다는 의미예요. '따를 종(從)' 자로 보셔도 좋겠죠. 근데 이게 겉으로만이 아니라 마음으로 진심으로 따르는 겁니다. 이거 엄청 어려운 거 다들 너무 잘 아실 겁니다. 아무튼 그러면 부모 마음을 어떻게 따르느냐? 또 다 나와 있죠.

순호친유도順乎親有道하니 **반저신불성**反諸身不誠이면 **불순호친의**不順乎親矣입니다. 부모님의 마음을, 뜻을 따르는 데에는 또 방법이 있으니, 의미상 '반저신' 떼고 '불성'이에요. 그래서 사실은 '반저신이불성', 이러면 좋아요. '말이을 이(而)' 자는 많이 생략하니까요. '반저신'에서 '저'(諸)는 '지어'(之於)입니다. '반지어신', 자기 자신에게 되돌이켜서 반성하는 거예요. 결국 '수신'이 출발점입니다. 자기 자신에게 내가 왜 이럴까 되돌이켜 보았는데 '성'(誠)하지 못하면, 성실하지 못하면, '불순호친의', 부모님의 뜻을 따를 수가 없어요. 그러면 나 자신에게 성실한 건 어떻게 하느냐?

성신유도誠身有道 **불명호선**不明乎善 **불성호신의**不誠乎身矣. '성신'에도, 나 자신을 성실히 하는 데도 방법이 있으니, '선'에 밝지 못하면, 자기 자신을 성실하게 할 수 없대요.

주석을 좀 보고 갈까요? 여기서는 '반저신불성'을 어떻게 설명하고 있나 하면, "謂反求諸身而所存所發위반구저신이소존소발 未能眞實而無妄也미능진실이무망야"래요. 앞에서 몇 번 나왔던 '반구저신'(反求諸身)이 눈에 띄죠? 되돌이켜서 '수신' 상태를 점검해 보는 겁니다. 『맹자』에도 나오는 유명한 말입니다. 남 탓하기 전에 우선 자신을 점검해 봐라. 몇 번까지 한다고 그랬죠? 네, 세 번까지! 모든 일에 있어서 이게 왜 안 될까 싶어도 세 번 정도는 해봐야 됩니다. 우린 세 번은커녕 한 번도 안 하고 상대편을 비난하고 원망하잖아요. 자, 상대가 무례하게 굴 경우 되돌이켜서 자기가 무슨 빌미를 주었나 생각해 보라고 합니다. 그렇게 '반구저신'해서 '소존소발'이, '존'(存)한 것과 '발'(發)해 지는 것이, 이 말은 곧 내 마음속에 있는 것과 그것이 드러나는 것, 표 현되는 것이 '미능진실무망야', 능히 진실되어 망령됨이 없지 않은가 를 점검하라는 거죠. 만약 진실되지 못한 구석이 있다면 상대방과 갈 등이 생긴다는 거죠. 그러니까 '성'(誠) 자를 여기선 '진실무망'이라고 푼 거예요. '성'이 뭐예요? 진실되고 망령됨 없는 거죠. 이럴 때 '망령 됨'은 '거짓'이란 뜻입니다. 다른 말로 자기기만하지 않는 겁니다. '무 자기'(毋自欺). 『대학』에도 나오죠. 스스로를 기만하지 말라는 거예 요. 결국 망령됨이 없는 진실됨이 바로 성실함입니다.

'성' 다음에 '선'에 대해서도 나옵니다. 여러분, 그냥 착한 걸 선 이라고 보시면 곤란합니다. 여기서 선은 그런 게 아니에요. 주석에는 '불명호선', 선에 밝지 못한 것이 "謂不能察於人心天命之本然위불능찰 어인심천명지본연 而眞知至善之所在也이진지지선지소재야"라고 나오죠. '인심 천명'의 본연의 모습을 살펴서 '지극한 선'[至善]이 있는 바를 참으로 알지 못하는 것이라고요. 선에 밝은 것, '명호선'은 '지선'(至善)이 있 는 곳을 아는 것입니다. 『대학』에 "대학지도 재명명덕 재친민 재지어 지선"(大學之道 在明明德 在親民 在止於至善)이라고 나오는데요, 여 기 나오는 '명덕'을 곧 '선'이라고 보시면 됩니다. 그게 곧 '인의예지' 고요. 인간이 가지고 태어난 '인의예지'가 곧 '명덕'이거든요. '선'을 밝 게 한다는 게 『대학』에서는 '명명덕'(明明德)으로 표현된 거죠. 명덕, 인의예지, 선. 다 통하는 말입니다. 인간이 '인의예지'를 갖고 태어났 다는 것, 인성의 그러한 측면을 밝게, 분명히 알지 않으면 자신에게 '성'할 수가 없다고 합니다. 네, 그러니까 나를 성실하게 하는 데, 내 자신을 진실되게 만드는 데 방법이 있는데, 그게 뭐냐 하면 인간이 가지고 태어난 '선', '성'(性), 인의예지의 본성, 명덕, 내가 이것들을 가지고 태어난 존재라는 자각을 해야 하는 거예요. 그러면 함부로 살 수가 없습니다. "난 그런 거 못해" 같은 소리 할 수 없어요. 다 할 수 있으니까. 이게 『맹자』에 나오면 인성론이 되고 성선설이 되죠. 이렇게 다 맞물려 들어갑니다.

정리하자면 인간은 스스로 훌륭한 사람이 될 수 있다는 것을 분명히 알지 않으면 자기 자신을 성실하게 할 수 없어요. 존재의 근원에 대한 자각이 있어야 일생 동안 성실하게 살 수 있는 거죠. 그렇지 않으면 그냥 거짓되게 붕 떠서 사는 겁니다. 어려운 글자도 없이 평범한 말인데 참 중요하고 또 새겨야 할 말이죠?

誠者, 天之道也; 誠之者, 人之道也.
성 자 천 지 도 야 성 지 자 인 지 도 야

誠者, 不勉而中, 不思而得, 從容中道, 聖人也.
성 자 불 면 이 중 불 사 이 득 종 용 중 도 성 인 야

誠之者, 擇善而固執之者也.
성 지 자 택 선 이 고 집 지 자 야

성실한 자는 하늘의 도요, 성실히 하려는 자는 사람의 도입니다.

성실한 자는 힘쓰지 않아도 도에 맞으며 생각하지 않아도 얻어서 알아서 자연

스럽게 도에 맞게 되니 성인입니다.

성실히 하려는 자는 선을 택하여 굳게 잡아 지키는 자입니다.

이제부터는『중용』의 '성'(誠)이 무엇인가가 본격적으로 나옵니다. 제가『중용』의 주제어가 '성'이라고 그랬는데요, 천도와 인도를 나란히 말하면서 '성'을 설명하네요.

성자誠者 **천지도야**天之道也요, **성지자**誠之者 **인지도야**人之道也라. 바로 '천도'와 '인도'가 나오죠? 여기서 '천도'를 일종의 자연법칙이라고 보는 분도 있어요. 그런데 지금 '인도'가 우리의 관심이죠. 인간이 가야 될 도리, 인간으로서 어떻게 일생을 잘 살아갈 것인가 하는 거요. 이 문장은 '자'(者)를 어떻게 해석하느냐에 두 가지 번역이 가능합니다. '자'를 사람으로 해석하면 "성실한 사람은 천도대로 사는 사람이요"라고 할 수 있습니다. 그러니까 어떤 사람이 태어난 그대로 그냥 '성'(誠)해요. 진실되고 거짓 없고…. 이 정도면 앞에 나왔던 표현으로는 '생이지지자'(生而知之者)죠. 성인이십니다.

그럼 '성지자'(誠之者)는 어떻게 해석하는가? '그것'을 '성'하려고 하는 자, 그러니까 '성하려고 노력하는 사람' 정도의 뜻입니다. 우리 같은 평범한 사람들, 배워서 노력하는 사람들, 면강하고 학이지지(學而知之)하는 우리 같은 사람이 바로 '성지자'예요. 이 문장은『맹자』「이루장구」에도 나오는데요, 거기서는 '성지자' 대신 '사성자'(思誠者)라고 나옵니다. '성'을 생각하는 사람이라고요. 어쨌든 이런 해석은 모두 '자'를 사람이라고 해석한 경우입니다.

또 다른 해석은 "'성'한 것은 '천도'요, '성'해지려고 하는 것은 '인도'다"라고 '자'를 사람이 아니라 '~하는 것'으로 해석하는 경우예요. 현재 번역본은 거의 반반일 겁니다. 이어서 천도대로 사는 사람, 성인에 대한 설명이 나옵니다.

성자誠者 불면이중不勉而中 불사이득不思而得 종용중도從容中道 성인야
聖人也. 성지자誠之者 택선이고집지자야擇善而固執之者也. '성'은 진실무망
한 것이고 천리의 본연입니다. 성인의 덕은 태어난 그대로 혼연히 천
리이기 때문에 후천적인 작위, 별도의 노력이 필요없지요.『맹자』에
서는 '성지'(性之)라고 했는데, 요순 같은 분들이 여기 해당됩니다. 생
각함과 힘씀이 없이 자연스럽게 도에 맞게 되지요. 바로 천도와 인도
가 부합된다는 거지요. 하지만 '성지자'는 완전히 진실무망하지 못한
인간, 인간 중에서 현인이라고 할 수 있죠. 이들은 부족함을 알기 때
문에 진실무망을 의식적으로 추구합니다. 성인의 단계에 이르지 못
한 이상 인욕의 사사로움이 없을 수 없으니, '명선'에 대한 뜻을 굳게
하여 지켜 나가야겠지요.『맹자』에서는 '반지'(反之)라고 하고, 탕왕·
무왕을 예로 들었습니다. 완벽한 성인의 단계를 회복하려 하는 자란
뜻이지요. 이것이 사람의 도리인 거죠.

博學之, 審問之, 愼思之, 明辨之, 篤行之.
박 학 지 심 문 지 신 사 지 명 변 지 독 행 지

有弗學, 學之弗能, 弗措也; 有弗問, 問之弗知, 弗措也;
유 불 학 학 지 불 능 불 조 야 유 불 문 문 지 불 지 불 조 야

有弗思, 思之弗得, 弗措也; 有弗辨, 辨之弗明, 弗措也;
유 불 사 사 지 불 득 불 조 야 유 불 변 변 지 불 명 불 조 야

有弗行, 行之弗篤, 弗措也.
유 불 행 행 지 불 독 불 조 야

人一能之, 己百之; 人十能之, 己千之.
인 일 능 지 기 백 지 인 십 능 지 기 천 지

果能此道矣, 雖愚必明, 雖柔必强.
과 능 차 도 의 수 우 필 명 수 유 필 강

널리 배우며 자세히 묻고 신중히 생각하며 분명하게 판단하며 철저히 행해야
합니다.

배우지 않음이 있을지언정 일단 배운다면 능하지 않은 단계에서 포기하지 않
습니다.

묻지 않음이 있을지언정 일단 묻는다면 알지 못하는 것이 있으면 포기하지 않
습니다.

생각하지 않음이 있을지언정 일단 생각한다면 터득하지 못하는 것이 있으면
그만두지 않습니다.

분명하게 판단하지 않는 경우가 있을지언정 일단 판단한다면 분명하지 않으면 놓지 않습니다.

행하지 않음이 있을지언성 일단 행한다면 철저히 하지 못하는 일이 있으며 접지 않습니다.

다른 사람이 한 번에 잘할 수 있으면 나는 백 번을 하고, 다른 사람이 열 번에 잘할 수 있으면 나는 천 번을 해야 합니다.

참으로 이러한 방법에 능하게 되면 비록 어리석은 사람일지라도 반드시 현명해지고 비록 유약한 사람일지라도 반드시 굳건해질 것입니다.

앞에서도 말씀드렸지만, 『중용』 20장은 『공자가어』에는 「애공문정」
이라고 되어 있습니다. 그런데 20장-7, 이 부분부터는 『공자가어』에
는 없습니다. 원래 있던 것이 『공자가어』에서 누락되었는지, 원래 없
던 것을 자사가 『중용』에서 채워 넣었는지, 알 수 없습니다. 제가 처음
『중용』을 배울 때 '박학지'로 시작되는 이 단락이 참 좋았어요. 물론
지금도 좋지만요. 공부는 박학, 널리 배우는 것부터 시작하는구나 하
면서 참 많은 생각을 하게 했던 문장입니다. 워낙 유명하기도 하고요.
성인이 아닌 우리는 천리의 '성'(誠)을 어떻게 잡고 갈 것인가? '학이
지지'(學而知之), 배워서 알아 가고 행해야 할 텐데 구체적으로 어떻
게 해야 하는가. 이 이야기를 하고 있는 부분입니다.

박학지博學之하며 **심문지**審問之하며 **신사지**愼思之하며 **명변지**明辨之
하며 **독행지**篤行之라. 그것을 '박학'하고, 그것을 '심문'하고, 그것을 '신
사'하고, 그것을 '명변'하고, 그것을 '독행'한대요. 여기서 '그것'은 '성'
하고자 하는 목적, 인생의 원대한 지향점을 가리킨다고 보면 됩니다.
박학, 심문, 신사, 명변, 독행이 뭔가를 살펴보자면, 일단 언해에는 "넓
게 배우며, 살펴 물으며…" 이런 식으로 해석되어 있습니다. 두 글자
짜리 단어의 앞 글자를 부사로 본 거죠. 이게 한국식으로 번역을 한
건데, 문법적으로는 사실 "배우기를 넓게 하고"[博學], "묻기를 깊게
하며"[審問]로 해석해야 맞습니다. 앞 글자가 동사예요.

자, 여러분, 배우는 것을 넓게 하는 것이 출발점입니다. 배움은
기본이 '박학'(博學)이어야 됩니다. 처음부터 범위를 좁혀서 "난 요것
만 할래" 이러시면 안 돼요. 공부가 편협해지면 처음에 속도는 빠를
지 모르지만 대성(大成)은 어렵겠지요. 다음에 묻는 것을 '심'(審), 깊

이 있게, 철저하게 묻습니다. 배우면서 질문이 생겨야 정상입니다. 질문이 없다는 것은 이해의 깊이가 없는 거죠. 질문이 생길 때까지 깊이 파고 들어야 하는 거죠. 그리고 '신사'(愼思), 생각을 신중하게 합니다. 신중하게 한다는 건 곧 여러 차례 반복적으로 하는 것, 항상 하는 겁니다. 배우고 질문하는 과정을 통해서 생각이 깊어지고 다음 단계로 나아갈 수 있지요. '명변'(明辨)에서 '변'(辨) 자는 분별하고 판단하는 거예요. 이 방법으로는 안 되겠다, 이건 나에게 맞다, 이런 식으로 선택해 나가는 거죠. 이렇게 분별하고 판단하는 걸 어떻게 한다? '명'(明), 분명하게 해야 돼요. 배우고 질문하고, 배우고 생각하고, 배우고 확실히 아는 연속의 과정 속에서 명철한 판단력이 생기겠지요. '독행'(篤行)은 행동을 돈독히, 두터이 하는 거죠. 역시 배움과 생각을 통과하여 실행, 실천으로 왔습니다. '독'을 다른 말로 하면 '진실무망'이라고도 할 수 있어요. 진실되고 거짓됨 없이, 철저하게 하는 거죠. '성'의 길로 가는 그 '행'을 돈독히, 철저히, 거짓됨 없이, 죽을 때까지 해야 하는 겁니다.

주석을 볼까요. "此誠之之目也"차성지지목야, 이것은 성실하게 하고자 하는 사람이 해야 할 항목이니, 이러면서 위에 나온 다섯 가지 항목을 나눠서 설명합니다. 앞의 네 개, 즉 '학', '문', '사', '변'을 묶어서 "學問思辨학문사변 所以擇善而爲知소이택선이위지 學而知也학이지야"라고 하네요. '선'을 택함으로써 '지'(知), 여기서는 우리의 지혜[智]가 되니 이것이 바로 '학이지지'래요. 그래서 '박학지 심문지 신사지 명변지' 까지가 '학지'에 해당되는 거예요. 그리고 '지'(知)가 있으면 '행'(行)이 있어야겠지요? '능지능행' 여러 번 말씀드렸잖아요. 그래서 '독행지'가 따로 설명되어 있습니다. "篤行독행 所以固執而爲仁소이고집이위인利而行也리이행야." 독행은 확고하게 잡고서 '인'(仁)을 행하는 것이니, '리이행야', 이롭게 알아서, 이렇게 사는 게 나에게 최선의 것이라는 걸 알아서 행하는 것이다. 그래서 "程子曰정자왈 五者오자 廢其一폐기일 非學也비학야", 정자가 말하기를 이 다섯 가지 중에 한 가지라도 폐하면 '학'이 아니래요. '학'과 '문'과 '사'와 '변'은 우리의 인식능력을 확실하고 철저하게 높은 수준까지 올리기 위한 유일한 방법이에요. 그리고 아는 데서 그치면 안 되겠죠. '행'해야 합니다. 어떻게요? 네, 철저하게요.

자, 이 문장은 외운다고 생각하시고 다시 한 번, 아니 여러 번 읽읍시다. '박학지 심문지 신사지 명변지 독행지.' 순서 바꾸시면 안 돼요. 배우는 걸 어떻게 해야 돼요? 널리! 묻는 건 어떻게 해야 돼요? 철저히! 네, 궁구하셔야 됩니다. 생각은 어떻게 해요? 깊이 있게, 신중하게 하셔야죠. 판단할 땐 어떻게 해야 돼요? 분명하게 해야 돼요. 실행할 땐 어떻게 해야 돼요? 네. 진실되고 거짓 없이. 이 모든 걸 지속해나가라. 그러면 천도, 성인의 길로 점점 다가가게 된다. 이 중에 한 가지도 버리면 안 됩니다. 시작은 뭐죠? 네, '박학'입니다. 평생 배워야겠죠? 그럼요, 배움이 끝이 있겠습니까?

그다음 문장은요, 한 구절만 익히면 뒤는 다 같은 형태입니다. **유불학** 有弗學이언정 **학지**學之인댄 **불능**弗能을 **불조야**弗措也하며, '불'(弗) 자는 '아닐 불(不)' 자인 거 아시죠? '유불학', 배우지 않음이 있을지언정. 그러니까 내가 배우지 않겠다면 할 말 없어요. 요새 쓰는 표현을 빌리면

"안 배우면 모를까" 정도로 해석할 수 있겠네요. 자, 그렇게 배우지 않음이 있을지언정, '학지', 그것을 배운다면, '불능', 능하지 못한 것을, '조'(措) 하지 않는답니다. 이 '조' 자는 어디에 갖다 놓는다는 뜻이에요. '조치하다' 이런 말 쓰잖아요? 그러니까 '불조'는 포기하지 않는다, 방치하지 않는다, 이런 뜻입니다. "배우지 않음이 있을지언정, 배우겠다는 마음을 먹으면 능하지 못한 것을 방치하지 않는다"라는 말이죠. 이해 가시죠?

이제부터 다음 문장 다 똑같아요. **유불문**有弗問이언정 **문지**問之인댄 **불지**弗知를 **불조야**弗措也. 묻지 않음이 있을지언정, 궁금하지 않아서 묻지 않는다면 더 얘기할 필요도 없는 거죠. 하지만 일단 의문을 가지고 물으면 알지 못하는 것을 방치하지 않는다. 그대로 놔두지 않고 끝까지 따진다는 거죠.

유불사有弗思이언정 **사지**思之인댄 **불득**弗得을 **불조야**弗措也하며. 생각하지 않음이 있을지언정, 일단 그것을 생각할 때는 얻지 못하는 것이 있으면 포기하지 않는다. 생각하게 되면 확실하게 답을 얻어야 합니다.

유불변有弗辨이언정 **변지**辨之인댄 **불명**弗明을 **불조야**弗措也라. 판별하지 않음이 있을지언정, 일단, 제가 의미를 명확히 하기 위해서 일부러 '일단'을 집어넣어서 해석하고 있어요. 자, 일단 그것을 분별하겠다고 마음먹으면, 분명하지 않은 것을 남겨 두지 않는다.

유불행有弗行이언정 **행지**行之인댄 **불독**弗篤을 **불조야**弗措也라. 실행하지 않음이 있을지언정 일단 그것을 실행한다면 철저하지 않은 부분을 남겨 두지 않아요. 버려두지 않아요. 이 문장 전체에서 '조' 자를

'방치하다', '포기하다', '남겨 놓다', 이런 의미로 보시면 됩니다. 그냥 '놓지 않는다'라고 하면 의미가 살지 않습니다.

그래서 **인일능지**人一能之 **기백지**己百之 **인십능지**人十能之 **기천지**己千之. 너무나도 유명한 문장입니다. 이때 '인'(人)은 다른 사람을 말합니다. 다른 사람이 한 번 만에 이것이 잘돼요. '능'(能)이 동사로 쓰였습니다. '박학지, 심문지, 신사지, 명변지, 독행지', 이것들을 다른 사람은 한 번만 시도해도 척척 잘돼요. 그런 걸 보면 부럽죠. 나는 그렇지 못하니까요. 아무튼 그러면 '기백지', 나는 백 번 합니다. 뒤에는 대구죠? 다른 사람이 열 번 만에 잘하면 부족한 나는 천 번을 합니다. 이런 게 바로 '독행지'예요. 다른 사람이 열 번 하는데 난 아홉 번 한다? 안 돼요, 여러분. 나는 열 배, 백 배 한다, 이런 마음으로 노력하라는 거죠. 이게 '불조', 방치하지 않는 태도예요.

그래서 **과능차도의**果能此道矣 **수우필명**雖愚必明 **수유필강**雖柔必强입니다. '과'(果) 자는 '과연'인데 여기서는 '참으로' 정도로 해석하면 좋습니다. '능'(能)은 부사 '능히'가 아니라 '잘한다'는 뜻의 동사로 쓰였고요. '도'(道)는 우리가 지금까지 본 '박학'부터 '독행'까지의 방법을 가리킵니다. 그러니까 "이러한 도에 참으로 능수능란해지면" 어떻게 된다? '수우필명', 비록 어리석은 사람도 반드시 현명해진대요. '수유필강', 비록 유약한 사람, 그러니까 의지박약자라고 하면 될까요? '난 끝까지 못 가' 하면서 중도에 그만두는 역부족한 사람들도 반드시 강해져요. 이럴 때 끝까지 가 보겠다는, 죽을 때까지 해보겠다고 마음먹고, 해나가는 에너지가 바로 앞에서 봤던 '용'(勇)이에요. '중용'의 삼달덕

중 하나인 '용', 바로 그겁니다. '인'과 '지'만으로는 부족합니다. 강인한 의지력이 있어야 산을 쌓을 수 있는 겁니다.

주석에는 "蓋均善而無惡者개균선이무악자 性也성야"라고 나옵니다. 인간은 모두 다 선하고 악이 없는 게 '성'(性), 그러니까 본성이죠. 1장의 '하늘이 명한 성'입니다. 다름 아닌 성선설이죠. 그래서 "人所同也"인소동야, 타고난 품성에서는 모든 사람이 같은 바라고 합니다. 그러면 차이는 어디서 나오는가? "昏明强弱之稟혼명강약지름 不齊者부제자 才也재야"랍니다. 요즘은 잘 안 쓰지만 사람이 '혼'(昏)하다는 표현을 옛날에 어르신들이 많이 쓰셨거든요. 어떤 사람은 '혼', 어둡고, 어떤 사람은 '명', 밝아요. 또 어떤 사람은 의지가 강하고, 어떤 사람은 의지가 약해요. 이것은 '기질지성'(氣質之性)이죠, 이런 다양한 기질들을 가지고 태어났다네요. '름'(稟) 자는 물려받았다는 겁니다. 그러니 사람마다 기질도 능력도 다른 겁니다. '제'(齊)는 같다는 거잖아요? 이렇게 기질들을 다르게 가지고 태어난 것이 재질이라는 거고, "人所異也"인소이야, 그게 곧 사람들이 각기 다른 바라는 거죠. 사실 여기서 각자의 성격, 개성이 나오지요.

인간이 모두 선한 것은 '성'(性)의 측면에서 같아요. 그리고 '재'(才)의 측면에서는 달라져요. 그런데 여러분, '다를 이(異)' 자 썼죠? 다르다고 했지 차이가 난다고 하지 않았어요. 이게 바로 기질에 따른 편차, '재'에 대한 언급입니다. 기질의 우열이 아니라 다름에서 개인적 편차가 생긴다는 겁니다. 그러니 "난 안 돼, 난 선천적으로 아둔해" 하면서 포기하는 것은 뭐예요? 주석 끝부분에 보면 '자기'(自棄)라고 나와요. 스스로를 포기하는 거죠. 자신을 버리는 것이 주변 사람이 아니라 바로 자기 자신인 거죠. 물론 한 걸음 내딛어 앞으로 나가기 힘든 사람도 있습니다. '불미지질'(不美之質)이죠. 부족한 부분이 많으면 어떻게 해요? 다른 사람이 한 번에 되면 나는 열 번, 백 번 해야지요. 그러면 되는 거죠. 그 다름을 메워 줄 수 있는 것은 꾸준히 반복하는 겁니다. 시간은 걸리겠지만 '성'(誠)에 마음을 두고 지켜 나아가는 것이죠.

여기까지가 20장인데, 워낙 길어서 7개로 나누어 읽었습니다. 『중용』 전체로 보면 12장부터 20장까지가 두번째 묶음입니다. '군자지도 비이은'으로 시작되는 12장의 주제를 13장부터 8개의 장에 걸쳐 밝힌 것이죠. 인간은 '도'를 떠나서 살 수 없다!, 고요. 20장을 읽으시느라 고생하셨습니다. 힘을 내서 다음으로 가죠.

제21장

自誠明, 謂之性. 自明誠, 謂之教. 誠則明矣, 明則誠矣.
자 성 명 위 지 성 자 명 성 위 지 교 성 즉 명 의 명 즉 성 의

성실함으로부터 밝아지는 것을 성이라 하고, 밝음으로 말미암아 성실해지는

것을 교라고 한다. 성실하면 밝아지고 밝아지면 성실해진다.

자, 길었던 20장이 끝나고 21장입니다. 우선 짧아서 좋네요. 주자는 21장부터 33장까지 13개의 장을 모두 자사(子思)의 말이라고 보았습니다. 공자가 20장에서 천도와 인도에 대해 말했는데, 21장은 그 관계를 자사의 입장에서 밝힌 것으로 봅니다. 『중용』 22장부터 33장까지의 12개 장은 다시 21장의 뜻을 반복하여 드러낸 것이고요. 그러니까 21장을 22장부터 33장까지의 주제문으로 보셔도 됩니다.

우선 **자성명**自誠明은 **위지성**謂之性이라. 여기에서 '자성명'을 붙여 읽지 마시고, '자성' 하고 약간 쉬고 '명' 하십시오. '자성이명'인데 '이'(而) 자가 생략된 형태로 보시면 좋습니다. 언해에 '자'(自) 자가 '말미암아'라고 해석되어 있고, 주석에도 '유'(由)라고 되어 있죠? '스스로'가 아니라 '~로부터'로 해석해야 합니다. 그러니까 '자성명'은 '성'(誠)으로부터 '명'(明)해진다는 뜻입니다. 이게 앞장에서 말한 '천도', 성인의 도라는 겁니다. 태어났는데 원래 성실한 사람은 인간 세상을 밝게 비추죠. '위지성', 이를 일컬어 '성'(性)이라고 합니다. 이때 '성'(性)의 의미는 선천적으로 그런 존재란 뜻이겠고요. 우리가 '천명지위성'(天命之謂性)이라고 했죠? 그러니까 하늘이 명한 것에 가장 이상적이고 완벽한 상태가 바로 이 성인의 '성'(誠)인 거예요. 맹자가 '성지'(性之)라고 했던 요순 같은 분들이 여기에 해당됩니다.

그런데 평범한 우리들, '성자'(誠者)가 아닌 '성지자'(誠之者), '생지'(生知)가 아닌 '학지'(學知)나 '곤지'(困知)는 어떻게 해요? 거꾸로 '명'으로부터 '성'으로 나아갑니다. 성해지는 길로, '인도'로 가죠. **자명성**自明誠입니다. 여기서 '명'은 '선명호선'(先明乎善), '먼저 선을 밝게 아는 것'이죠. 먼저 인간이 지켜야 할 도리를 분명히 알아야 그다음

과정이 설계된다는 겁니다. 그리고 **위지교**謂之敎, 이걸 일컬어 '교'(敎)라고 해요. 보통사람들은 가지고 태어난 선을 성실하게 해야 하는데, 그래서 '현인의 학'은 가르침[敎]을 통해서 시작된다는 것입니다. 결국 '교'를 통해서 우리가 점점 더 훌륭해진단 의미입니다. 그런데 1장에서 '교'를 '예악제도', '문물'이라고 해석한 거 기억나세요? 이런 제도와 시스템이 다 인간을 좀더 나은 존재로 만들기 위해 고안된 기구들인 거죠. 그리고 그러한 '교'의 구체적인 항목을 박학지(博學之), 심문지(審問之), 신사지(愼思之), 명변지(明辨之), 독행지(篤行之)라고 볼 수 있는 겁니다.

그러니까 '성'(誠)과 '명'(明)의 관계는 이런 겁니다. '성'하면 '명'해지고, '명'하면 또 '성'으로 가요. 주석을 보시면 "德無不實덕무불실 而明無不照者이명무부조자 聖人之德성인지덕 所性而有者也소성이유자야 天道也천도야"라고 되어 있습니다. 덕에 성실하지 않음이 없고[德無不實], 명이 비추지 않는 것이 없대요[明無不照者]. 여기서 '명'은 위대한 성인이 비추는 빛이라고 보셔도 좋습니다. 문명의 빛 같은 거 있잖아요. 요순 같은 사람은 그 존재 자체만으로 이 세상을 아름답게 만들었지요. 이러한 위대한 존재의 밝음을 '명'이라고 한 거거든요. 그게 비추지 않는 것이 없다는 건 태양처럼 그냥 다 비춘다는 거예요. 그런 게 성인의 덕이죠[聖人之德]. 그러한 성인의 덕을 '성'(性)으로 본래 가지고 태어난 사람들이 '천도'(天道)인 거고요. 여기서 '유'(有) 자는 '본유', 본래 가지고 있다는 의미로 쓰였습니다.

이렇게 '천도'를 설명하고 이어서 '인도'를 설명합니다. '천도'를 지표 삼아서 인간이 어떻게 거기에 다다를 수 있는가를 설명해야겠죠? 그래서 "先明乎善而後선명호선이후 能實其善者능실기선자 賢人之學현인지학 由敎而入者也유교이입자야 人道也인도야"입니다. 먼저 '선'(善)을 분명히 알아야 돼요. 앞장에서 '불명호선'(不明乎善)이라는 구절이 나왔죠? 선에 밝지 못하면 안 되고 '명호선'해야죠. 그런 후에 능히 그 선을 진실되게 해요[能實其善者]. 앞에서 '선'이 곧 '인의예지', '명덕'(明德)이라고 말씀드렸었죠? 그것을 진실되게 하는 것이 '현인'의 '학'[賢人之學]이에요. 그러니 '교'로 말미암아 들어가게 되고[由敎而入者也] 이것이 곧 '인도'(人道)래요. '교'로 말미암아 들어간다는 건 곧 '교'로써 우리가 좀더 나은 존재가 된다는 말이죠. 그런데 이 '교'에는 반드시 단계가 있어요. 우리가 무언가를 배울 때는 순서가 중요하죠. 차근차근 해야지 뛰어넘어서는 안 됩니다. 중요한 건 먼저 '선'(善)에다 딱 마음을 갖다 놓고, 분명히 알고서 차근차근 나아간다는 것, 이게 '교'(敎)이고, 그러면 결국 '성'(誠)해질 수 있는 거죠.

그래서 **성즉명의**誠則明矣 **명즉성의**明則誠矣, '성'한즉 '명'하고, '명'한즉 '성'하다고 합니다. '성'한즉 '명'하단 의미는, 원래 뛰어난 존재는 세상을 밝힌다는 말이에요. 이때 '명' 자는 세상을 밝힌다는 거죠. 그럼 '명'한즉 '성'하다는 의미는 뭐예요? 우리 같은 사람들은 하나하나 분명히 알아 가면서 성실해진다는 겁니다. 이때 '명' 자는 알고 행하면서 위대한 존재가 되어 간다는 의미고요. 이렇게 '명'(明)의 의미가 다릅니다. 성인은 '성'으로부터 '명'해지고 우리 같은 사람들은 '명'으로부터 '성'해져요. 우리는 '교'를 통하여 한 단계 한 단계 성인의 길로 갈 수 있다는 겁니다. 이게 21장의 내용입니다. 여기서부터 이제 '천도'와 '인도' 얘기가 계속 나와요, 인도가 추구하는 것이 천도인 '성'이라는 것을 알려주기 위해서 천도를 설명한 다음에 또 인도를 설명하고, 이런 식으로 계속 왔다 갔다 합니다.

제22장

唯天下至誠爲能盡其性; 能盡其性 則能盡人之性;
유 천 하 지 성 위 능 진 기 성 능 진 기 성 즉 능 진 인 지 성

能盡人之性 則能盡物之性;
능 진 인 지 성 즉 능 진 물 지 성

能盡物之性 則可以贊天地之化育.
능 진 물 지 성 즉 가 이 찬 천 지 지 화 육

可以贊天地之化育 則可以與天地參矣.
가 이 찬 천 지 지 화 육 즉 가 이 여 천 지 참 의

오직 천하의 지극히 성실한 사람이라야 능히 그 성을 다할 수 있다. 그 타고난 성을 다하면 능히 다른 사람의 성을 다할 것이다. 다른 사람의 성을 다하면 능히 만물의 성을 다할 수 있다. 만물의 성을 다하면 천지의 화육을 도울 수 있다. 천지의 화육을 도울 수 있으면 천지와 더불어 참여할 수 있다.

22장은 '자성이명'(自誠而明) 하는 천도를 가지고 태어난 성인의 일을 말한 것이라 합니다. 그런데 가장 눈에 띄는 글자는 뭘까요? 네, 그렇습니다. '다할 진(盡)' 자죠. 천도를 인간 세상에서 모두 구현한다는 겁니다. 이걸 대체 언제까지 다하느냐? 그럼 차근차근 살펴볼까요?

유천하지성唯天下至誠 **위능진기성**爲能盡其性에서 '유천하지성'은 "능히 천하의 지극한 '성'이라야"라는 뜻입니다. 이 "천하의 지극한 성"을 주석에서 살펴보면, "天下至誠"천하지성은 "聖人之德之實"성인지덕지실, 즉 성인의 덕의 성실함이니, "天下莫能加也"천하막능가야, 천하에 능히 더할 것이 없다고 되어 있네요. 여기서 '지성'은 "지성이면 감천" 할 때 그 '지성'인데요, '천하지성'이란 더할 나위가 없는 '성', 최고 수준의 지극한 '성실함'을 말하는 것이겠습니다. 성인은 이렇게 천하에 더할 것이 없는 지극한 '성'(誠)을 가지고 태어난 존재로 '위능진기성', 능히 가지고 있는 능력을 인간과 만물을 위해 모두 베푸는 존재입니다. 물론 여기서 '성'은 가지고 태어난 '인의예지'를 가리키고요. 더할 수 없는 천하의 지극한 '성'(誠)을 발현하여 이 세상을 좀더 나은 단계로 만든다는 거죠.

능진기성能盡其性 **즉능진인지성**則能盡人之性. 성인이 그 '성'을 다하여[能盡其性] 능히 다른 사람이 '성'을 다하게 할 수 있다는[能盡人之性], 도와준다는 말이네요. 여기 생략되어 있는 건 '감동시켜서' 움직인다는 건데요, 자신의 '성'을 다해서 다른 사람을 감동시켜야 다른 사람의 '성'도 능히 다하게 할 수 있습니다. 『중용』의 성인은 어떤 존재인가? 이 세상의 사람과 만물을 최대한 사람답게, 만물도 만물답게 살아가게 하는 존재입니다. 철저하게 베푸는, 이타적인 존재이죠.

이 두 문장은 13장에서 이야기했던 '충'(忠)과 '서'(恕)와도 연결됩니다. 앞의 문장이 '충', 그러니까 '진기지심'(盡己之心)과 통하죠. 자기의 마음을 다하는 것, 자기 성실성이잖아요. 뒤의 문장은 '서', '추기급인'(推己及人)과 통합니다. 자기 성실성을 다른 사람에게까지 확장하는 거죠.

능진인지성能盡人之性 **즉능진물지성**則能盡物之性, 능히 다른 사람의 '성'을 다하게 한 다음에는, 만물[物]의 '성'을 다하게 하는 단계로 나아갑니다. 바로 여기서 '박애'가 나오는 거죠. 나로부터 타인에게로, 타인에게서 삼라만상 우주로까지 확장되는 겁니다. 만물의 '성'을 다하게 한다는 건 쉽게 말해 강아지는 강아지답게, 나무는 나무답게, 이 세상의 모든 존재를 본성대로 살게 해준다는 거예요.

그렇게 **능진물지성**能盡物之性 **즉가이찬천지지화육**則可以贊天地之化育이라. 이제 '만물'이 '천지'로까지 확대됩니다. 여기서 '화육'을 우리말로 옮기기는 쉽지 않습니다. 글자로만 보면 '화'(化)해서 자라나는[育] 건데, 단순히 기른다는 말보다는 좀더 심오한 의미가 있어요. 일단 여러분, '화'와 '변'(變)이 다르다는 걸 아실 필요가 있습니다. 우리가 워낙 '변화'라는 말을 많이 써서 이걸 나눠서 설명하는 게 낯설겠지만요. 쉽게 말해 '변'은 그 과정과 순서가 보이는 거예요. 잎이 나고 자라서 꽃이 피고 열매가 맺는 것처럼요. 반면 '화'는 장자가 나비가 되는 것처럼 과정이 보이지 않고 확 어느 순간 다른 존재가 되는 겁니다. 물론 나무가 가지를 내고 싹을 틔우고 자라서 열매를 맺는 것도 사실은 예상할 수 없는 '화'의 일종으로 볼 수도 있습니다. '화'와 '변'에 대해서는 뒤에 나오는 23장에서 조금 더 이야기할게요.

어쨌든 우리가 만물을 보면 변하는 과정은 잘 안 보이고 바로 확확 변하잖아요? 이게 다름 아닌 '화육'(化育)입니다. 천지가 이 지상에, 이 세계에 작동하는 건 기본적으로 '화육'이죠. 『주역』식으로 말씀드리면 음과 양의 움직임이죠. '하늘과 땅의 화육'[天地之化育]이라니 이게 얼마나 큰 변화예요? 예컨대 봄, 여름, 가을, 겨울만 해도 얼마나 큰 변화입니까? 추운 겨울에는 언제 봄이 되어 꽃이 피려나 하지만 하루아침에 새싹이 돋고, 꽃이 확 피어 버리잖아요. 그 새싹들이 또 얼마나 잘 자랍니까? 그러니까 이 자란다는 것에 '화'가 있는 거예요. '찬'(贊)에 대해서는 주석의 마지막 문장을 보면 '도울 조(助)'와 같다고 해놓았네요. 우리 인간도 천지의 운행, 그 변화에 도움이 될 수 있어요. 물론 우리가 주관은 못하지만, 도울 수 있다는 거죠. 그러니까 '가이찬천지지화육'은 어떻게 해석됩니까? "천지의 화육을 도울 수 있다."

가이찬천지지화육可以贊天地之化育 **즉가이여천지참의**則可以與天地參矣. 성인이 천지의 '화육'을 도울 수 있은즉 '가이여천지참의' 한다고 합니다. '가이'는 무엇무엇 할 수 있다는 뜻이고, '여천지'는 "하늘과 땅과 더불어"라는 뜻입니다. 그리고 '參'은 '참'으로 읽겠습니다. 이 글자는 음에 따라 해석이 달라지는데, '삼'으로 읽으면 '셋'이고, '참'으로 읽으면 '참여하다'가 됩니다. 그러면 이 부분을 "하늘과 땅과 더불어 '삼'이 될 수 있다" 혹은 "참여할 수 있다" 정도로 해석할 수 있겠네요. '삼'으로 읽으면 '삼재'(三才), 즉 '천지인'(天地人)이 나오는 거고요. '참'으로 읽으면, 그럴 때는 천지와 더불어 하늘과 땅의 화육에 우리가 '참여할 수 있다'라는 뜻으로 해석할 수 있습니다.

주석을 보면 "與天地參여지참, 謂與天地위여천지, 並立而爲三也병립이위삼야"라고 되어 있습니다. '병'(並) 자가 중요해요. "나란히 선다"라는 건데, 천지인이 나란히 병립했다는 겁니다. 『주역』에 보면 여섯 개의 효(爻)가 두 개씩 되어 있죠? 천지인이 두 개씩 병립하는 거예요. "여천지참이라 함은, 천지와 더불어, 나란히 서서 셋이 됨을 이른다." 그러하니 이것은 "自誠而明者之事也자성이명자지사야라. '이'(而) 자는 21장에서 '자성(이)명' 할 때 생략된 그 '이' 자입니다. "성실함으로부터 밝아지는 자의 일이니라." 이거야말로 정말 천도(天道)입니다. 그렇죠? '성'으로부터 이 세상을 더 밝힌다. 그러면 결국 이 '명'(明) 자는 여기서는 '화육'(化育)으로 바꿔도 되는 거예요. 이 세상을 변화하게 하는, 확확 달라지게 하는 거잖아요. 중요한 것은 천지의 작용에 인간이 참여할 수 있다는 것까지 말하고 있다는 거고요. '천하지성'만이 할 수 있다고 하지만, '지성'은 모든 인간이 도달해야 할 삶의 목표이기도 합니다.

그래서 이 장이 말하고 있는 건 결국 뭘까요? '천도'겠죠. '천도'를 말하면서 인간이 어떻게 거기에 같이 끼어들 수 있는가를 말해 주고 있는 겁니다. 힌트를 주고 있는 거예요. 그 힌트가 바로 '지성', 더할 나위 없는 천하의 지극한 '성실함'이고, 우리가 우리의 '성'(性)을 충분히 확충해 나가면 가능하다는 겁니다. 성인의 길로 가는 겁니다. '수신'(修身)하는 거죠. 자기를 닦아서 갖고 태어난 본성을 100% 확장해 나가는 겁니다. 율곡 선생의 「자경문」(自警文)을 보면, 20세에 "나는 성인이 되는 것을 내 삶의 목표로 삼겠다"라는 이야기를 하시는데, 이게 다 이런 글을 읽고 하신 말씀이에요. 물론 율곡 선생님은 대단히 총명하신 분이시지만, 뭘 대단한 걸 읽으시고 자극을 받은 게 아니라 이런 글을 읽다 보니 삶의 목표가 당연히 성인이 되는 거죠. '성지자'(誠之者)는 '인지도'(人之道)니까요.

다시 한번 말씀드리지만, 이 장에서 중요한 글자는 '다할 진' 자입니다. 가다가 중간에 쉬어도 안 되고, 대강 하셔도 안 돼요. 인생을 최선을 다해 살아가는 거죠. 능히 지극한 '성'이라야, 그러니까 아주 지극히 성실하게, 변함없이, 꾸준히 해야 우리의 본성을 다 발휘 혹은 발현시킬 수가 있다는 겁니다. 그래야만 다른 사람의 마음을 움직이고 다른 사람에게 좋은 영향도 줄 수 있고요. 이러면서 자신의 삶의 질도 바뀌겠지요? 흔히 하는 말로, 저 혼자 잘되겠다고 해서 잘되는 경우가 없잖아요. 이 구절을 보면 저 혼자 잘되는 건 없는 거예요. 나의 진실성이 더 나아가 내 주변을, 공동체를, 사회를 좀더 낫게 만들 수 있다는 지극히 평범한 말입니다.

제23장

其次致曲, 曲能有誠, 誠則形, 形則著, 著則明, 明則動,
기 차 치 곡 곡 능 유 성 성 즉 형 형 즉 저 저 즉 명 명 즉 동

動則變, 變則化. 唯天下至誠爲能化.
동 즉 변 변 즉 화 유 천 하 지 성 위 능 화

그 다음은 '치곡'이니 한쪽 작은 일을 지극히 하면 능히 성실할 수 있다. 성실하
면 나타나고 나타나면 뚜렷해지며, 뚜렷해지면 밝아지고, 밝아지면 다른 사람
의 마음을 감동시킬 수 있고 감동시키면 변한다. 변하면 다른 존재가 될 수 있
다. 오직 천하의 지극히 성실한 사람이라야 다른 존재로 될 수 있다.

앞에서 '천도' 이야기를 했습니다. 하지만 그걸 이루기 위해 전체를 한꺼번에 쭉 밀고 가는 건 아주 훌륭하신 분들, 성인 수준에는 미치지 못하지만 현인은 돼야 할 수 있는 일이고, 평범한 우리는 이렇게 못해요. 요순같이 '성'(性)한 존재로 태어나질 않았으니까요. 그래서 그 아래 단계가 필요합니다.

기차其次 **치곡**致曲에서 '기차'는 글자 뜻대로라면 '그다음'인데, 속뜻은 "그다음으로 우리가 할 수 있는 것"입니다. 그게 바로 '치곡'이라는 건데, 여기서 '곡'(曲) 자는 '굽다'보다는 우리가 할 수 있는 '부분'을 뜻해요. 여러분, 우리는 한꺼번에 다 못해요. 부분 부분, 우리가 할 수 있는 요만큼씩만 할 뿐이죠. 그 조각조각을 바로 '곡'이라고 합니다. '치곡'이란 바로 소소한 일부터 해나간다는 거죠. 전체는 못하지만 각각의 부분에서 최선을 다해 나가도록 노력한다. 얼마나 좋은 말이에요? 전부 다 잘하지는 못해도 각자 잘하는 소소한 것부터 시작해서 점점 확장해 나갈 수 있다는 거잖아요. 각자 잘할 수 있는 게 정말 다양하지 않습니까? 자기가 할 수 있는 것이 무엇이든 바로 거기서부터 시작하면 된다는 겁니다. 그렇게 한 단계 한 단계 나아가는 거죠. 그게 바로 '자명성'(自明誠) 하는 '교'(敎)입니다. 물론 이렇게 하려고 해도 '선'(善)에 대한 분명한 자각, '명선'(明善)이 있어야겠죠? 우리가 어떤 존재로 태어났는지에 대한 자각이 없으면 이걸 왜 공들여 하겠어요? 이 '치곡'이라는 말은 『중용』에 나오는 아주 중요한 개념이에요. 『논어』에도 『맹자』에도 어디에도 안 나옵니다. 아, 영화 「역린」에서 정조로 분한 현빈 씨가 마지막에 이 말을 하면서 다짐을 하더군요. 내가 할 수 있는 작은 일부터 해나가면서 세상을 바꾸겠다고요.

주석을 보시면, "其次"기차라는 건 "大賢以下"대현이하랍니다. '대현' 은 성인 다음의 존재잖아요? 그러니까 '대현'이라고 자처하는 사람은 빼고 우리 같은 대현 이하의 사람들은 "凡誠有未至者而言也"범성유미 지자이언야, 무릇 '성실함'에 있어서 좀 지극하지 못한 것이 있대요. 아무 래도 우린 좀 부족하지 않느냐는 거죠. 그리고 그런 우리의 길이 바로 '치곡'이고요. 어때요, 여러분, 좀 감동적이지 않아요? '치곡'이라는 길 이 있다는 것 자체가 얼마나 위로가 되고 용기를 갖게 합니까.

이어서 **곡능유성**曲能有誠 **성즉형**誠則形 **형즉저**形則著 **저즉명**著則明 **명 즉동**明則動 **동즉변**動則變 **변즉화**變則化라. 어때요, '형(形)-저(著)-명 (明)-동(動)-변(變)-화(化)'의 단계가 눈에 들어오시나요?

'곡'을 능히 '성실'하게 하면 자신이 하는 일 혹은 자신의 내면에 '형'(形)이 생긴대요. '형'이란 뭔가 형체가 잡히기 시작하는 거예요. 형체가 없는 데에서는 일이 뭐가 어떻게 될지 감이 전혀 안 잡히죠? 그런데 마음속에서부터 지극정성으로 뭔가를 생각하고 추구하다 보 면 뭔가 일이 될 것 같은 감이 잡힙니다. 막막하다가 뭔가 길이 보여 요. 이것도 일종의 '형'입니다. 한마디로 '형'은 무형에서 유형으로 된 다는 거예요. 무에서 유로 가는 거죠. 12장에서 '소이연'에 대해 말씀 드렸던 형이상, 형이하도 바로 이 '형'에 관한 얘기인 거죠. 어쨌든 이 '성'(誠)이야말로 무에서 유를 만드는 위대한 에너지입니다. 기억하 세요, 무에서 유를 만드는 건 성실함입니다!

그렇게 뭔가 형체가 잡히면 '저'(著)가 됩니다. 나타난다 혹은 점 점 뚜렷해진다는 뜻이에요. '현저하다' 할 때 '저' 자죠. 뭔가 가닥이 잡히면 일이 되어 갑니다. 그렇죠? 사람도 모이고, 일도 굴러가고요.

이걸 가리키는 글자가 '저'입니다.

그리고 '저'(著) 하면 '명'(明)해진대요. 점점 더 내면에 쌓인 것이 밖으로 나타나면서 분명해진대요. 주석에는 '명'이 "光輝發越之盛"광휘발월지성이라고 되어 있는데, 빛이 성대하게 발산하는 겁니다. 살다 보면 이렇게 빛이 나는 사람을 만나기도 하죠.

자, 그러면 '동'(動) 한답니다. 주석에는 '동'을 "誠能動物"성능동물이라고 하네요. 저는 이 부분이 정말 중요하다고 봅니다. 이 '동'의 의미는 꼭 기억해 두세요. 이건 일이 되게 하는, 사람을 움직이는 거예요. 주변 모든 것의 배치를 바꿀 수 있다는 말이기도 하고요. 여기서 중요한 것 역시 또 '성'(誠), 성실함입니다. '성' 하면 만물을 움직일 수 있다는 거죠. 인간이 다른 사람의 마음을 움직이려면 성실해야 합니다, 여러분. 다른 방법은 없어요. 적어도 저는 아직까지 다른 방법을 못 찾았어요. 마음으로 하는 수밖에 없더군요. 사람을 돈으로 움직일 수 있다고 하는데, 글쎄요, 그럴까요? 그런 관계가 오래 지속될까요? 사람의 마음을 돈으로 움직일 수 있다고 철석같이 믿고 있는 세상을 살고 있지만요.

이렇게 '성'에서부터 '동'까지 왔습니다. 그렇게 주변 사람이 움직이고 내 주변의 배치가 달라지면 비로소 '변'(變)이 되는 거예요. 주석을 보면 '변'이 "物從而變"물종이변이라고 나와 있습니다. 만물이 따라서[從] 달라져요. 그러면 '변즉화'예요. '변'과 '화'의 차이에 대해서는 바로 앞장에서 말씀드렸었죠? 주석에는 "化則有不知其所以然者"화즉유부지기소이연자라고 나옵니다. '화'라는 건 그 '소이연'을 알지 못한다는 겁니다. 불가지의 영역이죠. 사실 '변'까지는 우리가 예측할 수 있어요. 눈에 보이지 않더라도 감이 오죠. '아, 이렇게 되어 가는구나' 하고 알 수 있습니다. 그런데 '변'에서 '화'로 가는 그 순간은 알 수가 없죠. 내가 여태까지 장자로 살아 왔는데 어느 순간 나비가 되는 거거든요. 완전히 환골탈태(換骨奪胎)하는 거죠. '변'은 우리가 인식할 수 있고 알 수도 있는데, '화'로 되는 그 순간은 우리가 알 수 없다는 것! 그렇게 되는 원인, 소이연을 알 수 없어요. 이 지점은 『장자』와 많이 비슷합니다. 『장자』에 보면 우리가 이런 존재였다가 이질적인 다른 존재로 되는 걸 '기화'(氣化)라고 하죠? 거기선 '기'(氣)로 설명하는 걸 여기서는 '성'으로 설명하는 겁니다. '성'(誠)으로 '화'한다! 다만 누가 뭘어떻게 해서 그게 어떻게 되는지는 우리가 인식할 수 없습니다. 여러분, 불가지의 영역까지 다 알려고 하지 마세요. 애초에 다 알 수 있는게 아닙니다.

그래서 우리 인간이 인식할 수 있는 건 '동즉변'(動則變)까지고, 여기까지가 공자가 『논어』에서 다룬 거예요. 공부, 학습의 영역은 '동즉변'까지입니다. 공자가 제자들을 가르칠 때도 여기까지 가르치셨습니다. '변'하는 데까지요. '화'는 뭐예요? 『맹자』에서는 '대이화지'(大而化之), 대인으로 스스로 화하는 존재를 '성인'(聖人)이라고 했습니다. 주자는 이런 경우에 '활연히 관통한다'라는 말을 씁니다. 그런데 지금까지 말씀드린 단계들을 차근차근 밟아야 '화'가 가능하지 '형'에서 바로 '화'로 가는 건 없어요. 절대로 없습니다!

그래서 '변'한즉 '화'하니, **유천하지성**唯天下至誠 **위능화**爲能化라. 오직 천하의 지극한 성실한 사람이라야 능히 다른 존재가 될 수 있다는 말이네요. 말씀드렸죠? '지성'이면 다 된다고 말이에요.

제24장

至誠之道, 可以前知. 國家將興, 必有禎祥.
지 성 지 도 가 이 전 지 국 가 장 흥 필 유 정 상

國家將亡, 必有妖孽. 見乎蓍龜, 動乎四體.
국 가 장 망 필 유 요 얼 현 호 시 귀 동 호 사 체

禍福將至, 善必先知之, 不善必先知之. 故至誠如神.
화 복 장 지 선 필 선 지 지 불 선 필 선 지 지 고 지 성 여 신

지성의 도는 앞일을 미리 알 수 있다. 국가가 장차 흥성하려 할 때는 반드시 상
서로운 조짐이 있으며, 국가가 장차 망하려 할 때도 반드시 재앙의 조짐이 있
다. 이것이 시초점과 거북점으로 나타나며 군주의 몸, 사지에 드러난다.
복과 화가 장차 이르려 할 때에 좋은 일을 반드시 먼저 알게 되고, 좋지 못한 일
도 반드시 먼저 알게 된다. 그러므로 지성은 신과 같이 신묘하다.

24장은 천도를 말한 것인데, **지성지도**至誠之道 **가이전지**可以前知로 시작되네요. '전지'(前知)는 미리 안다는 뜻이니까 이 문장은 지성의 도를 미리 아는 사람 혹은 갖춘 사람으로 해석됩니다. 사람이 아니라 그냥 "지성의 도가 있어야만" 정도로 해석하기도 하고요. 미리 아는 건 뭐예요? 예언력이라고 해야 할까요? 이게 『주역』에서 굉장히 강조하는 거죠. 미리 알아서 어떻게 해야 돼요? 사전에 예측하여 자기 단속을 잘해서 자기 앞에 와 있는 재앙을 피하거나 최소화하는 것, 이게 『주역』 해석의 기본 방향이에요. 아무리 읽어 봐도 복 받는 이야기는 별로 없어요. 화를 사전에 방지하고 피하는 거지요. 인생에 수많은 함정과 구렁텅이가 있잖아요. 그것들을 어떻게 피해야 하는가에 관한 이야기죠. 『주역』에서 제일 중요한 단어가 '바르다'는 뜻의 '정'(貞)인데요, 그게 사실 지금 우리가 말하는 '성'(誠)과 통하는 겁니다. 네. 자기 자신을 잘 단속하고 마음가짐을 조심해요. 그래야 인생을 그나마 제대로 살아낼 수 있는 거예요.

다음에 **국가장흥**國家將興 **필유정상**必有禎祥 **국가장망**國家將亡 **필유요얼**必有妖孽입니다. 국가가 장차 흥성하려고 하면 필히 '정'(禎)과 '상'(祥)이 있대요. '상서로울 정' 자, '상서로울 상' 자예요. 국가가 흥할 조짐으로 상서로움이 나타난다는 거죠. 그런 상서로움의 예가 뭐가 있을까요? 동양에서 제일 좋은 건 아무래도 풍년이죠? 벼 이삭이 실한 것도 그렇고, 벼 이삭이 쌍으로 달린다든가⋯. 또 뭐가 있죠? 실록 같은 데 보면, 동네에서 아낙이 아들을 많이 낳으면 국가에서 표창장 주고 미역도 보내 줍니다. 이런 것도 상서로운 것으로 봐서 국가에 보고서가 올라가요. 지방에서 다 보고서를 올립니다. 효자가 많이 나타난다든가 하는 것도 그렇고요.

거꾸로 '국가장망 필유요얼', 국가가 장차 망하려고 하면 반드시 요상한 재앙의 조짐이 나타나요. '얼' 자는 '그루터기 얼'인데요, 그루 터기라는 게 뭐냐면 죽은 나무의 밑둥입니다. '곁가지'란 뜻으로도 쓰 이지요. 그런데 여기서는 '재앙'이란 뜻이에요. 이 글자에 '재앙'이란 뜻도 있어요. '요얼' 하면 요상스러운 조짐이 나타난 거예요. 흔히 '망 조가 들었다' 할 때 그 '망조'에 해당되는 게 바로 이 요얼이에요. 이런 것도 실록에 여럿 나오죠. 궁궐에서 밤에 여우 울음소리가 들린다든 가, 우물이 펄펄 끓어 넘친다든가, 물색이 핏빛이 되면서 물맛이 변한 다든가…. 네. 국가가 망하려면 망조가 들어요.

현호시귀見乎蓍龜 **동호사체**動乎四體. '시'(蓍)는 톱풀이라는 풀을 말 하는데 이 풀 50개로 점을 치는 것이 시초점이에요. '귀'(龜)는 거북이 니까 거북 등껍질로 점치는 걸 말해요. 그러니까 '현호시귀'는 시초점 과 거북점에서 이게 드러난다는 겁니다. 점을 쳐 보면 국가가 흥할지 망할지 다 알 수 있다는 거예요. '동호사체'는 다른 번역도 있을 텐데, 제가 지금 말씀드리는 번역이 기본입니다. '사체'는 '사지'(四肢)예요. 여기서는 군주의 손발의 움직임, 몸가짐에서 드러난다는 거죠. '동' 자도 드러난다는 거예요. 가령 국가 정상끼리 대담을 하는데 비굴하 게 고개를 숙인다든가 그러면 나중에 돌아와서 잘 안 됩니다. 이미 기 운이 꺾여 있는 거거든요. 종묘에 제사를 지낼 때 조상 앞에서 갖춰야 할 몸가짐이 있잖아요? 그런데 마음이 거만해져서 발걸음이 허공으 로 떴다? 왜 국회의원만 돼도 걸음걸이가 달라지잖아요. 국회의사당 들어가는데 발걸음이 붕 뜨고 그러면 의원생활 순탄치 않을 거라고 보는 겁니다. 걸음걸이 하나하나, 손동작 하나하나가 그의 마음상태를 보여 준다는 거죠. 주석에 보시면 '사체'라는 것은 우리가 동작하고 행동하는 걸 다 말해요. 이게 동양문화권에서의 기본적인 생각입니다. 이런 흥하고 망하는 조짐이 시초점과 거북점, 그리고 군주의 행동거지에서 드러난다. 구체적으로 세 가지에서 드러나는 거예요. 이것을 통해서 복과 화의 조짐을 알 수 있는 겁니다.

그러니 **화복장지**禍福將至 **선善 필선지지**必先知之. **불선**不善 **필선지지**必先知之. **고지성여신**故至誠如神. '화'(禍)와 '복'(福)이 장차 이르게 될 때, 어떻게 돼요? 선지(先知)는 이 장 앞의 '가이전지' 할 때 '전지'(前知)와 같은 말이겠죠? 미리 알아서 예측할 수 있는 거지요. '선'(善), 즉 좋은 일 내지는 '복'이 찾아올 것을 반드시 미리 알며, '불선', 선하지 않은 일 내지는 '화'가 닥친다는 것을 또 반드시 미리 알게 되니, 고로 '지성여신', '성'(誠)을 지극히 하는 것은 마치 '신'(神)과 같다는 말입니다. '지성'의 작용이 마치 귀신의 작용처럼 딱딱 맞아 떨어진다는 거예요. 이런 걸 보면 불교의 인과론과도 상당히 통합니다. 우리가 충분히 인식하지 못할 뿐 뭐든 계기와 원인이 있다는 거니까요. 이것 참 무서운 말입니다. 우리가 지금 시초점과 거북점은 안 치니까 그렇다 쳐도 '사지'에 나타난다는 걸 각자 곱씹어 보세요. 이게 다 언행으로 나타난단 말이에요. 우리 다 마찬가지예요. 애들도 100점짜리 시험지 들고 뛰어올 때 벌써 다르잖아요. 좋은 일 있으면 마음이 붕 떠서 손끝에 발걸음에 다 드러납니다. 나쁜 일 있으면 축 늘어지고요. 이런 게 다 드러나니 뭘 숨길 수가 없어요. 우리의 마음을 숨길 방법이 없다니까요.

제25장

誠者自成也, 而道自道也.
성 자 자 성 야 이 도 자 도 야

誠者物之終始, 不誠無物. 是故君子誠之爲貴.
성 자 물 지 종 시 불 성 무 물 시 고 군 자 성 지 위 귀

誠者, 非自成己而已也, 所以成物也.
성 자 비 자 성 기 이 이 야 소 이 성 물 야

成己, 仁也; 成物, 知也. 性之德也, 合內外之道也.
성 기 인 야 성 물 지 야 성 지 덕 야 합 내 외 지 도 야

故時措之宜也.
고 시 조 지 의 야

성은 스스로 이루어지는 것이요, 도는 스스로 행하여야 할 것이다.

성은 만물의 시작과 끝이니, 성실하지 않으면 어떤 사물도 존재하지 않는다.

그러므로 군자는 성실함을 귀하게 여긴다.

성은 스스로 자신을 이룰 뿐만 아니라 남을 이루게 해준다. 자기를 이루는 것
은 인이고 남을 이루게 해주는 것은 지이다. 성의 덕은 내외를 합하는 도이다.

그러므로 수시로 행함에 마땅한 것이다.

25장은 인도, 인간이 행해야 할 도를 말하고 있습니다. **성자자성야**誠者自成也요 **이도자도야**而道自道也라. 속으로 이 문장을 한번 해석해 보세요. 딱히 어려운 글자도 없는데 문장이 잘 안 만들어지죠? 사실 이런 문장이 어려운 문장이에요. 어려운 한자가 많은 문장은 한자 뜻만 찾으면 대부분 해결되거든요. 그런데 어려운 내용의 문장은 꼭 이렇게 쉬운 글자, 중학교 1학년 한문 교과서에 나오는 글자로만 되어 있답니다. 이 문장이 그래요.

'성자자성야'는 "성(誠)이란 것은 스스로 이루어지는 것이다"라고 할 수 있겠네요. 그러니까 이 '성'이라는 게 하늘의 천도이자 인간이 추구해야 될 대상이잖아요? 『노자』의 '저절로 그러함', '자연'이라고 생각하셔도 좋습니다. 이 '성'이라는 것은 우리가 자꾸 욕심 부려서 거기서 벗어나서 그렇지, 그쪽에 마음을 두면 저절로 되어 가는 게 있어요. 천지의 이치가 저절로 돌아가듯 저절로 완성된다는 거죠. 이때 '성'(成) 자는 성취된다, 지성(至誠)의 단계까지 간다는 거예요. 그리고 도는 뭐예요? 이때 뒤의 '도'(道) 자는 '행할 행(行)' 자의 의미예요. 주석에서는 '도'를 "人之所當自行也"인지소당자행야, 사람이 당연히 스스로 행해야 할 것이라고 풀고 있습니다. '가야 할 길'이라고도 할 수 있겠죠. 참 유명한 문장입니다. "성은 스스로 이루어지는 것이며, 도는 우리 스스로 가야 할 길이다." 여러분, 하늘이 명한 것이 '성'(性)이고, 그 '성'을 따라 사는 것이 도잖아요? 그렇게 보면 '성'이 '체'(體)고, 그걸 추구하는 '도'는 '용'(用)이라고 할 수 있겠습니다.

성자誠者 **물지종시**物之終始니 **불성**不誠이면 **무물**無物이라. **시고**是故로 **군자성지위귀**君子誠之爲貴라. '성'이라는 것은 '물지종시', 만물의 처음과 끝입니다. 전체이자 핵심, 중심이라는 거예요. 주자는 천하의 모든 존재는 '실리'(實理)가 있어 운동하는, 움직이는 거라고 봅니다. '리'(理)를 얻으면 생명력이 생겨 만물이 존재하게 되는 것이고 '리'가 사라지면, 흩어지면 만물도 사라집니다. 그러니까 '불성무물', '성', 천도가 없으면 사물이 존재할 수 없는 겁니다. 인간을 떠올려 보세요. 인간에게 '성'(誠)이 없으면 껍데기만 있다고 해야 하나, 아무튼 인간의 형체는 하고 있지만 사실은 인간이 아닌 거죠. 인간으로서의 존재성이 없다는 겁니다. 이게 바로 '무물'의 의미예요. 좀 심하게 들릴 수도 있지만 사실이 그렇잖아요. 이 '불성무물'(不誠無物)도 사자성어로 많이 쓰입니다. 이 말은 『맹자』에서 '사단'(四端)이 없으면 '비인'(非人)이라고 한 것과 통해요. 사단, 인의예지를 추구하는 게 바로 '성'이잖아요? 그만큼 『중용』에선 '성'이 중요한 키워드입니다. 인간과 인간이 아닌 것을 나누는 커트라인이니까요. 최고 수준이 아니라 최저 커트라인이에요. 이것도 못 지키면 금수 되십니다. 훌륭한 사람만 하는 게 아니라 평범한 사람 모두 해야 되는 거예요! 그러므로 '군자성지위귀'(君子誠之爲貴), 군자는 '성'을 귀중하게 생각한다, 귀중하게 여긴다는 거죠. '위'(爲) 자는 '여긴다'라고 보시면 좋아요. 『중용』에서는 우리 모두가 이 '성'을 아주 귀중하게 생각해서 보존해야 된다고 주장합니다.

그래서 **성자**誠者 **비자성기이이야**非自成己而已也 **소이성물야**所以成物也 **성기**成己 **인야**仁也 **성물**成物 **지야**知也. **성지덕야**性之德也 **합내외지도야**合內外之道也라. '성' 얘기를 계속하고 있습니다. 『중용』이 사서 중에서도 가장 철학적인 사유가 깊은 책이죠. 그래서 원래는 『대학』, 『논어』,

『맹자』 읽고 마지막에 『중용』을 읽게 하는데, 근래에는 『대학』 다음에 『중용』을 많이 읽어요. 분량상 읽고 넘어가자는 거죠. 그런데 사실 『논어』 읽고 『중용』 읽으면 그 의미가 또 다르고요. 『대학』 읽고 나서, 다시 읽으면 또 다르고 그렇습니다. 아무튼 '성'이란 것은 '비자성기이이야'(非自成己而已也), 스스로 자기를 이룰 뿐이 아니래요. '이미 이(已)' 자를 '이이야'(而已也), 종결사가 아니라 '그치다'의 뜻으로 보셔도 좋습니다. 그러면 '자신을 이루는 데 그치는 것이 아니다'가 되겠네요.

자기를 이룰 뿐이 아니라 '소이성물야'(所以成物也), 만물도 성취하게 해줘요. 나뿐만 아니라 다른 사람을 포함한 만물도요. 여러분, 이렇게 '성기'(成己)와 '성물'(成物)의 개념이 나오는 거예요. '성기'는 곧 '수신', '수기치인'이겠죠? 최대한 노력해서 자기 자신을 수양하는 거죠. 그다음엔 어떻게 해야 돼요? 다른 사람을 좋은 단계로 이끌어 줘야죠. 네, '치인'이에요. 『대학』에 나오는 '친민'(親民)이고요. 그러니까 '성'은 스스로도 수행하되, 그렇게 나를 완성하는 데서 그치는 것이 아니라 타자 내지 이 세상의 만물을 완성시켜 주는 '소이'가 된다는 겁니다.

그러니 '성기인야'(成己仁也)요, '성물지야'(成物知也)라. '성기'는 '인'(仁)이고, '성물'은 '지'(知)래요. 또 이렇게 나눠요. 나를 완성시키는 것은 '인'(仁)이며, 나 혼자만 잘되는 것이 아니라 만물을 다 이루어 주는 것은 현명함, 지혜로움이다.

그래서 '성지덕야 합내외지도야'(性之德也, 合內外之道也)래요. '성'(性)의 '덕'(德)을 말하고 있는데, 이때 '성'은 1장에서 나온 것처럼 하늘이 명한 성입니다. '천명지위성'(天命之謂性)이잖아요? 또 다른 말로는 '인의예지'고요. 그렇게 하늘이 명하여 가지고 태어난 인의예지의 덕을 이야기하는데, 여기서 '덕'도 사실 쉬운 글자는 아닙니다. 기본 속성 혹은 잠재된 능력 등등 여러 뜻이 있어요.

아무튼 이러한 선천적으로 부여받은 '성'의 무한한 능력이 어떻대요? '합내외지도', '내외'의 도가 합쳐져 있대요. '내'(內)의 '도'라는 것은 '성기' 또는 '수신'이겠죠? '외'(外)의 도는 '성물'이고요. 이게 다 합쳐져 있다는 말입니다. 인과 지가 모두 나의 성에 본래 있었던 것인데 그것을 실현시키는 겁니다. 이것이 도를 행하는 것이지요. 인을 성의 체로, 지는 성의 용이니 안과 밖의 다름이 없겠지요. 『중용』은 정말 너무나도 쉬운 글자로 너무나도 중요한 얘기를 아무렇지도 않게 써 놓았어요, 그죠? 그런데 여러분, 『주역』에서도 내내 하는 얘기가 자기 혼자 뭘 잘하려고 하면 아무것도 안 된다는 겁니다. 여섯 개의 효의 관계성에서 그때그때 뭔가가 만들어지잖아요. 세상과 나, 나와 타자의 배치입니다. '성기'에서 '성물'까지 가는 것이 하늘이 명한 성을 최대한 발휘시키는 도의 길이라는 것, 이건 『대학』에서는 뭐라고 쓰여 있어요? '지어지선'(止於至善)이죠. '대학지도 재명명덕 재친민 재지어지선'(大學之道 在明明德 在親民 在止於至善) 할 때 나오는 그 지어지선이요. 이렇게 다 연결이 되네요.

인간의 능력에 대한 무한 신뢰. 이것이 유가 텍스트의 특징이에요. 노장에서는 인간만이 특별히 뭘 더 잘할 수 있다고 하진 않습니다. 이게 결정적인 차이점이에요. 유가는 인간을 버리고서는 할 수 있는 것이 없습니다. 인간이 다 해야 돼요. 무한 신뢰, 무한 책임감, 이런 게 있습니다. 이런 문장은 『노자』나 『장자』를 아무리 찾아도 없어요. 다 똑같은 존재인데 누가 뭘 이루어 주고 그래? 택도 없어요. 그냥 각자 가지고 태어난 것을 잘 지키면서 살면 돼요. 심지어 어떻게 얘기하느냐면, '성기'에서 만족하지 않고 '성물'하려다가 전쟁도 일어나고 여러 문제점이 생긴다고 봐요. 제발 쓸데없이 의욕 부리지 말고 각자 자기 목숨만 잘 지키고 살아라 이겁니다. '유위'(有爲)를 버리고 '무위' (無爲)하라고 합니다. 그 말 들으면 그것도 또 그럴싸합니다. 제가 좀 귀가 얇은가요? 아무튼 너무 성물하려고, 세상을 바꾸려 하는 의욕이 넘치면 아무래도 번잡한 일이 많아지고 세상이 혼란스러워질 수 있겠죠. 이건 노장의 말이고, 다시 『중용』으로 돌아갑시다.

고故로 **시조지의야**時措之宜也라. 이때 '시' 자는 뭡니까? 중용의 '용' (庸)과 통합니다. 항상, 때때로, 상황상황마다, 우리가 처한 상황이에요. '조'(措) 자는 '놓을 조' 자인데, 여기서는 '행하다'로 보시면 돼요. 그러므로 때때로, 상황에 따라서 행함에 '의'(宜), 적합하면 된다는 거죠. '의' 자는 20장에서 '인자인야'(仁者人也), '의자의야'(義者宜也) 할 때 나왔죠? '의'(義) 자를 '의'(宜)로 풀었잖아요. 일상에서 상황에 따라 행한다는 게 참 중요합니다. '시중'(時中)인 거죠. 그게 바로 중용이고요.

이걸 『맹자』에서는 '권도'(權道)라고 하죠. 당시 제(齊)나라 선왕 (宣王) 때 수도 임치(臨淄)에 모인 일군의 지식인들을 '직하학파'(稷下 學派)라 하는데요. 순우곤(淳于髡)이 대표적 인물이었습니다. 이때 맹자도 임치에 있었습니다. 순우곤이 물어요. "남녀가 직접 손을 잡지 않는 것이 예인데, 형수가 물에 빠졌다면 어쩔 테냐" 하구요. 맹자가 대답하죠. 형수가 물에 빠졌는데 남녀의 예를 지키느라 손을 잡아 구해 주지 않는다면 인간이 아니라 시랑(豺狼)이라구요. 여기서 평소에 성인 남녀가 손을 잡지 않는 것은 지켜야 할 예이죠. 하지만 형수가 물에 빠졌다든가 비정상적인 위급한 상황에서는 남녀가 손을 잡아야 합니다. 이때가 권도를 써야 할 때인 거죠. 상황에 따라 적합하게 변형해서 적용해야 하는 거죠. 네. 어떤 상황에서도 변함이 없이 그냥 밀고 나가겠다고 고집부리면 큰일 나요. 오늘 다르고 내일 다르고 시시각각 다른데 말이에요. 자, 때에 맞춰서 그것을 실행하는 것에 적합하게 하는 것이다. 여기까지가 인도를 말한 25장입니다. '지성', 최고의 '성'에 대한 자사의 주장이 계속 연결되고 있는 거예요.

故至誠無息.
고 지 성 무 식

不息則久, 久則徵. 徵則悠遠, 悠遠則博厚, 博厚則高明.
불 식 즉 구 구 즉 징 징 즉 유 원 유 원 즉 박 후 박 후 즉 고 명

博厚, 所以載物也; 高明, 所以覆物也; 悠久, 所以成物也.
박 후 소 이 재 물 야 고 명 소 이 부 물 야 유 구 소 이 성 물 야

博厚配地, 高明配天, 悠久無疆.
박 후 배 지 고 명 배 천 유 구 무 강

如此者, 不見而章, 不動而變, 無爲而成.
여 차 자 불 현 이 장 부 동 이 변 무 위 이 성

그러므로 지성은 쉼이 없다.

쉬지 않으면 오래가고 오래가면 효험이 나타난다. 효험이 있게 되면 유원할 수 있고 유원하면 넓고 두텁게 된다. 넓고 두텁게 되면 높고 밝아진다.

넓고 두터움은 만물을 실어 주는 것이고, 높고 밝음은 만물을 덮어 주는 것이요, 유구함은 만물을 이루어 주는 것이다.

넓고 두터움은 땅과 짝하고, 높고 밝음은 하늘과 짝하고, 유구함은 다함이 없다.

이와 같은 것은 보여 주지 않아도 드러나며, 움직이지 않아도 변하며, 하려 함이 없어도 저절로 이루어진다.

천도를 말한 26장은 길어서 두 부분으로 나누어 설명하겠습니다.

고故로 **지성무식**至誠無息이라. 그러므로 '지성무식'이라. 이것도 사자성어로 쓰입니다. 여기서 '식'은 '쉴 식' 자죠? 그러니까 '지성'은 쉼이 없다는 겁니다. 이거 쉬면 안 돼요. 이러면 우리를 포함해서 만물이 존재할 수 없으니까요. 주석에 나오는 "自無間斷"자무간단의 '간단'에는 표시를 좀 해놓으세요. 『대학』에도 나오고, 주자 주에 계속 나오거든요. 스스로 '간단'이 없어야 돼요. '간'(間) 자는 '틈 간' 자고, '단'(斷)은 '끊어질 단' 자잖아요? 천도는 이러한 틈과 끊어짐이 없다는 거죠. 천도를 따라 '성'을 추구하는 우리도 수양과 수신에 있어서 1초도 틈이 생기거나 끊어지면 안 된다는 거고요. 『주자어류』(朱子語類)에도 이 단어가 많이 나와요. 공부가 잘 안 된다? 간단없이 하래요. 주자 공부법의 핵심 키워드, 바로 '간단없이'입니다. 꾸준히, 비가 오나 눈이 오나, 우울할 때나 기쁠 때나, 꾸준히 하면 돼요. 그럼 우울증도 없어지면서 항심(恒心)이 생긴다는 겁니다. 그런데 왜 이렇게 해야 되는가? 물으시면, '천도'와 '지도'가 쉼이 있더냐? 이렇게 얘기해요. 천지의 운행이 멈추더냐? 어제 뜬 해가 오늘 안 뜨더냐? 이러는 거죠. '항상' 하잖아요. 그것처럼 우리에게도 항상성이 중요하다는 거죠. 천도의 '지성무식'이 인도로 가는 겁니다.

그러면 **불식즉구**不息則久하고 **구즉징**久則徵한대요. 일단 '불식즉구', 쉬지 않으면 '구'한다는데, '구'는 원래 '오랠 구' 자지만 깊은 뜻은 주석을 볼 필요가 있습니다. "久常於中也"구상어중야라고 되어 있죠? '중'(中)에 있어서 항상 할 수 있다. 그러니까 '구'는 내면에 지킴이 있어서 항상 할 수 있다는 의미인 겁니다. 가지고 태어나서 내면에 있기 때문에 항상되게 오래 할 수 있다는 것이지요.

그리고 '구즉징'(久則徵), 내면의 성을 항상 하게 되면 '징'(徵), 그 효과가 드러나게 된대요. 내가 뭘 보여 주려고 의식하지 않아도 그렇게 보여지는 거죠. '징' 자는 '징조가 나타난다'는 건데, '효험이 보인다' 내지는 '성과가 드러난다'라고 보면 됩니다. 계속 살아온 것이 겉으로 드러난단 뜻이에요. 이것이 『대학』에서 말하는 '심광체반'(心廣體胖)입니다. 마음이 넓어지고 몸이 편안해지면서, 쉽게 말하면 뭔가 아우라 같은 게 생기는 거예요. 이런 건 정말 한참 해야 생기겠죠? 주석 아래에 달린 조그만 글자 보시면, 저절로 밖으로 흘러넘친다고 '흐를 류(流)' 자를 쓰기도 했어요. 이렇게 해석하셔도 되죠. 우리도 '교양이 흘러넘친다' 이런 표현 쓰잖아요? 이런 의미의 '류' 자라는 거죠. 원래 고수는 자기가 말하지 않아도 주변에서 다 알아보게 되어 있습니다. 딱 보이죠. 이게 바로 '징' 자입니다.

다음 문장이 좀 어려워요. 그래서 이렇게 밖으로 흘러넘치면, **징즉유원**徵則悠遠하고 **유원즉박후**悠遠則博厚하고 **박후즉고명**博厚則高明이라. 네, '유원', '박후', '고명'입니다. 내면에 간직한 것이 오래되어 밖으로 나타나면, 지성의 덕이 사방에 드러나면, 유원·박후·고명 하게 된다는 겁니다. 좀 있다가는 '유원'(悠遠)이 '유구'(悠久)로도 나오는데 둘은 같은 말입니다. 26장-2에 보면 "천지지도, 박야, 후야, 고야, 명야, 유야, 구야"(天地之道: 博也, 厚也, 高也, 明也, 悠也, 久也)라고 나와요. 천지의 도가 그런 특성을 가진다는 거죠. 그래서 여기서도 '유'(悠)와 '원'(遠), '박'(博)과 '후'(厚), '고'(高)와 '명'(明), 이렇게 떼어서 한 글자씩 해석하시면 좋습니다. 일단 '유' 자는 '그윽할 유'로 많이 씁니다만 여기서는 여유가 있다는 뜻이에요. 게으르단 뜻이 아니라 그만큼 자연스럽다는 거겠죠? 자연스러워야 여유도 생기는 법이니까요. '원'(遠) 자는 '오랠 구'와 통용된다고 말씀드렸는데, 그 중용의 도를 실천하는 것이 아주 멀리, 길게 간다는, 그러니까 지속성이 있다는 거예요. 여유가 있어야 지속성이 있습니다. 조급하면 이게 안 돼요. 한문 공부도 이렇게 '유원'하게 하시는 게 좋습니다. 의욕에 넘쳐서 한꺼번에 하려면 너무 고달픕니다. 여유를 가지고 지속적으로, 꾸준하게 하는 거예요. 쭈욱~!

유원하게 되면 '박'(博), 범위가 확 넓어집니다. 깊어지는 것도 중요하지만 더 우선인 것은 넓어지는 겁니다. 여러분, 공부도 '박학지'였잖아요? 그러면서 자기에 맞는 것, 적합한 것을 차근차근 추려내서 실행할 수 있는 것부터 해야 됩니다. 바로 '치곡'(致曲)입니다. 처음부터 좁게 하는 건 동양의 학문법이 아니에요! 그런데 넓어지면서 얇으면 안 되잖아요. 넓어지면서 어떻게 돼요? '후'(厚), 두터워져요. 볼륨이 생기는 거죠. 이 글자는 '실'(實) 자와도 통합니다. 내실이 있어지는 거죠. 꽉 차게 되는 거예요. 박후하게 되면 '고대'(高大)해지고 '광명'(光明)해집니다. 이 글자들은 쉽죠? 능력이 높은 수준까지 이르러, 두루 비치게 되죠. 네, 이런 겁니다.

'지성무식'(至誠無息)을 하면 여기까지 오는 거예요. '유원'해지고 '박후'해지고 '고명'해집니다. 그런데 그 시작은 뭐예요? 쉬지 않는 것! 쉬면 출발도 못해 봐요. 중요한 건 뭐다? '무식'(無息), 쉬지 말라는 겁니다. 쉽진 않겠지만 그래도 이렇게 가이드라인이 있는 게 얼마나 좋아요? 그냥 허허벌판에 던져 놓고 천도를 따라 살아라 하면 우린 어떻게 할 수가 없었을 텐데요.

다음은 **박후**博厚 **소이재물야**所以載物也요, **고명**高明 **소이부물야**所以覆物也요, **유구**悠久 **소이성물야**所以成物也라. '박후', '고명', '유구'를 좀더 자세히 설명하고 있습니다. 일단 '박후', 넓고 두터운 것, 이것이 바로 만물을 싣고 있대요. 세상 만물을 싣고 있는 건 뭡니까? 네, 땅이죠. 이런 식의 이미지를 차용해서 표현합니다. '박'하고 '후'함이 만물을 실을 수 있게 한대요. 땅이 좁고 쩨쩨하면 만물을 어떻게 다 싣겠어요? 근데 다 실어요. 이렇게 땅 애기를 하면서 결국은 사람의 품성을 애기하는 거죠. 같이 가는 겁니다.

다음에 '고명', 높고 빛나는 것이 만물을 어떻게 한다? '부'(覆)한대요. 이 글자는 '반복'(反覆), '전복'(顚覆)에서는 '복'으로 읽는데, 여기서는 '부'로 읽습니다. '덮는다'는 뜻이에요. 덮는 것도 여러 방식이 있겠지요. 여기서는 천막을 쳐서 가려 덮는 게 아니라 아기를 담요에 싸듯이 포옥 싸서 덮는 모양을 떠올리시면 됩니다. 이 지상을 덮고 있는 건 뭐죠? 네, 하늘이죠. 하늘이 높고 밝아서 만물을 다 덮고 있어요. 역시 하늘 이야기를 하면서 높고 빛나는 덕을 지닌 사람에 대한 이야기를 하고 있습니다. 허균의 문집 이름이『성소부부고』(惺所覆瓿藁)거든요. '성소'는 허균의 호입니다. '교산'(蛟山)이란 호가 널리 알려졌는데, 교산은 허균이 태어난 강릉 외갓집 주변의 산 이름입니다. '깨달을 성(惺)' 자를 쓰는 '성소'를 본인 문집의 제목으로 선택했는데요, 당대에는 본인의 글을 이해하거나 알아줄 사람이 없어서 단지를 덮는 데 쓰일 거라는 뜻이죠. '덮을 부(覆)', '단지 부(瓿)' 자입니다. 엄청난 자부심이죠. 미래에 자신의 뜻과 글을 제대로 평가해 줄 지기를 기다린다는 뜻이니까요.

그다음에 '유구', 여유가 있어 내면의 덕이 드러나는 것, 그것이 오래되는 것, 이것이 '성물', 만물을 이루게 되는 거예요. 이 정도는 되어야 '성물'까지 간다는 거죠. 만물을 이룰 수 있습니다. 아, 여기 주석에 바로 '유구'는 '유원'과 마찬가지라고 나오네요. 둘 다 멀리, 오래간다는 거 아시겠죠? 그런데 여러분, 가만 생각해 보세요. '멀다'는 거리 개념이고 '오래'는 시간 개념이잖아요. 그런데 '멀 원' 자와 '오랠 구' 자가 통용되는 짝입니다. 더 확장하면 이 글자들은 '길 장(長)', '깊을 심(深)', '높을 고(高)' 자와도 통용이 돼요. 한문에서는 이렇게 거리를 시간으로, 시간을 높이로, 길이로, 깊이로, 자유자재로 변환해서 쓰기도 합니다. 반대편의 의미도 마찬가지겠죠. '가까울 근(近)', '얕을 천(淺)', '짧을 단(短)' 등등도 서로 통용되는 겁니다.

이렇게 '박후', '고명', '유구'를 통해 땅을 말하고 하늘을 말하면서 인간의 됨됨이를 이야기하고 있네요. '천도', 천지의 도를 말하면서 '인도', 인간이 추구해야 할 길을 같이 말하고 있는 거예요. 왜? '천지인'이 항상 같이 가니까요. 22장에서 인간이 천지와 더불어 삼재(三才)가 된다고 했잖아요.

다음은 **박후배지**博厚配地 **고명배천**高明配天 **유구무강**悠久無疆입니다. 이 문장에서 반복되는 '배' 자는 '짝할 배' 자예요. '배필' 할 때도 쓰고, 쉽게 말해서 파트너라는 거죠. 그러니까 '박후배지'는 넓고 두터운 것,

진실되고 꽉 채워져 있는 것은 땅과 짝하는 것이라는 말이에요. 아, 주석 첫 부분을 보면 "此言聖人"차언성인, '이는 성인을 말하니'라고 되어 있죠? 원문에서 생략된 주어가 성인이라는 말이에요. 그러니까 "위대한 인간인 성인이 '박'하고 '후'하게 하는 건 땅과 같은 덕을 공유하는 것이고", 이런 표현인 거예요. '고명배천'(高明配天)은 '고'하고 '명'한 것은 하늘의 덕, 하늘과 짝하는 것이라는 뜻이겠죠. 이렇게 성인이 하늘과 땅과 짝을 해요.

'유구'(悠久)라는 것, 여유가 있으면서 이걸 지속적으로 하면 '강' (疆)이 없대요. 이때 '강'은 '지경 강' 자라고 되어 있는데, 대개 '경계선', '끝'이라는 의미로 많이 해석합니다. 여기서는 '한계가 없다' 정도로 보시면 돼요. 그럼 이걸 다른 글자로 바꾸면 뭐겠어요? 네, '무식'이죠. 쉼 없이, 간단없이 하는 겁니다. '이쯤이면 됐지' 이런 거 없이 계속 해나가야 된다는 거죠. '변'(變)을 거쳐서 '화'(化)에 갈 때까지. 그러고 보니 '만수무강'(萬壽無疆)에서의 '무강'도 같은 한자를 썼어요. '굳셀 강(疆)' 자와 비슷하니 유심히 봐 주십시오. 아무튼 우리는 무강, 무식해야 합니다. 왜요? 하늘과 땅의 도가 계속 작용하잖아요. 하늘이 운행을 쉬면 안 되고 땅이 올려 놓은 것을 내려 놓으면 안 되잖아요. 천지의 속성도 이 '무강'인 거예요. 참고로 이 단어는 『주역』 곤괘에서도 이런 의미로 쓰입니다.

여차자如此者 **불현이장**不見而章 **부동이변**不動而變 **무위이성**無爲而成이라.

'여차자', 이와 같은 자, 그러니까 '박후고명유원' 하는 자는 '불현이장'이고 '부동이변'이며 '무위이성'이래요. '불현이장'에서 '현'(見)은 주석에 '시'(示)라고 되어 있습니다. '불현이장'은 자기 존재를 드러내지 않아도, 즉 과시하지 않아도 '장'(章)한대요. 이건 '빛난다' 내지는 '드러난다'는 뜻이에요. '장' 자에 이런 용법이 있습니다. '문장'(文章)이란 단어도 원래는 글로써 아름답게 드러낸단 뜻이었어요. 이어서 '부동이변'은 움직이지 않아도 변한다는 말이겠죠. 자신이 어떤 특별한 행동을 하지 않더라도 주변을 감동시켜 변화를 일으킬 수 있어요. '성물'이죠. '무위이성'은 특별히 무언가를 하지 않아도 일이 다 이루어집니다. 만물이 제대로 운영되는 거죠.

'무위'(無爲)에 대해서 이야기를 좀 하고 갈까요? '유위'(有爲)가 아니라 '무위', 이때 '위'(爲)는 '작위적으로', '인위적으로'의 의미죠. 의도를 가지고 무언가를 하지 않아도 그래도 일이 다 돌아가요. 이 '무위'가 바로 동양정치의 가장 이상적인 지향점이고요. 이런 정치를 '무위지치'(無爲之治)라고 합니다. 군주가 뭔가 의도적으로 일하지 않아도 백성들이 알아서 각자 제자리에서 잘 살아가게 마련이라는 거지요. 이게 정치가 잘되어 가는 거 아닌가요? 무슨 정책을 세우지 않아도 만물이 제대로 굴러가는 거요. 그래서 '무위지치'에서 얘기하는 게 군주가 바쁘게 돌아다니지 마시라고, 그냥 가만히 위엄을 지키고 군주의 마음가짐을 잘하고 있으면 백성의 살림살이는 알아서 잘된다는 겁니다. 이게 『천자문』에 나오는 '수공평장'(垂拱平章)입니다. 군주가 "옷을 차려입고 팔짱을 끼고 앉아서 아무 일도 하지 않아도 나라가 평탄히 다스려진다"는 거죠. 이게 노장의 정치이론이에요.

반면에 유가는 '유위'예요. 군자의 나라를 만들겠다는 의욕을 갖고 뭔가 프로젝트를 기획하고 수행하는 겁니다. 그래서 임금하고 신하들이 매일 아침 회의를 하죠. 사실 지금도 '유위'의 시대고요. 그런데 『논어』를 보면 공자도 '유위'를 거쳐서 궁극적으로 '무위'로 가야된다고 생각을 해요. 요순이 '무위지치' 했다고 하죠? 요순 정치를 이상적으로 보고요.

그리고 노장의 정치철학인 '무위지치'가 유방이 세운 한(漢)나라때쯤 오면, 군주는 '무위'하고 신하는 '유위'라고 합니다. 군주는 엉뚱한 짓 하지 마시고 그냥 딱 계시면 돼요. 그러면 신하들이 다 알아서 이리 뛰고 저리 뛰고 하는 거죠. '문경지치'(文景之治)라는 말이 있어요. 한나라 초기, 문제(文帝)와 경제(景帝)의 정치라는 뜻인데, 이시기가 한나라의 황금시대였거든요. 그런데 이분들이 별로 적극적으로 일을 안 했어요. 왜? 유방과 항우의 오랜 싸움에서 천하가 너무 지쳤거든요. 백성들을 가만히 좀 내버려 둔 거죠. 그러니까 저절로 인구도 늘어나고 생산성이 높아지고, 국가 재정도 튼튼해졌어요. 뒤를 이은 한무제가 이걸 흉노 정벌한다고 거덜을 내고 물려주고요.

원래 이렇습니다. 우리나라도 이래요. 임진왜란, 병자호란을 거치면서 다 불타 버리고 토지도 인구도 엄청 줄었는데 숙종 때 전후복구 시스템이 돌아갑니다. 원래 큰 전쟁 뒤에는 전후복구 경제가 활발하게 돌아가기 마련이죠. 인구도 빨리 늘고요. 에너지가 그렇게 도나 봅니다. 『주역』 「계사전」에 '생생'(生生)의 이치가 '역'(易)이라고 했는데, 자연의 이치가 그런 거죠. 임란 후에 궁벽한 산골짜기까지 한 집안이 집단 이주를 해서 개발을 합니다. 지금 남아 있는 동족촌은 대부분 이 시기에 형성된 것입니다. 그러면서 굉장히 빠른 속도로 인구도 회복되고, 어떤 학자는 숙종 때 경작지가 1.5배에서 2배가량 늘었다고 얘기를 해요. 국고 상황이 좋아져서 좀 쌓이니까 영·정조시대 문화 수준이 높아졌지요. 토목공사도 일으키죠. 화성도 쌓고…. '무위' 얘기를 하다가 여기까지 왔네요. 진도를 나갈까요?

天地之道, 可一言而盡也. 其爲物不貳, 則其生物不測.
천 지 지 도 가 일 언 이 진 야 기 위 물 불 이 즉 기 생 물 불 측

天地之道, 博也, 厚也, 高也, 明也, 悠也, 久也.
천 지 지 도 박 야 후 야 고 야 명 야 유 야 구 야

今夫天, 斯昭昭之多, 及其無窮也, 日月星辰繫焉,
금 부 천 사 소 소 지 다 급 기 무 궁 야 일 월 성 신 계 언

萬物覆焉.
만 물 부 언

今夫地, 一撮土之多, 及其廣厚, 載華嶽而不重,
금 부 지 일 촬 토 지 다 급 기 광 후 재 화 악 이 부 중

振河海而不洩, 萬物載焉.
진 하 해 이 불 설 만 물 재 언

今夫山, 一卷石之多, 及其廣大, 草木生之, 禽獸居之,
금 부 산 일 권 석 지 다 급 기 광 대 초 목 생 지 금 수 거 지

寶藏興焉.
보 장 흥 언

今夫水, 一勺之多, 及其不測, 黿鼉蛟龍魚鼈生焉,
금 부 수 일 작 지 다 급 기 불 측 원 타 교 룡 어 별 생 언

貨財殖焉.
화 재 식 언

詩云"維天之命, 於穆不已!"蓋曰天之所以爲天也.
시 운 유 천 지 명 오 목 불 이 개 왈 천 지 소 이 위 천 야

"於乎不顯, 文王之德之純!"蓋曰文王之所以爲文也,
오 호 불 현 문 왕 지 덕 지 순 개 왈 문 왕 지 소 이 위 문 야

純亦不已.
순 역 불 이

천지의 도는 성, 한마디로 다할 수 있으니, 그 물건 됨이 둘이 아니니 만물을 나고 나게 하는 것을 헤아릴 수 없다.

천지의 도는 넓고 두터우며, 높고 밝으며, 유원하고 오래간다.

이제 저 하늘은 반짝반짝하는 별들이 많이 모인 것인데, 그 무궁함에 미쳐서는 해와 달과 별들이 매달려 있고 만물을 덮고 있다.

땅은 한줌의 흙이 많이 모인 것인데, 그 넓고 두터움에 미쳐서는 화산을 싣고도 무거워하지 않고 황하와 바다를 거두어 흐르게 하면서도 새 나가지 않게 하며 만물이 실려 있다.

이제 저 산은 한줌 되는 돌들이 모인 것인데, 그 넓고 큰 것에 미쳐서는 초목이 성장하고 금수가 살며 보물이 거기서 나온다.

물은 한 국자의 물이 많이 모인 것인데, 그 헤아릴 수 없음에 미쳐서는 자라와 악어, 교룡과 어별이 자라며 귀중한 재화가 번식하고 있다.

시에 말하였다. "하늘의 명이, 아! 심원하여 그침이 없구나." 이것은 하늘이 하늘이 되는 까닭을 말한 것이다.

"아! 드러나지 않겠는가. 문왕의 덕의 순수함이여!" 이것은 문왕이 문왕이 되신 까닭으로, 순수함이 또한 그치지 않는다는 것을 말한 것이다.

천도를 말한 26장의 후반부입니다. 여기서는 천지의 도가 지성무식(至誠無息)하게 작용하는 것을 말합니다. **천지지도**天地之道 **가일언이진야**可一言而盡也. **기위물불이**其爲物不貳**라 즉기생물불측**則其生物不測**이라.** '천도', '지도'를 줄여서 '천지지도'라고 했네요. 그걸 '가일언이진야'라. 여기서 '일언'은 '한 단어', 그러니까 한자에서는 한 글자를 말합니다. '가'(可) 자 다음에는 '써 이(以)' 자가 생략된 거고요. 그러니까 이 말은 "천지지도는 한 단어로 다 말할 수 있다"라는 거죠. 그 한 단어, 일언이 바로 뭐겠어요? 네, '성'(誠)입니다. 천지의 도는 '성'이라는 한 글자로 다 표현할 수 있다! '성'이 전부다! 이겁니다.

'기위물불이'(其爲物不貳), 그 물 됨이 '불이'래요. 일단 이 '물 됨'이라는 게 대체 뭘까? 쉽지는 않은데요. 일단 '물'은 '천지'로 보시면 됩니다. 그럼 '물 됨'은 천지의 '작용' 정도라고 보면 될 것 같습니다. 천지 역시 도의 작용으로 만들어진 물건인 거죠. '두 이(貳)'는 동사로 쓰이면 '이랬다저랬다 한다', '두 마음을 갖다', '배신하다' 같은 뜻이 있습니다. 여기서 '불이'는 변하지 않는다, 일정하다는 거죠. 변함이 없는 게 바로 성실함 아니겠어요? 그래서 그 천지의 도의 작용이 진실돼요, 변함이 없어요, 이랬다저랬다 하지 않아요. 물론 사람도 마찬가지여야 하지만요.

그런즉 '기생물불측'(其生物不測)이래요, 천지의 도는 '성' 하나로 일관되어 있는데, 그 작용도 변함이 없는데, 어떻게 만물을, 모든 존재를 만드는지는 알 수 없다네요. 우리 존재의 생멸도 예측할 수 없지요. 사실 작은 씨앗 하나 심어 제대로 키우려 해도 천지의 도움이 꼭 필요하죠. 씨앗을 심는다고 그대로 다 되나요? 천지에 음양의 작용이 있어야죠. 그렇게 만물을 만들어 내는 이치, '소이연'을 '불측', 예측할 수 없는 겁니다. 우린 자신을 포함해서 모든 존재들이 어떻게 생겨났고 자라는지 모릅니다. 여기서 '측'(測) 자를 쓴 게 참 재밌습니다. 뭔가 도구를 써서 측정하는 거잖아요? 우리가 이게 이만큼 자랐네 이런 걸 일일이 계산을 못해요. 그래서 측정할 수 없다. 왜? 천지의 도가 '성'하고 '지성불식'한 것은 알겠는데 우리가 어떻게 예측하고 측정할 수가 없어요.

그래서 **천지지도**天地之道는 **박야**博也 **후야**厚也 **고야**高也 **명야**明也 **유야**悠也 **구야**久也랍니다. 앞에서 잠시 설명한 문장이죠? 천지의 도는 오직 '성'하여 둘이 아니기 때문에 넓고, 두텁고, 높고, 밝고, 여유 있고, 지속적이다. 그런데 이걸 『도덕경』에서는 어떻게 표현했어요? 영화 제목이기도 한데요…. 네, '천장지구'(天長地久)라고 합니다. '장'(長)과 '구'(久), 둘 다 '영원하여라', 이런 뜻이거든요. 천지는 영원하여라! '성'의 이치로 이루는 성대함이 이렇다는 거죠. 이걸 『중용』에서는 '박후고명유구'라고 표현한 거고요. 그러니까 여러분, 이렇게 천지의 도를 보는 생각 혹은 관념은 『도덕경』과 『중용』이 그렇게 차이가 크지 않아요.

그다음 문장을 보니까 길기도 길고 낯선 글자도 많습니다. 하지만 알고 보면 내용은 어렵지 않습니다. 그냥 아, 저 하늘의 무한한 별들을 보아라. 저 땅에 이렇게 흙들이 층층이 쌓여 있는 것을 봐라, 저 물 속을 봐라, 이런 얘기입니다. 차근차근 보도록 하죠.

금부천今夫天 **사소소지다**斯昭昭之多 **급기무궁야**及其無窮也 **일월성신계**

언日月星辰繫焉 하며 **만물부언**萬物覆焉이라. 이 문장은 하늘에 대한 얘기입니다. '부'(夫) 자는 따로 해석 안 해요. '소'(昭) 자가 '빛날 소'인데요, 이걸 잘 살려서 해석해야 합니다. '소소지다'(昭昭之多)는 쉽게 말해 반짝반짝거리는 거예요. 하늘에 작은 별들이 무수히 많죠? 그걸 저렇게 표현한 겁니다. 그러니까 지금 저 하늘은[今夫天], 이 반짝반짝거리는 것이 많아[斯昭昭之多], 그 무궁함에 미쳐서[及其無窮也], 이건 별이 너무 많아서 셀 수도 없단 거겠죠? 그러니까 '일월성신계언', 해와 달과 그 많은 별들이 '계'(繫), 매달려 있대요. 해와 달과 별이 우주공간에 매달려 있다니, 생각해 보면 정말 대단한 표현 아니에요? 그냥 딱 붙어 있다고 했으면 얼마나 재미없을 뻔했어요? 우주의 무한한 공간을 정말로 제대로 상상하고 쓴 표현이에요. 접착제로 딱딱 붙여 놓은 게 아니라 매달려 있다고 하니 그 사이의 공간감이 확 살잖아요. 그러면서 '만물부언', 만물을 덮고 있어요. 이게 하늘인 겁니다. 정리해 볼까요? 지금 하늘에 반짝반짝하는 것들이 많아 그것이 무궁함에 미쳐서는 해와 달과 별이 다 거기 매달려 있는 것이고, 그 하늘이 지상의 만물을 덮고 있어요.

그다음에는 땅을 얘기합니다. **금부지**今夫地 **일촬토지다**一撮土之多 **급기광후**及其廣厚 **재화악이부중**載華嶽而不重하며 **진하해이불설**振河海而不洩이니 **만물재언**萬物載焉이라. 여기서 '촬'(撮) 자는 한 움큼이란 뜻이에요. 그러니까 '일촬토지다'는 한 움큼의 흙들이 아주 많이 쌓여 있는 거죠. 자, 지금 이 땅, 지구는 한 움큼의 흙이 아주 많이 쌓여 있는 것이니, 그 넓고 두터움에 미쳐서[及其廣厚], 여기서는 '박'(博) 자 대신 '광'(廣) 자를 썼네요, 아무튼 그 넓고 두터움이 지극하여 거대한 '화

악'을 이고도 무거워하지 않으며 황하와 바다를 거두어 흐르게 하면서도 물이 새지 않게 하니, 이 두텁고 넓은 땅이 만물을 싣고 있대요.

여기서 '화악'(華嶽)은 중국의 사악 중의 하나인 화산을 가리키지만 사실 세상 모든 산을 다 말하는 거고요, '하해'(河海)는 중국의 대표적인 강인 황하와 바다를 함께 가리키지만 사실 세상 모든 물을 다 말하는 거예요. 주목할 만한 글자는 '진'(振)인데요, 원래는 '떨칠 진'으로 '진동한다'는 뜻인데, 여기서는 '거두다'의 의미로 쓰였습니다. 흙이 쌓여 있는 이 대지가 이런 물을 거두어 품고 있다는 거죠. 꽤 멋있는 표현이죠? 그 거두어진 흐름대로 물길따라 물이 흘러요. 그런데 '설'(洩)은 위에서 '새다'라고 해석했죠? '누설하다' 할 때 쓰는 '샐 설'자예요. 이건 무슨 뜻이에요? 그렇게 물길 따라 흐르게 하면서도 밑으로 물이 빠지지 않는다는 거죠. 덕분에 물줄기가 유지됩니다. 그렇기 때문에 '만물재언'(萬物載焉), 온갖 만물이 땅 위에 다 실려 있을 수 있는 거죠.

자, 이렇게 하늘과 땅 얘기하고 끝내도 되는데, 말하다 보니까 좀 더 강조를 하고 싶어요. 우리도 자주 그러잖아요? '천'하고 '지' 얘기를 하니까 막 신기하고, 더 얘기하고 싶고 그래서 뒤에 두 문장을 덧붙입니다. 산과 물에 대해서요. 이건 부연설명이라고 보시면 돼요.

금부산今夫山 **일권석지다**一卷石之多 **급기광대**及其廣大 **초목생지**草木生之 **금수거지**禽獸居之 **보장흥언**寶藏興焉. '산'에 대해서 이야기하고 있네요. '권'(卷) 자는 책 '한 권', '다섯 권' 할 때 '권' 자입니다. 원래는 둘둘 만다는 뜻인데 옛날 책은 다 두루마리였기 때문에 이 글자를 쓴 거예요. 그런데 여기서의 '권' 자는 '주먹 권(拳)'과 통용되는 의미로 쓰였습니다. '한 주먹', '한 줌'이라고 보시면 돼요. 자, 산은 이렇게 한 줌 한 줌의 돌이 모여 있는 거래요. 그런데 '급기광대', 그 넓고 큼에 미쳐서는, 초목이 거기서 나고[草木生之], 새와 짐승이 거기서 살아요[禽獸居之], 그럼 이어지는 '보장'(寶藏)은 과연 뭘까요? '보배 보'에 '보관할 장' 자, 이건 지하자원을 말합니다. 금이나 은이나 다른 값어치 있는 자원들을 이렇게 표현해요. '일어날 흥(興)' 자는 발굴된다는 의미고요. 그러니까 그 산이 넓고 커서 초목이 자라고 금수가 살고 지하자원이 납니다.

여러분, 『사기』의 「화식열전」(貨殖列傳) 같은 데 보면요. 이런 지하자원도 굉장한 지식과 기술이 있어야 발굴이 가능한 거예요. 용도도 알아야 하고 파내는 기술도 있어야 하잖아요. 강태공의 제나라, 그러니까 지금 산둥성 부근에는 철광업이 상당히 발전했다고 하거든요? 여기 사람들은 지하자원의 가치를 잘 알고 그걸 캐낼 기술도 있었던 거죠. 그런데 서안 쪽은 한나라가 통일할 때까지 그런 기술이 부족했다고 해요. 그래서 자원들이 그냥 매장되어 있었던 거죠. 그런데 한 초기에 이 동쪽 사람들을 서안 쪽으로 집단 이주를 시켰거든요. 그러니까 이 사람들 눈에 노다지가 보여요. 벼락부자가 됩니다. 그래서 한나라 이후에 부자들이 많이 등장해요. 사람들이 이동을 하니까 전문지식이 공유되는 거죠. 양(羊)도 마찬가지예요. 그냥 막 풀어서 키우는 것 같지만 이것도 경험이 필요합니다. 관리 기술도 있어야 하고요. 그러면서 목축왕이 등장해요. 생각해 보면 자기가 태어난 데서 그냥 살면 이런 게 잘 안 됩니다. 안 보이면 못하는 거거든요. 견문이 한정되니까요. 결과적으로 빈부격차가 커지기도 하지만, 아무튼 춘추전국시대를 거쳐 유방과 항우의 긴 전쟁과정에서 이런 흐름이 등장한다는 말씀입니다.

금부수今夫水 **일작지다**一勺之多 **급기불측**及其不測 **원타교룡어별생언**黿鼉蛟龍魚鼈生焉하며 **화재식언**貨財殖焉이라. 이제 물 이야기를 하죠. '작'(勺) 자는 원래 자루가 달린 국자를 가리켜요. 물[水]이니까 국자가 나온 게 이제 너무 자연스럽죠? 돌은 한 주먹으로, 물은 한 국자로 표현한 겁니다. 아무튼 지금 저 물들은 한 국자의 물들이 많이 모인 거예요. 그런데 그것이 급기야 계측할 수 없는 데 미쳐요. 깊어지고 많아지는 거죠. 그러면 거기에 이런 것들이 난대요. '원'(黿)은 큰 자라, '타'(鼉)는 악어, '교'(蛟)는 이무기, '룡'(龍)은 말 그대로 용이죠. '어'(魚)도 물고기고, '별'(鼈)은 자라예요. 뭐 이것저것 많이 산다는 건데, 우리는 무심하게 넘기지만 동물학·생태학을 전공하시는 분들은 이 문장을 보고 기원전 몇 세기에 악어 서식지가 어디인가 이런 걸 막 연구하십니다. 아무튼 물이 잴 수 없이 깊어지면 저런 수중 동물들이 다 난대요. 그리고 '화재식언'(貨財殖焉)입니다. '화재'는 재화와 같은 말이고 '식'(殖) 자는 '자란다', '불어난다'는 뜻이에요. 재화가 거기서 자란대요. '화식'은 요샛말로 재테크라고 할 수 있겠네요. 『사기』의 「화식열전」은 '부자열전'이고요. 아무튼 한 국자의 물들이 모여 깊어지니 자라나 악어나 물고기 같은 것들이 나고, 재화가 그 속에서 자라고 있죠.

지금 이런 이야기들을 왜 하고 있을까요? 하늘의 별과 땅의 흙과 산의 돌과 물이 있고, 그 덕분에 이런저런 동식물들이 번성하고 있다는 이야기인데, 결국 이건 천도와 지도가 쉼 없이 작용하기 때문에 이런 성대한 세상이 만들어지고 돌아간다는 거예요. 네, 천지의 도가 '지성무식'(至誠無息)이죠.

그러면서 또 『시경』이 인용됩니다. **시운詩云 유천지명**維天之命 **오목불이**於穆不已라, **개왈**蓋曰 **천지소이위천야**天之所以爲天也라. 『시경』 「주송」(周頌) '유천지명'이란 시구절을 가져와서 '유천지명 오목불이'라고 했네요. '유천지명'의 '유'(維) 자는 굳이 해석하지 않습니다. 그냥 '천명'이라고 보면 돼요. '오목불이'의 '於'는 감탄사로 쓰인 경우라 '어'가 아니라 '오'로 읽습니다. 해석할 때는 느낌표를 넣어서 '아!' '오!' 등으로 하시면 되고요. 그러니까 "하늘의 명은 아아! '목'(穆)하여 그치지 않는다"라고 해석할 수 있겠습니다. 그러면 이 '목'이 대체 뭔가? 주석에는 '심원'(深遠)이라고 나와 있습니다. 그런데 이건 주자의 해석이고, 보통 '목'에 대한 일반적인 해석은 '화목하다'예요. 그런데 주자가 문맥을 고려해서 '심원하다', '아주 깊다', '영원하다' 이렇게 해석을 한 겁니다. "천명은 아, 영원하여 그치지 않으니!" 이런 구절입니다. 여러분, 천명은 '불이'(不已), 그치지 않죠? 물론 바뀌기는 합니다. 고려에서 조선으로 바뀐 것도 그렇고요. 바뀌긴 하지만 그치지는 않기 때문에 한 나라의 천명이 끝나갈 때쯤 기운이 쇠해지면 꼭 다른 사람에게 간다는 거죠. 그런 의미입니다. 이 '불이'를 다른 글자로 바꾸고 싶다? 뭐겠어요? 네, '무식'이죠. '천명'은 쉬지 않는다!

　여기까지가 시고, 이어지는 '개왈천지소이위천야'(蓋曰天之所以爲天也)는 자사가 시에 덧붙인 부분이에요. 해석이죠. '개왈'은 "대개 ~를 말한 것이다"라고 하시면 되고, 안에 들어갈 내용을 보면 '소이위천야', 하늘이 된 '소이', 즉 근본원인인 것이라는 겁니다. 그러니까 하늘이 그렇게 그치지 않으니까 하늘답게 되었다는 거예요. 결국 천도의 운행이 쉬지 않는다는 말을 하고 싶은 거죠.

다음에 **오호불현**於乎不顯 **문왕지덕지순**文王之德之純이니 **개왈문왕지소이위문야**蓋曰文王之所以爲文也니 **순역불이**純亦不已라. "오호불현, 문왕지덕지순"은 다시 시를 인용한 겁니다. 역시 '於'는 감탄사라 '오'로 읽고요, '현'(顯) 자는 '드러나다', '뚜렷하게 보인다'는 뜻이에요. 요새는 잘 안 쓰지만 조선시대 때는 '현달'(顯達)이라는 말을 많이 썼어요. 아주 높은 벼슬에 올라 입신양명을 이루면 현달했다고 했지요. 그래서 '오호불현' 하면 "아, 드러나지 않는가" 내지는 "아, 빛나지 않는가"라고 해석하시면 됩니다. '아닐 불(不)' 자가 끼어 있으니까요.

그런데 말이죠, 청말에 고증학이라는 게 나왔잖아요. 고증학자들이 『시경』을 많이 연구했습니다. 그래서 『시경』에서 쓰인 '불'(不) 자를 사실 '비'(丕) 자로 봐야 한다는 주장이 제기됐어요. 이 '비' 자는 '크다', '위대하다'는 뜻이거든요? 그럼 해석이 달라지죠. "아, 위대하게 드러나도다!" 이런 식으로요. 주자는 물론 이렇게 해석하지 않습니다. 고증학은 방대한 문헌 정리과정에서 나온 겁니다. 건륭제가 천하의 책을 수집하고 제국의 역량을 총동원해서 만든 『사고전서』(四庫全書)가 나오면서 고증학이 성해졌습니다. 문헌을 정비해서 모아 놓으니까 일종의 용례집도 만들 수 있고 요샛말로 하면 색인처럼 대조해서 활용할 수도 있고 그렇게 되었어요. 그러니까 『시경』에 나오는 이 '아닐 불' 자가 '클 비(丕)' 자와 통용되는 용례가 많다는 것을 알게 된 거죠. 요즘에 『시경』 강의하시는 분들은 주자 해석과 고증학자들의 해석을 참조하십니다. 저도 처음 청의 진계원(陳啓源), 마서진(馬瑞辰)의 주석을 보고 정말 좋았어요. 주자 해석의 미진했던 부분들이 거의 다 해결되고, 엄청나게 재미있었죠. 그런데 요즘 와서 저는 일단 먼저 주자 『시집전』(詩集傳)에 충실하자는 입장으로 다시 돌아갔어요. 왜냐하면 고증학으로는 글자 한두 개 뜻이야 더 정확할지 몰라도 『시경』 전체를 해석하는 데는 별로 강점이 없더라고요. 문자에 충실하다 보니까 주자 해석이 주는 임팩트를 따라가지 못하는 거죠. 사실 지금 이 부분이야 '빛나지 않겠는가'보다도 '위대하도다'가 더 맞긴 하지만요. 아무튼 이런 뒷이야기가 있습니다.

이어서 나오는 '문왕지덕지순'(文王之德之純)은 "문왕의 덕의 순수함이여!"죠. 붙여서 해석하면 "아! 드러나지 않겠는가. 문왕의 덕의 순수함이여!"가 됩니다. 그리고 또 이 시에 해석을 덧붙입니다. '개왈 문왕지소이위문야'(蓋曰文王之所以爲文也)니 '순역불이'(純亦不已)라고요. 앞의 구절하고 문장 구조가 똑같아요. 문왕이 문왕이라는 시호를 받게 된 이유가 순수했기 때문이라는 겁니다. 그러니까 '순역불이'는 뭐예요? "이 순수함이 또한 그치지 않은 것이다, 멈추지 않은 것이다."

『중용』에서 '순'(純) 자의 의미란 이런 겁니다. '지성무식'이라고 했잖아요? 이렇게 쉼이 없으려면, 간단이 없으려면 사욕이 없어야 된다는 거예요. 순수해야 한다는 거죠. 이런저런 욕심이 생기면 평생 이렇게 갈 수 없다고 보는 겁니다. 그래서 이 '순'의 의미는 천도를 따르는 순수한 마음으로 평생을 살았다는 뜻입니다.

주석의 "文王문왕 純於天道순어천도 亦不已역불이 純則無二無雜순즉

^{무이무잡}" 부분에 줄 쳐놓으세요. 문왕이 천도에 순수하고 또한 그렇게 살기를 그치지 아니하니 순이란 '이'도 '잡'도 없다는 것입니다. 앞에서는 '두 이' 자를 '貳' 자로 썼는데 여기서는 '二'로 썼네요. 같은 의미입니다. 딴 생각하지 않고, 이랬다저랬다 하지 않는 거예요. 천명대로 살아야지 하다가 갑자기 '에잇, 내 맘대로 하고 살자' 하면 마음이 변한 거죠. '잡'이 없다는 건 이런저런 생각이 섞이지 않아 멈춤도 선후도 없는 거고요. 이게 또 '순'에 대한 하나의 해석입니다. 이 해석도 중요해요. 이 순수함이 우리를 평생 '무식', 쉬지 않게 하는 거니까요. 여기까지가 천도를 말한 26장입니다.

제27장

大哉 聖人之道!
대재 성인지도

洋洋乎! 發育萬物, 峻極于天.
양양호 발육만물 준극우천

優優大哉! 禮儀三百, 威儀三千, 待其人而後行.
우우대재 예의삼백 위의삼천 대기인이후행

故曰 : "苟不至德, 至道不凝焉."
고 왈 구부지덕 지도불응언

故君子尊德性而道問學, 致廣大而盡精微,
고군자존덕성이도문학 치광대이진정미

極高明而道中庸, 溫故而知新, 敦厚以崇禮.
극고명이도중용 온고이지신 돈후이숭례

是故居上不驕, 爲下不倍.
시고거상불교 위하불배

國有道, 其言足以興; 國無道, 其黙足以容.
국유도 기언족이흥 국무도 기묵족이용

詩曰 : "旣明且哲, 以保其身." 其此之謂與.
시 왈 기명차철 이보기신 기차지위여

위대하도다, 성인의 도여!

충만하게 만물을 발육시키니 높음이 하늘에 다하였구나.

넉넉하여 크도다! 예의가 삼백 가지요, 위의가 삼천 가지이다. 훌륭한 사람을 기다린 후에 행해질 것이다.

그러므로 '참으로 지극한 덕을 지니지 않았다면 지극한 도가 모이지 않는다'고 히는 것이다.

그러므로 군자는 덕성을 높이고 학문을 행하니, 광대함을 지극히 하고 정미함을 다하며, 높고 밝음을 극진히 하고 중용을 행하며, 옛것을 익히고 새로운 것을 알며, 두터움을 돈독히 하여 예를 높이는 것이다.

그러므로 윗자리에 있으면서 교만하지 않고, 아랫사람이 되어서는 배반하지 않는다.

나라에 도가 있을 때는 그가 하는 말이 인정받아 벼슬자리에 오르고 나라에 도가 없을 때는 그의 침묵이 그의 몸을 지킬 수 있다.

시에 말하였다. "이미 밝고 잘 살펴서 그 몸을 보전한다." 바로 이것을 말한 것이리라!

이제 다시 인도(人道)를 말하는 27장을 볼까요. **대재**大哉라 **성인지도**聖人之道요. 이 문장은 "위대하도다, 성인의 도여!" 정도로 해석하면 됩니다. 지성무식(至誠無息)하는 성인의 도, 이게 곧 '천도'(天道)였죠? 이 장은 앞장의 '천도'를 이어 시작해서 인간이 가야 할 '인도'를 이야기합니다.

우선 **양양호**洋洋乎 **발육만물**發育萬物 **준극우천**峻極于天이라. '양양'하다는 건 뭔가요? 16장에서 제사를 지낼 때 선조가 위에 계시고 좌우에 계시는 듯하다고 할 때도 '양양호'라고 했지요. 기운이 충만하여 흘러 넘치는 겁니다. 여기서는 성인의 덕이 '차고 넘쳐서'라는 뜻이에요. 지상에 좌악 퍼지는 거예요. '양'은 기본적으로 수평적인 이미지입니다. 그게 좌악 퍼져서 만물을 발육시킵니다.

그런 다음에 그 에너지가 '준'해요. 아주 높이 솟아요. 그러니까 '양'의 수평적인 이미지가 '준'의 수직적인 이미지로 변환되죠. '준'(峻) 자는 '높을 준' 자예요. 산이 높은 게 '준'입니다. 그런데 주자는 주석에 '고대'(高大)하다고 했어요. 더 확장해서 의미 부여를 한 거예요. 대부분의 경우 '준'은 '고' 내지는 '대'라고 한 가지만 나오는데, 여기서는 위대한 사람을 얘기하면서 두 글자를 다 써준 거죠. 앞에 나온 '고명'(高明)을 의식하고 쓴 겁니다. 그 에너지가 아주 고대(高大), 높고 커져서 어디까지 갑니까? 네, 하늘까지 이른다. '극우천'(極于天)이잖아요. 여기서 '극'(極)이 동사입니다. 자, 성인의 도가 이렇게 차고 넘쳐서 만물을 자라게 하는 것은 '지도'(地道)겠죠. 그게 높이 솟아 하늘까지 닿으면 '천도'(天道)겠고요. 이렇게 성인의 덕이 '지도'와 '천도'에 짝할 수 있게 됩니다.

여러분, 당시에 이렇게까지 할 수 있다고 말한 문헌이 없어요. 이건 유가의 정말 대단한 점입니다. 그러니까 유가가 끝까지 살아남은 거예요. 진시황이 아무리 유자들을 죽여 파묻고 책들을 불태워도 살아남았잖아요. 인간의 가능성을 믿고, 인간을 더 높은 존재로 나아가게 하는 철학인 거죠.

우우대재優優大哉라! **예의삼백**禮儀三百 **위의삼천**威儀三千. '우우대재'에서 '우' 자는 '배우'(俳優)할 때도 쓰지만, 주석에는 "充足有餘之意"충족유여지의라고 되어 있습니다. 아주 충분해서 차고 넘치는 거예요. 여유가 있는 거죠. 그러니까 '우우'는 덕이 부족해서 낑낑대는 것이 아니라 넉넉한 겁니다. 앞장에 나온 '유원', '유구'가 저절로 떠오르네요. '우우대재'는 "아주 넉넉하여 크도다!" 정도로 해석하면 됩니다.

그래서 '예의삼백 위의삼천'(禮儀三百, 威儀三千)이래요. 따로 자주 쓰이는 구절인데요, 주석에 보면 "禮儀예의 經禮也경례야, 威儀위의 曲禮也곡례야"라고 되어 있어요. '경례'가 중요하고 핵심이 되는 예의 강령, '곡례'는 세부 지침이라고 보시면 됩니다. '곡'(曲) 자는 치곡(致曲)에 나왔었는데, 여기서는 '세세한'이라는 뜻이에요. 쉽게 비유하자면 경례와 곡례는 헌법과 시행령이라고 보면 돼요. 그러니까 이 문장은 기본이 되는 예의가 300개고, 세부 행동지침은 3,000개라는 거죠. 제사를 예로 들면 기본 예절에는 뭐가 있겠어요? 언제 목욕재계를 하고, 음식은 뭐뭐를 준비하고⋯ 이런 거죠. 그럼 세부 예절은요? 옷은 몇 수로 짠 옷감으로 해 입고, 옷고름은 어떻게 하고, 걸음은 어떻게 걷고⋯. 네, 『예기』의 '곡례' 부분을 읽으면 어찌나 세세하고 구체적

인지 머리에서 쥐가 날 지경입니다. 생각나는 거 몇 가지만 예를 들어
볼까요?

어른 앞에서 청소하는 예절이 따로 있어요. 빗자루를 쓰레받기
위에 얹어서 갖고 들어가야지 두 개를 따로 들고 가시면 안 돼요. 빗
자루질은 소매로 앞을 가리고 뒤로 물러서면서 해서 먼지가 어른에
게 닿지 않게 합니다. 쓰레받기 열린 부분은 자기 쪽으로 향해야지 어
른 쪽으로 가게 하면 안 되고요.

또 선생님과 같이 걸을 땐 저쪽 길 건너에 아는 사람이 있어도 건
너가서 말을 걸면 안 돼요. 어른을 모시고 가고 있으니까요. 함께 언
덕 같은 델 올라갈 때는 항상 어른이 보시는 방향을 같이 봐야 돼요.
선생님이 이쪽 보시는데 혼자 저쪽 보면 안 됩니다.

길 가다가 선생님을 발견했다? 요즘 같으면 그냥 피하는 분들도
계시지만… 아무튼 이럴 땐 종종걸음으로 다가가야 해요. 앞에 계신
선생님을 발견하는 순간 종종걸음으로 스텝을 바꿔야지 걷던 대로
걸으면 안 돼요. 그렇게 다가가서 바르게 서서 두 손을 포개고 선생님
께 인사를 드리고요, 그다음에 선생님께서 밥 먹었느냐, 어디 가는 길
이냐 같은 말을 건네시면 공손히 대답을 하고, 아무 말씀 안 하시면
또 종종걸음으로 뒷걸음질 쳐서 물러납니다. 요새는 선생님들도 잘
모르시니까 학생들이 종종걸음 치면 오히려 당황하시죠, 아니 쟤가
왜 이러나 어리둥절해하고, 어디 아픈 거 아니냐고 물어보고….

아무튼 이런 게 다 '곡례'예요. 이 정도로 구체적으로 해놨다는 거
죠. 사실 3천 개보다 더 많아요. 카테고리별로 3천 개라고 보시면 돼
요. 초상 치를 때, 제사 지낼 때, 결혼식 할 때, 관례 할 때 등등 오만가

지가 다 있습니다. 완전 '일상생활백서'에요.

결국 예의와 위의는 인간이 공동체를 이루면서 살아가는 데 지켜야 할 기본 규칙인 거예요. 이걸 지키는 게 곧 '극기복례'(克己復禮)고요. '극기', 자기를 이겨요. 사사로운 욕심들을 이겨 내는 겁니다. 그리고 '복례', 공공선을 실천하는 거죠. 이렇게 서로 지킬 걸 지켜 줘야 그 사회가 유지돼요. 그러니까 이 문장에서는 성인이, 성인의 덕이 이러한 규범들을 힘들이지 않고 넉넉하게 만들어 놓았다는 겁니다. 문장 전체를 붙여서 해석해 볼까요? "아, 넉넉하고 참 위대하도다, 성인이 만들어 놓으신 '예의삼백 위의삼천'이여!" 여기서 '성인이 만들어 놓으신'이 생략되어 있는 거죠.

그런데 여러분, 『중용』1장 첫 문장 기억나세요? 네, '천명지위성 솔성지위도 수도지위교'(天命之謂性 率性之謂道 修道之謂敎)요. '천명지위성'과 관련된 이야기는 지금까지 많이 나왔죠? '솔성지위도', 실천에 대한 이야기도 많이 했습니다. 그다음 구절인 '수도지위교', 이 '교'가 제도화된 게 바로 이 '예의삼백 위의삼천'입니다. 이게 있어야 우리는 일상을 순탄하게 살 수가 있어요. 사실 되게 고마운 거죠. 매뉴얼이 없으면 그때그때 계속 고민해야 되잖아요? 앞에서 '교'를 문물제도라고 말씀드렸습니다. 기본적으로 가르쳐야 하는 것, 후천적으로 습득해야 하는 거죠. 그게 곧 '예의삼백 위의삼천'이고요. 여러분, 3천 개가 너무 많아 보이죠? 그런데 곰곰 생각해 보시면 지금도 여러분은 3천 개 이상 행하면서 살고 계십니다. 인간으로서, 아버지로서, 아들로서, 회사원으로서…. 아침에 눈 뜨고 밥 먹을 때부터 시작해서 잠잘 때까지 다 따져 보면 3천 개 훨씬 넘을걸요? 그런데 여기에 '위'(威) 자를 쓴 게 참 재미있어요. 위엄, 품위가 있다는 거죠. 인간답게 살기 위해서 이 정도는 지켜야 합니다. 요샛말로 자존감을 갖고 사는 거예요. 그러려면 지켜야 할 것들을 지키고 살아야지, 안 지키면 대우 못 받는 거죠. '위' 자에 그런 의미가 있어요.

그런데 **대기인이후행**待其人而後行이라고 합니다. 이것들이 그 사람을 기다린 후에야 행해진대요. 여기서 그 사람은 누구겠어요? 네, 성인이죠. 이런 위대하신 분이 나타나야지 비로소 이런 것이 다 만들어지고 행해져요. 이런 일을 다 해낼 수 있는 사람, 그 사람을 기다린 후에 행해진다는 데에서 우리는 또 뭘 알 수 있어요? 네, 모든 것은 사람이 하는 거라는 거죠. 결국 또 인간에 대한 신뢰를 말하는 겁니다. 천도와 지도가 지성무식, 항상 행해지고 있어도 인간 세상에 이걸 할 수 있는 '사람'이 나타나지 않으면 일이 아무것도 안 됩니다. 『노자』, 『장자』에서는 반대죠. 인간이 뭘 계획을 세워 할 생각을 하면 안 돼요. 그냥 자연의 흐름대로 태어난 그대로 쫓아가면 돼요. 『노자』, 『장자』에서는 리더도 안 두죠? 둔다고 해도 그 리더가 뭘 만든다거나 하지 않아요. 백성들은 리더의 존재를 모르는 게 좋아요. 하지만 유가에서는 다릅니다. 성인의 지위에 이른 사람이 있어야죠.

고왈故曰 **구부지덕**苟不至德이면 **지도불응언**至道不凝焉이라. '구'(苟) 자는 '참으로', '진실로'란 뜻인데, 가정문을 만들어 주는 역할을 합니다. "만약 ~라면", "진실로 ~라면"으로 해석해요. 그러니까 '구부지덕' 하면 "참으로 지극한 덕이 아니라면"입니다. 지극한 덕은 곧 쉬지 않는 덕이겠죠? 그것이 아니라면, 지극한 도가 '응'(凝)하지 않는대요.

여러분, 여기 이 '응' 자가 또 기가 막힌 표현입니다. '엉길 응' 자거든요. 위대한 사람한테는 도가 와서 엉기어 붙는 거예요. 제가 아무리 생각해 봐도 이 글자의 느낌을 정확히 대체하는 글자는 없더라고요. '붙을 착(着)' 자? 부족해요. '처할 처(處)' 자? 안 됩니다. 원래 있었던 것처럼 보이잖아요. 오직 '응' 자인 거예요. 굉장히 아름다운 표현이죠. 그 사람의 수준이 그가 갖고 있는 도의 사이즈가 되는 겁니다. 많이 엉기느냐 조금 엉기느냐에 따라서요. 그래서 저는 여기 주자 주석도 좀 아쉬워요. '응'을 "聚也成也"취야성야라고 풀었는데, 단순히 모이고 이루어지는 걸로는 이 느낌이 안 살거든요. '스며든다'도 좀 아쉽죠. 외부에서 무언가를 받아들이는 데 초점이 맞춰진 느낌이잖아요. 하지만 '응'이라는 건 내면적인 수양을 통해서 지극한 성을 만들어 내고 거기에 무언가가 엉겨 붙는 겁니다. 여러분, 23장에서 나온 '형(形)-저(著)-명(明)-동(動)-변(變)-화(化)'의 과정 기억나시죠? 에너지가 이렇게 엉겨 붙어서 형체가 생겨나요. 그렇게 형체가 잡힌 것이 드러나고 밝아지고 다른 사람을 움직이고 변하고 화하죠. 거기까지 가는 모든 게 이 '응'으로 시작하는 겁니다.

고故로 **군자**君子는 **존덕성이도문학**尊德性而道問學하며 **치광대이진정미**致廣大而盡精微하며 **극고명이도중용**極高明而道中庸하며 **온고이지신**溫故而知新하며 **돈후이숭례**敦厚以崇禮라. 여기서 '존덕성도문학'은 너무나도 중요한 구절입니다. 『주자어류』(朱子語類)에서는 나오고 또 나와요. 그 의미는 뭐냐? 군자는 '존덕성'하고 '도문학'한대요. 우선 덕성을 높인답니다. 하늘로부터 부여받은 '성'을 높인다. 이때 '존'(尊) 자는 '닦을 수

(修)' 자로 바꿔도 돼요. 가지고 태어난 덕성을 보존하고 잘 닦아 높이는 겁니다. 이게 '존덕성'(尊德性)이에요. 그럼 '도문학'(道問學)은 뭐예요? '문학'은 묻고 배우는 거예요. '박학'(博學), '심문'(審問) 할 때 그 '학'과 '문'이죠? '도'(道)는 여기서 동사입니다. '행한다'는 의미로 쓰였죠. 네, 군자는 덕성을 높이고 묻고 배우기를 행해요. 묻고 배운다는 건 결국 글자 순서를 바꾼 학문(學問)하고 같은 의미예요. 앎을 지극히 하여 도체의 세세함을 다해 가는 거지요. 네! 좋습니다. 바로 '격물치지'(格物致知)이죠. '수덕', '응도'는 '존덕성도문학'으로 이루어집니다.

이렇게 '존덕성도문학'부터 시작해서 다섯 개 항목이 병렬구조로 나와 있어요. 앞으로도 두 구절 사이에 끼인 '而'는 연결하는 말이니까 따로 적지 않겠습니다.

두번째 항목은 '치광대진정미'(致廣大盡精微), 넓고 커짐을 다하고, 정미함을 다합니다. '치'(致)에도 다한다는 뜻이 있어요. 그런데 여기서 이렇게 넓고 커지는 것을 한 글자로 하면 뭐겠어요? '박'(博)이죠. 그리고 그렇게 넓어지기만 하면 안되겠죠? '정미'하게, 정교하고 세밀하고 탄탄하게 해야 합니다. 박학 다음은 '약지'(約之)지요. 물론 순서는 넓게 하는 게 먼저입니다. 처음부터 정미한 걸로 시작하면 끝까지 좁은 채로 갑니다. 스케일을 크게 한 후에 세밀하게 하는 거죠.

다음에 '극고명도중용'(極高明道中庸), 높고 밝은 것을 '극'(極), 최대한, 끝까지 가래요. 너무 힘들다고 적당히 하시면 절대 안 됩니다. 그러기 위해서는 어떻게 살아야 하는가? 사욕에 얽매이지 말라고 합니다. 사심, 사욕이 조금이라도 있으면 광대해질 수도 고명해질 수도 없다는 거죠. 그리고 또 중용을 행하랍니다. 여기서도 '도'(道)가 동사로 쓰인 거 아시겠죠? 중용을 행하라! 사리, 사욕에서 벗어나 과·불급의 잘못이 없게 하라는 거죠. 항상 적중하는 삶, 선택, 실천을 행하라!『중용』의 주제가 반복됩니다.

'온고지신'(溫故知新)은 워낙 유명하죠?『논어』에서는 '온고지신'을 해야 선생이 될 수 있다고 했는데요, '온'(溫) 자가 따뜻하게 한다는 뜻인데, 옛것을 따뜻하게 한다는 것은 존중하는 마음으로 배운다는 뜻이에요. 그것에 대한 어떤 열망을 가지고 배울 때 따뜻하게 배운다고 합니다. '지신'은 날마다 알지 못하던 것을 안다, 자신의 시대에 적합하게 지식을 확장한다는 거죠. '온고'해야 '지신'이 가능하다고 봐요.

그러면서 '돈후이숭례'(敦厚以崇禮). 두터움을 돈독히 하고 예를 높여야 합니다. '후'(厚)가 무엇인가? 여기서 '후'는 '이능'(已能), 이미 잘하고 있는 것을 말합니다. 이미 배우고 익혀서 잘하고 있는 일을 더욱 잘할 수 있게 힘쓰라는 겁니다. '예'란 곧 앞에서 말한 '예의', '위의'의 여러 규범이겠죠? 인간 세상에서 지켜야 할 이런 규범들을 높이지 않으면, 지키고 존중하지 않으면 '방외인'(方外人)이 되는 겁니다. 이 '예'를 좀더 크게 보면 인간생활의 질서 또는 삶의 방식이라고 말할 수도 있겠네요. 이걸 높이고 발전시켜야 하는 거죠. 유가는 이렇게 좀 더 나은 세상을 만들어 가기 위해 끊임없이 문명을 추구합니다. 도가는 그러한 문명이 세상을 더 살기 어렵게 만든다고 보는 반문명의 입장이고요.

아, 그리고 '숭례' 하면 떠오르는 거! 네, 그렇죠. 숭례문이 남대문이잖아요. 이 문의 이름이 바로 여기서 나온 겁니다. 뒤에 가면 '돈화'(敦化)도 나와요. 창덕궁의 정문이 '돈화문'이죠? 이렇게 사대문이나 궁궐 이름 같은 것도 다 사서삼경에서 따온 겁니다. 당연하죠. 다 정도전이 지었는데 사서삼경에서 가져오지, 불경이나 노장 계열 책에서 했겠어요? 창덕(昌德), 경희(慶熙), 경복(景福) 등도 다 사서삼경에 나오는 말들이랍니다.

시고是故 **거상불교**居上不驕 **위하불배**爲下不倍 **국유도**國有道 **기언족이흥**其言足以興이요, **국무도**國無道에 **기묵족이용**其黙足以容까지 먼저 볼까요? 이러한 까닭에 이런 사람은 '거상불교', 윗자리에 있으면서 교만하지 않으며, '위하불배', 아랫사람이 되어서는 배반하지 않습니다.

여러분, 윗자리에 있으면서 교만하지 않는 게 생각보다 어렵습니다. 우리 이런 얘기 많이 하죠. "내가 진급하면 절대 저 사람처럼 안 한다." 그런데 결국 같아지기 십상이죠. 오히려 더 아랫사람에게 갑질을 하는 경우도 있어요. 그렇게들 삽니다. 인간이란 게 그래요. 원래 이 '교'(驕) 자는 말한테 쓰는 단어였어요. 말이 주인이 가라는 대로 안 가고 멋대로 굴 때 쓰는 글자였는데, 이걸 사람한테 쓰니까 제멋대로 날뛴단 뜻이 된 겁니다. 그리고 '배'(倍) 자는 '배반한다'라고 쉽게 해석해 두긴 했지만, 이게 뒤통수를 때린다거나 이런 의미보다는 분수를 지키지 않고 법도를 어긴다는 뜻에 더 가깝습니다. 나는 별거 아니니까 법도를 안 지켜도 되겠지 뭐…. 이런 것도 다 커다란 의미의 배반이라는 거 꼭 기억해 두세요.

'국유도'와 '국무도'가 나뉘어서 나오는데, 이건 공자 제자 자로가

'강'(强)에 대해 물어봤던 10장에서 나왔었죠. 이때의 '도'는 진리가 아니라 '치국지도'입니다. 『논어』 같은 데 보면, 나라에 치국지도가 있으면 나가서 벼슬을 하고[進], 치국지도가 없을 때는 물러나라고[退] 되어 있죠. 다른 나라로 이민 갈 때도 그 나라가 치국지도가 있으면 들어가서 살고, 치국지도가 없으면 들어가지 말라고 하고요. 아무튼 여기서는, 나라가 제대로 운영될 때는 '기언족이흥'(其言足以興)하고, 나라가 어지러울 때에는 '기묵족이용'(其默足以容)이라고 하네요.

'기언족이흥'에서 '기언'은 '그의 말'이죠. 여기서 '그'는 '존덕성도 문학'하고 '극고명도중용'하는 바로 그런 지식인입니다. 그런 사람의 말이 그를 흥기하여 세상에 쓰이게 된답니다. 성인이 자기 의견을 제시하고 벼슬할 수 있는 세상이라는 거죠. 한편으로는 '흥'을 이렇게 해석할 수도 있어요. 그가 말을 잘해서 좋은 정책을 통해 나라를 흥하게 한다고요. 주자는 둘 중에 앞의 해석을 택합니다. 주석에 '흥'을 "起在位也"기재위야라고 했어요. 자신의 몸을 일으켜서, 즉 세상으로 나아가서 '재위', 벼슬자리에 있게 된단 거죠. 그의 말이 그 자신을 벼슬할 수 있게 한다니, '입신양명'이라고 보셔도 좋습니다. '족이흥'은 그런 뜻이에요.

반면 나라에 치국지도가 없어요. '수신', '응도'한 지식인이 벼슬하기 어려운 상황이에요. 그러면 '기묵족이용', 그의 침묵이 용납된다는 말입니다. 어려운 상황에서 자신의 뜻을 펼 수 없는데 적극적으로 자기 주장을 하면 결국 해를 입게 되겠죠. 이럴 땐 침묵해야 돼요. 여기서 침묵이라는 건 꼭 말을 하고 안 하고의 문제가 아닙니다. 물러나서 사는 '은거'도 침묵의 일종이에요. 현명하게 판단하여 묵묵히 사는데, 재앙이 미치지 않아 그 몸을 유지하게 되는 겁니다. 여러분, 은 거생활도 쉬운 게 아니에요. 굉장히 조심스럽게 해야 합니다. 은거생활 하면서 괜히 눈에 띄는 엉뚱한 짓 하면 도리어 의심을 받거나 모반 사건에 연루되거든요. 중앙의 권력자들은 재야의 명망가들을 세밀히 들여다봅니다. 일거수일투족, 뭐 하나 허투루 보지 않습니다. 조심해 야지요.

시왈詩曰 **기명차철**旣明且哲 **이보기신**以保其身 **기차지위여**其此之謂與인저! 여기서 또 사자성어가 하나 등장합니다. '명철보신'이라고 들어 보셨 죠? 『시경』에 있는 구절을 『중용』에서 인용해서 유명해졌습니다.

문장을 해석해 볼게요. 시에서 말하기를 이미 '명'(明)하고 또한 '철'(哲)하여, 이때 '명'은 '명변지'에서의 '명', 그러니까 판단력이 좋 은 걸 말합니다. 상황 판단을 잘하는 거죠. '철'은 사리를 잘 살펴서 현 명하게 행동한다는 의미고, '현명할 현(賢)' 자로 바꾸셔도 좋습니다. 그래서 '명철'하다는 건 좋은 판단력과 현명한 행동을 함께 말하는 겁 니다. 그래서 '이보기신'(以保其身), 그것으로 그 자신의 몸을 지킨대 요. '기명차철 이보기신'을 네 글자로 줄인 게 바로 '명철보신'입니다.

요새는 '보신주의'가 복지부동이라 하여 안 좋은 뜻으로 쓰이죠? 그런데 사실 '명철보신'은 나라에 도가 없을 때 현명하게 처신하며 자 신을 지킨다는 좋은 뜻입니다. 가령 율곡 선생이 퇴계 선생한테 같 이 정치 좀 해보자고 했는데, 퇴계 선생께서 선조를 만나 보니까 이 건 아닌 거예요. 이 인간은 좀 음험해. 그래서 사표 내고 안동으로 내 려가서 도산서원 지으시고 은거하셨잖아요? 이것에 대한 후대의 평가가 '명철보신'입니다. 자신의 몸을 지키신 거예요. 현명하게 판단하고 그 몸을 보존하신 거죠. 우선 몸을 보존해야 학문에 정진하고 후학도 키울 수 있지 않겠어요? 귀양과 사약의 코스로 가 버리시면 안 되잖아요. 그래서 '보신'은 전근대 사회에서는 상당히 좋은 의미로 쓰인 단어입니다. 요새처럼 자기 한 몸만 생각한다가 아닌 거죠. 참고로 이 유가의 '보신' 개념이 도가에서는 '귀신'(貴身)입니다. 몸을 귀하게 여긴다는 거예요. 생각해 보세요. 각자 자신의 몸을 귀하게 여기면 전쟁 같은 거 안 합니다. 내가 죽을지도 모르는데 어떻게 전쟁할 마음이 생기겠어요? 각자 자기 몸을 귀하게 여기면 결국 세상이 안정된다는 게 바로 전쟁에 대한 도가의 입장입니다. 어쨌든 지금 말씀드린 '보신'과 '귀신'은 요새의 이기주의와는 다른 얘기라는 거 알아 두시고요, 여기까지가 27장이에요. '천도'로부터 시작해서 '인도'를 얘기했죠. 21장에 나온 '명'(明)으로부터 '성'(誠)을 이루는 일인 거죠.

제28장

子曰: "愚而好自用, 賤而好自專, 生乎今之世, 反古之道,
자 왈 우이호자용 천이호자전 생호금지세 반고지도

如此者, 烖及其身者也."
여 차 자 재 급 기 신 자 야

非天子, 不議禮, 不制度, 不考文.
비 천 자 불 의 례 의 부 제 도 불 고 문

今天下, 車同軌, 書同文, 行同倫.
금 천 하 거 동 궤 서 동 문 행 동 륜

雖有其位, 苟無其德, 不敢作禮樂焉;
수 유 기 위 구 무 기 덕 불 감 작 예 악 언

雖有其德, 苟無其位, 亦不敢作禮樂焉.
수 유 기 덕 구 무 기 위 역 불 감 작 예 악 언

子曰: "吾說夏禮, 杞不足徵也, 吾學殷禮, 有宋存焉.
자 왈 오 설 하 례 기 부 족 징 야 오 학 은 례 유 송 존 언

吾學周禮, 今用之, 吾從周."
오 학 주 례 금 용 지 오 종 주

공자께서 말씀하셨다.

"어리석으면서도 자기만 옳다고 여기고, 지위가 낮은데도 자기 마음대로 하기
를 좋아하고, 지금 세상에 살면서 옛 도를 그대로 회복하려 한다면 이와 같은
자는 재앙이 그 몸에 미친다."

천자가 아니면 예를 의론하지 않으며 제도를 만들지 않으며 문자를 고찰하여

정하지 못한다.

지금 천하가 수레는 바퀴의 폭이 같고, 글은 문자가 같으며, 행실은 규범이 같다.

비록 천자의 자리에 있더라도 진실로 성인의 덕이 없으면 감히 예악을 제정하지 못한다. 비록 성인의 덕이 있더라도 진실로 천자의 지위가 없으면 또한 감히 예악을 제정하지 못한다.

공자께서 말씀하셨다.

"내가 하나라의 예에 대해 말할 수 있으나 그 후손인 기나라에 남아 있는 것은 증거 삼기에 부족하다. 내가 은나라의 예를 배웠는데 그 후손인 송나라에 보존되어 있다. 나는 주나라의 예를 배웠는데 지금 이것을 쓰고 있으니 나는 주를 따르겠다."

이 장은 27장에 이어 인도를 말한 것입니다. 27장에서 "아랫사람이 되어서 윗사람을 배반하지 않는다"고 했는데, 28장에서 그 내용을 부연 설명하고 있습니다. 여기서 자사는 앞과 뒤에서 두 번 공자의 말을 인용하면서 자신의 뜻을 밝히고 있네요.

자왈子曰 **우이호자용**愚而好自用하며 **천이호자전**賤而好自專이요. **생호금지세**生乎今之世하야 **반고지도**反古之道면 **여차자**如此者 **재급기신자야**栽及其身者也라. 이 문장도 굉장히 중요합니다. 요새같이 각자 잘난 멋으로 사는 세상에서는 더 생각해 봐야 합니다. '우이호자용'은 어리석으면서 '자용'(自用)하기를 좋아한다는 거예요. 어리석은 건 '박학지'부터 이어지는 일련의 과정을 제대로 못했기 때문이겠죠. 그런 앎이 부족한 거예요. '자용'은 쉽게 말해 자기만 옳다고 여겨 제멋대로 한단 말입니다. 성인이 아닌 어리석은 사람이 자기만 옳다고 주장하는 것이 '자용'이에요.

그러면 '천이호자전'은 지위가 낮은데도 '자전'하기를 좋아한단 거겠죠? '자전'(自專)은 천자의 자리에 있지 않으면서 무슨 일이든 독단적으로 제멋대로 하는 걸 말해요. 그러니까 '천호이자전'은 낮은 자리에 있으면서 스스로 다 독단으로 결정하는 걸 뜻하죠.

요샌 잘 안 쓰는데, 옛날에는 '자용자전'(自用自專)이라는 말도 많이 썼습니다. '자용'은 어리석으면서 자기 고집 피우는 거, '자전'은 자기 잘난 맛에 제멋대로 행동하는 것, 그래서 '자용자전'을 계속하다 보면 어리석은 사람으로 남겠지요. 주위에 아무도 없는 쓸쓸한 처지에서.

다음에 '생호금지세'(生乎今之世), 지금 세상에 태어났어요. 우리가 지금 세상을 살고 있잖아요. 그런데 '반고지도'(反古之道), 옛날의 도, 옛날의 관행을 '반'(反), 되돌리려고, 그대로 가져다가 쓰려고 해요. 이 글자는 주석에도 '복'(復) 자로 되어 있어요. 여러분, 유가는 현세를 긍정하는 입장이에요. '반고지도' 하면 지금 세상을 모르는 겁니다. 지금 세상은 지금에 맞는 시스템으로 가야 되는 거예요. 요순시절이 좋았다고 해서 그 시절로 돌아가서 그대로 해야 한다고 주장하는 복고주의는 안 된다는 겁니다. '반고지도' 대신 어떻게 해야 하죠? 네, '온고지신'(溫故知新) 해야죠. 자신의 시대에 적합한 새로운 것을 추구해야 돼요. 옛 도를 그대로 쓰겠다고 고집부리면 어떻게 된대요? '여차자 재급기신자야'(如此者 烖及其身者也), 재앙이 그 몸에 미치게 됩니다. 그러니까 '보신'을 할 수 없게 되는 거예요. 왜? 시대의 흐름하고 어긋나잖아요. 여러분, 중용은 뭐였죠? '시중'(時中)이었죠? '수시변역'하는 상황에 적합하게 생각하고 행동하는 거죠. 무조건 옛것을 좇는 건 '시중'이 아니잖아요. 중용이 아닌 거예요. 그러니 이치에 어긋나 재앙을 입게 되는 거죠.

그래서 **비천자**非天子 **불의례**不議禮 **부제도**不制度 **불고문**不考文이라고 합니다. 여기서부터는 공자의 말에 대한 자사의 해석입니다. 천자가 아니면 '의례'랑 '제도'랑 '고문'을 못한다는 건데, 거꾸로 천자는 이 세 가지를 할 수 있다는 거겠죠? 여기서 '천자'는 천자라는 그 자리, 그리고 그 자리에 맞는 덕을 갖춘 사람이라고 보시면 돼요. '내성외왕'(內聖外王), 성인이라고 보셔도 좋겠습니다. 성인이 그에 적합한 자리를 얻으면 그게 곧 천자니까요. 그러니까 위대한 덕과 현실에서 천자의 권력까지 다 갖고 있는 존재만이 이런 일을 할 수 있다는 겁니다.

자, 그래서 천자가 아니면 무엇을 못하는가 하면, 첫째 '의례'(議禮), '예'를 의론할 수가 없습니다. '예'(禮)는 주석에 '親疎貴賤相接之體也'친소귀천상접지례야라고 했는데요. 친하고 멀고 귀하고 천한 이가 서로 대하는 규범을 정하는 겁니다. '의'(議) 자는 공개적으로 논의에 붙인단 뜻이고요. 그러니까 천자가 아니면 이런 정책이나 법 제정에 대해 공개적으로 논의를 붙일 수가 없어요. 개혁정치 같은 걸 함부로 시도할 수 없다는 겁니다.

또 '제도'(制度), '도'를 '제'하는 건데 이때 '도'(度) 자가 바로 우리가 말하는 '제도'죠. 제도를 제정할 수 없다고 해요. 새로운 국가 기구를 설치하는 것부터 의식주에 대한 정책을 펼 수 없는 겁니다. 옛날에는 신분에 따라 집의 크기, 수레의 종류, 옷 입는 것 등등이 정해져 있었거든요.

다음에 '고문'(考文)할 수 없다는 건 좀 설명이 필요합니다. 여기서 '문'(文)은 주석에 '서'(書)라고 되어 있는데요, 이 '서'는 '책'이라기보다는 '문자', '글자'로 보세요. 중국이라고 다 같은 한자를 쓰는 게 아니라 진시황 통일 전까지는 지역마다 같은 글자의 모양이 달랐고, 음도 서로 차이가 있었지요. 이걸 통일한 게 진시황이거든요. 그러니까 '고문'이라는 것은 글자 뜻 그대로라면 문자를 고찰한다는 건데, 문자를 통일시킨다는 거죠. 여기에는 교과서의 내용, 공문서 양식을 통일하는 것 등이 모두 속합니다. 이것 또한 천자만 할 수 있는 고유 권한인 거예요.

금천하今天下 **거동궤**車同軌 **서동문**書同文 **행동륜**行同倫이라. 천하가 통일 됐다는 말을 좀 있어 보이게 쓸 때 여기 나온 '거동궤 서동문'이라고 합니다. 한편으로는 나중에 잘못 들어간 죽간이 아닌가 의심을 하기 도 해요. 진시황 통일 후, 기원전 221년 이후에 들어간 죽간이 아닐까 하고요. 왜냐하면 자사가 살았던 때는 춘추시대였잖아요? 그런데 그 때 왜 천하통일을 말하는 '거동궤 서동문 행동륜'이란 구절이 나왔겠 는가 하는 거죠. 이게 후대에 논란이 됐어요. 그런 의심에 대해 반대 편에서는 춘추시대에도 주나라를 천자국으로 생각했기 때문이라고 반론을 하고, 아무튼 그렇습니다.

그래서 그 '거동궤 서동문'이라는 게 무슨 뜻이냐? 일단 앞에 나 오는 '금천하'는 "지금 천하는"이란 뜻이겠고요. '거동궤'(車同軌)부터 보자면 수레[車]에 궤[軌]가 같아요[同]. '궤'는 '궤적'(軌迹) 할 때 '궤' 자인데, 요샛말로 두 타이어 사이의 차축 길이예요. 이걸 통일한다는 거죠. 이 사이즈는 왜 맞춰요? 표준화하기 위해서죠. 『맹자』에 나온 표현을 쓰면 '통공역사'(通功易事), 물류의 유통에는 일정한 기준이 있어야 합니다. 도량형이 통일돼야 사고 파는 과정에서 속고 속이는 것이 없겠지요. 수레바퀴 자국이 같다는 것은 이 지역 저 지역 운반하 는 수레의 크기를 통일하여 유통 물량을 헤아리고, 거기에 맞춰 세금 을 부과한 것입니다. 이걸 관리를 또 철저히 했습니다. 「와호장룡」과 같은 중국 영화 보면, 성문에 들어가려고 하면 지키는 사람들이 꼭 있 잖아요? 짐도 검사하고, 복색이 이상한 사람도 기찰하고 그러죠. 그 런데 성문 앞 돌길에 홈을 파 놓았어요. 그리고 그 홈으로 바퀴가 지 나가게 해요. 기차 철로처럼요. 이게 '거동궤'입니다. 그냥 맞추라고 명령만 내려놓고 관리를 안 한 게 아니에요.

그다음에 '서동문'(書同文)에서 '서'(書)는 문서입니다. 공문서의 양식이 같은 게 바로 '서동문'이에요. 그러려면 당연히 문자의 형태도 같아야겠죠. 제각기 다른 한자를 쓰면 소통이 안 됩니다. 여러분, 고대의 제국도 철저히 문서로 다스립니다. 허술하게 통치한 게 아니에요. 엄청나게 결재하고 다 기록을 남겨요. 인수인계 같은 것도 얼마나 철저한데요. 진시황 때 지방 관료의 무덤에서 대나무쪼가리가 2,700개인가 나왔어요. 이것을 『수호지진묘죽간』(睡虎地秦墓竹簡)이라고 하는데 그 내용을 분석해 보니 관료의 공무지침서였어요. 그걸 이 사람이 매일 갖고 다니면서 다 외운 거죠. 거기 보면 곡식 관리 업무의 인수인계를 거의 반년에 걸쳐서 하는데, 몇 년 된 곡식이다, 반쯤 썩은 게 몇 퍼센트다, 누락손실분의 책임은 어떻게 진다, 이런 게 다 적혀 있어요. 정말 철저하게 관리했습니다. 법으로 다스린 진나라는 이렇게 규정대로 촘촘하게 관리했어요.

아, 이런 것도 있어요, 제가 그거 보고 재미있어 하고 감탄했는데, 농민 중에 소가 없는 사람들이 있잖아요? 그럼 정부에서 소를 빌려줘요. 그런데 빌려주기 전에 소의 허리둘레를 재요. 그런 다음에 농사철이 끝나고 가을에 반납받는데, 그때 허리둘레를 측정해서 어느 정도 이상, 예컨대 지금 단위로 6센티미터 정도였나? 아무튼 그 이상 소가 말랐으면 벌금을 내야 돼요. 제대로 안 먹이고 일만 죽도록 시켰단 거죠. 또 도둑을 잡아서 처형할 때 말이죠, 가령 남편이 300량을 도둑질해왔어요. 그런데 아내가 그것을 알고 썼을 때와 모르고 썼을 때 아내의 처벌에 차등을 둡니다. 물론 알고 썼을 때는 처벌이 가중되겠죠.

정말 촘촘하지 않아요? 허술한 구석이 없어요.

기원전 221년 무렵에 이런 규칙들이 있었다는 건데, 그게 어디 하루아침에 됐겠어요? 상앙(商鞅)의 신법을 채택한 효공(孝公) 때부터 부국강병에 힘써서 진혜왕(秦惠王)을 거쳐 진시황 때 이르러 비로소 통일한 거죠. 그래서 이 '서동문'이라는 것이 아주 실감나는 거예요. 문자를 통일해서 공문서의 양식을 동일하게 했다는 거죠. 이래야 제국이 운영되는 겁니다.

다음으로 '행동륜'(行同倫)에서 '륜'(倫) 자는 차례, 순서를 말해요. 인륜(人倫)이란 말을 쓰는데 일상생활을 할 때 '륜'이 같다는 건 곧 행동지침이 정해져 있다는 거예요. '곡례'(曲禮) 기억나시죠? 아버지께서 수저를 드시기 전에 먼저 밥을 먹지 않는다, 인사는 상황에 따라 어떻게 어떻게 한다, 이런 예의 순서들, 이것들도 통일되는 거예요. 이렇게 '거동궤 서동문 행동륜'된 것을 우리는 제국, 통일국가라고 부릅니다. 아홉 글자가 너무 길어서인지 '거동궤 서동문'으로 줄여서 많이 써요. 조선이 건국되었을 때도 마찬가지고요. 지금 세상은 왕명이 끝까지 다 방방곡곡에 퍼진다, 한문으로 어떻게 써요? '거동궤 서동문' 이렇게 쓰면 됩니다. '천하일통'(天下一統), 천하가 하나로 통한다는 겁니다.

수유기위雖有其位 **구무기덕**苟無其德 **불감작예악언**不敢作禮樂焉이며, **수유기덕**雖有其德 **구무기위**苟無其位 **역불감작예악언**亦不敢作禮樂焉이라. 여기서는 예악을 제정해 천하일통을 행할 수 있는 사람의 필요충분조건에 대해서 얘기해요. '수유기위', 비록 그 자리에 있으나, 그 자리라는 건

'예의'하고 '제도'하고 '고문'할 수 있는 천자의 자리겠죠. 비록 그런 자리에 있을지라도 '구무기덕'(苟無其德), 진실로 그 덕이 없으면, 그 덕이라는 건 그 자리에 합당한 성인의 덕을 말합니다. 아버지한테 물려받아 천자는 됐지만 천자다운, 명실상부한 덕을 갖추지 못했다면? 그러면 '불감작예악언'(不敢作禮樂焉), 감히 '예악'을 만들지 못해요. 여기서는 '의례', '제도', '고문'을 다 합쳐서 '예악'이라고 했습니다. 그리고 거꾸로 비록 정말 천자가 될 만한 덕을 갖고 있더라도 참으로 그 자리, 천자의 자리에 오르지 못했다면, 또한 감히 예악을 만들지 못하죠. 그러니까 '위'(位)와 '덕'(德)을 다 갖고 있어야 된다는 말이죠. '예악'은 천자의 자리에서 그에 합당한 덕을 갖춘 성인이 만드는 겁니다.

'예악'을 좀더 자세히 풀어 보면, '예'는 곧 차별화된 제도요, '악'은 곧 사람들의 마음을 화합시키는 문화입니다. '예'는 공경하는 마음을 주로 삼으니, 귀하고 천함의 차이가 있지요. 나라를 경영하고 사직을 안정시키고 백성들을 이롭게 하기 위해서는 이런 이치가 있어야 한다고 생각했죠. '악'은 아시다시피 원래 '음악'입니다. 이치를 분명히 하는 '예'만으로는 사람들의 마음을 소통시킬 수 없죠. 가깝고 먼 곳에 흩어져 살고 있는 사람들의 마음을 화합하게 하려면 감정에 호소하는 음악이 있어야 합니다. 동질성을 교감하는 과정에서 '이풍역속'(移風易俗), 사는 방식이 조율됩니다. 그러니까 이 두 가지가 같이 가야 돼요. 법률 시스템만 가지고는 안 됩니다. 음악으로 표현된 문화 정책이 함께 가야 하는 거죠.

조선시대 때 이 '예악'을 손본 왕이 누구와 누굽니까? 세종과 정조, 두 분이에요. 다른 사람들은 시도를 해도 잘 안 돼요. 중요한 텍스트는 대부분 세종 때 만들어졌고, 그것의 확장 버전은 정조 때 만들어집니다. 왕위 후계자라면 누구나 아, 왕이 되면 이렇게 해봐야겠다, 이런 생각을 하겠죠? 과감한 개혁정치를 해보고 싶고 뭣도 해보고 싶고…. 하지만 가만 보면 이게 아무나 할 수 있는 게 아닌 거예요. 세종과 정조 정도는 되어야 가능하지요. 세종이 만든 동활자가 갑인자입니다. 이렇게 활자가 있어야 '서동문'이 됩니다. 그다음에 성종 때 이르러 나라를 다스리는 기본법전, 『경국대전』(經國大典)이 완성됩니다. 그러다 정조 때 『경국대전』과 그 이후의 법전을 추가하여 『대전통편』(大典通編)을 만들게 되고요.

중국에서는 이 버전에 해당되는 사람이 누굴까요? 우선 시도한 사람이 진시황, 그다음에 한무제, 그다음 당태종, 당현종… 이런 식으로 계보가 나옵니다. 이게 하고 싶다고 되는 게 아니에요. 여러 상황이 맞아떨어져야죠. 권력도 주어져야 하고, 주변에 모이는 지식인 집단, 보필하는 사람들의 수준도 맞아야 합니다. 덕과 지위, 그리고 때, '시'(時)가 맞아떨어져야겠지요. 인재들이 다 사표 내고 고향에 내려가 후진을 키우겠다고 하면 군주 혼자 할 수가 없어요. 그러니 신하들의 충성심도 있어야 되고요. 그런데 군주의 수준이 떨어지면 아무 소용이 없습니다. 선조 때 모인 지식인 그룹은 당대 동아시아에서도 탑이었거든요? '목릉성세'(穆陵盛世)라고 하지요. 그런데 선조가 음험하니까 이게 안 되는 거예요. 능력 있는 신하들을 서로 이간질시켜 관리하려고 하니까 뜻이 모아지지가 않는 거죠. 숙종 때도 송시열도 있고 김창협을 위시한 인재풀이 제법 있었는데, 역시 숙종이 서로 이간질시키고 분할관리하니까 안 돼요.

본문으로 돌아올게요. **자왈**子曰 **오설하례**吾說夏禮 **기부족징야**杞不足徵也요. **오학은례**吾學殷禮하니 **유송존언**有宋存焉이어니와 **오학주례**吾學周禮하니 **금용지**今用之라. **오종주**吾從周하리라. 다시 공자의 말을 인용합니다.

일단 중국 고대왕조는 하나라-은나라-주나라를 거쳐 춘추전국시대로 이어집니다. 공자는 기원전 551년에 태어나서 479년까지 살았으니 춘추시대를 산 거예요. 그런 공자가 얘기해요. '오설하례', 내가 하나라의 예, 문물제도에 대해서 말을 할 수가 있다고요. 자기가 태어나기 한참 전에 있었던 나라지만 이런저런 텍스트도 읽고 전해 내려오는 이야기도 듣고 해서 자기 나름대로 말할 수는 있대요. 그런데 '기부족징야'랍니다. 여기서 '기'(杞)는 기나라를 가리키는데요, 기나라가 어떤 나라냐면 주나라 무왕이 하(夏)나라의 제사를 받들라고 하의 유민에게 봉해 주었던 나라입니다. 사실 기나라가 유명한 건 '기우'(杞憂)라는 단어 때문이죠. '기나라 사람들의 걱정'이라는 뜻으로 하늘이 무너질까, 땅이 꺼질까 쓸데없는 걱정이 많은 어리석은 사람을 가리키죠. 비슷하게 은나라 제사를 지내라고 유민들에게 봉해 준 나라가 송나라입니다. 이 송나라 사람들이 나오는 사자성어가 '수주대토'(守株待兔)니 '알묘조장'(揠苗助長)이니… 다 어리석은 사람들을 가리키잖아요. 그러니까 망한 나라의 유민들에 대한 천대의 시선이 있는 거예요. 어리석거나 바보 같은 건 기나라 사람이나 송나라 사람이 하는 걸로 되어 버린 거죠. 억울하지만 나라를 잃은 유민들의 처지가 이렇게 돼요.

자, 아무튼 공자가 말하기를, 하나라의 제도에 대해서 내가 이렇게 저렇게 말을 할 수는 있지만, '기부족징야'(杞不足徵也), 이 자그마

한 나라인 기나라에 남아 있는 걸로는 '징'(徵)이 부족하대요. 증거가
될 만한 것이 부족하단 거죠. 하나라는 지금도 많은 게 분명히 밝혀져
있지 않아요. 지금의 낙양 일대 지역인데, 유물이 나오고는 있지만 아
직은….

다음으로, '오학은례'(吾學殷禮), 내가 은나라의 '예'를 배웠는데,
'유송존언'(有宋存焉), 이 송나라가 남아 있대요. 앞에서도 말씀드렸
지만 송나라가 은나라의 제사를 받드는 나라잖아요? 송은 공자시대
에도 존재하고 있었고, 사실은 사마천의 「공자세가」(孔子世家)에 의
하면 공자의 선조가 송나라 사람이에요. 송나라에서 노나라로 이주
한 세력이죠. 공자도 죽음을 앞두고 "나의 선조는 은나라 사람이었
다"라고 합니다. 아무튼 여기서 공자가 하는 얘기는, 내가 은나라의
예를 배웠는데, 그것이 송나라에 남아 있다는 거예요.

'오학주례'(吾學周禮), 나는 현재의 왕조인 주나라의 예, 주나라의
시스템을 배웠고, '금용지'(今用之), 지금 노나라에서 그것을 쓰고 있
으니, '오종주'(吾從周), 나는 주나라의 예를 따르겠다는 겁니다. 결국
뭐예요? 공자는 이 모든 것들을 바꿀 수 있는 천자의 자리에 있지 않
았잖아요. 알고 있기는 하지만 증거가 부족하기도 하고 제도를 개혁
할 수 있는 천자의 자리가 아니니까 그냥 '오종주' 할 수밖에 없는 거
죠. 주석을 보면 "孔子既不得位공자기부득위 則從周而已즉종주이이"라고
되어 있어요. 공자가 '위'(位), 천자의 자리를 얻지 못했기 때문에 '주'
(周)를 따른다는 거죠. 공자의 처지에서는 다른 생각을 할 수 없는 거
예요.

그럼 왜 기나라에 남아 있는 것으로는 증거 삼기에 부족한가? 문

헌이 부족했기 때문이죠. 『논어』「팔일」(八佾)에 보면 '문헌부족'(文獻不足)이란 말이 나옵니다. 여기서 '문헌'은 우리가 요즘 쓰는 '문헌'과 글자가 같지만 다른 뜻으로 쓰였습니다. '문'(文)은 텍스트를, '헌'(獻)은 '어질 현'(賢)과 통용되는 글자로 그러한 텍스트를 배우고 기억하고 있는 인재를 가리키거든요. 그러니까 '문헌'은 텍스트와 인재를 함께 아우르는 말이죠. 지금은 이게 단순히 텍스트만 가리키는 게 되어버렸지만요. 하지만 여러분, 텍스트만 있으면 소용이 없어요. 그걸 기억하고 토론하고 가르칠 수 있는 사람이 있어야 합니다.

참고로 『논어』에는 이 장의 내용이 약간 다르게 서술되어 있습니다. "하나라의 예를 내가 이야기할 수 있지만 기나라 갖고는 부족하다. 문헌이 부족하기 때문이다." 여기까지는 비슷한데요, 그런데 "은나라의 예를 내가 알지만 지금 송나라에 남아 있는 것도 부족하다"라고 되어 있어요. 어쨌든 노나라 사람 공자의 처지에서는 주나라의 예를 따를 수밖에 없었던 거죠. 당시 예악의 폐단을 충분히 알고 있었지만 바꿀 수 있는 자리에 있지 않다면 어쩔 수 없는 거지요. 아랫사람이 되어서 배반하지 않는다, 도리에 어긋나게 살지 않는다는 겁니다.

제29장

王天下有三重焉, 其寡過矣乎!
왕 천 하 유 삼 중 언 기 과 과 의 호

上焉者, 雖善無徵, 無徵不信, 不信, 民弗從;
상 언 자 수 선 무 징 무 징 불 신 불 신 민 불 종

下焉者, 雖善不尊, 不尊不信, 不信, 民弗從.
하 언 자 수 선 부 존 부 존 불 신 불 신 민 불 종

故君子之道, 本諸身, 徵諸庶民, 考諸三王而不謬,
고 군 자 지 도 본 저 신 징 저 서 민 고 저 삼 왕 이 불 류

建諸天地而不悖, 質諸鬼神而無疑, 百世以俟聖人而不惑.
건 저 천 지 이 불 패 질 저 귀 신 이 무 의 백 세 이 사 성 인 이 불 혹

'質諸鬼神而無疑', 知天也;
질 저 귀 신 이 무 의 지 천 야

'百世以俟聖人而不惑', 知人也.
백 세 이 사 성 인 이 불 혹 지 인 야

是故君子動而世爲天下道, 行而世爲天下法,
시 고 군 자 동 이 세 위 천 하 도 행 이 세 위 천 하 법

言而世爲天下則. 遠之則有望, 近之則不厭.
언 이 세 위 천 하 칙 원 지 즉 유 망 근 지 즉 불 염

詩曰: "在彼無惡, 在此無射. 庶幾夙夜, 以永終譽."
시 왈 재 피 무 오 재 차 무 역 서 기 숙 야 이 영 종 예

君子未有不如此, 而蚤有譽於天下者也.
군 자 미 유 불 여 차 이 조 유 예 어 천 하 자 야

천하에 왕 노릇 하는 데에 세 가지 중요한 일이 있으니, 이것을 잘 행하면 사람들이 잘못이 적을 것이다.

하·상과 같이 오래된 나라는 비록 제도가 훌륭했지만 지금 증거가 없으니 증거할 것이 없으면 믿지 않는다. 믿지 않으면 백성들이 따르지 않는다. 낮은 자리에 있는 사람은 비록 훌륭한 덕을 지녔어도 지위가 높지 않으니, 지위가 높지 않으면 백성들이 믿지 않는다. 믿지 않으면 백성들이 따르지 않는다.

그러므로 군자의 도는 자기 몸에 근본하여 백성들에게 입증되며 삼대의 왕에게 견주어 보아도 틀리지 않는다. 천지에 세워도 어그러짐이 없고 귀신에게 잘잘못을 물어보아도 의문이 없으며 백세 뒤의 성인을 기다려 보아도 의혹이 없을 것이다.

'귀신에게 잘잘못을 물어보아도 의문이 없는 것'은 하늘의 도를 아는 것이요, '백세 뒤의 성인을 기다려 보아도 의혹이 없는 것'은 사람의 도를 아는 것이다.

그러므로 군자는 움직이며 대대로 천하의 도가 되고, 행하는 것이 대대로 천하의 법칙이 되고, 말하는 것이 대대로 천하의 표준이 된다. 군자가 멀리 있으면 우러러보고 가까이 있으면 싫증내지 않는다.

시에서 말하였다. "저기에 있어도 미워하는 사람이 없고 여기에 있어도 싫어하는 사람이 없다. 항상 일찍 일어나고 밤 늦게 자서 명예를 길이 누린다."

군자가 이렇게 하지 않고서 일찍이 천하에 명예를 지녔던 자는 있지 않았다.

29장은 27장에서 나온 "윗자리에 있으면서 교만하지 않는다"는 부분을 풀어 쓴 것입니다. 이게 어려운 일이지 않습니까?

자, **왕천하유삼중언**王天下有三重焉에서 '왕천하'는 어떻게 해석해요? '왕'(王)이 동사죠. 천하에 왕 노릇하다, 이게 바로 천하통일을 얘기하는 겁니다. 『맹자』를 보면 양혜왕(梁惠王)도 그렇고 제선왕(齊宣王)도 그렇고 맹자에게 '왕천하'하는 방법을 물어봅니다. 천하에 왕 노릇하려면 어떻게 해야 되는가? 맹자가 뭐라 그럽니까? 한 사람이라도 무고한 사람을 죽여서는 천하를 소유할 수 없다고 하죠. 힘으로 하는 패도, 전쟁으론 안 된다는 거죠. 전쟁만 생각하고 있는 군주들 앞에서 그런 얘길 했으니 어땠겠어요? 그 나라를 떠날 수밖에 없었겠죠. 아무튼 천하에 왕 노릇함에 세 가지 중요한 것이 있다고 합니다. 그 세 가지가 바로 28장에 나온 '의례', '제도', '고문'이고요. 예를 논의하고, 제도를 만들고, 문자를 통일하는 거죠. 왕천하는 이 세 가지를 하는 겁니다.

그러면 **기과과의호**其寡過矣乎라고 합니다. 사람들이 잘못이 적을 것이다. 이 말은 주석까지 볼까요? "惟天子유천자 得以行之득이행지 則國不異政즉국불이정 家不殊俗가불수속 而人得寡過矣이인득과과의"라고 되어 있어요. 이 주석도 재미있습니다. 앞부분을 해석하면 천자가 되어 능히 이런 일을 행한즉, 이 세 가지를 행한즉, 이 사람이 다스리는 나라에는 다른 정치가 없게 된다는 거죠. 사는 방식도 같고요. 다른 정치가 뭔지 아시겠죠? 신하와 백성 중에 군주의 말을 우습게 아는 사람이 없다는 거지요. 중심에서부터 '영'(令)이 확실히 전달된다는 거죠. 그래서 유가의 국가 형태는 하나로 통일된 '일'(一)을 추구합니다. 권력이 중앙에 있고, 군주의 영이 일사불란하게 곳곳으로 전달되죠. 그래서 유가에서는 '일통'의 '제국'을 꿈꿉니다.

반면에 노장은 소국과민(小國寡民)이죠. 나라는 최소한으로 작고, 백성 수도 적게 모여서 살라는 거예요. 국가가 커질수록 국가 경영이 복잡해지고 갈등이 생기니까요. 분열을 주장하는 게 아니라 일종의 작은 규모의 자치를 꿈꾸는 거예요. 동진(東晉)의 혼란기를 살았던 도연명(陶淵明)이 꿈꿨던 무릉도원이 여기에 가깝죠. 자기 땅에서 농사지은 걸로 먹고살고, 외부에서 손님 오면 집집마다 돌아가며 닭 잡아 대접하고…. 그래서 동양의 정치사상은 '일'(一)과 '다'(多), 왕천하의 이상과 소국과민의 이상이 서로 왔다 갔다 합니다. 왕천하의 입장에서 소국과민은 중심에서 이탈하는 위험한 집단이지요. 거꾸로 소국과민의 입장에서 보면 왕천하는 강압의 질서이죠. 사서(四書)는 다 왕천하를 말합니다. 이어지는 '家不殊俗'가불수속도 '國不異政'국불이정과 짝을 이루는 건데, '수'(殊) 자도 '다를 수' 자예요. 국가에 다른 정치가 없듯이 집집마다 다른 풍속이 없어요. 제사 지내는 법도 다르고, 밥 먹는 법도 다르고, 이러면 안 된다는 거예요. '인륜', '예의'는 모두에게 공통된 달도이니까요. '이정'과 '수속'이 없어야 합니다. 그러면 '인득과과의'(人得寡過矣), 사람들이 잘못을 저지르는 것이 적을 거래요. 이것이 '기과과의호'(其寡過矣乎)의 의미입니다.

그러니까 순서를 보세요. 국가 차원, 집안 차원, 그다음에 한 개인의 차원으로 이야기를 하고 있죠? 유가의 시스템은 항상 이렇습니다. 한 개인부터 시작해서 집안, 사회, 국가까지 다 관리하겠다는 거예요. 그래서 효자 추천제 같은 게 있는 거잖아요. 효자는 정치도 잘한다는 거죠. 이런 정치 모형을 예치(禮治) 시스템이라고도 합니다.

　조선시대 때 이렇게 꾸준히 몇백 년 동안 유가로 시스템을 만들어 다스리고 교육을 했죠. 효자랑 열녀, 삼강오륜 등을 엄청나게 권장하고요. 그러다 보니 몇백 년이 흘러 19세기가 되니까 미처 생각하지 못했던 현상이 벌어집니다. 춘향이가 나타났죠. 기생도 열녀 되겠다고, 일부종사(一夫從事)하겠다고 합니다. 이건 곤란하죠. 신분제 사회에서 기생이 일부종사하면 어떡합니까? 조선시대 기생은 일종의 공창(公娼)이잖아요. 국가에서 운영하는, 공동소유하는 여자들인데 일부종사가 웬 말이에요. 열녀도 사대부집, 과거시험을 보는 집안에서만 의미가 있는 거예요. 그런데 아들이 과거시험 볼 것도 아닌데 기생이 열녀가 되겠다고 하니 난리가 납니다. 이건 사대부집 여인처럼 한 남자의 아내로 인간답게 살고 싶다는 인간 선언이니까요. 국가가 권장도 안 하는데 자발적으로 열녀가 대량생산되는 거예요. 효자도 가끔 나타나야 되는데 집집마다 손가락을 자르고 넓적다리 살을 베는 열렬 효자가 나타나요. 몇백 년 동안 '예'가 완전히 내재화되어 버린 거죠.

　예라는 건 각 신분마다 지켜야 될 층위, 절도가 있는 거예요. 사대부 집안에서 열녀가 나와야 되고, 양반 집안에서 삼년상을 정성껏 치르는 효자가 나와야 합니다. 아니, 소작인이나 노비가 삼년상을 치르면 누가 밭 갈고 씨 뿌립니까! 이러면 큰일 나요. 국가경제가 마비됩니다. 그런데 19세기가 되니까 실제로 이런 일이 일어납니다. 소작인이 삼년상을 치르겠대요. 그러면 소 꼴은 누가 베고, 모내기는 누가 하고, 가을에 세금은 누가 내요? 원래 그 사람들은 삼년상 하는 게 아니에요. 또 평민층 여자들은 꼭 재가를 해야 돼요. 그렇지 않으면 어려운 살림에 그 여인들을 누가 책임집니까? 안 그러면 부양할 방법이 없잖아요? 이렇게 되니 조선이 드디어 19세기에 이르러 국가가 마비되는 거예요. 국가의 기간(基幹)이 되는 윤리를 지켜야 할 계층이 안 지키고 지키지 말아야 할 계층이 지키겠다고 나서고…. 양반집에서 홀로된 딸, 며느리 재가시키고 평민층에서 효자와 열녀가 마구 나와요. '예'가 무너진 거예요. 그러면서 국가가 작동을 안 해요. 세금도 안 걷히고. 그러면서 조선은 몰락해 갑니다. 집집마다 양반 족보 만들어 자체 양반이 대량으로 나오고, 세금을 제대로 안 내니 뭐가 되겠어요?

상언자上焉者 **수선**雖善이나 **무징**無徵이니 **무징**無徵이라 **불신**不信이요, **불신**不信이면 **민불종**民弗從이니라. 여기서 "무징이라"라고 읽으니 좀 헷갈리실 수도 있는데 이건 '무징이어서', '무징인 고로'의 의미입니다. 우리 할아버지들이 이런 의미로 '이라'를 붙이셨어요. 요새 분들은 문장이 끝난 줄 알고 오해를 많이 하시던데 그런 게 아니에요.

　'상언자'에서 '상'(上) 자는 역사적으로 위로 올라간다는 뜻이거든요? '위의 시대의 것'이니, 여기서는 '지난 시대의 예'라는 뜻이에요. 하나라의 예 혹은 은나라의 예겠죠. 지금의 왕조보다 더 이전의 시대를 가리킬 때 이렇게 씁니다. 그러니까 조선으로 보면 고려시대나 통일신라시대를 가리키는 거죠. 앞선 시대의 예가 비록 훌륭하다 하나 '무징', 증거가 없어요. 구체적으로 어떻게 시행됐는지 증거가 제대로 남아 있지 않다는 말이에요. 증거가 없으면 '불신', 백성들이 믿지를 않아요. 증거가 있어야 그거에 맞게 고치든 뭐든 할 거 아니에요? 앞장에서 무조건 옛 법도를 하겠다고 하면 재앙이 미친다고 했던 거 기억하시죠? 과거가 좋았다 해서 무조건 돌아갈 수는 없어요. 그건 중용이 아닙니다. 아무튼 그렇게 믿음이 없으면 어떻게 돼요? '민불종', 백성들이 따르지 않습니다. 그러니까 백성들은 예나 지금이나 따르라고 해서 무조건 따르는 그런 수동적 존재가 아니에요. 최대한 합리적으로 설득해야 되고 증거를 보여 줘야 합니다. 지금으로부터 2,500년 전에도 이미 이렇게 생각하고 정치했습니다. 여기서 '상언자'를 군주로 보는 주석도 있답니다. 그러면 '하언자'는 신하가 되겠지요.

또 **하언자**下焉者 **수선부존**雖善不尊 **부존불신**不尊不信 **불신민불종**不信民弗從이래요. 이때 '하언자'를 앞의 '상언자'를 생각해서 시간적 개념으로 보기 쉽겠지만, 아닙니다. 여기서 '하'(下) 자의 의미는 뛰어난 능력이 있어도 낮은 자리에 있다는 뜻이에요. 공자 같은 사람, 덕은 충분했지만 천자는 되지 못한 사람입니다. 그래서 아랫자리에 있는 사람이 비록 '선'(善), 뛰어난 능력이 있다고 해도, '부존', 지위가 높지 않아요. 그러면 또 믿지 않죠. 믿지 않으니 또 백성이 따르지 않고요. 『논어』에 나오는 '무신불립'(無信不立)이라는 구절도 이것과 통하는 겁니다. 백성들에게 신뢰를 얻지 못하면 국가는 지탱할 수가 없다는 거죠. 앞 문장에서 '수선'(雖善) 할 때 '선'(善)은 제도가 훌륭하다는 의미고, 이 문장에서 '선'은 개인의 능력이 뛰어나다는 의미입니다.

이렇게 지위가 높지 않으면 사람들이 믿지 않고 따르지 않습니다. 권위가 서지 않는 거죠. 아무리 능력이 뛰어난 사람도 낮은 자리에서는 큰일을 할 수 없거든요. 그러므로 군자의 도는 이러저러하다는 내용이 이어집니다.

고군자지도故君子之道 **본저신**本諸身 **징저서민**徵諸庶民 **고저삼왕이불류**考諸

三王而不謬 **건저천지이불패**建諸天地而不悖 **질저귀신이무의**質諸鬼神而無疑 **백

세이사성인이불혹**百世以俟聖人而不惑.

　　대개 문두의 '고'(故)는 앞의 내용을 이어서 연결하는 연결사로

'그러므로'라고 해석하시면 됩니다. 위에서 앞선 시대의 제도가 좋다

고 해도 증거가 없기 때문에 실행하기 어렵다. 또 아무리 뛰어난 인

물이라도 낮은 자리에 있으면 존귀하지 않기 때문에 백성이 믿고 따

르지 않는다. 그러므로 이 시대의 이상적 군자의 도는 이렇다고 말할

수 있다, 이런 의미입니다. 이 문장에서 군자는 왕천하 하는 군자, 천

자의 자리에 오른 군자를 말합니다. 그러한 군자의 도는 '본저신'이

래요. '저'(諸)는 '지어'(之於)의 뜻이죠? 자기 자신에서 근본한다네요.

덕성을 보존하고 학문에 힘쓰는 거죠. '수덕', '응도'를 생각하시면 됩

니다. 자기로부터 출발한다는 이 지점에서 또 『대학』의 8조목──격

물, 치지, 성의, 정심, 수신, 제가, 치국, 평천하가 자연스럽게 연결됩니

다. 군자의 도는 '수신'에서 근본하고, '징저서민', 많은 사람들에게서

'징'(徵)해야 된대요. 증거로서 드러나고 인정받아야 된다는 거죠. 이

건 무슨 얘기예요? 내 몸에서부터 수행한 것이 백성들에게 정치를 통

해서 드러나야 되는 거예요. 백성이 믿고 따른다면, 군주의 정치가 입

증된 거죠. 자신에게서부터 다른 사람에게까지 확장하는 이거, 다른

말로 뭐죠? 네, '수기치인'이죠.

　　그리고 또 군자의 도가 어때야 하는가를 네 개의 구절을 가지고

이야기를 이어 갑니다. 일단 '고저삼왕이불류'(考諸三王而不謬)의 '삼

왕'은 하·은·주, 이 세 왕조라고 보시면 돼요. 이 세 왕조에서 행했던

정치와 견주어 보는 겁니다. 나로부터 출발해서 백성들한테 시행해 보는 정치, 이걸 세 왕조의 시스템에 비추어 역사적으로 검증해 본다는 거예요. 그렇게 비추어 살펴봐도 '불류', 잘못된 게 없습니다. '류'(謬) 자는 '오류' 할 때 '류' 자잖아요. 어긋남이 없어요. 여기서 『중용』의 주제어를 생각해 볼까요? 네, '성'(誠)이요. 이렇게 지극히 성실하기 때문에 이게 가능한 겁니다. 삼왕에게 고증해 봐도 잘못이 없어요.

다음으로 '건저천지이불패'(建諸天地而不悖). 자신의 그런 가치관을 하늘과 땅에다 세워 봐도 어그러짐이 없대요. 주석에 "天地者道也"천지자도야라고 되어 있어요. 천지라는 것은 '도'라니까, 먼저 앞 시대에 비교해 봤고 이제는 '도'의 측면에서 말하는 거죠. 이렇게 천지에 세워서, 천지의 도에 맞춰서 비교해 봐도 '불패', 어그러짐이 없답니다. '패'(悖)는 어그러지는 거예요. 딱딱딱 맞춰서 진행되어야 하는데 그러지 못하고 어긋나는 거죠. 예컨대 하늘의 운행을 정확하게 따져서 24절기를 해놨는데 이게 어긋나면 안 되잖아요? 경칩 다음에 춘분 되고 봄이 와야 되는데 안 오면 절기에 어그러지는 거죠. 이럴 때 '패' 자를 씁니다. 원래 규칙적으로 와야 할 게 오지 않을 때요. '패륜아'란 말도 그런 뜻이에요. '륜'(倫), 당연히 지켜야 될 인륜을 안 지킨 거니까요. 아무튼 이 '천지의 도'에 견주어 봐도 어그러짐이 없다고 합니다.

다음에는 '질저귀신이무의'(質諸鬼神而無疑), '귀신'에게 잘잘못을 물어봐도 의문이 없어요. 여기서 '귀신'은 물론 유령이 아니라 우리 인간의 인식능력 너머에 있는 걸 가리키겠죠? 16장 첫머리에서 말씀드렸잖아요. '천도'와 '지도'의 작용, 그 소이연을 우리가 무슨 수로 알겠어요? 경칩이 되면 개구리가 어떻게 알고 뛰쳐나오는지 우리는 알 수가 없어요. 이게 다 '귀신'의 작용이죠. '조화'의 자취입니다. 이런 작용에 '질'(質), 질문한다고 하네요. 이 글자는 대체로 '질정한다'라고 번역합니다. 100% 자신이 없어서 물으면서 가르침을 받는 게 '질정'이죠. 친구에게 책을 주면서 "질정(質正)을 바란다" 이렇게 얘기하곤 합니다. 아무튼 커다란 의미에서는 질문한다고 보시면 돼요. 귀신에게 질문한다, 우리가 도저히 인식할 수 없는 이치를 자연에서 볼 수 있는 조화의 흔적에 견주어 본단 뜻이죠. 이런 의미로 '질' 자를 쓴 거예요. 이렇게 해도 '무의', 의심스러운 것이 없대요. 의혹이 없습니다. 이 정도 되는 건 하늘의 이치를 따라 살 때만 가능한 거죠.

'백세이사성인이불혹'(百世以俟聖人而不惑). '사'(俟) 자는 '기다릴 사'예요. '백세'는 몇 년입니까? 한 세대를 30년 잡고 100을 곱하면 삼천 년이네요. 그만큼 아득한 먼 훗날이란 의미죠. 백세 후의 성인을 기다려도, 그러니까 그 먼 훗날 위대한 인간이 태어나서 내가 한 이런 저런 거를 살펴봐도, 이런 뜻이에요. 예를 의론하고, 제도를 정하고, 문자를 통일하고 이런 것들이 먼 훗날 올 성인을 기다려도 '불혹', 미혹되지 않는다, 흔들리지 않는다는 거예요. 이 말인즉, 먼 훗날의 성인도 내가 한 것을 인정해 줄 것이라는 거죠. 자신의 가치관과 행동에 대해서 정말 어마어마한 자신감을 갖고 있는 겁니다.

이어서 **질저귀신이무의**質諸鬼神而無疑는 **지천야**知天也요. **백세이사성인이불혹**百世以俟聖人而不惑은 **지인야**知人也라고, '질저귀신이무의'와 '백세이사성인이불혹'을 한 번 더 풀고 있어요. 귀신에게 물어봐서 의심이 없다는 것은 곧 하늘을 아는 것이고, 백 세대가 지난 이후의 성인을 기다린다고 생각해 봐도 흔들리지 않는 것은 곧 사람을 아는 거래요. 하늘을 알고 사람을 안다. 천도를 알고, 또 그 천도에 맞춰서 살아야 하는 인도를 안다는 뜻이죠.

이 정도의 일을 아무나 할 수 있었겠습니까? 마음은 하고 싶어도 못합니다. 아까 말씀드렸잖아요. 모든 군주는 왕이 되자마자 자기 정치를 하고 싶어 합니다. 자기 이름의 법을 갖고 싶어 해요. 그런데 역사적으로 이걸 성공한 사례가 거의 없습니다. 지성무식(至誠無息)하는 성인만이 할 수 있는 일이죠.

그러므로 **시고**是故로 **군자동이세위천하도**君子動而世爲天下道까지 볼까요? 이러한 까닭에 군자는 움직여요. 여기서 움직인다는 것이 뭡니까? 앞에 나왔던 예를 의론하고, 제도를 만들고, 수레바퀴 축을 일정하게 하고, 문자 통일하고… 이런 것들, '왕천하'에 속하는 일들을 하는 거예요. 그렇게 하면 '세위천하도'라는데, 여기서 '세'(世) 자는 '대대로'의 뜻이에요. 왕조가 여러 번 바뀐다는 뜻도 있지요. 그러니까 오랫동안 천하의 도가 된다는 겁니다. 훌륭한 인물이 한 번 이런 걸 만들어 놓으면 대대로 오래가잖아요? 세종이 만든 활자와 문자, 측우기 등 세상살이에 이로운 물건들이 몇백 년 갔잖아요? '한글'을 생각하면 세종대왕께 감사한 마음이 절로 들지요. 그렇게 천하의 도가 됩니다.

이 이야기를 두 문장으로 쪼개서 조금 더 자세히 이야기합니다. 앞에서의 '동'(動) 자가 '행'(行)과 '언'(言)으로 나누어져요. **행이세위천하법**行而世爲天下法 **언이세위천하칙**言而世爲天下則이라고요. 마지막 글자 '則'은 '즉'이 아니라 '칙'으로 읽죠. '법칙 칙'이거든요. 그가 이런 걸 정해서 행하면, 그러니까 시행하면 대대로 천하의 법도가 돼요. 그리고 그것을 말로 하면 대대로 천하의 법칙이 되고요. 이런 의미입니다. 여기서 '말'은 군주의 호령이란 뜻입니다. 더 확장해서 보면, 그 옛날에는 모든 것들이 다 문헌화되지는 않잖아요? 가령 요순이 어떻게 정치했는가 하는 것은 『서경』에 있지만, 중국 곳곳에 구전으로 내려오는 게 굉장히 많죠. 이러한 기록되지 않은 관행, 관습법 같은 것들도 후대의 소중한 자산입니다.

그래서 **원지즉유망**遠之則有望하고 **근지즉불염**近之則不厭이라고 합니다. 이러한 인물이 있었던 시대가 나의 시대와 멀리 떨어져 있으면, 이런 의미의 '원'(遠) 자예요. 물론 먼 곳에 떨어져 계신 분도 '원'이지만, 여기서는 시간적 개념입니다. 요(堯)·순(舜)·우(禹)·탕(湯) 이런 분들은 몇천 년 전의 분들이죠. 그런 분들, 그런 시대를 '망'(望), 그리워하는 겁니다. 반면에 동시대 혹은 몇십 년 전 같은 가까운[近] 시대에 그런 분들이 있으면 '불염', 싫증이 안 나요. 그 사람이 이런 정책을 하고 저런 정책을 시행할 때 믿고 따르는 거죠. 그러면서 저절로 마음이 그쪽으로 향하게 되죠. 먼 앞시대에 계셨던 분들은 바라보며 그리워하게 되고, 가까운 시대의 분들의 언행이 싫증나거나 싫지 않아요.

마지막에 또 시를 인용하여 장을 마무리하네요. 시만 나오면 많이들 긴장하시고 마음의 문을 닫으려고 하시는데 그러지 마시고요, 그렇게 어려운 내용이 아닙니다. **시왈**詩曰 **재피무오**在彼無惡 **재차무역**在此無射이라. **서기숙야**庶幾夙夜하야 **이영종예**以永終譽라! 하니 **군자미유불여차**君子未有不如此 **이조유예어천하자야**而蚤有譽於天下者也라.

'재피무오 재차무역'부터 볼까요? 일단 '射', 이 글자를 '사'가 아니라 '역'으로 읽었습니다. 16장에서 한 번 말씀드린 적 있죠? 활 쏠 때, 사격할 때는 '사'로, 적중시킨다는 의미일 때는 '석'으로, '싫어한다'일 땐 '역'으로 읽습니다. '惡'은 '악' 말고 '미워할 오'의 뜻이 있다는 건 많이들 아실 거고요. 그리고 여기서 '피'(彼)는 군주라고 보시면 됩니다. 군주이자 군자가 "여기 계셔도 미워하지 않고, 저기에 계셔도 싫어하지 않는구나" 이런 뜻이에요. 군주에 대한 무한 신뢰를 말하고 있는 겁니다. 그런데 이게 원래 제사 지낼 때 쓰던 노래거든요. 여기에 계셨다는 건 살아생전을 의미하고, 저기에 계신다는 건 돌아가셔서 저 하늘에 계신 걸 의미합니다. 돌아가신 뒤에도 항상 내 옆에 계신 것 같아 싫증이 나지 않는다는 뜻인 거죠.

'서기숙야'(庶幾夙夜)에서 '서기'는 '거의'란 뜻인데, 여기서는 '항상'이란 의미예요. 그럼 '숙야'란 뭘까요? '숙흥야매'(夙興夜寐)라는 단어가 있습니다. 새벽에 일찍 일어나고 밤늦게 잔다는 뜻인데, 그만큼 열심히 일하는 거죠. 이 '숙흥야매'를 줄여서 '숙야'라고 합니다. 군주들 보면요, 다 새벽에 일어납니다. 새벽부터 일어나서 죽 먹고 조강(朝講)하고 연이어 정무를 봅니다. 일찍 공식 일정을 시작하는 거죠. 파루가 울릴 때라고들 합니다. 이 말인즉, 통금이 해제되면 바로 관원들도 출근한다는 거죠. 그때 관청문에 들어가야 되기 때문에, 파루 울리기 전에 궁궐 문 앞에 가서 기다리고 있어야 합니다. 『고문진보』(古文眞寶)에 「대루원기」(待漏院記)란 글이 있는데, 그게 관원들 출근하는 이야기예요. 거기 이런 이야기가 있습니다. 성문 앞에서 기다리는 동안 오늘의 업무를 체크하면서 전전긍긍하는 건 직분에 충실한 관원이고, 하품하고 졸고 있는 관원은 희망이 없다고요. 아무튼 신하도 이런데 임금은 오죽하겠어요? 나랏일에 뼛골이 빠지는 겁니다. 군주란 원래 그런 자리예요. 퇴근을 해도 결재 서류는 계속 남아 있고, 머릿속에서도 계속 나라 걱정을 하는 자리죠. 이렇게 군주께서 '서기숙야' 하셔서 '이영종예'(以永終譽)랍니다. 이건 "길이길이 영예를 누리셨도다" 정도로 해석하면 됩니다.

그 뒤는 시에 대한 코멘트죠? 군자가 '미유불여차'(未有不如此), 이렇게 하지 않고서, '이조유예어천하자야'(而蚤有譽於天下者也)래요. '조'(蚤) 자는 '일찍이 조'니까 일찍이 천하에 영예를 누린 자가 있지 않았다는 거죠. 해석이 얼른 와닿질 않죠? 조금 더 부드럽게 해석해 보면 이렇습니다. "군자가 이렇게 하지 않고서는 일찍이 천하의 명예를 누린 적이 없었다." 네, 그러니까 그야말로 새벽부터 밤늦게까지 뼛골 빠지게 일해야 된다는 거죠. 여기서 '차'(此), 이것은 '몸에 근본한다'[本諸身]부터 여섯 가지 일입니다. 백세 후의 성인을 기다려도 의혹이 없을 것이다까지요. 정말 대단하죠.

주석에 이 29장이 27장의 "居上不驕"거상불교에 대한 말이라고 되어 있죠? 교만에 관한 얘기는 앞에서 여러 번 했잖아요? 윗자리에 있으면서 교만하지 않아야 하고, 법도를 어기면 안 된다고요. 도를 갖춘 군자가 어떻게 교만하겠습니까? 더구나 새벽부터 밤늦게까지 이 정도로 일을 해야 하는데 말이죠. 세종과 정조가 돌아가신 원인이 두 분다 과로사입니다. 눈이 짓무르고 침침하고…. 증상도 비슷해요. 정조는 등창, 그러니까 종기 때문에 고생했는데, 스트레스가 원인이죠. 세종은 당뇨병이 있는데도 그렇게 과로를 하셨죠. 윗자리에 있다는 것이 이렇게 고달픈 일입니다. 이런 마음의 준비가 돼 있어야 하는데….

제30장

仲尼祖述堯舜, 憲章文武, 上律天時, 下襲水土.
중 니 조 술 요 순 헌 장 문 무 상 률 천 시 하 습 수 토

辟如天地之無不持載, 無不覆幬;
비 여 천 지 지 무 부 지 재 무 불 부 도

辟如四時之錯行, 如日月之代明.
비 여 사 시 지 착 행 여 일 월 지 대 명

萬物並育而不相害, 道並行而不相悖,
만 물 병 육 이 불 상 해 도 병 행 이 불 상 패

小德川流, 大德敦化, 此天地之所以爲大也.
소 덕 천 류 대 덕 돈 화 차 천 지 지 소 이 위 대 야

중니는 요 임금과 순 임금을 계승하고 문왕과 무왕을 본받아 밝혔으며, 위로는
천시를 따르시고 아래로는 풍토를 따르셨다.

비유하면 하늘과 땅이 만물을 실어 주지 않음이 없고 덮어 주지 않음이 없는
것과 같으며, 비유하면 사계절이 번갈아 오고 해와 달이 교대로 비추는 것과
같다.

만물이 함께 길러지지만 서로 해치지 않으며, 도가 함께 행해지지만 서로 어긋
나지 않는다. 작은 덕은 시내처럼 흐르고 큰 덕은 만물을 돈후하게 화육하니,
이것이 천지가 위대한 까닭이다.

30장에서 다시 천도를 말하네요. 28장과 29장은 인도를 말한 27장을 부연 설명한 것이고요. 여기서는 공자가 '중니'라고 나오네요. 여기서 하나의 장이 바뀌었다고 보시면 돼요. 이렇게 장을 나눈 것도 주자라 그랬잖아요? 앞에서 덕을 갖춘 천자의 이상적 정치를 얘기했고, 여기서는 중니의 덕을 말하면서 천도가 위대한 까닭을 밝히고 있습니다. 장을 바꿔야겠죠.

중니조술요순仲尼祖述堯舜 **헌장문무**憲章文武 **상률천시**上律天時 **하습수토**下襲水土라고 합니다. '상률천시'부터 먼저 봅시다. 이때 '천시'는 하늘의 운행을 말해요. 그러한 '천시'를 '률'(律)한다는 건 본받는다는 거예요. 앞장에서 천지에 세운다고 했잖아요? 그 얘길 하는 겁니다. '상률천시'는 "위로는 하늘의 운행을 본받고"라는 뜻이에요.

참고로 '천시'라는 말이 『맹자』에도 나오죠. "천시불여지리(天時不如地利)요, 지리불여인화(地利不如人和)"라고 합니다. 하늘의 때는 지형의 이로움만 못하고, 지형의 이로움은 사람의 화합만 못하다는 말이죠. '천', '지', '인'을 차례로 얘기하고 있는데, 사실 이건 지금 전쟁 상황을 얘기하는 거예요. 전쟁을 하게 되면 언제가 좋은지 점 같은 걸 치잖아요? 그렇게 하늘이 허락한 시간이 아무리 좋아 봤자, 지형적인 이로움, 예컨대 견고하게 성을 쌓아 지키고 있는다든가 하면 못 이긴다는 거예요. 또 성이 아무리 견고한들 병사들이 도망가면 소용이 없고요. 물론 지금 본문에서의 '천시'는 그런 개념이 아니라 사시의 운행으로 '천도' 내지는 '천리'입니다.

위로는 하늘의 법칙을 본받고, 아래로는 어떻죠? '하습수토'(下襲水土)라고 합니다. 이때 '습'(襲) 자도 '계승하다', '잇다'인데 이것도 쉽게 말해 '본받는다'는 거예요. '따를 순(順)' 자로 바꾸셔도 좋고 '인할 인(因)' 자도 괜찮습니다. '수토'는 풍토, 자기가 사는 지역을 뜻하죠. '지리'라고 해도 좋아요. 다 자기가 사는 지역에 맞게 살아야 되잖아요. 여기에도 어떤 일정한 이치가 있고요. 여기는 고구마가 잘되니, 여기는 양파가 잘되니, 이런 걸 따라서 심으면서 산다는 거예요. 아래로는 이러한 자연의 형세, 지도를 따른다는 거죠.

위와 아래를 봤고, 그럼 역사적으로는 어떻게 하는가. 앞구절로 갑니다. '조술요순 헌장문무'(祖述堯舜, 憲章文武)래요. '조술'은 19장에서 '술이부작'(述而不作) 이야기하면서 잠깐 말씀드렸어요. 그걸 여기서는 주석에서 한번 볼까요? 조술은 '遠宗其道'원종기도라고 합니다. '원'(遠)은 굉장히 앞시대를 말한다고 했었죠? 먼 시대의 그 도를 '종'(宗), 중심으로 삼는다는 겁니다. 자신의 가치관 같은 걸 구성할 때 이렇게 시대를 소급해 올라갑니다. '온고'하는 태도라고도 볼 수 있겠네요. 그러니까 요순의 도를 '조술'했다는 건 요순이 이 세상에 펼친 도를 소급해서, 그게 무엇인지를 생각해서 중심으로 삼았다는 거예요.

다음에 '헌장문무'는 뭡니까? 주나라 문왕과 무왕의 법도를 '헌장'(憲章)했다는 건데, 여기서 '헌장'은 낯이 익지요? '국민교육헌장', 영국의 '대헌장' 할 때 쓰는 그 '헌장'이잖아요. 법적 규범을 헌장이라 하는데, '모범이 되는 텍스트'라는 의미입니다. 이렇게 그냥 '헌장했다', '모범으로 삼았다'라고 해도 되지만 여기에서는 '헌'을 동사로 해서 '장'(章)을 '헌'(憲)한다고 보세요. 텍스트, 문건을 가져다가 법으로 삼아 드러냈다는 겁니다. 28장에서는 '오학주례'(吾學周禮)라고 주나라의 예를 배웠다고도 했잖아요? 아무튼 이렇게 '요순'은 '조술'하고

'문무'는 '헌장'한 것으로 나누고 있습니다. 그래서 이 문장이 말하고자 하는 건 결국 중니가 이렇게 위대한 사람이라는 거예요. 요순의 인도를 조술하고, 문무의 법제를 드러내고, 위로는 하늘의 운행을 본받고, 아래로는 풍토를 따라 사신 분이니 얼마나 위대해요?

그런데 여러분, 앞장에서 '삼왕'(三王)이란 말이 나왔죠? 그때는 하·은·주 삼대라고 했었는데 지금 말씀드리자면 이런 해석도 있습니다. 요·순, 그리고 한 세트인 문무, 이렇게요. '요순문무'를 삼왕으로 보기도 해요. 저는 그냥 하나라, 은나라, 주나라라고 보지만요. 이쯤에서 요순 이야기를 좀더 해볼까요? 유가의 역사는 항상 요순시대가 시초입니다. 도가는 삼황오제를 넘어서 혼돈(混沌)의 시대까지 소급해서 올라가고 오히려 요순을 우습게 여기는데, 유가에서는 딱 요순시대부터 시작합니다. 그 앞시대는 노코멘트하겠다는 거예요. 이건 결국 국가라는 시스템이 생긴 뒤부터, 군주가 다스리는 국가의 등장 이후를 역사로 삼는 거죠. 그러니까 유가는 철저하게 정치 텍스트인 거예요. 유가는 '유'(有)로부터 시작합니다. 역사시대부터 시작하지, 그이전의 '무'(無), 없는 것에 대해서는 이야기하지 않죠. 우주만물이 어떻게 생성되었는지 이런 거 얘기 안 합니다. 북송오자(北宋五子; 주돈이, 장재, 소옹, 정호, 정이)를 거치면서 주돈이(周敦頤)의 『태극도설』(太極圖說)이 나오고 정이천(程伊川)의 『역전』(易傳)이 지어지면서 활발하게 논의합니다. 그 이전까지 유가에서 '우주론'이라고 할 만한 건 거의 없다고 봅니다. 이 부분이 아주 약해요. 물론 『주역』의 틀 안에서 이런 생각을 연마했지만요.

역사시대의 시초를 어디까지 올라갈 것인가에 있어서 유가와 도가의 절충 입장이 사마천의 『사기』죠. '삼황오제'의 삼황은 버리고 오제부터 시작하거든요. 복희씨, 여와씨, 신농씨 이런 사람들은 안 넣고, 황제(黃帝)부터 전욱(顓頊), 제곡(帝嚳), 당요(唐堯), 우순(虞舜)의 순서로 「오제본기」(五帝本紀)를 씁니다. 중국 사람들이 다 황제의 후손이라 그러잖아요. 이게 소급해 가면 사마천이 세운 중국중심주의로 이어집니다.

다음으로 넘어가겠습니다. **비여천지지무부지재**辟如天地之無不持載 **무불부도**無不覆幬. 여기서 '辟' 자는 '벽'이나 '피'가 아니라 '비'(譬)로 읽습니다. '비유하자면'이라는 뜻이죠. '부'(覆) 자는 하늘이 지구를 푹 감싸듯 덮고 있는 걸 말하고요. 여기선 '도'(幬) 자가 좀 어려운 글자인데, 빛을 비추는 걸 말해요. 이 문장에서 '지재'(持載), 유지시키고 싣는 것은 땅의 몫이고, '부도'(覆幬), 덮어 주고 비춰 주는 건 하늘의 몫이죠. 그래서 이 문장은 "비유하자면 하늘과 땅이 유지해 주고 실어 주지 않음이 없고 덮어 주고 비춰 주지 않음이 없다"라는 의미입니다.

　　비여사시지착행辟如四時之錯行 **여일월지대명**如日月之代明이라. 또 비유하자면 '사시'가 '착행', 이때 '착'(錯) 자는 '번갈아서', '교대로'라는 뜻이에요. 봄, 여름, 가을, 겨울, '사시', 24절기가 교대로, 순서대로 오고 가지요. '일월지대명'에서 '대'(代)는 대신한단 의미인데요, A가 B를 대신하고 또 B가 A를 대신하면 그건 뭐예요? 결국 '번갈아서', '교대로'죠. 해와 달, 낮과 밤이 그래요. '착'(錯) 자와 같은 의미인데 다른 글자를 쓴 겁니다. 그러니까 이 문장은 "비유하자면 사계절이 순서대로 운행되는 것과 같으며 해와 달이 교대로 빛을 밝히는 것과 같다"

라는 뜻이에요. 뭐가요? 네, 공자의 덕이 그렇다는 겁니다. 이게 생략
된 겁니다.

공자가 이룬 덕과 비유하자면 이 정도라고 말하고 있는 부분인
데, 이거 정말 대단한 거예요. 결국 인류에게 문명, 문화를 준 거잖아
요. 그러니까 공자가 천자의 자리에는 오르지 못했지만, '소왕'(素王)
으로 문화대통령, 문화황제의 위치에 있다는 거죠. 그런데 여러분, 결
국 이 문장의 속내는 뭐예요? 인간이라면 누구나 다 이렇게 될 수 있
다는 거죠. 어떻게요? 네, '지성무식'(至誠無息)으로요. 공자가 간 길
을 우리도 가야 한다는 얘기를 하고자 하는 겁니다. 인간에 대한 엄청
난 신뢰가 있어요. 부처님이 '실유불성'(悉有佛性), 모두 불성을 갖고
있고, 모두 부처가 될 수 있다고 하셨던 것과 통하는 내용인 거죠. 그
러니까 중국 사람들이 불경이 들어왔을 때 금방 이해한 거예요. 이전
에 다 했던 생각이라서 익숙했던 거죠. 불교 때문에 순교한 사람이 없
습니다. 부처님 말씀이 그냥 저절로 스며들거든요. 불경에서 '깨달은
자'를 '성인'이라고 하잖아요. 아무튼 인간이 이 정도 능력이 되니까
천지의 작용에 관여하고 '삼재'가 되는 거겠죠. 『주역』에서 보면 6효
를 각각 두 효씩 균등하게 배당했잖아요? 하늘 세 개, 땅 두 개, 사람
하나가 아니라 모두에게 둘씩 줬어요. 인간이 하늘과 땅과 더불어 셋
이 된 거지요.

그래서 **만물**萬物이 **병육이불상해**並育而不相害하며 **도병행이불상패**道並行
而不相悖라. **소덕천류**小德川流요, **대덕돈화**大德敦化니 **차천지지소이위대야**
此天地之所以爲大也라고 합니다. '돈화'가 여기 나오네요. 보물인 창덕궁

의 정문 이름이 '돈화문'이죠. 아무튼 만물이 '병육'(並育), 같이 자라요. 이 세상의 만물이 이것저것 다 같이 자라잖아요? 그런데도 '불상해'(不相害), 서로 해를 끼치지 않아요. 공존합니다. 이 속엔 욕심, 이기심이 없어야 가능하다는 의미가 생략되어 있어요. 그러니까 인간이 좀더 나은 존재가 될 수 있는 방법은 한 가지밖에 없어요. 욕심을 버리는 것. 여기 지금 그 의미가 숨어 있는, 전제되어 있는 겁니다. 만물이 다 같이 자랄 수 있는 이유가 나만 크겠다고 하지 않기 때문이죠. 그리고 '도병행이불상패', 도가 아울러 행해지는데, 그러니까 사시가 번갈아서 오고 해와 달이 교대로 비추면서 '천도'와 '지도'가 아울러 행해지는데, 그게 서로 어긋나지를 않습니다. 이치를 벗어나지 않아요. 물의 흐름과 같이 맥락이 분명하고 쉼이 없는 거죠. '어그러질 패'(悖) 자는 앞에 나왔었죠?

그래서 "소덕은 천류요, 대덕은 돈화니", 이렇게 이어집니다. 여기서 '소덕'(小德)과 '대덕'(大德) 개념이 나오네요. 17장에서 '대덕'이 한 번 나왔는데, 거기서는 '성인'의 의미로 쓰였었죠. 그런데 여기서는 어떻게 쓰였느냐? 일단 '소덕'을 '작은 덕', '대덕'을 '큰 덕'이라고 하면 이게 무슨 소리인가 싶습니다. 여기서의 '덕'(德)은 '작용'이란 뜻이에요. 주석의 "小德者소덕자 全體之分전체지분, 大德者대덕자 萬殊之本만수지본"에 줄을 쳐놓으세요. '소덕'과 '대덕'을 이렇게 풂으로써 주자학의 어떤 한 중요한 파트가 구성된 겁니다. 주자 전에는 그냥 작은 작용과 큰 작용, 작은 이치와 큰 이치, 이런 식으로만 봤는데, 주자가 이 '소'와 '대'의 관계를 밝힌 거예요. 우선 '대덕'은 '만수지본'(萬殊之本)이래요. 만 가지 다른 것이 한 뿌리, 근본에서 나왔다는 겁니다.

'본'(本)은 곧 '도'(道)라고 해도 '리'(理)라고 해도 좋겠네요. '수'(殊)는 '다를 수' 자고요. 여러분, 이 세상 만물이 다 다르잖아요? 그러니까 '만수지본'(萬殊之本)이란 건 사람을 포함한 이런저런 동물, 이런저런 식물, 세상에 존재하는 모든 다른 존재들의 근본이 하나라는 거죠. 반면에 '소덕'은 '전체지분'(全體之分), 전체가 나뉘어 있는 거래요. 여기서 전체란 곧 '일본'(一本)인 '대덕'이죠. 이 거대한 우주의 이치, 이것이 이 지상과 이 우주에 존재하는 모든 것에 나뉘어 들어가 있는 거예요. 조금씩 갖고 있는 거죠. 대우주와 소우주로 보셔도 좋습니다. 주자는 소덕과 대덕의 관계를 이렇게 정리한 거죠.

중요한 해석이니 다시 정리하고 넘어갈까요? 이 세상에는 전체를 관통하는 '리'(理)가 있습니다. 존재 하나하나는 이 온전한 '리'의 일부분이에요. 사람에게는 '성'(性)이고요. 부분과 전체죠. 이런 식으로 개체와 우주를 유기적으로 이어 놓았으니 우리는 벗어날 길이 없습니다. 본문에 '소덕'을 '천류'(川流)라고 했죠? 냇물이 흐르는 것과 같아요. '대덕'은 '돈화'(敦化)래요. '화'는 '변화'를 설명할 때 이야기한 것처럼 한 번에 확확 다른 존재가 되는 거죠? 그걸 돈독히 한다, 쉽게 말하면 충실히 한다, 완벽하게 구현한다는 거예요. '돈화문'이라는 이름도 이런 의미로 붙였겠죠.

『주자어류』에 보면, '만수일본'(萬殊一本)이라는 말이 있어요. "만물에 하나의 본이 있다"라는 거죠. 반대말로 '일본만수'(一本萬殊)도 있고요. 한 뿌리에서 모든 존재가 나온다는 거죠. 아무튼 '만수일본'에서 '만수'의 측면이 '소덕'이 작용하는 거고, '일본'의 측면이 '대덕'이 작용하는 겁니다. 또 다른 측면에서 보면, '만수'는 각자가 다른 방식으로 살아가는 만물, 우리입니다. '리'(理)가 있다고는 해도 모두 다르잖아요? 이건 뭘로 설명하죠? 네, '기'(氣)죠. 그래서 주자학은 '이'와 '기'의 철학입니다. 이 '리'를 다른 말로 '사단'이라고 보셔도 되고, '성'이라고 보셔도 됩니다.

어쨌든 이 문장을 주자의 해석으로 보면 이렇게 됩니다. 대덕, '일본'(一本)이 있어서 만물이 함께 자라면서도 서로를 해치지 않고, 도가 아울러 행해지는데 서로 어긋나지가 않아요. 소덕은 물이 흐르는 것처럼 이 세상의 모든 존재가 서로 해치지 않고 어그러짐이 없이 살고 있어요. 대덕은 '화'를 두텁게 하니, '차천지지소이위대야'(此天地之所以爲大也), 이것이 바로 하늘과 땅이 위대한 이유라고 합니다. 이러한 근본이 성대하니 발현되는 것들이 아주 무궁무진해지는 거죠. 이건 불교의 망라적 사유하고도 통하는 부분이 있습니다. 자, 천지가 위대한 이유가 뭐라고요? 네, 만물이 아울러 자라는 데 서로 해가 되지 않게, 또 근본이 성대하여 돈후한 조화를 이루기 때문입니다.

제31장

唯天下至聖, 爲能聰明睿知, 足以有臨也.
유천하지성 위능총명예지 족이유림야

寬裕溫柔, 足以有容也. 發强剛毅, 足以有執也.
관유온유 족이유용야 발강강의 족이유집야

齊莊中正, 足以有敬也. 文理密察, 足以有別也.
재장중정 족이유경야 문리밀찰 족이유별야

溥博淵泉, 而時出之. '溥博'如天, '淵泉'如淵.
부박연천 이시출지 부박여천 연천여연

見而民莫不敬, 言而民莫不信, 行而民莫不說.
현이민막불경 언이민막불신 행이민막불열

是以聲名洋溢乎中國, 施及蠻貊. 舟車所至, 人力所通,
시이성명양일호중국 이급만맥 주거소지 인력소통

天之所覆, 地之所載, 日月所照, 霜露所隊, 凡有血氣者,
천지소부 지지소재 일월소조 상로소추 범유혈기자

莫不尊親, 故曰'配天'.
막불존친 고왈배천

오직 천하의 지극한 성인이어야 총명함과 예지로 백성에게 일할 수 있다. 너그럽고 따뜻하여 용납함이 있고, 강직하고 굳건하여 결단력이 있으며, 장중하고 단정하여 공경심이 있고, 조리있고 면밀하여 분별력이 있다. 널리 미치고 심원하여 때에 맞게 발현된다.

'널리 미치는 것'은 하늘과 같고, '심원한 것'은 연못과 같으니,

정치로 드러남에 백성들이 공경하지 않는 이가 없고 말을 하면 백성들이 믿지 않는 이가 없으며 행하면 백성들이 기뻐하지 않는 이가 없다.

그러므로 명성이 중국에 넘쳐나서 이민족에까지 퍼져 나가니 배와 수레가 이르는 곳과 인력이 통하는 곳, 하늘이 덮어 주고 땅이 실어 주는 곳, 해와 달이 비추는 곳과 서리와 이슬이 내리는 곳에 사는 모든 혈기를 가진 존재는 존경하고 친애하지 않음이 없는 것이다. 그러므로 '하늘과 짝한다'고 하는 것이다.

이제 31장입니다. 이 장은 30장에 나온 '소덕천류'(小德川流)를 구체적으로 말한 것으로, 천도가 성인을 통해 이 세상에 어떻게 행해지는가를 말한 것입니다.

유천하지성唯天下至聖 **위능총명예지**爲能聰明睿知 **족이유림야**足以有臨也요. '유천하지성' 할 때 '성'(聖), '성인 성' 자잖아요? '어? 이거 오자 아닌가?' 하실 수도 있어요. 여태까지 계속 '성'(誠)으로 나왔으니까요. 그런데 여기서 '지성'(至聖)은 지극한 그 정성을 원래부터 갖고 태어나서 평생 그렇게 사는 사람, 성인을 말합니다. 사실은 이게 공자를 가리키는 말이에요. 자사가 자기 할아버지 공자를 이렇게까지 높인 거죠. 이것 참… 이러시면 안 되는데 너무 높이셨어요. 물론 설정이긴 하지만, 『중용』에서의 공자는 인류 역사상 가장 위대하고 완벽한 인간으로 등장합니다. 아무튼 여기서는 '성인 성' 자가 맞아요. 그래서 이 문장에서는 '유'(唯) 자도 해석해 줍니다. 오직 천하의 지극한 성인이라야 능히 '총명예지'를 갖출 수 있다, 이렇게요.

여기서 '총명예지'는 '생이지지자'(生而知之者)란 뜻이에요. 주석에는 '총명예지'를 "生知之質"생지지질이라고 설명하고 있죠? 이 '생지'가 바로 '생이지지'입니다. '생지지질'을 '생질'(生質)이라고 줄여서 쓰기도 해요. 그야말로 타고난 완벽함이죠. 한 글자씩 따로 보면 '총'(聰) 자는 선천적으로 청각능력이 좋은 거예요. '귀밝을 총'이죠. '명'(明) 자는 눈이 밝은 거고요. 뛰어난 인물은 이렇게 감각기관이 활짝 열린 사람입니다. '예'(睿) 자는 현명한 것, 통찰력이 깊은 것을 뜻하고, '지'(知) 자는 지혜로운 거죠.

자, 그러니까 오직 천하의 '지성'이라야 능히 이렇게 '총명예지'해서 '족이유림야'(足以有臨也), 족히 '림'할 수 있대요. 이때 '림'(臨) 자는 '군림한다' 할 때 '림' 자입니다. 이런 사람만이 높은 자리, 천자의 자리에 가서 백성 위에 군림할 수 있다는 뜻이에요. 물론 공자는 그런 자리에 가지 못했지만, 충분히 그런 자리에 오를 자격이 있다는 거죠. 이렇게 총명예지한 사람은 '인의예지'를 다 그 안에 갖고 있겠죠? 이걸 『대학』으로 말하면 '명덕'(明德), '친민'(親民)을 거쳐 '지어지선'(止於至善)에 이르는 거고, 『중용』으로 말하면 '성'(誠)인 겁니다.

관유온유寬裕溫柔 **족이유용야**足以有容也요. **발강강의**發强剛毅 **족이유집야**足以有執也요. **재장중정**齊莊中正 **족이유경야**足以有敬也 하며, **문리밀찰**文理密察 **족이유별야**足以有別也.

이어지는 이 부분부터는 그 '인의예지'의 덕으로 하나씩 풀어서 설명하고 있습니다. '관유온유'는 '인'(仁)을, '발강강의'는 '의'(義), '재장중정'은 '예'(禮), '문리밀찰'은 '지'(智)를 말합니다. 이 구절들은 한 글자씩 의미를 살려 가면서 봐야 하는데 이게 참 어렵습니다. 『중용』 번역본이 몇 권이나 나왔는지 모르겠는데, 아마 이것들을 다 살리진 못했을 겁니다. 번역하지 않고 그대로 썼을 겁니다. 뛰어난 번역자들도 그렇게 할 수밖에 없는 고충이 있어요.

우선 '관유온유', 관대하고 여유 있고 따뜻하고 부드러우면, 족히 '용'할 수 있대요. 다른 사람을 용납하는 것, 너그러운 거죠. '인'하고 통하죠?

'발강강의'에서 '발'(發)은 의지를 낸다는 뜻이에요. '발심', '발분'이란 말 많이 하죠? 공부를 하겠다는, 무엇무엇을 해보겠다는 마음을 낸다고요. 여기서의 '발'(發) 자는 이렇게 살겠다는 뜻을 내는 '발'입니다. 이 글자에 대한 주석은 좀 부실해요. 아무튼 '발' 자는 '발심'으로 보시면 됩니다. '강'(强)은 강단 있게 추진해 나가는 거예요. 다음에 나오는 '강'(剛)은 내면의 의지가 강한 거고요. 이 두 글자가 뜻이 다릅니다. '강'(强)의 반대말은 약한 것[弱]이고, '강'(剛)의 반대말은 부드러운 것[柔]이에요. '의'(毅) 자는 '의연하다' 할 때 쓰는 그 글자입니다. 그러니까 '발강강의', 의지를 내야 되고, 강하게 밀어붙여서 추진해야 되고, 그러면서도 안으로 소심하게 벌벌 떠는 사람 있는데 그러면 안 되고 내면에서도 자신이 하는 일에 대한 믿음이 있어야 돼요. 이런저런 상황 속에서 의연하게 대처해야 돼요. 이렇게 '발강강의'하면 뭐할 수 있다? '집'(執)할 수 있다고 합니다. '잡을 집' 자죠. 고집한다, 지켜나갈 수 있다. 결단력이 있는 거죠. 그러기 위해선 '발', '강', '강', '의' 모두 필요한 겁니다. 이 중에 하나라도 빠지면 안 돼요. 이런 게 '인의예지'의 '의'(義)죠.

그런데 이 '강의'(剛毅)와 관련해서 보고 넘어가야 할 사자성어가 '강의목눌'(剛毅木訥)이에요. 『논어』 「자로」편에 나오는 말인데, '강의목눌' 하면 인에 가깝다고 합니다. 강하고 의연한 건 알겠는데, '목눌'은 뭐냐? '나무 목' 자를 사람한테 쓰면 소박하다는 뜻이거든요. '눌' 자는 '눌변'(訥辯)으로 말을 잘 못한다, 더듬는다는 뜻이죠. 그런데 여기서는 말을 앞세우지 않고 신중하게 한단 뜻이에요. 진짜 더듬는단 뜻이 아니라요. 생각을 많이 하면서 말을 신중히 하면 달변은 될 수 없겠죠. 그러니까 '강의목눌', 강한 의지를 가졌으면서도 성품이 소박하고 말에 신중하다면 인에 가까워진다는 것입니다.

그다음에 '재장중정'(齊莊中正), '재'(齊) 자는 재계하여 마음을 순일하게 유지하는 겁니다. '장'(莊)은 다른 사람에게 보이길 장엄하게 한단 의미인데, 한마디로 만만하게 보이지 않는 거예요. 이럴 때 '장' 자를 씁니다. 옛날 어르신들이나 우리 선생님들이 말씀하시는 "체신 있게 행동한다"랑 통하는 의미죠. '중'(中)은 항상 상황에 맞게 행동하는 걸, '정'(正)은 언행이 반듯한 걸 말하죠. 이래야지 족히 '경'(敬)할 수가 있어요. 이때 '경'은 타인과 나의 관계에 있어서 지켜야 될 걸 지키는 거죠. 이건 곧 '예'입니다. '예'의 기본정신이 '경'이에요.

마지막으로 '문리밀찰'(文理密察)입니다. 여기서 '문'(文) 자는, 주석에 '文章'문장이라고 되어 있는데, 그렇다고 글 쓰는 걸 생각하시면 안 돼요. 여기서 '문장'은 쉽게 말해서 '내면의 덕이 밝게 드러나는 것'을 말합니다. '리'(理)는 조리가 있는 거예요. 덕이 있어야 언행에 조리가 있게 되겠죠. 주변 사람과 상황을 구조적으로 파악하는 것도 훈련이 필요한 법이죠. 그러면서 '밀'(密), 치밀하게 하죠. '찰'(察), 관찰하듯 잘 보는 거예요. 자신이 처한 상황이나 주변 사람을요. 이래야만 '족이유별야'(足以有別也)합니다. '별'(別) 자는 변별하는 것, 즉 판단력을 말하죠. 주석에도 '찰'을 '명변지'(明辨之)라고 달아 두었잖아요. 이게 바로 동양에서 말하는 '지'(知)입니다. 서양의 '지'가 지식에 가깝다면 동양의 '지'는 판단력, 분별력에 가까워요. 참고로『맹자』에 보면 지나치게 천착하는 건 문제가 있다고 합니다. 왜냐하면 판단을 내리는 건 순간순간 기민하게 해야 되잖아요. 평소에 판단력 훈련을 많이 해두었다가 상황이 닥치면 그때그때 분명하게 판단해서 빨리 결정을 내려야지, 결정해야 할 시간에 천착하고 있는 것, 한도 끝도 없이 골몰하여 빠져 있는 것은 좋지 못하다는 거죠. 타이밍이 너무 늦는다는 거예요. '시중'을 놓치는 거죠. 이렇게 해서 '총명예지', 즉 '인의예지'를 모두 살펴보았습니다.

다음 문장은 이걸 다시 설명하는 거예요. **부박연천**溥博淵泉하야 **이시출지**而時出之라. '부박'은 '넓을 부'와 '넓을 박'입니다. '부박' 하면 널리 미친다는 뜻이고, '연천'은 연못과 샘물이에요. 주석에는 연천을 "靜深而有本也"정심이유본야라고 풀고 있습니다. 물이 고요하고 아주 깊어서 근원이 있는 거예요. 그러니까 '부박연천'하다는 것은 쉽게 말해서 넓고도 깊다는 말인데요, 그러면 여기 생략된 주어는 무얼까요? 네, '천하지성'이죠. 총명예지한 능력을 갖고 있는 성인은 '부박연천'하단 얘기예요. 이런 사람들은 앎이라든가 삶을 살아가는 태도가 아주 넓으면서 또 깊이가 있지요. 넓기만 한 사람한테는 오지랖 떤다고 하죠. 너무 좁고 깊이만 있는 사람은 전문가이긴 하지만 넉넉함, 푸근함이 없어요. 사람이 넓고 포용력 있고, 그러면서 깊이도 있어야 합니다. 이런 사람 만나면 얼마나 매력적이에요? 자, 이런 사람이 '부박연천'한데, '이시출지', 그런 능력을 상황에 맞게, 때에 맞게 발휘한다는 거죠. '시중'을 한다는 겁니다.

이어서 **부박여천**溥博如天 **연천여연**淵泉如淵이라고 되어 있습니다. '부박'을 '천'에, '연천'을 '연'과 같다고 하여 천지의 도와 연결시켜 줍니다. 넓기가 하늘과 같고, 깊기가 연못과 같다는 말이죠. 땅과 같다[如地]라고 한 것보다 연못과 같이 깊다고 한 것이 더 좋네요. 이런 구절은 내 주변에 이런 사람이 있나, 하는 생각을 하시면서 읽으면 좋답니다. 계신가요? 그러면 복받은 삶이죠.

그래서 **현이민막불경**見而民莫不敬하며 **언이민막불신**言而民莫不信 **행
이민막불열**行而民莫不說이래요. 마지막 글자는 '기뻐할 열'로 읽습니다.
원래는 '설명할 설'로 많이 읽지만, '유세할 세'로도 읽고 '벗을, 빼앗
길 탈'로도 읽습니다. 자, 그렇게 넓기가 하늘과 같고 깊기가 연못과
같은 그런 존재가 '현', 드러나면 백성들이 존경하고 공경하지 않을
수가 없어요. 또 그분께서 말씀을 하시면 백성들이 믿지 않음이 없지
요. 또 행하시면, 정치를 한다든가 그러면 백성들이 기뻐하지 않음이
없어요. 이런 뜻입니다.

이러한 정치를 동양문화권에선 '대동'(大同)이라고 얘기합니다.
이 단어는『서경』「홍범」편에 나와요. 캉유웨이(康有爲)의『대동서』
라는 책도 이 단어를 딴 거고요. 이 대동이라는 건 크게 저절로 마음이
합치되는 거예요. 물론 이러려면 뛰어난 군주의 존재가 전제조건입니
다. 이러면 천지인이 짝짝 맞아 들어가요. 비도 제때 내리고. 이럴 때
는 굳이 점을 쳐 볼 필요도 없어요. 점괘도 보나 마나 좋게 나와요. 지
금 우리가 읽고 있는 문장들에서 그려 내는 게 바로 이런 세상이죠.

시이是以로, **성명**聲名 **양일호중국**洋溢乎中國하야 **이급만맥**施及蠻貊하며 **주
거소지**舟車所至와 **인력소통**人力所通과 **천지소부**天之所覆와 **지지소재**地之所
載와 **일월소조**日月所照와 **상로소추**霜露所隊입니다. 이런 까닭에 그러한
천하의 지극히 '성'하신 그분의 '성명'이 '중국'에 '양일'한대요.

'성명'에서 '성'(聲)은 사실 소문인데, 여기서는 그런 위대한 사람
에 대한 소문이니 '명성'의 의미에 가깝겠지요. '중국'은 지금의 중국

과 한자가 같죠? 원래 '나라의 가운데'란 뜻이에요. 나라의 가운데에
누가 있어요? 임금이죠. 그래서 원래는 임금이 있는 곳을 '중국'이라
고 했습니다. 그러니까 '중국'이란 단어 자체가 '세계의 중심'이란 뜻
이에요. 세계의 중심, 공간과 시간의 중심이거든요. 이 중국에 '양일'
한다는 건 뭐예요? 앞에서 '양양호'(洋洋乎)가 나왔죠. 기운이 넘친다,
차고 넘친다는 걸로요. '일'(溢)은 '해일' 할 때 '일' 자입니다. '양일' 역
시 '차고 넘친다', '넉넉히 넘친다'라는 뜻이에요. 그러니까 그 명성이
중국에 차고 넘쳐요. 그리고 여기부터 이어지는 문장은 온 사방에 넘
친다는 걸 멋있게 표현한 것이죠.

'이급만맥'(施及蠻貊). '베풀 시'가 '뻗어나간다', '퍼진다'의 뜻일
땐 '이'로 읽습니다. 중국에 찰랑찰랑 차고 넘친 게 '맥'(貊)과 '만'(蠻)
에게까지 퍼져요. 다 오랑캐, 중국 주변의 이민족을 나타내는 말이
죠. '남만'(南蠻) 할 때 '만' 자, '맥'은 우리가 '예맥'의 후손이라고 얘기
하잖아요? 이렇게 주위 이민족에게까지 널리 퍼진다는 거예요. '주거
소지'(舟車所至)는 "배가 가고 수레가 가는 곳 그 끝까지"라는 뜻이에
요. '인력소통'(人力所通)은 사람의 힘으로 통할 수 있는 곳, 사람들이
돌아다니는 지역 전체, 사람이 갈 수 있는 세상 끝까지라는 뜻이고요.
그리고 이어서 '천지소부'(天之所覆), 하늘이 덮고 있는 곳, '지지소재'
(地之所載), 땅이 싣고 있는 곳, '일월소조'(日月所照), 해와 달이 비치
고 있는 곳, '상로소추'(霜露所隊)는 서리와 이슬이 떨어지는 곳입니
다. 마지막의 '추'는 원래 '군부대' 할 때 쓰는 '부대 대' 자인데요, 여기
서는 밑에 '흙 토'가 붙은 '墜' 자, '떨어질 추' 자와 통용됩니다. 자, 이
렇게 줄줄이 나열해서 강조하고자 한 게 결국 뭐예요? 이 세상 전체

에 위대하신 분의 성명, 덕화가 골고루 퍼진다는 거죠.

그리고 **범유혈기자**凡有血氣者 **막부존친**莫不尊親하니, **고왈**故曰 **배천**配天이라고 장을 맺고 있습니다. 이러한 세상 속에서 '범유혈기자', 무릇 혈기가 있는 자는 '막부존친'입니다. 여기서 혈기란 생명이겠죠? 인간만 생각하시면 안 되고요, 강아지도 양도 전부 다 포함됩니다. 이렇게 생명을 가진 모든 존재들이 '존친', 높이고 가까이 여기지 않음이 없어요. 누굴요? '지성', 천하의 지극히 위대한 존재를요. 그러므로 '배천'(配天)합니다. 26장에도 '고명배천'(高明配天)이라고 나왔었죠. '배필' 할 때 '배' 자입니다. 이런 사람은 천도의 파트너, 구현자라는 거예요. 이거 참 대단한 거죠. 서양사상에도 이렇게 인간이 하늘과 파트너가 된다는 식의 사상이 있나요? 그쪽은 주로 하늘의 말을 잘 들어야 되는 게 아닌가 싶은데…. 아무튼 동양은 처음부터 '삼재', '천지인'이잖아요. 천·지·인을 같이 가져갑니다.

마지막으로 주석 하나 보고 갈게요. 끝에 "上章而言小德之川流상장이언소덕지천류 亦天道也역천도야"라고 했습니다. "앞장에 이어 소덕지천류를 이야기했으니, 또한 천도다"라고 해석됩니다. '소덕'이 지상에서 구현되는 '일본'(一本)인 '천도'의 다양한 모습이라고 그랬잖아요? '소덕'을 얘기할 때 물의 이미지를 많이 가져 옵니다. 물은 세상 모든 걸 다 골고루 적셔 주고 소통시키잖아요? 그래서 '소덕'은 세상에 들어 있는 천리가 물처럼 서로를 해치지 않고 흐른다는 거죠. 그리고 이 전체를 이렇게 움직이게 하는 건 뭐예요? '천도'죠. 그래서 31장이 '천도'를 말한 것이라고 하는 겁니다. 소덕의 세상에서 대덕의 이치를 저절로 아는 것, 이것을 공자는 '이순'(耳順)의 단계라고 했지요.

제32장

唯天下至誠, 爲能經綸天下之大經,
유 천 하 지 성 위 능 경 륜 천 하 지 대 경

立天下之大本, 知天地之化育, 夫焉有所倚?
입 천 하 지 대 본 지 천 지 지 화 육 부 언 유 소 의

肫肫其仁, 淵淵其淵, 浩浩其天.
순 순 기 인 연 연 기 연 호 호 기 천

苟不固聰明聖知達天德者, 其孰能知之!
구 불 고 총 명 성 지 달 천 덕 자 기 숙 능 지 지

오직 천하의 지성이라야 천하의 큰 법도를 경륜하며 천하의 큰 근본을 세우며

천지의 화육을 알 수 있으니, 어찌 다른 것에 의지하는 것이 있겠는가?

정성스럽고 지극한 그 인이며, 고요하고 깊은 그 연못이며, 넓고 큰 하늘이로다.

진실로 총명하고 성스러운 지혜를 지녀서 하늘의 덕에 통달한 자가 아니라면

그 누가 이것을 알겠는가!

30장에 나온 '대덕돈화'(大德敦化)를 다시 풀어 말한 장입니다. 천도이죠. 31장이 지성의 '덕'을 말했다면, 32장에서는 지성의 '도'를 말한 것입니다. 지성(至誠)의 도는 지성(至聖)이 아니면 알 수 없겠지요. 지성(至聖)의 덕은 지성(至誠)이 아니면 해낼 수 없겠고요. 역시 성인이라야 천도의 최고 수준을 구현할 수 있습니다.

유천하지성唯天下至誠이라야 **위능경륜천하지대경**爲能經綸天下之大經 **입천하지대본**立天下之大本 **지천지지화육**知天地之化育 **부언유소의**夫焉有所倚. 오직 천하의 '지성'이라야. 오직 천하에서 지극한 '성'을 갖춘 사람이어야만, '지성무식'한 사람이어야만, '천하지대경'을 '경륜'할 수 있고, 천하의 '대본'을 세울 수 있으며, 천하의 '화육'을 알 수 있다고 하네요.

여러분, 이 문장은 언제 많이 쓰냐면요, 높은 벼슬을 하신 분이 돌아가시면 비문(碑文)이라든가 행장(行狀) 같은 걸 쓰잖아요? 거기에 이 구절을 인용해서 씁니다. 이분은 '경륜천하지대경'하셨고, '입천하지대본'하셨고, 이런 식으로요. 그야말로 최고의 찬사예요. 그 정도 능력 있는 분이 아닌데 이렇게 쓰면 쓴 사람도 욕먹고, 돌아가신 분에게도 좋지 않습니다. 평판이라는 게 있잖아요. 비지문(碑誌文)을 쓰게 되었을 때 절대 형식적으로 못 씁니다. 대상자가 벼슬도 높아야 하고, 그만 한 업적이 있어야지 쓸 수 있는 그런 문장이에요.

'위능경륜천하지대경'(爲能經綸天下之大經)부터 볼까요? 여러분, '경륜'이란 단어 지금도 쓰잖아요? "경륜이 쌓였다"라고 쓰죠. 이게 여기서 나온 단어입니다. 주석에는 경륜을 "皆治絲之事"개치사지사라고, '경'과 '륜' 모두가 실을 뽑는 일이라고 되어 있어요. 누에고치나

삼베에서 실을 뽑는 과정을 '치사' 혹은 '경륜'이라고 했습니다. 그중에서도 '경'은 뭐라고 설명하고 있어요? "理其緖而分之"리기서이분지, 그 실마리를 뽑아 내서 다듬어 나누는 거래요. 가닥가닥의 실을 만드는 거죠. '륜'은 원래 그물을 말하는데요, 주석에서는 "比其類而合之也" 비기류이합지야라고 되어 있어요. 비슷한 것끼리 합치는 것, 그러니까 뽑아 낸 가느다란 실가닥들을 몇 가닥씩 꼬아서 실을 만드는 거죠. 이걸 정치로 가져와서 이야기하자면 어떻게 될까요? 온갖 나랏일이 무수히 많습니다. 그걸 종합적으로 판단해서 잘 나누고, 각각에 적합한 지침들을 내려야 할 것 아니겠어요? 이건 국방에 관한 일, 이건 교육에 관한 일, 이건 세금에 관한 일…. 이게 곧 '경륜'이에요. 그러니까 '경륜이 있다'라는 말도 아무한테나 함부로 쓸 단어가 절대 아닌 겁니다. 요새처럼 단순히 이력을 말하는 게 아니라, 일의 실마리를 찾아서, 그 것이 어떻게 연결되어 있는지를 제대로 분별하고 일을 처리하는 수준은 되어야 이 단어를 쓸 수 있는 겁니다.

천하의 '대경'을 '경륜'할 수가 있다고 할 때 '대경'(大經)의 '경' 자도 '경륜'의 '경' 자와 같은 글자네요. 하지만 두 단어의 뜻이 다릅니다. '천하지대경'의 '경' 자는 주석에 '상'(常)이라고 되어 있어요. '대상'(大常), 결국 천하의 큰 법도, 오륜을 말합니다. 그러니까 '경륜천하지대경'이라고 하면 천하의 큰 법도를 자유자재로 쓸 수 있다는 의미가 되죠. 정치로 좁히면 국가 운영의 근본, 기간이 되는 법이겠지요. 정치는 '치인'(治人)인데, 법을 잘 써서 경륜해야겠지요.

'입천하지대본'(立天下之大本), 천하의 대본을 세울 수 있대요. '대본'은 주석을 보니 "所性之全體也"소성지전체야라고 하네요. 우리가 가지고 태어난 '성', '인륜', '인의예지', 이것의 전체라는 거죠. 그렇다면 '천하지대경', '천하지대본'은 '삼강오륜'을 말하네요. 1장의 주석에서 "대본이라는 것은 하늘이 명한 '성'이요, 천하의 이치가 모두 이로 말미암아 나온다"라고 했는데 여기서는 오륜으로 좁혀 말했어요. 그리고 '지천지지화육'(知天地之化育), 천지의 '화'와 '육', 변화하면서 키워 내는 이 소이연을 알 수가 있대요.

그러니 '부언유소의'(夫焉有所倚)라고 합니다. '부'(夫)는 발어사로 해석하지 않아도 되고, '언'(焉)은 '어찌 하(何)'라고 보면 됩니다. 여기서는 대저 '어디에/어찌 ~ 하리오?' 정도로 해석하면 됩니다. '유소의'에서 '의'(倚) 자는 '기댈 의' 자니까 "어느 것에 의지하는 것이 있으리오"가 되겠네요. 여러분, 사실 이 문장에서 가장 중요한 부분이 바로 이 '부언유소의'입니다. '천하의 지극히 성실한 사람이 다른 것에 의지해서 이런 일을 하겠느냐'는 거죠. 자득, 자립입니다. 우리 수준에서 보면 의타적이 되어서 기댈 곳을 찾거나 누구한테 기대지 말라는 뜻이네요. 내가 힘든데 누가 좀 안 해주나 이러면 안 된다는 겁니다. 우리 삶의 가이드는 우리란 뜻이에요. 그래서 이 단계까지 오르는 데 힘들겠지만 우리 각자 자신의 힘으로 가야 된다는 거죠. 어찌 의지할 바가 있겠는가!

주석 마지막 부분을 볼게요. "此皆至誠無妄自然之功用_{차개지성무망자연지공용} 夫豈有所倚著於物而後能哉_{부기유소의착어물이후능재}"입니다. "이는 모두 지성무망한 자연의 공용이니, 어찌 다른 물건에 의지한 뒤에야 능한 것이겠는가"라고 해석하면 되겠습니다. '지성무망', '지성'하여서 망령됨이 없는 거죠. 여기서 '망령됨'에는 착각하여 앞지르지 말라는 뜻도 들어가는 거예요. 착실하게 차근차근 해야지 어느 정도 했다고 '내가 다 깨달았노라!' 이러면 안 됩니다. 『대학』에 나오는 말로 무자기(毋自欺), 자기를 속이지 말라는 거죠. 사람이 헛바람이 들어서 붕 뜨면 안 되는 거예요. 이거 참 어려운 겁니다. 아무튼 이렇게 지극히 성실하여 거짓됨이 없으면 자연의 이치, 자연의 작용을 알게 된다는 거죠. '지성'을 계속 행하다 보면 우리의 삶도 그렇게 풀리는 거죠. 여기서 '공용'(功用)은 '공효'(功效)로 보셔도 좋은데 작용, 이루어진 결과로 이해하시면 됩니다. 자연의 공용, 도의 소이연으로 되어 가는 거죠.

그러하니 어찌 '물'(物)에 '의'하고 '착'(著)하겠는가! 여기서 '물'은 '외물'(外物)이에요. 내 바깥의 다른 존재, 그러니까 내가 아닌 선생도 종교 지도자도 다 외물이죠. 어찌 이러한 외물에 기대고 딱 달라붙겠는가! 문장을 정확히 해석하면 "외물에 의지하거나 딱 붙은 후에야 얻을 수 있는 것이겠는가!"가 됩니다. 여러분, 의지하지 말라고 하네요. 딴 데 붙어서 가면 안 됩니다. 자력, 자득을 말하네요. 혼자 간 것만큼이 자기 것이라는 거죠. 네, 아주 무거운 말입니다. 아무튼 인간의 길에 대한 이런 식의 아주 엄중한 해석이 주자학의 또 하나의 특징입니다.

순순기인肫肫其仁이며, **연연기연**淵淵其淵이며, **호호기천**浩浩其天이라. 여기서 '순순'이 어려운 글자입니다. 사서 중에서 딱 여기에만 나와요. 게다가 '연못 연' 자가 한 문장에 세 개나 나오질 않나… 아주 난감합니다만 차근차근 보겠습니다. '순순'은 주석에 "懇至貌"간지모라고 되어 있는데요, '간'(懇) 자가 '간절하다' 할 때 '간' 자입니다. 정성이 지극한 모습이에요. 그래서 '순순'은 결국 성실하단 뜻입니다. '순순기인' 하면 "참 성실한 그 '인'"이죠. 큰 법도를 경륜하는 것이 성실하다는 겁니다. '연못 연'은 '깊다'라는 의미로 쓰이는 거 보셨죠? '연연기연' 하면 "고요하고 깊기가 연못 같다"는 것이니 큰 근본을 세우는 것이 이렇게 신중하다는 겁니다. '호호기천' 하면 "드넓은 하늘과 같다"는 겁니다. '호'(浩) 자는 아주 드넓다는 뜻이니까요. 이 세상을 다 감쌀 수 있을 만큼 광대하다는 뜻이에요. 사람 이름에도 많이 쓰입니다. 천지가 만물을 화육하는 이치를 아는 것이 넓고 큰 하늘과 같은 수준이라는 겁니다. 그러니까 이 문장은 "정성스럽고 지극한 그 인(仁)이며, 고요하고 깊은 연못이며 넓고 큰 하늘이도다!"라고 해석할 수 있겠네요.

하지만 이렇게만 표현하면 대체 무슨 뜻인지 알 수가 없어요. 네, 여기서 사실 '인'(仁) 자는 '사람 인'의 뜻이에요. '인자인야'(仁者人也)를 떠올려 보세요! '연못 연'은 땅에 대한 비유죠. 모든 것을 다 싣는 땅이요. 깊은 연못처럼 이렇게 모든 걸 다 품을 수가 있는 겁니다. 그리고 드넓은 하늘. 네, 다시 뭐예요? '천지인'이죠. 지극한 인간, 깊은 땅, 높은 하늘을 말하고 있습니다.

구불고총명성지苟不固聰明聖知 **달천덕자**達天德者 **기숙능지지**其孰能知之오.
'참으로 구(苟)' 자가 문장 맨 앞에 나오면 가정문을 만들어 줍니다. 뒤에 '불'(不) 자가 나오니까 '만일 ~가 아니라면'이 되겠네요. '고'(固) 자는 굳건하다는 건데 '참으로'라는 뜻도 있거든요. 자, 그러니 이 문장은 "만일 참으로 총명하고 성지하여 천하의 덕에 통달한 자가 아니라면, 누가 능히 이 모든 것을 다 알 수가 있겠는가" 이런 뜻입니다. '이 모든 것'이라는 건 뭐예요? 바로 앞 문장에 나온 천지인의 이치죠. 이런 사람이 아니면 천지인이 맞물려 가는 세상 이치를 누가 다 알겠는가 하는 거예요. 그런데 정현(鄭玄)은 이 부분을 '오직 성인만이 성인을 알 수 있다'고 풀었어요. 참고할 만합니다.

'총명성지'(聰明聖知)는 31장에서 나온 '총명예지'(聰明睿知)와 같은 단어로 보시면 됩니다. 주자는 다른 데서는 '예'를 '성'(聖) 자로 주를 달기도 했어요. '총명'하다는 건 듣고 보는 능력이 뛰어난 거죠? '성'이라는 건 종교적인 의미라기보다는 인식능력이 아주 넓으면서도 정확한 걸 가리킵니다. '지'는 지혜가 있다는 말이겠고요.

그래서 보면요, 결국 '지성'(至誠)을 얘기하는데, 이것을 '지성'(至聖)으로 바꿔서 얘기함으로써 인간의 측면을 부각시키고 있죠. 이 두 가지를 왔다 갔다 하는 흐름을 잘 보셔야 합니다. 그래서 천지의 지성(至誠)의 도는 지극히 위대한 성인, '지성'(至聖)이 아니면 알 수 없다로 마무리한 거죠.

제33장

詩曰 : "衣錦尙絅", 惡其文之著也.
시 왈   의 금 상 경   오 기 문 지 저 야

故君子之道, 闇然而日章; 小人之道, 的然而日亡.
고 군 자 지 도 암 연 이 일 장 소 인 지 도 적 연 이 일 망

君子之道, 淡而不厭, 簡而文, 溫而理, 知遠之近,
군 자 지 도 담 이 불 염 간 이 문 온 이 리 지 원 지 근

知風之自, 知微之顯, 可與入德矣.
지 풍 지 자 지 미 지 현 가 여 입 덕 의

詩云 : "潛雖伏矣, 亦孔之昭." 故君子內省不疚,
시 운   잠 수 복 의 역 공 지 소   고 군 자 내 성 불 구

無惡於志. 君子之所不可及者, 其唯人之所不見乎.
무 오 어 지 군 자 지 소 불 가 급 자 기 유 인 지 소 불 견 호

詩云 : "相在爾室, 尙不愧于屋漏." 故君子不動而敬,
시 운   상 재 이 실 상 불 괴 우 옥 루   고 군 자 부 동 이 경

不言而信.
불 언 이 신

詩曰 : "奏假無言, 時靡有爭." 是故君子不賞而民勸,
시 왈   주 격 무 언 시 미 유 쟁   시 고 군 자 불 상 이 민 권

不怒而民威於鈇鉞.
불 로 이 민 위 어 부 월

詩曰 : "不顯惟德, 百辟其刑之." 是故君子篤恭而天下平.
시 왈   불 현 유 덕 백 벽 기 형 지   시 고 군 자 독 공 이 천 하 평

詩云 : "予懷明德, 不大聲以色."
시 운   여 회 명 덕 부 대 성 이 색

子曰 : "聲色之於以化民, 末也. 詩云: '德輶如毛',
자 왈   성 색 지 어 이 화 민 말 야 시 운   덕 유 여 모

毛猶有倫. '上天之載, 無聲無臭', 至矣!"
모 유 유 륜   상 천 지 재 무 성 무 취   지 의

시에서 말하였다. "비단옷을 입고 홑옷을 덧입는다." 그 화려함이 드러남을 싫어한 것이다. 그러므로 군자의 도는 은은하나 시간이 갈수록 드러나고, 소인의 도는 선명하나 시간이 갈수록 사라진다. 군자의 도는 담박하여 싫증나지 않고, 간략하면서도 아름답고, 따뜻하면서도 조리가 있으니, 멀리 가는 것이 가까운 곳에서 시작된다는 것을 알며, 바람이 불어오기 시작되는 곳을 알며, 은미한 것이 드러남을 안다면 덕에 들어갈 수 있다.

시에서 말하였다. "연못의 물고기가 비록 잠겨 있으나 또한 매우 분명하게 보인다." 그러므로 군자는 안으로 자신을 돌아보아 부족함이 없으면 마음에 부끄러움이 없는 것이니, 군자의 미칠 수 없는 점은 사람들이 보지 못하는 바에 있다.

시에서 말하였다. "네가 방 안에 홀로 있을 때도 자신을 살펴보아야 하니, 방 귀퉁이에도 부끄럽지 않아야 한다." 그러므로 군자는 움직이지 않아도 공경하며 말하지 않아도 믿는 것이다.

시에서 말하였다. "신위 앞에 나아가 신명에 감격할 때 말이 없어 이에 다투는 사람이 없다." 그러므로 군자가 상을 내리지 않아도 백성들이 권면하며, 노하지 않아도 백성들이 작두와 같은 형벌보다 더 두려워한다.

시에서 말하였다. "드러나지 않는 덕을 여러 제후들이 본받는다." 그러므로 군자가 겸손함을 돈독히 행하면 천하가 화평해진다.

시에서 말하였다. "나는 밝은 덕은 음성과 얼굴빛으로 하는 정치를 대단하지 않게 여김을 생각한다."

공자께서 말씀하셨다. "음성과 얼굴빛으로 하는 정치는 백성을 교화하는 데에 말단의 방법이다. 시에서 '덕은 가볍기가 터럭과 같다'라고 했으니 터럭도 오히려 비교할 것이 있다. '하늘의 일은 소리도 없고 냄새도 없다'라고 했으니 지극하도다!"

자, 이제 드디어 『중용』 마지막 33장입니다. 31장, 32장에서 최고 경지의 성인을 말했는데요, 이렇게 마무리하면 우리 같은 보통사람들은 중용을 행할 엄두를 못 냅니다. 학문에 뜻을 둔 사람들에게 비록 멀고 높은 길이지만 차근차근 가다 보면 어느덧 그 자리에 가 있게 된다는 '부드러운 권유'가 필요한데, 마지막 33장이 이렇게 시작합니다.

그런데 좀 기네요. 또 시가 나오는데, 그것도 여섯 편이나 연이어 나오고, 마지막 공자님의 말씀으로 『중용』을 마무리하는데, 그 안에도 시 인용이 2번 있네요. 이제 『중용』을 힘들게 힘들게 읽어, 마지막 장까지 왔는데 『시경』이 계속 나오니까 여기서 그냥 더 이상 못 읽겠다, 역시 『중용』은 어렵다, 이러실 수 있어요. 『시경』을 읽은 다음에 『중용』을 읽어야 하나, 이런 생각도 드실 겁니다. 사실 한문공부 할 때 『중용』 다음에 『시경』을 읽기도 합니다. 그런데 그땐 그때죠. 『시경』에 나오는 시의 본뜻하고 여기 인용되어 해석된 게 의미가 달라요. 그러니까 시를 인용해서 『중용』에 적합한 논지를 펴는 거거든요. '단장취의'(斷章取義)라고, 시의 일부 구절을 가져와서 자신이 쓰고 있는 글의 논지를 강화하는 것입니다. 원래 시 그대로의 의미로 쓰는 것이 아니에요. 그러니 『시경』은 『시경』대로 읽고, 인용된 구절은 그 문맥 안에서 파악하셔야 되는 겁니다. 그래서 『시경』과는 별개로 보셔야 해요. 『시경』은 그냥 시로 읽으시면 좋고요. 그럼 힘내서 읽어 볼까요?.

첫 줄에서는 딱 네 글자만 인용했어요. **시왈**詩曰 **의금상경**衣錦尙絅이라고요. '금'을 '의'하고 '경'을 '상'한다의 구조예요. '금'(錦) 자는 '금수강산' 할 때 '금', '비단 금' 자죠. "비단옷을 입고" 이건 쉬운데, '상경'은 좀 어렵습니다. 이럴 때의 '상'(尙) 자는 덧입는다는 뜻이에요. '경'

은 얇은 홑옷을 말해요. 그러니까 '상경' 하면 요새 패션으로 잠자리 날개 같은 가벼운 옷을 위에다 하나 싹 걸치는 걸 말합니다. 자, 비단 옷을 입었어요. 그런데 이게 너무 화려하잖아요? 이걸 살짝 가리기 위해서 얇은 옷을 하나 덧걸치는 겁니다. 원래 시의 뜻이 바로 이거 예요. 비단옷을 입고 그 화려함을 감추기 위해서 하나 덧입는다는 거. 항상 화려한 옷을 입으시는 왕비님께서 얇은 옷을 덧입어 위화감을 좀 줄였다고 하는 내용입니다.

그런데 이어서 **오기문지저야**惡其文之著也라고 했죠? '오'(惡)는 싫어한다는 거고 '문'(文)은 화려함을 말해요. 글이든 옷이든 뭐든지요. 그리고 '저'(著)는 드러난다니까, 그 화려함이 드러나는 걸 싫어한 거예요. 자, 시에 '비단옷을 입고 얇은 옷을 더한다' 했으니, 그 화려함이 드러나는 것을 싫어한 것이다. 여기서는 군자가 비단옷과 같은 내면의 성대한 덕을 과시하지 않는다는 뜻인데요, 자신의 내면적 완성을 위한 '위기지학'(爲己之學)을 추구하기 때문에 겉으로 과시하지 않는다는 겁니다. '단장취의'한 거죠.

고故로 군자지도君子之道 **암연이일장**闇然而日章하고 **소인지도**小人之道 **적연이일망**的然而日亡하나니 **군자지도**君子之道 **담이불염**淡而不厭하며 **간이문**簡而文하며 **온이리**溫而理하며 **지원지근**知遠之近하며 **지풍지자**知風之自하며 **지미지현**知微之顯이며 **가여입덕의**可與入德矣라. 홑옷으로 화려함을 감춘 시를 인용하여 군자와 소인의 사람됨을 말하는군요. 이게 바로 '단장취의'입니다. 2장에서 '군자'는 중용하고 '소인'은 중용에 어긋난다고 했는데요, 마지막 33장에서 그 내용을 구체적으로 말해 줍니다.

군자의 도는 '암연이일장'(闇然而日章)이래요. '암연'은 어둡단 의미인데 은미해서 드러나지 않는다는 거예요. 자기 자랑하지 않는단 얘기죠. '일장'은 '나날이 드러난다', '나날이 빛난다'라는 뜻이고요. 이때 '장'(章) 자는 '드러나다', '빛나다'죠. 군자를 처음 보면 화려하지가 않아요. 그런데 사귀다 보면 나날이 그의 덕이 빛나는 거죠. 마치 비단옷 위에 얇은 옷을 덧입어서 처음 보면 그 화려함이 보이지 않는 것처럼요. 반면 소인의 도는 '적연이일망'(的然而日亡)인데요, '적'(的) 자는 '표적' 할 때 '적' 자죠. 요새는 '~적' 형용사를 만들 때 많이 쓰지만요. '적연'에서 이 '적' 자는 뚜렷하게 드러나는 모습을 말합니다. 그러니까 소인의 도는 처음에는 멋있어 보여요. 확 끌리지요. 그런 사람들 있지요. 하지만 '일망', 나날이 사라집니다. 사귈수록 사람이 별 볼일 없어요. 빛을 잃습니다. 군자는 처음 만났을 때는 사람을 잘 모르겠기도 하고, 좀 투박해 보이기도 하고, 소박해 보이기도 하고, 별 볼일 없이 보일 수도 있어요. 하지만 나날이 그 속에 꽉 차 있는 것이 겉으로 드러나면서 저 사람 진국이다라는 걸 알게 되죠. 소인은 만나는 순간 우리가 홀딱 빠지게 화려해요. 하지만 나날이 어떻게 돼요? 그 빛이 사라지고 바랜다네요. 만나지 말아야죠. 그런 사람 재미도 없습니다. 매일 똑같은 얘기만 하고 심한 경우 수십 년간 같은 소리만 하는 사람들도 있더라고요, 네, 소인이죠. 일신(日新)하지 않으면 소인 되는 겁니다.

또 군자의 도는 '담이불염'(淡而不厭), 담백한데, 싫증이 안 나요. 뭐가 가미된 음료수가 아니라 생수, 맹물인 거예요. '담' 자 하면 31장에서 '강의목눌' 할 때 말씀드렸던 '나무 목(木)' 자를 떠올리셔도 좋습니다. 나무 같은 사람, 아주 진솔하고 소박하단 얘기거든요. 여러분, 밥은 매일 먹을 수 있지만 프라이드 치킨은 매일 못 먹지 않나요? 느끼하잖아요. 매일 드실 수 있는 분은 계시겠지만…. 아무튼 담백하면 싫증이 안 나요. 무미(無味)의 음식이라야 매일 먹을 수 있고, 그런 사람이라야 오래 사귈 수 있죠.

다음에 '간이문'(簡而文)에서 '간'(簡) 자는 간략하다는 뜻인데요, 그 속뜻은 이렇습니다. 일을 처리하거나 누구에게 시키거나 할 때 정확하고 똑 부러지게 하는 거예요. 직장생활을 해본 분들은 아시겠지만 일의 맥락을 잘 모르는 상사는 일 처리도 지지부진하고 누구한테 뭘 어떻게 시켜야 하는지도 몰라요. 어떻게 해야 일이 돌아가는지 핵심을 모르는데 어떻게 오더를 내리겠어요? 그러니까 '간'은 일의 핵심을 알아서 처리한단 뜻이에요. '요'(要) 자로 바꿔 쓸 수도 있겠습니다. 이거 얼마나 중요한지 아시겠죠? '요'나 '간' 없이 아무리 하루 종일 일해 봐야 소용이 없습니다. 힘만 들지요. 아이 교육시킬 때도 마찬가지죠. '요' 핵심이 없이 이것저것 시켜 봐야 소용이 없어요. 그리고 여기서 '문'(文) 자는 '조리가 있다' 정도의 뜻이라고 보시면 됩니다. 핵심을 잡고 사리판단을 해서 일 처리하는 것이 딱 이렇게 일맥상통하게 돼요.

'온이리'(溫而理). '온', 사람이 따뜻해요. '리' 자는 이치가 있다는 거잖아요? 그러니까 이 말은 사람이 품성이 따뜻한데 같이 일을 해보면 다 그 일을 하는 논리, 이치도 정연하다는 거예요. 무조건 물러터진 온정주의는 아닙니다. 따뜻한 사람이지만 일 처리에 맥락이 잡혀 절대 만만하지가 않은 거죠. 이런 사람과 같이 일하면 힘이 들어도 재미있죠. 일할 맛 납니다.

그러면서 '지원지근'(知遠之近), 이 사람은 '원지근'을 안대요. '원 지근'은 약간 의역해야 되는데요, 멀리 가려면 가까이서부터 시작해 야 한다는 걸 안다는 뜻이에요. 천릿길도 한 걸음부터잖아요? 뭔가 원대한 일을 할 때도 허황되게 꿈꾸지 않고 지금 여기서부터 차근차 근 해야 된다는 걸 아는 거예요.

'지풍지자'(知風之自). 바람의 '자'(自)를 안대요. 여기서 '자'는 '스 스로 자'가 아니라 '시작할 자'라고 봅니다. 바람도 불어오기 시작하 는 곳이 있을 거 아니에요? 느닷없이 불지 않아요. 바람도 시작되는 곳이 있다는 걸 아는 겁니다. 가까운 데서 시작해야 하고, 바람도 불 어오기 시작하는 곳이 있다는 것을 아는 것, 누구나 알고 행할 것 같 은데 사실 쉽지 않죠. 헛바람이 든 채 살기 십상이니까요. 발 없는 마 음이 벌써 먼 곳에 가 있거든요.

'지미지현'(知微之顯)에서 '미'(微)는 아주 미미하고 은미한 거죠. 이 세상의 숨은 이치죠. 이게 사실은 우리의 내면에 있고, 삶 속에 드 러나 있는데 우리는 이걸 잘 모르고 놓치잖아요. 강물이 쉼 없이 흐르 고 하늘 높이 소리개가 나는 것 속에 대자연의 이치가 있는데, 우리는 그냥 '아, 강이 흐르는구나', '소리개구나' 하고 끝나잖아요. 군자는 그 렇지 않아요. 은미한 이치가 지상에 다 드러나 있다는 걸 저절로 알아 요. '비이은'(費而隱), '비'에서 '은'한 이치를 보게 되는 겁니다. '이순' (耳順)의 단계라 할 수 있지요.

이렇게 다 알면 '가여입덕의'(可與入德矣)입니다. "성인의 덕으로 들어갈 수 있다"라는 거죠. 여기서 덕으로 들어간다는 건 결국 '하학' (下學)을 통해 '상달'(上達)로 가는 겁니다. 이때의 덕은 '천덕'이고 '지

성'입니다. 여기서 '여'(與)는 누구와 같이 간다는 것이 아니라 '이'(以)로 봐 주세요. 먼 곳을 가는 것이 가까운 곳에서부터인 것을 알고, 바람이 시작되는 곳을 알고, 은미한 것이 드러난 것을 알고…… 이 모든 게 다 깊게 생각하고 찬찬히 행하는 그런 삶의 태도겠죠? 현상으로만 판단하지 않고요. 그러니까 '의금상경'(衣錦尙絅), 비단 옷을 입고 얇은 홑옷을 덧입는다는 시 한 구절을 가지고 '하학이상달'을 쫙 펼쳤네요. 시의 활용법입니다. 이게 바로 내면이 충실한, 아름다운 군자의 삶의 태도라고요.

다음엔 여덟 글자를 인용했어요. **시운**詩云 **잠수복의**潛雖伏矣 **역공지소**亦孔之昭. 『시경』「소아」(小雅) '정월'(正月) 편인데요. 이게 무슨 뜻인지 보죠. 우선 '잠'(潛)은 물에 잠겨 있는 거예요. '잠수하다'에 쓰는 그 글자죠. '물고기가 물속에 잠겨서 엎드려 있으나, '역공지소'는 뭐예요? '공'(孔)은 공자 할 때 공이기도 하고 원래 뜻은 '구멍 공'입니다만, 여기서처럼 부사로 '매우'라는 뜻이거든요. 또한 매우 어떻다? '소' 자는 '빛난다'는 뜻입니다. "물속에 잠겨서 비록 엎드려 있으나 또한 매우 분명하게 보인다!"

　　고故로 **군자내성불구**君子內省不疚하야 **무오어지**無惡於志니, **군자지소불가급자**君子之所不可及者 **기유인지소불견호**其唯人之所不見乎인저. 이 시를 어떻게 활용하나 봅시다. 군자는 '내성불구'래요. 이것도 사자성어로 쓰이는데요. '성'(省) 자는 여기서는 '줄일 생'이 아니라 '살필 성'입니다. '내성' 하면 내면을 성찰하는 거예요. 자기가 어떤 사람인지, 자기 마음의 흐름은 어떤지를 제대로 알 수 있는 사람은 자기밖에 없어요.

'신독'(愼獨)이죠. 여러분이 지금 이 책을 읽고 계시지만 마음이 수목 드라마에 가 있는지, 애인 생각에 가 있는지 저는 모르잖아요? 다 자기 스스로 살펴야 하는 겁니다. 그래서 군자가 내면을 성찰하여 '구'(疚)가 없으면, '병들 구' 자죠. 근데 이건 병 중에서도 고질병을 의미해요. 고치기 힘든 나쁜 습관 같은 것도 이렇게 표현하죠. 공부를 하다가 어느 단계에서 고비가 닥치면 번번이 주저앉는다거나, 다른 걸 해볼까 마음을 바꾼다거나, 이런 게 공부하는 사람의 큰 고질병입니다. 이런 고질병을 '병통'이라고도 해요. "군자가 내면을 성찰해서 부족함이 없으면", 그러면 '무오어지'(無惡於志)래요.

'지'(志)는 '뜻 지' 자죠. 이걸 '뜻 의(意)' 자와 비교해서 말씀을 드려 보면, 이 둘의 뉘앙스가 좀 다릅니다. '의'는 그냥 내 마음에 있는 뜻 그거예요. 그런데 '지' 자는 '심지소지'(心之所之), 그러니까 훨씬 더 동태적이라고 하나? 움직임이 있는 개념이에요. 내 마음이 어디로 향해 가는 거죠. 몸은 이 자리에 있지만 마음이 수만 리를 가고 그러잖아요. 이런 마음의 움직임을 말할 때는 '의' 대신 '지'를 씁니다. 아무튼 '무오어지'니까 뭐예요? 그러한 뜻의, 마음의 움직임에 부끄러움이 없다는 거죠. 주석에서는 '오'(惡) 자를 그냥 '나쁘다'가 아니라 '부끄러울 괴(愧)' 자로 봤어요. 내 마음의 씀씀이에 부끄러움이 없다 이거죠.

그래서 '군자지소불가급자 기유인지소불견호'(君子之所不可及者 其唯人之所不見乎), 군자가 미치지 못하는 부족한 것은 사람들이 볼 수 없는 바이다. 이런 말이에요. 여기서 군자가 미치지 못하는 것, 그걸 뭐라고 할 수 있어요? '독처'(獨處)입니다. 마음이죠. 다른 사람은 아무도 모르고 나 스스로도 자세히 관찰하지 않으면 몰라요. 내 마음 속에 어떤 욕심이 생기면, 그 욕심이 움직인 어떤 싹 같은 게 있죠. 그 걸 '맹'(萌)이라고 합니다. 그래서 우리가 뭐 해요? '신독'(愼獨)해야 죠. 마음의 미묘한 흐름을 잘 관찰해야 합니다. 그래서 결국 이 시를 '신독'으로 풉니다. 그러니까 물 속에 잠겨 있는 물고기가 잘 보인다 는 내용의 시를 이렇게 풀고 있는 겁니다. 내 마음속은 잘 안 보이지 만 그걸 성찰하는 나의 의식의 측면에서 본다면 아주 분명하다는 거 예요. '무자기'(毋自欺), 자신을 속이지 말라는 거죠. 마음속 이런저런 흐름을 나만은 분명히 알 수 있다는 이야기를 훤히 보이는 연못 속 물 고기로 견주어 말하네요. 군자의 부족한 점은 타인이 알 수 없는 데에 있다, 성찰하여 떳떳해야 된다, 이런 뜻이네요.

다음 시입니다. **시운**詩云 **상재이실**相在爾室 **호대 상불괴우옥루**尚不愧于屋漏 라 하니 **고**故로 **군자**君子는 **부동이경**不動而敬하며 **불언이신**不言而信이니 라. 시에 또 말하기를, '상재이실', 이럴 때 '상'(相) 자는 '서로 상'이 아 니라 동사로 쓰인 '볼 상' 자입니다. '관상' 할 때는 명사로 '얼굴 상' 자 이죠. '이'(爾)는 '너 이' 자니까 이 구절은 "네가 방 안에 홀로 있을 때 도 자신을 살펴보아"의 의미입니다, 그러면 '상불괴우옥루'(尚不愧于 屋漏)라고 하네요. '루' 자가 '샐 루' 자니까 '옥루'는 '집이 샌다'는 건 데, 여기서는 방의 서북쪽 귀퉁이를 '루'라고 합니다. 집 안에서 가장 깊숙하여 사람의 눈에 띄지 않는 곳입니다. 옛날 어른들은 대청에도 시렁을 만들어 놓고 소금단지니 팥단지 같은 걸 올려 놓고 그러셨죠. 방에도 귀퉁이 선반에 작은 단지를 모셔 두곤 했는데, 서북쪽이 바로 귀신의 자리예요. 방의 가장 조용한 공간, 영험한 공간이라고 할 수 있죠. 신과 소통하는 곳이에요. '상'(尚) 자는 부사로 '오히려'의 뜻인데 여기서는 '그 순간에도'라고 해석하면 좋습니다. 그러면 시의 해석은 "네가 방 안에 홀로 있는 그 순간에도 자신을 성찰하여 옥루에 부끄러움이 없게 하라"라는 거죠. 네, 그러니까 이 방은 마음의 방이기도 한 거예요. 혼자 있다거나 보는 사람이 없다고 해서 함부로 행동하지 말고, 옥루에 계신 보이지 않는 신에게 부끄러움이 없도록, 항상 너를 누군가가 지켜보고 있다고 생각하고 살라는 거죠.

그러므로 군자는 '부동이경'(不動而敬)하며 '불언이신'(不言而信)이래요. 움직이지 않아도 '경'하며, 말하지 않아도 '신'한대요. 두 가지 해석이 가능합니다. 앞에 생략된 것, 그러니까 군자는 '이렇게 행동하기 때문에' 혹은 '이런 마음으로 살기 때문에', '신독하기 때문에'는 똑같은데요, 첫째, 군자가 구체적으로 움직이지 않아도 다른 사람이 그를 존중하며, 말하지 않아도 다른 사람이 그를 믿는다는 거죠. 둘째, 군자는 움직이지 않더라도 항상 존중하는 마음을 지녀야 하고, 이것저것 말하지 않더라도 항상 신의가 있어야 된다는 거고요. '위기'(爲己)의 공부가 이 단계까지 가야 한다는 거죠. 공경하고 믿는 주체를 다른 사람들로 보는가 군자 자신으로 보는가에 따라서 해석이 달라지는 겁니다.

자, 이제 네번째 시입니다. **시왈**詩曰 **주격무언**奏假無言 **시미유쟁**時靡有爭이라 하니. **시고**是故로 **군자불상이민권**君子不賞而民勸하며 **불로이민위어부월**不怒而民威於鈇鉞이니라. 이 시는 「상송」(商頌), '열조'(烈祖)편이라고 하네요. '송'(頌)이니까 제사 음악이겠고요.

'주격무언'(奏假無言)에서 '아뢸 주(奏)'는 여기서 조상의 사당에 나아가 제사를 지낸단 뜻이에요. 다음 글자인 '假'은 원래 '빌릴 가', '거짓 가'인데 여기서는 '격'으로 읽습니다. 이때는 감동, 감격한다의 '격'(格) 자와 같은 뜻이에요. 이 구절에서는 조상신을 제사 지내는 사당에 나아가 신명에 감격한다는 뜻입니다. 주석 중에 "感格於神明之際"감격어신명지제라고 보이시나요? 우리가 조상님 신위에 나아가 제사를 지내면 그 자리에 신령이 임하시어 우리의 마음이 움직이게 되지요. 마치 좌우에 계신 듯이요. 여기 나오는 '감격'(感格)의 '격'도 그런 뜻입니다. 조상이 오신 걸 느끼는 게 바로 제사잖아요? 이걸 '감격'이라고 합니다. 옛날에야 항상 쓰던 표현이지만 지금은 좀 낯설죠. 아무튼 '주격무언', 정성과 공경을 지극히 하여 제사를 지내고 신명에 감격할 때, 이때 말하는 사람이 없지요. 엄숙한 순간이니까요.

'시미유쟁'(時靡有爭), '시'(時)는 '이에 내(乃)'자의 뜻인데 '그때'라고 해석하기도 합니다. 시서역(詩書易), 삼경(三經)에서 '때 시(時)'자는 '이 시(是)'자로 쓰이는 경우가 많습니다. '미'(靡) 자는 '없을 미'자예요. 그러니까 그때에는 다툼이 있지 않다는 거죠. 자, 상상해 보세요. 문중 사람들이 다 사당 앞에 나가서 제사를 지내는 순간, 마음으로 신명에 감격하니 잡담하는 사람이 있겠어요. 그때에는 제사 지내는 사람 사이에 분란이 있을 수도 없겠지요. 왜? 그 순간에 조상신에 대한 감사의 마음이 가득하여 모두 감동하고 있는 것입니다. 이 순간 제사에 참석한 일가의 마음이 저절로 통하게 되지요. 이것이 제사의 주요한 기능입니다. 같은 핏줄이라는 일체 의식을 체험하는 거죠.

당연히 다툼이 없게 됩니다.

주석을 보시면 '주'(奏)는 "進也"진야니 "承上文而遂及其效"승상문이수급기효하여, 이렇게 나와요. 이 '진'(進) 자, '나아갈 진' 자가 '주' 자를 해석한 거죠. "進而感格於神明之際진이감격어신명지제에 極其誠敬극기성경하여 無有言說而人自化之也무유언설이인자화지야"라. '인자화'(人自化), 사람들이 스스로 변한다 내지는 영향을 받는다는 뜻인데, 이게 본문의 "다툼이 있지 않다"를 해석한 거죠. 조상님들이 후손에게 "너희들 사이좋게 지내라"라고 하신다는 걸 압니다. 그렇기 때문에 그때만큼은 다툼이 있을 수가 없다 이거예요.

이 시에는 어떻게 코멘트를 했을까요? '시고군자불상이민권'하며 '불로이민위어부월'이니라(是故君子不賞而民勸, 不怒而民威於鈇鉞). 결과적으로 말하자면 사회에서 군자의 역할은 마치 그 말 없이 후손들을 변화시키는 조상신 같은 그런 권위가 있어야 한다는 거예요. 좀더 자세히 살펴보면, '군자불상이민권'은 군자가 '상'(賞)을 내리지 않아도 백성들이 권면한다는 거예요. '권면'이 어떤 건지 앞에서도 몇 번 보셨죠? 네, 열심히 농사짓고 세금도 잘 내고 그러는 거요. 뭔가 하라고 시키는 것이 없어도 자발적으로 한다는 거죠. 예나 지금이나 가장 이상적인 정치는 백성들에게 자발성을 끌어내는 거거든요.

'상' 얘기가 나왔으면 '벌' 얘기가 나오겠죠? 원래 당근과 채찍은 항상 함께 가잖아요. 동양의 『군주론』이라고 할 수 있는 『한비자』에 보면 '상'과 '벌'이 군주가 갖고 있는 두 개의 권력이라고 합니다. '이병'(二柄), 두 개의 자루라고 표현을 하고 있어요. 아무튼 '불로이민위어부월', 군자가 '노'하지 않아도[不怒], '노'하면 형벌을 쓸 거 아니에요? 그러니까 이 말은 결국 '군자가 벌을 내리지 않아도'라는 뜻입니다. 폭정, 강압정치를 하지 않는 거죠. '민위어부월'(民威於鈇鉞), 부월보다 더 무서워한다는 겁니다. '어'(於)는 비교급 조사, '위'(威)는 무서워한다 내지는 위엄을 느낀다는 거니까요. '위'를 주석에서는 '두려워할 외(畏)'로 풀었죠. 그만큼 범접할 수 없는 권위가 있다는 겁니다. 그렇다면 '부월'이 무엇인가만 남는데, 사실 '부'(鈇)와 '월'(鉞)은 둘 다 도끼를 가리켜요. 그런데 두 개가 약간 다릅니다. '부'는 주석에서 '좌'(莝)라고 했는데 이건 여물을 베는 작은 도끼, 그러니까 작두를 말해요. '월'(鉞)은 큰 도끼고요. 그러니까 '부월'은 결국 형틀, 기구를 말합니다. 손목을 자르고 목을 치고…. 그러니까 군자가 성내지 않아도 군자의 권위를 백성들이 도끼보다도 더 무서워한다는 얘기죠. 이런 인물이 되면, 상과 벌로 다스리는 법치가 아니라 군주의 덕으로 다스리는 인정, 무위의 정치가 된다는 겁니다.

여러분, 이걸 이렇게 보셔야 돼요. 『중용』에서 33장에 오니까 무위의 정치가 나오고 있잖아요? 『대학』의 '수신제가치국평천하'처럼 『중용』도 마지막 장에서 '수기'(修己)와 '평천하'를 말하네요. '인의예지'를 닦는 사람이 높은 자리에 올라가면 이런 정치가 된다는 거죠. '내성외왕'(內聖外王)의 철인정치입니다. 그런데 말입니다, 이런 정치는 결국 '유위'가 아니라 '무위'의 정치예요. 군주가 뭔가 이런저런 쓸데없는 일을 하지 말라는 거예요. 아무 일도 하지 말라는 게 아니라 '쓸데없는' 일을 하지 말라는 겁니다. 해야 될 일은 해야죠. '무위'의 '위'(爲) 자에 '인위적으로'의 의미가 포함되어 있거든요. '인위적으로 쓸데없는 일을 벌이지 않는 것'이 '무위'입니다. 『도덕경』에서도 '무위'를 얘기할 땐 다 이런 뜻이에요. 예나 지금이나 정치라고 하는 일들의 상당 부분은 쓸데없는 게 많았지요. 그러니 그런 일은 하면 할수록 더 안 좋아지죠. 군자 혹은 정치를 맡은 임금이 '지성'의 존재가 되면 저절로 되는 일인데 말이에요. 상을 내리지 않아도 백성들이 알아서 열심히 살고, 버럭버럭 화내며 위협하지 않아도 백성들이 형틀보다 더 무서워하는 그런 정치 말입니다.

시왈詩曰 **불현유덕**不顯惟德을 **백벽기형지**百辟其刑之라 하니. 여기까지가 시예요. 이때 '불현유덕'은 드러나지 않은 덕, 그러니까 군주의 내면의 덕을 말합니다. 겉으로 확 드러난 게 아니라 내면에 있는 덕이지만 물 속의 물고기처럼 분명히 보이죠. 지금 그게 전제되어 있는 거예요. 미미하지만 다 드러나게 되어 있어요. 그래서 이걸 '과시하지 않는 덕'이라고도 볼 수 있습니다. 아무튼 그런 덕을 '백벽기형지'래요. '벽'(辟) 자 여러 번 나왔는데요, '피할 피(避)', '비유할 비(譬)', '치우칠 벽(僻)' 등 여러 뜻과 음이 있었습니다. 그런데 여기서는 또 새로운 뜻이에요. '제후'죠. '제후 벽'입니다. 그리고 '형'(刑) 자는 뭐죠? 네, 여기서는 '형벌'이 아니라 '본받는다'는 뜻이에요. '모범으로 삼는다'라고 많이들 해석합니다. 그러니까 천자의 드러나지 않는 덕을 많은 제후들이 모범으로 삼는다는 거죠. '백벽'은 백 명의 제후가 아닙니다. '많다'는 의미의 '백'(百)이에요.

　　시고是故로 **군자독공이천하평**君子篤恭而天下平이라. 여러분, 드디어 '수신제가치국평천하'의 '평천하'까지 왔습니다. '천하평'으로 나오긴 했지만요. 아무튼 『중용』도 마지막엔 여기까지 오는 거예요. 이렇게 보면 『대학』은 '격물치지', '명명덕' 해서 '수신제가'로 나갔고, 『중용』은 하늘이 명한[天命] '성'(性)부터 시작해서 솔성(率性)의 도(道), 수도(修道)의 교(敎)에 이르러 정치 이상을 말하고 있습니다. 결국 『대학』과 『중용』의 주제는 개인과 사회, 국가의 관계를 풀어낸다는 점에서 같은 구도를 가지고 있는 거죠.

자, 이런 까닭에 '군자독공이천하평'(君子篤恭而天下平), 군자가 '공'(恭)을 돈독히 합니다. 여기서 '공'이란 무어냐? '공경하다'로 익숙하실 텐데, '경'(敬)은 기본적으로 상대방을 높이는 거고, '공'은 자기를 낮추는 겁니다. 그래서 이 '공'은 겸손하다는 의미가 됩니다. 이렇게 군자가 자기를 겸손하게 하는 것을 돈독하게, 진실되게 하면 천하가 안정된대요. 여기서 관련 검색어 하나 보고 갈까요? '인자무적'(仁者無敵)이라고 『맹자』에 나오죠? 네, 어진 사람은 적이 없어요. 적이 생길 수가 없는 거예요. 다 '심복'하니까요.

주석 끝부분을 보고 가죠. "篤恭而天下平독공이천하평 乃聖人至德淵微내성인지덕연미 自然之應자연지응 中庸之極功也중용지극공야." 여기서 '연미'는 깊고 미미한 것, 잘 드러나지 않는 거겠죠. 은미한 것이요. 자, 성인의, 그 위대한 사람의 '지덕'이 깊고 은미해요. 그러면 '자연지응', 자연히 드러나게 됩니다. 홑옷에 가리워진 비단옷처럼요. 여러분, 이 '자연스럽게'라는 게 얼마나 중요해요? 자연스럽게 드러나는 것이 곧 진실한 거거든요. '무위'와도 통하고요. 무엇이든 억지로 되는 게 없습니다. '군자가 공손함을 돈독히 하면 천하가 화평해진다'는 것을 이렇게 푸는 겁니다. 성인의 내면의 지극한 덕이 자연스럽게 천하의 태평을 가져온다, 그러니 그것이 바로 중용의 '극공', 최고 수준의 효과라고 합니다. 내가 이렇게 하니까 주변이 자연스럽게 서로 호응하고 소통되어 천하에까지 미치는 거죠. 군자인 군주의 겸손함이 천하를 화평하게 하지만, 그 깊고 은미한 이치는 다 알 수 없답니다.

자, 드디어 마지막 문장입니다. 그런데 사실 가장 어려워하시는 문장이기도 해요. 이 문장은 바로 앞에서 본 '불현유덕'(不顯惟德)과 연결시켜서 봐야 해요. '보이지 않는 위대한 덕'을 말하는 겁니다.

일단 **시운**詩云 **여회명덕**予懷明德 **부대성이색**不大聲以色까지가 인용이네요. 그리고 **자왈**子曰 **성색지어이화민**聲色之於以化民 **말야**末也라고 합니다. 일단 여기까지만 보죠. 『시경』 「대아」 '황의'(皇矣)편인데요. '여회명덕'에서 '나 여(予)' 자가 여기서 가리키는 건 천제, 상제, 하느님이에요. 이 시의 내용 자체가 하느님이 주문왕에게 하는 말입니다. '회'(懷) 자는 '아낀다', '사랑한다'는 뜻이지만 여기서는 '여긴다', '생각한다'입니다. 그러니까 '여회명덕'하면 내가 항상 명덕을 생각하고 있다! '명덕'을 『대학』에선 '인의예지'라고 봤죠?

그러니 '부대성이색'(不大聲以色)이라. 여기서 '이'(以) 자는 '더불 여(與)' 자로 보시면 됩니다. 쉽게 말해서 'and'예요. '성'(聲)과 '색'(色)이죠. 여러분, 이 '성'과 '색'이 뭐냐면, 군주가 정치를 하는데 목소리하고 얼굴빛으로 해요. 목소리는 명령이라 보셔도 되겠네요. 얼굴빛도 정치의 수단이 되죠? 군주가 엄한 표정을 지으면 신하들이 벌벌 떨잖아요. 신하들은 항상 용안을 살피느라 눈치를 봅니다. 그래서 '성색정치'란 말이 있어요. 이렇게 목소리와 얼굴빛으로 하는 정치죠. 그리고 '대'(大) 자는 '크게 여기다', '비중을 둔다'라는 동사입니다. '부대성이색'은 목소리와 얼굴빛으로 하는 정치를 대단하게 여기지 않는 다는 거죠. 그러니까 "내가 아끼는 건 너의 명덕이지, 목소리와 얼굴 빛으로 하는 건 높게 평가하지 않는다"라고 하느님이 문왕에게 말한 겁니다.

이 시를 갖고 공자는 "성색지어이화민 말야"(聲色之於以化民, 末 也)라고 합니다. '갈 지(之)' 자는 해석하지 않아도 되고요, '성'과 '색' 으로 백성들을 변화시키려고 하는 것은 '말'(末), 하수라는 말이에요. 덕으로 하는 정치여야지 백성들에게 권력을 행해서 바꾸려 하는 것 은 하찮은 것, 지엽적인 것이라는 말입니다. 이렇게 쓰여 있어도 황제 나 임금은 몇천 년 동안 정치를 다 '성색'으로 해왔죠. 다들 황제라면 벌벌 떨고… 여기에 '화'(化)를 쓴 것도 재미있네요. 백성들을 일시적 으로 '변'하게 할 수 있을지는 모르지만 더 근본적인 변화를 통해 다 른 단계의 백성으로 '화'하는 건 못한다는 거겠죠. '신민'(新民)은 어렵 다는 겁니다. 아무튼 성색으로 하는 건 하수라는 말입니다.

그러면 공자에게 '성색'으로 하는 정치는 뭐였을까? 법을 앞세우 는 정치, 그러니까 법만능주의죠. 공자는 예치(禮治)를 주장했어요. 제가 젊을 때 『논어』를 읽으면서는 대체 예치라는 게 가능하긴 할까 생각했었는데, 점점 나이 들어가면서 보니 이제는 법치가 불가능한 거 같아요. 사건마다 법조항을 일일이 다 만들 수가 없으니까요. 법을 매일매일 만들어도 힘있는 범죄자들은 매일매일 다 빠져나가요. 공 자도 그렇게 얘기했습니다. 법을 다 만들 수가 없다고, 전부 법으로 하면 나라는 재판하다 끝난다고, 상식 혹은 관행으로 사람들이 제대 로 살아가야 한다고…. 아무튼 '성색'으로 하는 정치가 법치고, 군주의 '명덕'으로 하는 정치가 예치겠죠.

그러면서 다른 시가 나옵니다. **시운詩云 덕유여모**德輶如毛라 하니, **모유유륜**毛猶有倫이어니와, **상천지재**上天之載 **무성무취**無聲無臭 **지의**至矣라. 여러분, 여태까지 한 이야기는 군주의 큰 목소리나 얼굴빛으로 하는 정치보다 덕으로 하는 정치가 더 훌륭하다는 거였잖아요? 그런데 지금 할 얘기는 그것보다도 더 훌륭한 정치, 한 단계 높은 정치가 있다는 거예요. 하늘이 인간세계에 하는 일들은 소리도 없고 냄새도 없어요. 우리가 하늘을 항상 의식하고 살진 않잖아요? 그런 단계의 정치를 이야기하는 겁니다. 우리가 이런 세상에 안 살아 봐서 그런지 잘 실감을 못하는 분들이 많긴 합니다만, 아무튼 볼게요.

'덕유여모'(德輶如毛)에서 '유'(輶)는 '가벼울 유' 자예요. "덕이 가볍기가 터럭과 같다"라는 뜻입니다. '모유유륜'(毛猶有倫)에서 '무리 륜(倫)' 자는 여기서는 '비'(比) 자의 뜻으로 쓰여서 가벼운 털도 비교할 것이 있다, 견줄 것이 있다는 의미가 돼요. 그러니까 여러분, 이 터럭, 털이라는 것도 생각해 보면 가볍긴 해도 어쨌든 뭔가 형체가 있는 유형의 물체인 거잖아요? 아무리 작고 가볍다 한들 어디에 견줄 데가 있는 겁니다. 이걸 '덕'의 측면에서 생각해 보면 아주 은미한 덕, 드러나지 않는 덕이 있다고 해도 겉으로 드러나는 것이 터럭처럼 약간은 보인다는 거죠.

다시 '상천지재 무성무취'(上天之載, 無聲無臭)라는 시구를 인용했네요. '상천'은 하늘이고, 여기서 '실을 재(載)'는 '일 사(事)'의 의미로 보셔야 합니다. 이렇게 쓰이는 경우가 꽤 있어요. 그래서 이 구절은 "하늘이 하는 일은 소리도 없고 냄새도 없다"는 거죠. 우리가 하늘이 하는 일에 대해 무심하잖아요? 그냥 비가 오나 보다, 눈이 오나 보다, 해가 비치나 보다 하는 정도죠. 하늘이 하는 일은 이렇게 감쪽같습니다. 그러니 '지의'(至矣), 지극하도다! '그레이트'하다는 거죠.

그러니까 여러분, '성색'으로 하는 정치는 하수고, 군주의 은미하지만 성대한 덕으로 하는 정치가 그보다 나은 정치긴 해요. 그런데 그보다 더 위에, 진짜 위대한 정치는 임금이 있는지 없는지도 모르겠고 하늘의 일처럼 일일이 다 알 수는 없지만 나와 아들딸이 무탈하게 살고 있는 거예요. 이 마지막 단계가 바로 진정한 '무위'의 정치이죠. 군주의 존재 자체를 의식하지 못하면서 별일없이 살면 좋죠. 바로 그런 겁니다. 이 문장으로 『중용』 33장 대장정이 끝났네요. 여러분! 저녁강의를 들으시느라 고생하셨습니다.

＊　　＊　　＊

자, 이렇게 『중용』은 1장에서 '성'(性), '도'(道), '교'(敎)로 시작해서 33장 무위정치로 마무리되네요. 내가 어떤 존재로 태어났는가를 자각하는 것이 '솔성'(率性)의 출발점이겠죠. 인간세상의 도리에 맞게 살기 위해서도 빈틈없는 마음가짐이 필요하고요. 이렇게 간략히 생각해 볼까요? '수신'의 핵심은 '신독'에서 시작된다. 부모·형제에 대한 지극한 마음을 다른 사람들, 만물에게까지 확장하는 것이 '인'이다. 그런데 그것을 제대로 알고, 행하기 위해서는 '지'와 용'이 있어야 한다. 왜 중용의 삶을 살아야 하나 의문이 들 무렵 20장 끝부분에서 '성'(誠)이 나오네요. 찬찬히 쉬엄쉬엄 읽다 보면 인간답게 사는 길, 붕 뜨지 않고 자기답게 사는 법을 말하는 책이 『중용』이구나 하실 겁니다. 인간은 천시의 도를 기준 삼아 살아야 하는 존재구나! 이런 생각이 들면 힘이 나실 수도 있지만, 혹시 버겁게 느껴질 수도 있겠네요. 힘에 부친다면? '치곡'(致曲)이 있지요. 작은 소소한 일부터, 가까운 사람부터 챙기면서…, 네 이렇게 이어지는 것이 『중용』에서 권하는 '인간의 길'입니다. 살아오시면서 듣고 느끼셨던 익숙한 말들이지요. 그렇습니다. 『중용』의 매력은 '오래되고 익숙한 당연함'에 있답니다. 이 시대에 2천여 년을 거슬러 올라가 자사(子思)의 글을 읽고 그의 생각에 공감하면서 친구가 되는 길, '상우'(尙友)의 즐거움이죠. 이 길에 같이 해주신 학인들께 감사드립니다.

찾아보기

ㅂ

ㅅ

ㅎ